蓬莱阁典藏系列

中国近三百年学术史论

章太炎 刘师培 等 ／ 撰

罗志田 ／ 导读

徐亮工 ／ 编校

上海古籍出版社

图书在版编目(CIP)数据

中国近三百年学术史论 / 章太炎等撰;罗志田导读;
徐亮工编校. —上海:上海古籍出版社,2019.5 (2022.4重印)
(蓬莱阁典藏系列)
ISBN 978-7-5325-8923-4

Ⅰ.①中… Ⅱ.①章… ②罗… ③徐… Ⅲ.①学术思
想-思想史-中国-清代 Ⅳ.①B249.05

中国版本图书馆CIP数据核字(2018)第144508号

蓬莱阁典藏系列

中国近三百年学术史论

章太炎 刘师培等 撰 罗志田 导读 徐亮工 编校

上海古籍出版社 出版、发行

(上海市闵行区号景路159弄1-5号A座5F 邮政编码201101)
(1) 地址:www.guji.com.cn
(2) E-mail:guji1@guji.com.cn
(3) 易文网网址:www.ewen.co

印 刷 江阴市机关印刷服务有限公司
开 本 787×1092 1/32
印 张 14.375
插 页 5
字 数 290,000
版 次 2019年5月第1版 2022年4月第2次印刷
ISBN 978-7-5325-8923-4/K·2521
定 价 52.00元

如有质量问题,请与承印公司联系

出版说明

　　中国传统学术发展到晚清民国，进入一个关键的转折时期。面对"数千年未有之变局"，旧传统与新思想无时不在激荡中融汇，学术也因而别开生面。士人的眼界既开，学殖又厚，遂有一批大师级学者与经典性著作涌现。这批大师级学者在大变局中深刻反思，跳出旧传统的窠臼，拥抱新思想的精粹，故其成就者大。本社以此时期的大师级学者经典性著作具有开创性，遂延请当今著名专家为之撰写导读，希冀借助今之专家，诠释昔之大师，以引导读者理解其学术源流、文化背景等。是以本社编有"蓬莱阁丛书"，其意以为汉人将皮藏要籍的馆阁比作道家蓬莱山，后世遂称藏书阁为"蓬莱阁"，因借取而为丛书名。"蓬莱阁丛书"推出后风行海内,为无数学子涉猎学术提供了阶梯。今推出"蓬莱阁典藏系列",萃取"蓬莱阁丛书"之精华,希望大师的经典之作与专家的精赅之论珠联璧合,继续帮助读者理解中国传统学术的发展与大师的治学风范。

目 录 |

刘师培论中国近三百年学术史

导读 道咸"新学"与清代
学术史研究

罗志田

新文化运动期间,老革命党张继曾说,"一个时代有一个时代的文章",中国政体虽变,"戏剧文学仍照满清帝政时代的样子",可知其"思想仍是历史传来的家庭个人主义";而"风俗如婚宴丧祭,与非洲的土人相去不远",可以说"思想风俗一切全没有改"。① 他所关心的,是思想风俗与政治的关联。② 所谓中国"思想风俗一切全没有改",颇能代表很多老革民党对民国代清这一政治鼎革的整体失望,或有些"故意说"的成分。然而张氏关于"一个时代有一个时代的文章",确有所见。

从最粗浅的层面言,当不少人开始整体反思一个时段的往昔之时,这"一个时代"大约也就真正成为"历史"了。与张继的观察不同,在"思想"和与其关联密切的"学术"方面,民初中国实际处在一个典范转移的时期。最明显的一个表征,便是许多时人动辄以"近三百年"、"三百年来"的称谓来表述刚刚过去的昨天。③ 不论表述者自觉不自觉,时人有意无意间已感到思想学术等"世风"到了该做总结的时候了。

这方面梁启超仍然是开风气者,他在 1923 - 1924 年间开出了"中国近三百年学术史"的课程,随即出版了同名的讲义。④此后蒋维乔、钱穆、龙榆生等人的思想史、学术史以及词选,也都沿其例冠以"近三百年"一语。⑤词选不必论,在学术史思想史方面,后来影响最大而多次再版者,则为梁、钱二氏的同名著作《中国近三百年学术史》。

梁启超早在 1902 - 1904 年间即著有《论中国学术思想变迁之大势》,其中 1904 年所著的《近世之学术》一部分,约占全文三分之一,已开始通论这一时段的"学术思想"。⑥1920 年出版的《清代学术概论》,字数上比前论扩充一倍有余;⑦而《中国近三百年学术史》则不仅分量大增,立意上也稍别。用他自己的话说:该书旨在说明"清朝一代学术变迁之大势及其在文化上所贡献的分量和价值",之所以"题目不叫做清代学术",是"因为晚明的二十多年,已经开清学的先河;民国的十来年,也可以算清学的结束和蜕化";故"把最近三百年认做学术史上一个时代的单位,似还适当"。因此,这"也可以说是十七、十八、十九三个世纪的中国学术史"。⑧

从其三次论述看,最后一语看上去似乎不过由"清代"返回早年的"中国",但前次表述时还在清季,对一般人而言"中国"与"清朝"基本就是同义词;此时则已在民国,其特意表明"不叫做清代学术",并用西历之世纪来标举"中国学术史"的时段,在力图表述得更"科学"的同时,多少也有些"去清朝化"的涵义在;与近年西方汉学界特别强调"清朝"的

"非中国"特色,看上去适成对照,背后的思虑或也有相通之处。

梁启超三次论述的另一变化,即其最初所论是"学术思想",后两次则仅言"学术",而不及"思想"。其实他三次所论述的,如其在《清代学术概论》中所说,除具体人、事的去取有差异外,根本观念无大异同;⑨三者的研究对象基本是一回事,可见明显的继承关系。则晚年梁氏仅言"学术"而不及"思想",固可能有更加"精密准确"的自觉意识在,但若说其心目中"思想"与"学术"的关系密切到几乎可以混为一谈或融于一炉的程度,大概也差不多。⑩

中国传统本不强调学术分科,今日所谓"思想"与"学术"之分,在清人以及清代以前绝大多数历代学人心中,或根本不存在。故梁启超和钱穆的两本同名著作,一般被视为既是关于清代"学术史"最权威作品,但同时也是清代"思想史"的必读书;若依今日的后见之明看,或许还更多是思想史著作。如李学勤先生以为梁启超书基本是学术史,而钱穆书"便实际上是思想史,而且主要是哲学史"。⑪有意思的是,陆宝千先生晚近所著的《清代思想史》共八章,其以"思想"名者仅二,以"学"名者凡六;⑫故其全书虽以"思想史"名,却明显继承了梁、钱二氏的"学术史"取向,颇值玩味。可知20世纪思想史与学术史著作的"沟通"渊源甚早,影响也相当深远。

马克思主义史家侯外庐关于这一时段学术思想的研究是另一个明显的例子,侯先生先出版了两大本《近代中国思想学说史》,⑬其书名与梁、钱二书接近。其后此书屡有改易,然1949年后各版本虽多在前书的基础上改写,却明显越来越偏重于接近"哲学"一线的"思想",而原较注重的"学说"反倒淡化了(这或许是受到前苏联学术倾向的影响);后出各衍生版皆无"学说"二字,多称为"思想史",甚至有径名为"哲学史"者。如 1956 年人民出版社出版的《中国早期启蒙思想史》便是在前书基础上补充修改而成,不过略去了鸦片战争以后的原第三编。这一修改本后来成为侯先生主持的多卷本《中国思想通史》中的第五卷。侯先生晚年回顾该卷的修订说:他"主要着力于增补鸦片战争前清代社会史的论述:十七世纪启蒙思想之赖以产生的社会经济关系、阶级关系的背景,以及十八世纪汉学兴起和十九世纪上半思潮变向的社会根源"。⑭

1978 年,人民出版社出版了侯外庐主编的《中国近代哲学史》,所论时段从鸦片战争前夕的龚自珍思想到五四时期。1993 年侯先生去世后,人民出版社又出版了由黄宣民校订的侯著《中国近代启蒙思想史》,内容基本是原来《近代中国思想学说史》被略去的第三编。后者不仅在书名上从"哲学"回归到"思想",且开篇即论康有为,黄先生以为体现了侯氏独特的历史分期观点,即学术思想史的分期和社会、政治史可以有不同,以半殖民地半封建社会为标志的中国近代史可以 1840 年的鸦片战争作为开端,而具有近代意义的早期启蒙思想史可以上溯到明清之际,完整意义上的中国近代启蒙思想史则应该从康有为开始。⑮

然而,部分或因其后来偏重"哲学"的倾向,侯书各版在近世学术史领域的影响不甚显著(以下所说的"学术史",基本在前述与"思想史"互通的意义之上）。最明显的例子是同样以马克思主义取向治清代学术史的陈祖武先生到 20 世纪末尚不甚注意侯先生的著作,他在 1995 年总结近人治清代学术史的成绩说:

> 近人治清代学术史,章太炎、梁任公、钱宾四三位大师,先后相继,鼎足而成。太炎先生辟除榛莽,开风气之先声,首倡之功,最可纪念。任公先生大刀阔斧,建树尤多,所获已掩前哲而上。宾四先生深入底蕴,精进不已,独以深邃见识而得真髓。学如积薪,后来居上。以此而论章、梁、钱三位大师之清代学术史研究,承先启后,继往开来,总其成者无疑当属钱宾四先生。⑯

该文收入陈先生 1999 年出版的著作中,那时陈先生进入清代学术史领域已二十年,所论尚不及侯著。差不多十年后,他有了新的认识,以为"侯外庐先生继诸位大师而起,博采众长,融为我有,复以其深厚的史学素养和理论功底,掩众贤而上,将研究向前推进"。⑰这里的"掩众贤而上"基本是前面"掩前哲而上"的再表述,大致把此前对梁启超、钱穆的评价转赠于侯外庐。这一对清代学术史研究的见解转变或较多体现了一位作者的读书历程,惟其专业恰是清代学术史,似仍可从一个侧面反映出侯著在特定领域里的影响范围。

这样,若说在相当长的时间里,"清代学术史"或"近三百年学术史"领域里影响最大的是梁、钱二氏的同名著作,或不为过。⑱问题是,晚清道咸以后学风有明显转变，梁、钱两著虽在内容的处理、侧重的面相以及风格、识见等方面有着相当大的差异（例如梁偏汉学而钱近宋学），但基本不出"务为前人所不为"的道咸"新学"之大范围，故皆可以说是道咸以来"新学"一线的产物。以"读书必先识字"为表征的乾嘉汉学正宗一线，虽因章太炎等恰好身与反清革命而使章门弟子在民初的北京大学文科中一度处于控制地位，在这特定的研究领域中，影响反而小得多。

我们的人文学领域长期以来有重专著轻论文的传统，尽管目前受到自然科学和社会科学的影响，已出现偏重学术论文的倾向（部分也因近年著作出版太滥），大体上著作的影响仍非论文可比。其实章太炎和刘师培就写过相当精彩的论文总结清代学术，却并未写出长篇著作。民初胡适、傅斯年、顾颉刚等北大新学人虽对清代学术相当看重，尤其顾颉刚更有长期的准备，却因种种原因未产生篇幅较大的著作，仅写出一些散篇文章。稍后兴起的马克思主义史学对清代学术似较新文化人更为关注，前引侯外庐的《近代中国思想学说史》便可视为代表作，然而实际的情形是侯著的影响不够广泛。结果，近三百年学术史这一领域的基本参考书便长期为道咸"新学"的观念所占据，后学无形中也更受此派观念的影响。

一个最明显的例子，即丘为君先生总结出的二十世纪"对清代思想史研究具有深远影响的三个重要理论"，分别是梁启超与胡适的"理学反动说"、钱穆的"每转益进说"和余英时先生的"内在理路说"。丘先生以为,尽管"理学反动说"影响相当广泛,也确有其价值;若从长时段来考察中国学术思想的流变,后二说更有高瞻远瞩之气象。⑲这一判断是否确切是一回事,但章太炎和刘师培的论述显然不在其所论范围之内。

论者或曰,梁、钱二书有相当显著的不同,而钱先生自己后来明言,他当初在北大讲授"近三百年学术史"一课是有意为之,盖"因与任公意见相异,故特开此课程,自编讲义"。且因其与梁开同样的课而论述不同,一时颇受注目。⑳这样,要说两书都在道咸"新学"之大范围内,似乎有些勉强。这就需要对道咸"新学"进行简单的考察。

王国维指出:清代学术凡三变,以国初、乾嘉、道咸三点分成三个时段。其各自的特征为:"国初之学大,乾嘉之学精,道咸以降之学新。"具体到治学内容的变化,道咸以降之学即"言经者及今文、考史者兼辽金元、治地理者逮四裔"。王氏强调,虽然道咸以降之学基本为国初与乾嘉"二派之合而稍偏至者",但因时代政治风俗之变,特别是时势不振的大语境促成了"变革一切"的愿望,故时人治学"颇不循国初及乾嘉诸老为学之成法",而"务为前人所不为"。㉑

这一趋势到光绪年间变得更明显,张之洞在戊戌年曾有一首题为《学术》的诗:"理乱寻源学术乖,父雠子劫有由来。刘郎不叹多葵麦,只恨荆榛满路栽。"其自注说:"二十年来,都下经学讲公羊,文章讲龚定庵,经济讲王安石,皆余出都以后风气也。遂有今日,伤哉!"㉒诗中刘郎指刘逢禄,张氏并非所谓汉学家,但对经今文学兴起而导致的学术变化,显然不满意。所谓"务为前人所不为",实即处处与此前居于正统的

乾嘉问学路径反其道而行之,颇有些胡适所谓"正统"崩坏、"异军"复活的气象。㉓

张之洞观察到的"经学讲公羊"是道咸"新学"的一个主要特点,经古文学与经今文学的区分和不同点甚多,㉔但最基本的或许是以何种方式"见道"这一儒家关怀的根本问题:一主张读书先识字,字义明而经义明;一主张体会经之微言大义。冯友兰曾提出,清代之今文经学家所讲的义理之学"大与道学家不同",盖"其所讨论之问题,与道学家所讨论者"有别。㉕但寻求微言大义的文家与偏重"义理"的宋学及诸子学仍有共性,钱穆就注意到,今文家宋翔凤晚年"深推两宋道学,以程朱与董仲舒并尊"。㉖从社会史视角看三者在晚清并起,非常值得玩味。㉗

晚近言学术史者对今文家的态度差异是一个重要的风向标,据此常可看出立言者的立场。一般情形下,受道咸"新学"影响者在经学中基本平等看待古文今文,甚或更重今文,这方面梁启超表现得更明显。而偏于古文一边的,则通常对乾嘉时的今文家尚承认其有所得,对道咸以后的今文家便多斥责其把学术搞乱。而章太炎等之所以反对今文家,除今古文家派意识外,也因他们特别不欣赏康有为引进西人宗教观念以树孔教之"创新意识"。戊戌前一年,章太炎便因"酒醉失言,诋康长素教匪;为康党所闻,来与枚叔斗辨,至挥拳"。㉘

当然,这部分也因章太炎向来主张"说经者,所以存古,非以是适今",而以为"通经致用,特汉儒所以干禄"。㉙不过,他们这样说汉儒,多少也有些倒放电影的意思,因章太炎、刘师培等论清代学术时基本已确立反清革命的观念,所以特别注意士人对入主之异朝的态度。在他们看来,清初李光地等理学名臣和后来提倡"经世致用"的今文家在这方面有共同之处,其实都不脱"干禄"之意。刘师培指出:清代主汉学者多不仕或仕而不显,而"经世之学,假高名以营利;义理之学,借道德以沽名。卑者视为利禄之途,高者用为利权之饵。外逞匡时化俗之谈,然实不副名"。㉚受汉学家影响的邓实也认为,道咸以降之今文家不过"外托今文以自尊,而实则思假其术以干贵人、觊权位而已"。㉛平心而论,道咸以降中国思想界的一大转变即因内忧外患而促成经世之学的兴起,今文家更多涉及时政与这一外在的现实直接相关,其希望"干贵人、觊权位"也不过是"得君行道"这一传统的自然发展。

而且,在基本不涉政治的学术领域,经今文学的兴起也可以说是顺流而上自然产生的。相对偏于经古文学的叶德辉便说:"学既有争,变亦无已……有汉学之攘宋,必有西汉之攘东汉。吾恐异日必更有以战国诸子之学攘西汉者矣。"㉜而相对偏于今文学的蒙文通后来也说:"近三百年来的学术,可以说全是复古运动,愈讲愈精,也愈复愈古,恰似拾级而登的样子。"㉝两人一从学术竞争的角度看问题,一从正面解释,都大体指明了学者关注的典籍对象日益近古这一清代学术发展趋势。若承认今文家所处理的典籍更近古这一事实,则今文学不仅不差,还可能是更有所见的正统,故受道咸"新学"影响者通常会更正面地论述今文学与古文学的衔接,而章太炎等则务必从很多方面将道咸以后的今文学斥为把学术搞乱的"异端"。㉞

道咸"新学"的另一个主要特点是崇宋学,那时不仅经今文学凸显而出,宋学也在各领域得到不同程度的复兴:乾嘉时被压倒的理学在咸同时期可见明显的复苏,颇讲义理的曾国藩等人影响了不止一代人;推重唐宋"八大家"的桐城文派也借曾氏而复兴;诗坛出现的"同光体",其最大特点就是尊宋诗(部分当然因为宋诗确比唐诗书卷气重,或可说更士大夫化),其影响直至今人钱钟书。可以说,推崇宋代是道咸以后的一个基本风气。

严复以为,读史"当留心细察古今社会异同之点",而赵宋一朝是古今变革之中枢。故若"研究人心风俗之变,则赵宋一代历史,最宜究心。中国所以成于今日现象者,为善为恶,姑不具论,而为宋人所造就,什八九可断言也"。㉟陈寅恪后来也说:"吾国近年之学术,如考古历史文艺及思想史等,以世局激荡及外缘熏习之故,咸有显著之变迁。将来所止之境,今固未敢论断;惟可一言蔽之曰:宋代学术之复兴,或新宋学之建立是已。"㊱这一到民国仍余波荡漾的"新宋学",正可为"道咸以降之学新"作注。

在推崇宋学倾向方面,钱穆比梁启超更明显。钱著一开始就说"不知宋学,则亦不能知汉学,更无以平汉宋之是非";更进而说"道咸以下,则汉宋兼采之说渐盛,抑且多尊宋贬汉,对乾嘉为平反者。不识宋学,即无以识近代"。㊲但学界对钱先生关于清学的论述有些误解,很多人都将其《清儒学案》(书之全稿遗失,其序尚存)与其《近三百年学术史》合而并论。其实两者固有可以共论的关联之处,也明显侧重不同,不能完全混同讨论。盖《清儒学案》系承接《明儒学案》之传统循流而下,自然以理学家派为归依。而《近三百年学术史》虽也强调宋学的重要,究竟是在讨论"中国学术史",所照顾的面要宽许多。钱先生对二者异同的处理是有分寸的,惜少有知音。⑧

正因道咸"新学"有"务为前人所不为"的特点,复因道咸以后出现一股日益增强的"调和汉宋"趋势,宋学、汉学的范围和指谓从清季起便开始出现疑问,入民国后开始由怀疑转否定,连柳诒徵这样被视为"保守"者,也说"汉学宋学两名词,皆不成为学术之名"。⑨近年治史提倡"创新",一些人常以后见之明重新"发现"昔之所无,或以现代眼光"径改"昔人之向背,此风益盛。其实温故而后能知新,诸如古文今文、汉学宋学、吴派皖派等昔人分类,当时都至少存在上百年,一般人均能理解其所指,少有质疑(偶有质疑者也不过以为其说不准确,显然是在了解其通常指谓的基础上提出疑问)。⑩今日读书,对上述分类应尽可能承认接受,不过当辨明是何人在何时、何种情形下所使用,因何要如此区分,则史学之目的达矣。尤其"汉学"一词,在清中叶以后,很长时间里基本指乾嘉时兴起的朴学或经古文学(两者不全相同);后来兴起的经今文学,严格说当然也是汉代之学,但昔人不如此说,则学术史著亦当顺应昔人表述习惯(本文中除非专门指出,经今文学一般不作"汉学"论)。

上一辈学者中,周予同比较明确地注意这一点。他在早年斥责当时"乌烟瘴气的学术界"——尤其是所谓"国学家"——时便说:"他们连经史不分，汉宋学不分，今古文不分，他们只觉得一个完全无缺的所谓国粹也者在面前发毫光。"其晚年所讲经学史，也基本接受章太炎的说法，把清中期的经学家分为吴、皖二派。[41] 且周先生是少数讲近三百年学术史而特别注意章太炎学说者，他曾两次列举清代学术的参考文献，均强调章太炎的《检论·清儒》一文"很重要"，若"要了解清代三百年学术史，一定要读这篇《清儒》，它是清代学术的概论"。[42]

周先生也一再指出梁启超论清代学术很受章太炎的影响。他一则说梁启超"论述近三百年学术史，实在是从章太炎《清儒》那里来的"；再则说"梁氏两书取于章氏、刘氏的著作"。这里的刘氏即刘师培，周先生第一次举参考文献不及刘文，第二次则包括了刘师培的《清儒得失论》和《近代汉学变迁论》，所以梁启超所"继承"的也由章而延伸到刘。有意思的是，周先生也两次列举了钱穆的《中国近三百年学术史》，但第一次列举把钱著置入"附"一类，说"这部书还是可以参考的"，显然略带保留（第二次未作解说）。因此，在"近三百年学术史"领域里真正强调章、刘之说的是周予同，但因其是在通论中提及，并非专论清代学术，所以其主张在这一领域影响不甚广。[43]

当然，梁启超虽受章太炎等影响，但一开始也有不同（如前述对今文经学的处理），而且明显呈现出越来越疏离于汉学立场的趋向。只要比较下面两段对于方东树《汉学商兑》的评论，便可看出差异：

其一，《论中国学术思想变迁之大势》：

其时与惠、戴学树敌者曰桐城派。方东树著《汉学商兑》，抨击不遗余力，其文辞斐然，论锋敏锐，所攻者间亦中症结。虽然，汉学固可议，顾桐城一派，非能议汉学之人，其学亦非惠、戴敌，故往而辄败也。[44]

其二，《清代学术概论》：

方东树之《汉学商兑》，却为清代一极有价值之书。其书成于嘉庆间，正值正统派炙手可热之时，奋然与抗，亦一种革命事业也。其书为宋学辩护处，固多迂旧，其针砭汉学家处，却多切中其病，就中指斥言"汉易"者之矫诬，及言典章制度之莫衷一是，尤为知言。后此治汉学者颇欲调和汉宋，如阮元著《性命古训》。陈澧著《汉儒通义》，谓汉儒亦言理学，其《东塾读书记》中有《朱子》一卷，谓朱子亦言考证，盖颇受此书之反响云。[45]

关于方著击中汉学病症一点，两次所述略同；后一次说他是"一种革命事业"的评价大致也是受当时世风影响，可不必论。重要的是对方著学术影响的不同看法，一曰其学非惠、戴敌，故以失败告终；一曰其余波不绝，后之大儒阮元、陈澧皆颇受此书影响；且后者只见褒扬，全不提失败，与此前所论自不可同日而语。可知梁氏固受章、刘的影响，然日渐疏远，其倾向性亦自有别。[46]

在一定程度上，钱穆也呈现出逐渐疏离于汉学立场的趋向。其早年所撰《国学概论》有"清代考证学"一章，广引章太炎《检论》和梁启超《清代学术概论》，以及胡适当时的新近言论。该书虽说明考证学主要是指乾嘉以后，清初之学不能以考证括之，然仍承认"清初诸儒，正值理学烂败之余，而茁其新生"。其所容纳人物，也与章、梁所论相近，而与后来之《近三百年学术史》颇不同（如段玉裁、王念孙、王引之等重要朴学人物后俱不存，而新增不少非汉学人物，特别凸显曾国藩的地位等）。⑰可知钱先生也是在治学过程中逐渐偏向宋学一边的。

而清代学术史中汉宋关系至关紧要，以一般所论看，清学以"经学即理学"开端，以"汉宋调和"收尾，则汉学与宋学那剪不断、理还乱的关联可以说贯穿始终；尤其晚清"汉宋调和"取向是出现在汉学成正统以后，其中相当一些人明显倾向于宋学，不过以"调和"的面貌出现，故在一定程度上甚至可说清学是以反宋学始而以复宋学终。⑱

这里面当然还有更细致的分别，一方面，清初反宋学者所针对的"空疏"等多是明学特征，他们所反的宋学实际更多是明学，以及宋学的陆、王一系，而程、朱一系则所受冲击相对较轻。且如后人所指出的，清人所兴的"汉学"中确有不少程、朱一系特别是朱子系统的"宋学"成分。另一方面，当事人自己的表述无论如何也不能忽视。明学连作为反对的目标也不齿及，固体现出分外的轻蔑；然当事人将其作为"宋学"来反，当然也代表他们心目中的"宋学"。同样，道咸以后复兴的宋学与乾嘉诸儒所反对的宋学其实不必是一个宋学，此前之宋学实多为明学，最多也就上溯到宋学的陆、王一系；而此后复兴的宋学则更多是程、朱一系,且愈来愈由程转朱。晚清汉宋调和者及后来民初学者常说清代汉学本是继承宋学,便多是指朱学而言。⑭

傅斯年就曾说:"自今日观之,清代所谓宋学实是明代之官学;而所谓汉学,大体上直是自紫阳至深宁一脉相承之宋学。今人固可有此'觚不觚'之叹,在当时环境中则不易在此处平心静气。"⑮清人汉学本从朱子一系之宋学所出,也是从清季便存的说法,⑯然傅先生特别区分"今日"的眼光与"当时环境"的歧异,则尤为得体。

一般多以为,清代汉学不长于义理,所以戴震等才不得不"明避宋学之途,暗夺宋学之席",出入于汉宋两学之间。⑰但冯友兰的看法则相当不同,他虽然也说清代"汉学家之义理之学,表面上虽为反道学,而实则系一部分道学之继续发展";但同时相当轻视清代的宋学家,认为他们"只传述",而"少显著的新见解。故讲此时代之哲学,须在所谓汉学家中求之"。冯先生又说,清初诸大儒"皆反宋学,而其所攻击辩论者,多及理学家,而鲜及心学家"。⑱这不啻说清儒所反的是真宋学而非明学,与多数人所见恰相反,怪不得陈寅恪说冯著"取西洋哲学观念,以阐明紫阳之学,宜其成系统而多新解"。⑲

但冯友兰关于清代汉学与宋学关系的言说也有所本。刘师培已说,清代"治汉学者未必尽用汉儒之说,即用汉儒之说亦未必用以治汉儒所治之书。是则所谓汉学者,不过用汉儒之训故以说经,及用汉儒注书之要例以治群书耳"。⑳换言之,一时代学术的特征当从其所思考所讨论的问题、所依据和处理的典籍、以及所运用的治学方法等方面求之。此意冯氏得之,他特别重视清代汉学家所讨论的问题"仍是宋明道学家所提出之问题;其所据之经典,如《论语》、《孟子》、《大学》、《中庸》等,仍是宋明道学家所提出之四书"。而清代汉学家对"宋明道学家之问题,能予以较不同的解答;对于宋明道学家所依经典,能予以较不同的解释"。若后一点成立,则说清代"哲学"当从汉学中求,而不必从宋学中求,也有所见。这大概也是前引冯氏区分今文家与道学家的一个思想基础。

这样,若就对清代学术至关紧要的汉宋关系言,若把梁、钱二人所见与章太炎和刘师培的见解结合起来看,在章、刘之中,章的汉学立场更坚定,而刘有时稍近宋学;在梁、钱二人中,则梁明显更近于汉学。这样,若将汉学和宋学置于左右两端而以图形表示,则从左至右大体呈现出章、刘、梁、钱的顺序。当然,此仅指大的倾向而言,在具体人物、题目的处理上,四人又各有异同。

在人物的去取轻重方面,偏汉学者和偏道咸"新学"者之间常有一些较大的差异,章学诚就是一个显例。章太炎、刘师培对章学诚都是一笔带过,评价也不甚高。虽然太炎私下也说他自己"之于实斋,亦犹康成之于仲师,同宗大儒,明理典籍,宗仰子骏,如晦见明,私心倾向久矣";但若以章学诚与戴震比,则两人相去甚远,即使在章学诚擅长的史学方面,他也认为"实斋实未作史,徒为郡邑志乘,固无待高引古义;试作通史,然后知戴氏之学,弥仑万有"。⑤

按郑众和郑玄虽有先郑、后郑之称,而后郑之学固过于先郑;太炎以郑玄自居,而以郑众拟实斋,在自负之余,已知其对章学诚的看法实不能有多高。在更正式的著述中,他在《訄书·清儒》中说"章学诚为《文史》、《校雠》诸通义,以复歆、固之学,其卓约过《史通》";到《检论·清儒》中则改为"章学诚为《文史》、《校雠》诸通义,以复歆、固之学,其卓约近《史通》"。从"卓约过《史通》"到"近《史通》",可见其评价是后而益低。⑤而刘师培在《近儒学术统系论》中也不过说章学诚"亦熟于文献,既乃杂治史例,上追刘子玄、郑樵之传,区别古籍,因流溯源,以穷其派别"。在《清儒得失论》中更仅将章学诚列入戴震交游范围之内,以"章氏达于史例"一句带过。

在梁启超和钱穆的书中,章学诚的地位就高太多了。梁启超的《清代学术概论》中有一段专论章学诚,视其为清学全盛期与蜕分期之间一"重要人物"。这一段文字的分量虽不多,在另一处又说其"著《文史通义》,学识在刘知幾、郑樵上",⑧已是相当高的评价了。梁氏《近三百年学术史》因实际未曾以章节论及清中叶人物,所以不知其将如何专论章学诚。但他把章学诚和全祖望并列为"浙东一派领袖人物",又说"乾嘉诸老中有三两位——如戴东原、焦里堂、章实斋等,都有他们自己的哲学,超乎考证学以上",并表示这些内容"待下文再讲",可知其原拟较详细地讨论章学诚的"哲学"。至于史学,梁氏更明言章学诚是"清代唯一之史学大师",其地位已至高无上了。⑨而钱穆尊章更甚,在其全书以人物领衔的十三章正文中,章学诚就占了一章,与戴震同等。⑩

除人物处置外,四人论清学史还有一隐而不显的差别,即经史之分,在叙述晚清一段时尤其明显。四人中最年轻的钱穆已经不在科举时代成长,所以连带着对经学的疏离也较远。[61]与其他三人所论大体不离经学统系不同,钱先生在解释晚清学术演变时,特重曾国藩,专列一章进行论述。从今人眼光看,明显可见偏重思想史甚于学术史的意味。曾氏在同时代人中的全方位影响确难有匹敌,其学术修为,在其自己界定的义理、辞章、考据、经济(经世)四项中可说已占其三,独第三项"考据"无大贡献,故凡以经学为基础论清学者便很少语及这位从史学角度看不能不述的人物。

梁启超在相当程度上亦然。虽然晚清学术演变与经今文学的兴起密切相关,而明显亲今文学的梁氏所重除康有为外,所陈述的也是谭嗣同等"思想人物",与章太炎所标举的大不相同。太炎在《说林下》中论"近世经师"说:

研精故训而不支,博考事实而不乱,文理密察,发前修所未见,每下一义,泰山不移,若德清俞先生、定海黄以周、瑞安孙诒让,此其上也。守一家之学,为之疏通证明,文句隐没,钩深而致之显,上比伯渊,下规凤喈,若善化皮锡瑞,此其次也。己无心得,亦无以发前人隐义,而通知法式,能辨真妄,比辑章句,秩如有条,不溢以俗儒狂夫之说,若长沙王先谦,此其次也。高论西汉而谬于实证,侈谈大义而杂以夸言,务为华妙,以悦文人,相其文质,不出辞人说经之域,若丹徒庄忠棫、湘潭王闿运,又其次也。归命素王,以其言为无不包络,未来之事,如占蓍龟,瀛海之大,如观掌上;其说经也,略法今文,而不通其条贯,一字之近于译文者,以为重宝,使经典为图书符命,若井研廖平,又其次也。⑫

且不论太炎对各人的评价,凡能入其法眼而能被提及者,不管是褒是贬,都是其人学术地位的体现。这些人中与今文学近者多,而所处地域则相当大部分在湖南、四川,精准地描述了清季学术的走向。可见章氏虽十分不喜晚清今文家,但观察学术脉络和走向仍相当平正,不以个人喜好为取舍(其个人观感多以评议中的痛下针砭来表现),颇有分寸。与他人论晚清"学术"者多见"思想"和"起而行"者的表现,实不可同日而语。

　　基本上,经学背景愈深厚者所论愈近于章太炎的观察。刘师培论晚清学术也注意到今文学由湖南向四川的走向,惟所述人物不及章太炎周详。⑬另一位比较能综合章、刘等汉学倾向和道咸"新学"倾向双方研究成绩的是侯外庐,他对晚清的处理也是重"思想"甚于"学术"。有意思的是,侯著在结构等方面颇近钱穆的《国学概论》和《近三百年学术史》,然其较多引用章太炎和梁启超,基本不提钱著。⑭当然,侯著与钱著的相近,也可能因为两人俱无什么经学背景,所以常能无家派观念,然又皆偏重"义理",有时甚或是从民国的趋新观念反观晚清,故章太炎注意到的"旧"学人物他们都视而不见。

　　另一方面,也不能过分强调章、刘等与道咸"新学"一系的歧异之处,这两种看似不同甚或对立的取向在不少方面也有相通甚至共同之处。例如倒放电影的倾向,便是章、刘、梁、钱所共同的。他们多少都受到清季革命党观念的影响,对清初的理学名臣或视而不见、几乎不提,或极力贬斥。当然,这方面各人受影响的程度不同,相对而言,较年轻也明显尊崇宋学的钱穆对清初理学名臣的包容要超过上面三人。同时,道咸以降的学问大家,即使是宗"汉学"者,也都特别讲究"义理"。章太炎自己就说,"学问以语言为本质",故不能不讲求小学;但更"以真理为归宿,故周秦诸子,其堂奥也"。他也曾批评清儒治诸子"惟有训诂,未有明其义理"之不足。⑥强调义理的重要在语言文字之上,并因此而高看诸子,这恐怕是以文字训诂见道的乾嘉汉学家很少想到的问题。⑥

无论如何,在乾嘉汉学一线的观念没有被充分结合进学术史研究之前,我们对清代或近三百年"学术"的认知多少都有些偏颇。正因显带倾向性的梁、钱二著长期成为清代学术史的权威参考书,对这一时段学术的一些基本的看法不仅可能有偏向,且有些偏颇的看法已渐成流行的观念,甚至接近众皆认可的程度了。今日要对近三百年学术进行相对均衡的系统整理,当然不必回到清人"汉宋、今古"一类的藩篱之中,但把章太炎、刘师培等人关于清学的论述汇聚而表出,使之与梁、钱二著并列而为清代学术史领域的主要参考书,则是非常必要的,也有利于后人在此基础上写出更具包容性的清代学术史论著。

上海古籍出版社体会学界之所需,请徐亮工先生整理出这本《中国近三百年学术史论》,对研究这一时段学术史,有重要的参考价值。徐先生主治先秦史,因而对清代经学非常熟悉。据我所知,本书筹备选编已有数年,处理是相当审慎的。本书同时辑入邓实在《国粹学报》上论述清学的两文作为附录,甚有见地。盖邓实从简朝亮学,是朱次琦一脉,本所谓"调和汉宋"一线的学人。因乾嘉汉学的积威到晚清尚余波未息,一般"调和汉宋"者实多偏宋,朱氏在这方面尤其明显。然其学传到简朝亮已朝相反的倾向发展,钱穆就注意到,朱次琦"论学,在当时要为孤掌之鸣。从学有简朝亮最著,然似未能承其学,仍是乾嘉经学余绪耳"。⑥这是相当准确的观察,故邓实虽属"调和汉宋"一脉,实则更偏于汉学。

按照梁启超对"近三百年"的定义,上包括晚明而下进入民国,即将民初十多年也包括在内。而章、刘所论,均少及民国学术。本书附录另收入樊少泉(抗父)的《最近二十年间中国旧学之进步》一文,多少弥补了这一缺憾。⑧樊氏一文发表于 1922 年,他是当时少数能兼顾新旧治学取向之成就者。其所论虽名为"旧学",实际不仅述及王先谦等当时整理旧籍的新成绩和柯劭忞的《新元史》,更主要表彰了罗振玉和王国维在那时学术开新的面相。⑥该文叙述的很多内容明显在"20 世纪新史学"范围之内,而今人讲 20 世纪"新史学"却常忽略这些内容,更增加了本文在学术史上的参考价值。

此外,胡适在整理国故时期也有好几篇与清代学术相关的论文,应该参考。还可以参考的,则是当年北大两位学生在 1919 年的见解,即傅斯年的《清代学问的门径书几种》和顾颉刚的《中国近来学术思想界的变迁观》;⑩后者虽然出版时间甚晚,也作于 1919 年。与胡适一样,两人都承认清代学术有接近科学的一面。傅先生更多是遵循旧体系而出新,尤其侧重清学的"文艺复兴"一面;顾先生则有较多体现时代风采的个人"裁断",常跳出往昔的汉宋、今古等区分。两人都有些超出梁、钱二书也不同于章、刘之文的重要见解。

傅斯年当年曾说:康有为和章太炎代表了清代学问的结束期,这一时期非常重要,"中国人的思想到了这时期,已经把'孔子及真理'一条信条摇动了,已经临于绝境,必须有急转直下的趋向了;古文学今文学已经成就了精密的系统,不能有大体的增加了;又当西洋学问渐渐入中国,相逢之下,此消彼长的时机已熟了。所以这个时期竟可说是中国近代文化转移的枢纽。这个以前,是中国的学艺复兴时代;这个以后,便要是中国学艺的再造时代"。⑰傅先生说此话已经过了八九十年,不论他所论是否确切,今人的确应该进入"中国学艺的再造时代"了。学术的再造只能走温故知新的路,本书便是温故的好帮手。全书集大家之言,定会成为这一领域长期持续的主要参考书。

---

① 张继致《新潮》杂志,1919 年 4 月 29 日,《新潮》,2 卷 2 号(1919 年 12 月),上海书店 1986 年影印本,366 页。

② 这是那一代人常思考的问题,如梁启超便曾说,"泰西之政治,常随学术思想

为转移;中国之学术思想,常随政治为转移"(梁启超:《论中国学术思想变迁之大势》[1902-1904年],《饮冰室合集》文集之七,中华书局1989年影印,38页)。但他随后就更强调"一国之进步,必以学术思想为之母,而风俗政治皆其子孙"(梁启超:《新民说》,《饮冰室合集》专集之四,59页)。类似的思虑曾经缠绕着许多近代读书人,从"新民"到"新文化"再到"新生活"等的持续努力与此密切相关,此不赘。

③ 胡适就是其中的一个,他那时讲话写文章很爱使用的时代分段就是三百年,参见罗志田:《再造文明的尝试:胡适传》,中华书局,2006年,160-161页。

④ 梁启超:《中国近三百年学术史》(1923-1924年),《饮冰室合集》专集之七十五,1-364页(以下径引书名)。此书较好的版本是朱维铮校注的《梁启超论清学史二种》(复旦大学出版社,1985)中所收者,惜亦增添了少许"现代"手民之误。

⑤ 蒋维乔:《中国近三百年哲学史》(上海中华书局,1932年);钱穆:《中国近三百年学术史》(上海商务印书馆,1937年,我所用的是台北商务印书馆1964年重印本);龙榆生:《近三百年名家词选》(上海古典文学出版社,1956年)。有意思的对比是,当年讨论政治军事外交的则常用"近三十年"、"近百年"这样的时代分段,如上海太平洋书店在1930年便出版了李剑农的《最近三十年中国政治史》(后扩充为《中国近百年政治史》)、文公直的《最近三十年中国军事史》和刘彦的《最近三十年中国外交史》。当然,这只是就倾向而言,如稍后郭湛波便有《近三十年中国思想史》(后扩充为《近五十年中国思想史》)北平大北书局,1935年。

⑥ 梁启超:《论中国学术思想变迁之大势》,《饮冰室合集》文集之七,1-104页。

⑦ 梁启超:《清代学术概论》,朱维铮校订,上海古籍出版社,1998。按《近世之学术》约25,000字,《清代学术概论》则已略超过55,000字。

⑧ 梁启超:《中国近三百年学术史》,1页。

⑨ 梁启超:《清代学术概论》,1页。

⑩ 梁启超早年在与人讨论时，似乎以为若写"哲学史"便当选择性地论述那些"完全"而"有条理"的思想，若讨论"学术思想变迁之大势"，则必须述及所有"在其时代占势力"而"可以代表一时代一地方之思想者"，而不必计其优劣。则其论"思想"或更重其社会影响。参见梁启超：《〈周末学术余议〉识语》(1902 年)，《饮冰室合集·集外文》，夏晓虹辑，北京大学出版社，2005 年，104 - 105 页。

⑪ 李先生的原话是："梁任公的《清代学术概论》，以及《中国近三百年学术史》，真是覆盖了中国学术的方方面面，使我们看到学术史应当是怎样的规模。后来的一些书，包括大家熟悉的钱穆《中国近三百年学术史》，便实际上是思想史，而且主要是哲学史了。站在今天的高度上，接续梁启超的学术史研究事业，是当前学术界应该承担的责任。"参见《怎样重写学术史(笔谈)》，《文汇读书周报》1998 年 10 月 3 日，5 版。

⑫ 我所用的是台北广文书局 1983 年 3 版。

⑬ 原名《中国近世思想学说史》，重庆三友书店 1944 - 1945 初版；我所用的是上海生活书店 1947 年修订版，上下册。

⑭ 侯外庐：《韧的追求》，三联书店，1985 年，290 - 293 页，引文在 293 页。

⑮ 参见黄宣民校订的侯外庐著《中国近代启蒙思想史》(人民出版社，1993 年)一书撰写的《后记》，416 - 417 页。

⑯ 陈祖武：《清代学术拾零》，湖南人民出版社，1999 年，340 页。

⑰ 陈祖武、朱彤：《乾嘉学派研究》，河北人民出版社，2005 年，674 - 675 页。本文所引部分为陈先生所写。

⑱ 关于民初以来对清代学术的研究，可参见黄克武：《清代考证学的渊源——民初以来研究成果之评介》，《近代中国史研究通讯》，第 11 期(1991 年)，140 - 154 页。

⑲ 丘为君：《清代思想史"研究典范"的形成、特质与义涵》，《清华学报》(新竹)新 4 卷 4 期(1994 年 12 月)，451 - 494 页。

⑳ 钱穆：《八十忆双亲·师友杂忆》，三联书店，1998年，163页。

㉑ 王国维：《沈乙庵先生七十寿序》，《王国维遗书·观堂集林》卷23，上海古籍出版社1983年影印商务印书馆1940年版，26-27页。

㉒ 张之洞：《张文襄公全集诗集》四《学术》，中国书店1990年影印本，卷227，第4册，1005页。

㉓ 胡适的原话是"'正统'的崩坏，'异军'的复活"。参见胡适致钱玄同，1932年5月10日，引在耿云志：《胡适年谱》，四川人民出版社，1989年，198页。

㉔ 现在也有学者认为经学中本无此区分，都是后人所造出。从纯"科学"分析的角度看，固然也可以就此探讨，但那样必先严格界定何为"经学"，然后据此定义以倒衡古人。若从史学眼光看，在相当一段时间里有相当数量的学人有此看法，就是历史事实，不宜无视昔人实际认知的存在。

㉕ 冯友兰：《中国哲学史》，商务印书馆1944年第一版，下册，1010页。

㉖ 钱穆：《中国近三百年学术史》，528页。

㉗ 这个问题所涉甚宽，只能另文展开讨论。一些初步的探讨，可参阅罗志田：《权势转移：近代中国的思想、社会与学术》，湖北人民出版社，1999年，302-375页。

㉘ 孙宝瑄：《忘山庐日记》，光绪二十三年三月十四日，上海古籍出版社，1983年，上册，89页。

㉙ 章太炎：《与人论〈朴学报〉书》(1906年)，《章太炎全集》，第4卷，上海人民出版社，1985年，154页。

㉚ 参见本书所收的章太炎：《与吴检斋论清代学术书》、刘师培：《清儒得失论》。

㉛ 参见本书所收邓实的《国学今论》，原刊《国粹学报》第1年第4期。

㉜ 叶德辉：《郋园书札·与戴宣翘书》，长沙中国古书刊社1935年《郋园全书》汇印本，20页。

㉝ 蒙文通：《经学导言》(原名《近二十年来汉学之平议》)，《经史抉原》(《蒙文通文集》第3卷)，巴蜀书社，1995年，10页。

㉞ 类似思路入民国后仍持续，一度兴盛的"古史辨"派便上接今文家脉，而章氏弟子孙思昉(至诚)代其师指出："康南海《新学伪经考》出，则群经之可读者鲜矣；崔适之《史记探源》出，则史之可读者鲜矣。近之以尧舜神禹为虚造者，实自康、崔诸为今文学者启之。"参见徐一士：《一士类稿·太炎弟子论述师说》，见荣孟源、章伯锋主编：《近代稗海》(2)，四川人民出版社，1985年，105页。

㉟ "与熊纯如书"，1917年4月26日，《严复集》，王栻编，中华书局，1986年，第3册，668。按严复所谓"为善为恶，姑不具论"，可能是在因应章太炎的《俱分进化论》，而太炎固以为"中国自宋以后，有退化而无进化。善亦愈退，恶亦愈退"也。参见章太炎：《俱分进化论》(1906年)，《章太炎全集》，第4卷，引文在391页。

㊱ 陈寅恪：《邓广铭〈宋史职官志考证〉序》，《金明馆丛稿二编》，三联书店，2001年，277页。

㊲ 钱穆：《中国近三百年学术史》，自序1页、正文1页。

㊳ 有意思的是，今人不能领会钱穆的分寸感，部分可能还是受梁启超的影响。梁启超在1904年说，"《明儒学案》六十二卷，为一代儒林薮，尚矣；非徒讲学之圭臬，抑亦学界一新纪元也。学之有史，自梨洲始"(《论中国学术思想变迁之大势》，《饮冰室合集》文集之七，82页)。后在《清代学术概论》中又说，清代"史学之祖当推宗羲，所著《明儒学案》，中国之有'学术史'自此始"(《清代学术概论》，17页)。其实《明儒学案》、《宋元学案》等更多是理学书而非史学书，在论述理学特别是其学脉时自不能不述及家派，然其本身未必是今人所认知的"学术史"。惟梁氏影响力甚广，后人追而随之，自不容易看出钱穆的分寸感了。

㊴ 按他所谓学术的"正确名词"，不过依据外来学术分类的"性质"而定。参见柳诒徵(讲演，赵万里、王汉记)：《汉学与宋学》，东南大学、南京高师国学研究会编《国学研究会演讲录》，第1集，上海商务印书馆，1924年，84-90页(本

文承徐雁平君代为复制,谨此致谢)。柳诒徵的学术取向比较特殊,有时他也以更"保守"的态度批评章太炎破坏传统,也有稍偏于道咸"新学"一系的意味。同时他也不满梁启超对清代学术的见解,有些后来得到传播的观念,如顾炎武非清学之开山,在很多方面不过是继承明学的说法,似即为柳氏最先进行系统论述(参见柳诒徵:《顾氏学述》,原刊《学衡》1922年5期,收入《柳诒徵史学论文续集》,柳曾符、柳定生选编,上海古籍出版社,1991年,20-34页)。此说对钱穆有明显的影响,盖可证清学不仅非明学之"反动",而且是其承接者。今人有把柳诒徵的观念算作钱穆之创获者,不知钱著乃教科书,所以基本不提他人言说出处;若专论钱先生述清学之成绩,便当多读书而后知何为因何为创也。

⑩ 反倒是今人爱说的"扬州学派",才是晚出之说。如《清代扬州学记》的作者张舜徽所说:"近人研究清代学术史的,莫不认为'汉学'兴起时有吴、皖二派。……很少有人注意到扬州学者们在清代学术界中所起的重大作用。"张舜徽:《清代扬州学记》,广陵书社,2004年,2页。观张氏书中所论,俱为人人提到的清代大儒,从未被忽视;则所谓"很少有人注意到",实即"扬州学派"一说基本不存于昔人心中也。

⑪ 周予同:《顾著〈古史辨〉的读后感》,《中国经学史讲义》,《周予同经学史论著选集》,朱维铮编,上海人民出版社,1983年,609、903-904页。

⑫ 本段与下段,周予同:《中国经学史讲义》,《周予同经学史论著选集》,836-837、900页。

⑬ 近年朱维铮先生的著述颇申其师说,发扬而光大之,渐有改变风尚的趋向。其实朱先生是本书导言最合适的撰人,我也曾数次向出版社建议敦请朱先生主此事,上海古籍出版社似与朱先生联系较密切,云其文债积累已太多,恐难有余力及此,这是很可惜的。

⑭ 梁启超:《论中国学术思想变迁之大势》,《饮冰室合集》文集之七,95页。

⑮ 梁启超:《清代学术概论》,69页。

㊻ 按梁启超的《清代学术概论》一书颇有些新颖特别的见解,如他特别关注到当时"学者社会"之状况(书中两次提及"学者社会"),并据此而讨论学术的发展。这在今日也还属于"新说"一类,梁氏则很早见及,其眼光犀利,确过常人。惟非书本为蒋百里的《欧洲文艺复兴史》之序,而梁、蒋二氏在游欧期间曾一起听法国人讲欧洲文艺复兴(蒋著即本该系列演讲而成),也不排除这一视角受到法国人影响,至少西方文艺复兴是他心目中的参照系;如梁氏也特别注意到清之考证学"运动热度最高时,可以举全社会各部分之人人,悉参加于此运动";因此,对考证学之发达产生助力者包括各类看似与学问无关之人,他当时心中所思的,便是其"与南欧巨室豪贾之于文艺复兴,若合符契"(梁启超:《清代学术概论》,66-67页)。

㊼ 钱穆:《国学概论》,台北商务印书馆,1963年重印,下篇61-135页,引文在73页。

㊽ 这也只是就一个主要倾向而言,如周予同就更侧重晚清今文学的兴起,以为"初期清学是反明代之学而复于汉唐之学,中期是反唐宋之学而复于汉学,后期是反东汉经学而复于西汉经学"。参见其《中国经学史讲义》,《周予同经学史论著选集》,903页。

㊾ 民初宋学重新得到提倡,然时人所说的宋学,又未必重理学,颇值得玩味。不过,说清儒的考据式汉学实出于宋学者,多未重视传经与传道的区别。盖传经者不敢疑经,甚至不敢疑汉儒的"传"(读若 zhuàn),其重在经之"传承";传道者以道为贵,无所谓经、无所谓传;只要自己悟道,不仅连经也敢疑,天下事无不可疑(当然不一定要疑)。因此,说宋儒已开考据之先河是不错的,说清儒在这方面继承宋儒也不错;但若说清儒之汉学即朱子一脉的宋学,则在基本精神上忽视了基本不疑经的清儒与敢于疑经的朱熹等宋人的区别。

㊿ 傅斯年:《性命古训辨证》,《傅斯年全集》,台北联经出版公司,1980年,第2册,166页。

51 如叶德辉就认为清代汉学是从"宋学"中化出,他说:"国初巨儒如顾亭林、阎百诗诸先生,其初皆出于宋学,而兼为训诂考订之事,遂为汉学之胚胎。汉学之名,古无有也。倡之者三惠,成之者江慎修、戴东原。然此数君,皆未化宋学之迹者也。"叶氏收藏有戴震《诗经补注》原稿,其中"采宋人说最多",只不过后来刊刻的戴氏遗书及学海堂本将这些内容"皆删去"。故他认为:后来有调和汉宋学派这一取向的出现,即因"乾嘉诸儒,晚年亦侵[浸?]宋学"。像戴震、孙星衍、阮元等,"皆明避宋学之途,暗夺宋学之席"(叶德辉:《郋园书札·与戴宣翘书》,19-20页)。

○52 参见罗志田:《权势转移:近代中国的思想、社会与学术》,344-348页。

○53 本段与下段,冯友兰:《中国哲学史》,下册,974-975、1009页。

○54 陈寅恪:《冯友兰〈中国哲学史〉下册审查报告》,《金明馆丛稿二编》,282页。此语在陈先生未必是褒扬,盖多少让人想到他审查冯著上册所说的"其言论愈有条理统系,则去古人学说之真相愈远"一语(陈寅恪:《冯友兰〈中国哲学史〉上册审查报告》,《金明馆丛稿二编》,280页)。

○55 参见本书刘师培:《近代汉学变迁论》。

○56 章太炎:《致吴君遂书》(1902年8月),《章太炎政论选集》,汤志钧编,中华书局,1977年,172-173页。

○57 章太炎晚年在《救学弊论》中更说章学诚"标举《文史》、《校雠》诸义,陵厉无前,然于《汉书·艺文志》儒家所列平原老七篇者误仞为赵公子胜,于是发抒狂语,谓游食者依附为之,乃不悟班氏自注明云朱建;疏略至是,亦何以为校雠之学邪"?此三文俱见本书。

○58 梁启超:《清代学术概论》,18、69-70页。

○59 梁启超:《中国近三百年学术史》,22-24、304页。

○60 参见钱穆:《中国近三百年学术史》,第9章。可资对比的是,乾嘉大儒钱大昕,在钱书中几乎不曾齿及;而一般认为清代汉学吴派开山者的惠栋,也只不过附在戴震一章里略作讨论(按刘师培在《近代汉学变迁论》中,已在讨论第二期征实派时将"惠氏之治《易》"附论于其所论"江、戴之学"一段中)。

(61) 许多反对科举的人都以为昔年考试并不以真学问为重，故影响了学术的发展；其实在“名教”尚起作用的时代，科举与学术的关系非常微妙，学术本身自有其有形无形的“权势”(包括社会权势和学术权势)在，与科举并存而互动。章太炎在1910年说，“科举文辞至腐朽，得科举者，犹自知不为成学。入官以后，尚往往理群籍、质通人。故书数之艺、六籍之故、史志之守、性命之学，不因以蠹败；或乃乘时间出，有愈于前”(章太炎：《程师》，《章太炎全集》，第4卷，139－140页)。此见甚高，学问之道的“话语权势”主要不在科举，然两者也有互补的一面。故科举的社会功能主要确为官吏养成所和绅士制造所，而学之高下则自有“学界”圈内的定评，虽受学术以外的“势”所影响，终不能全为其左右。此问题这里不能展开，当另文探讨。

(62)《说林》已收入本书。

(63) 参见本书《近儒学术统系论》、《清儒得失论》、《近代汉学变迁论》中相关内容。

(64) 若论及道咸“新学”那“务为前人所不为”的特点，侯外庐与梁启超一样明显。梁氏最能与时俱进，常以倒放电影的方式反观往昔，如其特别重视清儒在算学等方面的科学进展，关注早期注音字母的产生等，似均过分强调了这些因素在当时学术中的地位和影响。他也爱以西学比傅中学，使用诸如文艺复兴一类说法来表述清代学术。这方面侯外庐颇类似，他所引进的“启蒙”观念是他论述近三百年学术思想的主轴。

(65) 章太炎：《致国粹学报书》(1909年)，《章太炎政论选集》，497页。按太炎对诸子学的态度是有转变的，他在《致国粹学报书》中尚认为“甄明理学，此可为道德之训言(即伦理学)，不足为真理之归趣……惟诸子能起近人之废”。然他当时也已指出，若“提倡者欲令分析至精，而苟弄笔札者或变为猖狂无验之词”(同前书，498页)。而张之洞早就说过，“道光以来，学人喜以纬书、佛书讲经学；光绪以来，学人尤喜治周秦诸子；其流弊恐有非好学诸君子所及料者”(张之洞：《劝学篇·宗经》，《张文襄公全集》，第4册，556页)。章氏晚年在苏州办国学讲习会时，即注意到过分强调讲究义理的诸子学的确造成了避实就虚的负面影响,以为"诸子之学,在今日易滋流弊",只能少讲,故其课程设置"以经为最多"。参见章太炎复李续川书,引在厉鼎煃:《章太炎先生访问记》,《国风》(南京),8卷4期(1936年4月),132页。同样的态度转变也反映在他对自己1906年所著的《诸子学略说》之上,该文确实有些"创新之说",连胡适在1914年读到也觉其中"多谬妄臆说,不似经师之语"(《胡适日记全编》,1914年9月13日,曹伯言整理,安徽教育出版社,2001年,第1册,484页)。后来太炎手定《章氏丛书》,已不收此文。1922年柳诒徵批评此文"诋孔",太炎公开表示感谢,懊悔"前声已放,驷不及舌;后虽刊落,反为浅人所取"。参见汤志钧编:《章太炎年谱长编》,中华书局,1979年,下册,634页。

⑯ 不过,如余英时师注意到的,戴晚年也说"义理者,文章、考核之源也。熟乎义理,而后能考核、能文章"。与其早年专强调考证不同,两者实相辅相成。参见余英时:《方以智晚节考》(增订版),三联书店,2004年,74页。

⑰ 钱穆:《朱九江学述》(约1976、1977年间),《中国学术思想史论丛》(八),《钱宾四先生全集》,台北联经出版公司,1998年,第22册,507页。

⑱ 抗父:《最近二十年间中国旧学之进步》,《东方杂志》19卷3号(1922年2月10日)。

⑲ 这篇文章论及王国维的新成绩甚多,以至于十多年后金毓黻还在猜这篇文章可能是王国维自己所作。参见金毓黻:《静晤室日记》,1938年10月24日,辽沈书社,1993年,第6册,4240页。

⑳ 傅斯年:《清代学问的门径书几种》(1919年),《新潮》,1卷4号(1919年4月),699-705页;顾颉刚:《中国近来学术思想界的变迁观》(1919年),《中国哲学》,第11辑,人民出版社,1984年,302-322页。

㉑ 傅斯年:《清代学问的门径书几种》,《新潮》,1卷4号,702页。

章太炎论中国近 ｜
三百年学术史

清儒(一)[①]

　　古之言虚,以为两栌之间,当其无栌(本《墨子·经上》。栌即栌,柱上小方木也)。六艺者(凡言六艺,在周为礼、乐、射、御、书、数,在汉为六经。此自古今异语,各不相因,言者各就便宜,无为甘辛互忌),古诗积三千余篇,其他益繁,鱢触无协。仲尼剟其什九,而弗能贯之以栌间。故曰:达于九流,非儒家擅之也。

　　六艺,史也。上古以史为天官,其记录有近于神话(《宗教学概论》曰:"古者祭司皆僧侣。其祭祀率有定时,故因岁时之计算,而兴天文之观测;至于法律组织,亦因测定岁时,以施命令。是在僧侣,则为历算之根本教权;因掌历数,于是掌纪年、历史记录之属。如犹太《列王纪略》、《民数纪略》并列入圣书中。日本忌部氏亦掌古记录。印度之《富兰那》,即纪年书也。且僧侣兼司教育,故学术多出其口,或称神造,则以研究天然为天然科学所自始;或因神祇以立传记,或说宇宙始终以定教旨。斯其流浸繁矣。"案：此则古史多出神官，中外一也。人言六经皆史，未知古史皆经也），学说则驳。

《易》之为道：披佗告拉斯家（希腊学派）以为，凡百事物，皆模效肤理，其性质有相为正乏者十种：一曰有限无限，二曰奇耦，三曰一多，四曰左右，五曰牝牡，六曰静动，七曰直线曲线，八曰昏明，九曰善恶，十曰平方直角。天地不率其秩序，不能以成万物，尽之矣（案：是说所谓十性，其八皆《周易》中恒义。惟直线曲线、平方直角二性，《易》无明文。庄中白棫《周易通义》曰：曲成万物，在《周髀》为句股弦，引伸之为和为较，言得一角则诸角可以推也。《易》不言句股弦，而言曲成，何也？句股弦不能尽万物，故一言"曲成万物"，又言"不遗"也。天之运行十二辰，曲成也；地之山川溪涧，曲成也；人物之筋脉转动，曲成也。故言"曲成"可以该《周髀》，言《周髀》不可以该"曲成"也）。

《诗》若《薄伽梵歌》，《书》若《富兰那》神话，下取民义，而上与九天出王。惟《乐》，犹《偠马》（吠陀歌诗）、《黑邪柔》（吠陀赞诵祝词及诸密语，有黑白二邪柔）矣，鸟兽将将，天翟率舞，观其征召，而怪迁侏大可知也。

《礼》、《春秋》者，其言雅驯近人世，故荀子为之隆礼义，杀《诗》、《书》。礼义隆，则《士礼》、《周官》与夫公冠、奔丧之典，杂沓并出而偕列于经；《诗》、《书》杀，则伏生删百篇而为二十九（《尚书大传》明言"六誓"、"五诰"，其篇具在伏书。伏书所无，如《汤诰》者，虽序在百篇，而"五诰"不与焉。以是知二十九篇伏生自定其目，乃就百篇杀之，特托其辞于孔子耳。谓授读未卒遽死者,非也。知杀《诗》、《书》之说,则近儒谓孔子本无百篇,壁中之书,皆歆、莽驾言伪撰者,亦非也);《齐诗》之说五际、六情,庋《颂》与《国风》,而举二《雅》(迮鹤寿曰:十五《国风》,诸侯之风也;三《颂》,宗庙之乐也;唯二《雅》述王者政教,故四始、五际专用二《雅》,不用《风》、《颂》。案:刘子骏《移大常博士》曰:"一人不能独尽其经,或为《雅》,或为《颂》,相合而成。"盖过矣。三家《诗》皆杀本经,而专取其一帙;今可见者,独《齐诗》。《齐诗》怪诞,诚不可为典要,以证荀说行于汉儒尔)。虽然,治经恒以诵法讨论为剂。诵法者,以其义束身,而有隆杀;讨论者,以其事观世,有其隆之,无或杀也。西京之儒,其诵法既陕隘,事不周浃而比次之,是故龉差失实,犹以师说效用于王官,制法决事,兹益害也。

杜、贾、马、郑之伦作,即知"抟国不在敦古",博其别记,稽其法度,核其名实,论其社会以观世,而"六艺"复返于史。神话之病,不渍于今,其源流清浊之所处,风化芳臭气泽之所及,则昭然察矣。乱于魏、晋,及宋、明益荡。继汉有作,而次清儒。

清世理学之言,竭而无余华:多忌,故歌诗文史楛;愚民,故经世先王之志衰(三事皆有作者,然其弗逮宋明远甚)。家有智慧,大凑于说经,亦以纾死,而其术近工眇踔善矣。

始故明职方郎昆山顾炎武,为《唐韵正》、《易》、《诗》本音,古韵始明,其后言声音训诂者禀焉。大原阎若璩撰《古文尚书疏证》,定东晋晚书为作伪,学者宗之。济阳张尔岐始明《仪礼》,而德清胡渭审察地望,系之《禹贡》,皆为硕儒。然草创未精博,时糅杂宋、明谰言。其成学箸系统者,自乾隆朝始。一自吴,一自皖南。

吴始惠栋,其学好博而尊闻;皖南始戴震,综形名,任裁断。此其所异也。

先栋时有何焯、陈景云、沈德潜,皆尚洽通,杂治经史文辞。至栋,承其父士奇学,揖志经术,撰《九经古义》、《周易述》、《明堂大道录》、《古文尚书考》、《左传补注》,始精眇,不惑于谀闻;然亦泛滥百家,尝注《后汉书》及王士祯诗,其余笔语尤众。栋弟子有江声、余萧客。声为《尚书集注音疏》,萧客为《古经解钩沈》,大共笃于尊信,缀次古义,鲜下己见。而王鸣盛、钱大昕亦被其风,稍益发舒。教于扬州,则汪中、刘台拱、李惇、贾田祖,以次兴起。萧客弟子甘泉江藩,复缵续《周易述》。皆陈义尔雅,渊乎古训是则者也。

震生休宁,受学婺源江永。治小学、礼经、算术、舆地,皆深通。其乡里同学,有金榜、程瑶田,后有凌廷堪、三胡。三胡者,匡衷、承珙、培翚也,皆善治《礼》。而瑶田兼通水地、声律、工艺、谷食之学。震又教于京师。任大椿、卢文弨、孔广森,皆从问业。弟子最知名者,金坛段玉裁、高邮王念孙。玉裁为《六书音韵表》以解《说文》,《说文》明;念孙疏《广雅》,以经传诸子转相证明,诸古书文义诘诎者皆理解。授子引之,为《经传释词》,明三古辞气,汉儒所不能理绎。其小学训诂,自魏以来,未尝有也(王引之尝被诏修《字典》,今《字典》缪妄如故,岂虚署其名邪?

抑朽蠹之质不足刻雕也）。近世德清俞樾、瑞安孙诒让,皆承念孙之学。樾为《古书疑义举例》,辨古人称名牴牾者,各从条列,使人无所疑眩,尤微至。世多以段、王、俞、孙为经儒,卒最精者乃在小学,往往近名家者流,非汉世《凡将》、《急就》之侪也。凡戴学数家,分析条理,皆参密严瑮,上溯古义,而断以己之律令,与苏州诸学殊矣。

然自明末有浙东之学,万斯大、斯同兄弟,皆鄞人,师事余姚黄宗羲,称说《礼经》,杂陈汉、宋,而斯同独尊史法。其后余姚邵晋涵、鄞全祖望继之,尤善言明末遗事。会稽章学诚为《文史》、《校雠》诸通义,以复歆、固之学,其卓约过《史通》。而说《礼》者羁縻不绝。定海黄式三传浙东学,始与皖南交通。其子以周作《礼书通故》,三代度制大定。唯浙江上下诸学说,亦至是完集云。

初,大湖之滨,苏、常、松江、太仓诸邑,其民佚丽。自晚明以来,意为文辞比兴,饮食会同,以博依相问难,故好浏览而无纪纲,其流风遍江之南北。惠栋兴,犹尚该洽百氏,乐文采者相与依违之。及戴震起休宁,休宁于江南为高原,其民勤苦善治生,故求学深邃,言直核而无温藉,不便文士。震始入四库馆,诸儒皆震竦之,愿敛衽为弟子。天下视文士渐轻。文士与经儒始交恶。而江淮间治文辞者,故有方苞、姚范、刘大櫆,皆产桐城,以效法曾巩、归有光相高,亦愿尸程、朱为后世,谓之桐城义法。震为《孟子字义疏证》,以明材性,学者自是薄程、朱。桐城诸家,本末得程、朱要领,徒援引肤末,大言自壮（案:方苞出自寒素,虽未识程、朱深旨,其孝友严整躬行足多矣。诸姚生于纨绔绮襦之间,特稍恬愉自持,席富厚者自易为之,其他躬行,未有闻者。既非诚求宋学,委蛇宁靖,亦不足称实践,斯愈庳也),故尤被轻蔑。范从子姚鼐,欲从震学;震谢之,犹亟以微言匡饬。鼐不平,数持论诋朴学残碎。其后方东树为《汉学商兑》,徽章益分。阳湖恽敬、陆继辂,亦阴自桐城受义法。其余为俪辞者众,或阳奉戴氏,实不与其学相容(俪辞诸家,独汪中称颂戴氏,学已不类。其他率多辞人,或略近惠氏,戴则绝远)。夫经说尚朴质,而文辞贵优衍,其分涂自然也。

文士既已熙荡自喜,又耻不习经典,于是有常州今文之学,务为瑰意眇辞,以便文士。今文者:《春秋》,公羊;《诗》,齐;《尚书》,伏生;而排斥《周官》《左氏春秋》《毛诗》,马、郑《尚书》。然皆以公羊为宗。始,武进庄存与戴震同时,独意治公羊氏,作《春秋正辞》,犹称说《周官》。其徒阳湖刘逢禄,始专主董生、李育,为《公羊释例》,属辞比事,类列彰较,亦不欲苟为恢诡。然其辞义温厚,能使览者说绎。及长洲宋翔凤,最善傅会,牵引饰说,或采翼奉诸家,而杂以谶纬神秘之辞。翔凤尝语人曰:"《说文》始一而终亥,即古之《归藏》也。"其义瑰玮,而文特华妙,与治朴学者异术,故文士尤利之。

道光末,邵阳魏源,夸诞好言经世,尝以术奸说贵人,不遇;晚官高邮知州,益牢落,乃思治今文为名高;然素不知师法略例,又不识字,作《诗、书古微》。凡《诗》今文有齐、鲁、韩,《书》今文有欧阳、大小夏侯,故不一致。而齐、鲁、大小夏侯,尤相攻击如仇雠。源一切捆合之,所不能通,即归之古文,尤乱越无条理。仁和龚自珍,段玉裁外孙也,稍知书,亦治《公羊》，与魏源相称誉。而仁和邵懿辰为《尚书通义》、《礼经通论》，指《逸书》十六篇、《逸礼》三十九篇为刘歆矫造，顾反信东晋古文，称诵不衰，斯所谓倒植者。要之，三子皆好为姚易卓荦之辞，欲以前汉经术助其文采，不素习绳墨，故所论支离自陷，乃往往如谰语。惟德清戴望述《公羊》以赞《论语》，为有师法。而湘潭王闿运并注五经。闿运弟子，有井研廖平传其学，时有新义，以庄周为儒术，说虽不根，然犹愈魏源辈绝无伦类者。

大氏清世经儒，自今文而外，大体与汉儒绝异。不以经术明治乱，故短于风议；不以阴阳断人事，故长于求是。短长虽异，要之皆征其文明。何者？传记通论，阔远难用，固不周于治乱。建议而不雠，夸诬何益？鬽鬼、象纬、五行、占卦之术，以宗教蔽六艺，怪妄！孰与断之人道，夷六艺于古史，徒料简事类，不曰吐言为律，则上世社会污隆之迹，犹大略可知。以此综贯，则可以明进化；以此裂分，则可以审因革。故惟惠栋、张惠言诸家，其治《周易》，不能无掎摭阴阳，其他几于屏阁。虽或琐碎识小，庶将远于巫祝者矣。

晚有番禺陈澧，当惠、戴学衰，今文家又守章句，不调洽于他书，始匄合汉、宋，为诸《通义》及《读书记》，以郑玄、朱熹遗说最多，故弃其大体绝异者，独取小小翕盇，以为比类。此犹揃豪于千马，必有其分刌色理同者。澧既善傅会，诸显贵务名者多张之。弟子稍尚记诵，以言谈剿说取人。仲长子曰："天下学士有三奸焉。实不知，详不言，一也；窃他人之说，以成己说，二也；受无名者，移知者，三也。"（见《意林》五引

《昌言》

　　自古今文师法散绝,则唐有《五经》、《周礼》、《仪礼》诸疏,宋人继之,命曰《十三经注疏》。然《易》用王弼,《书》用枚颐,《左氏春秋》用杜预,《孝经》用唐玄宗,皆不厌人望。枚颐伪为古文,仍世以为壁藏于宣父,其当刊正久矣。毛、郑传注无间也,疏人或未通故言,多违其本。

　　至清世为疏者,《易》有惠栋《述》,江藩、李林松《述补》(用荀、虞二家为主,兼采汉儒各家及《乾凿度》诸纬书),张惠言《虞氏义》。《书》有江声《集注音疏》,孙星衍《古今文注疏》(皆削伪古文。其注,孙用《大传》、《史记》,马、郑为主。江间入己说。然皆采自古书,未有以意铄析者)。《诗》有陈奂《传疏》(用毛《传》,弃郑《笺》)。《周礼》有孙诒让《正义》。《仪礼》有胡培翚《正义》。《春秋左传》有刘文淇《正义》(用贾、服注;不具,则兼采杜解)。《公羊传》有陈立《义疏》。《论语》有刘宝楠《正义》。《孝经》有皮锡瑞《郑注疏》。《尔雅》有邵晋涵《正义》,郝懿行《义疏》。《孟子》有焦循《正义》。《诗》疏稍胶,其他皆过旧释。用物精多,时使之也。惟《礼记》、《穀梁传》独阙。将孔疏翔实,后儒弗能加,而穀梁氏淡泊鲜味,治之者稀,前无所袭,非一人所能就故。

　　他《易》有姚配中(箸《周易姚氏学》),《书》有刘逢禄(箸《书序述闻》、《尚书今古文集解》),《诗》有马瑞辰(箸《毛诗传笺通释》),胡承珙(箸《毛诗后笺》)。探啧达恉,或高出新疏上。若惠士奇、段玉裁之于《周礼》(惠有《礼说》,段有《汉读考》),段玉裁、王鸣盛之于《尚书》(段有

《古文尚书撰异》,王有《尚书后案》),刘逢禄、凌曙、包慎言之于《公羊》(刘有《公羊何氏释例》及《解诂笺》)。凌有《公羊礼疏》。包有《公羊历谱》),惠栋之于左氏(有《补注》),皆新疏所本也。焦循为《易通释》,取诸卦爻中文字声类相比者,从其方部,触类而长,所到冰释。或以"天元一"术通之,虽陈义屈奇,诡更师法,亦足以名其家。黄式三为《论语后案》,时有善言,异于先师,信美而不离其枢者也。《穀梁传》惟侯康为可观(箸《穀梁礼证》),其余大氏疏阔。《礼记》在三《礼》间,故无专书训说。陈乔枞、俞樾并为《郑读考》,江永有《训义择言》,皆短促不能具大体。其他《礼经纲目》(江永箸),《五礼通考》(秦蕙田箸),《礼笺》(金榜箸),《礼说》(金鹗箸),《礼书通故》(黄以周箸)诸书,博综三《礼》,则四十九篇在其中矣。

然流俗言"十三经"。《孟子》故儒家,宜出。唯《孝经》、《论语》、《七略》入之六艺,使专为一种,亦以尊圣泰甚,徇其时俗。六艺者,官书,异于口说。礼堂六经之策,皆长二尺四寸(《盐铁论·诏圣篇》,二尺四寸之律,古今一也。《后汉书·曹褒传》:《新礼》写以二尺四寸简。是官书之长,周、汉不异),《孝经》谦半之。《论语》八寸策者,三分居一,又谦焉(本《钩命决》及郑《论语序》)。以是知二书故不为经,宜隶《论语》儒家,出《孝经》使傅《礼记》通论(凡名经者,不皆正经,贾子《容经》,亦《礼》之传记也)。即十三经者当财减也。

至于古之六艺,唐宋注疏所不存者,《逸周书》则校释于朱右曾;《尚书》欧阳、夏侯遗说,则考于陈乔枞;三家《诗》遗说,考于陈乔枞;《齐诗》

翼氏学,疏证于陈乔枞;《大戴礼记》,补注于孔广森;《国语》,疏于龚丽正、董增龄。其扶微辅弱,亦足多云。及夫单篇通论,醇美塙固者,不可胜数。一言一事,必求其征,虽时有穿凿,弗能越其绳尺,宁若计簿善承舡视而不惟其道,以俟后之咨于故实而考迹上世社会者,举而措之,则质文蕃变,较然如丹墨可别也。然故明故训者,多说诸子,唯古史亦以度制事状征验。其务观世知化,不欲以经术致用,灼然矣。

若康熙、雍正、乾隆三世,纂修七经,辞义往往鄙倍,虽蔡沈、陈澔为之臣仆而不敢辞;时援古义,又椎钝弗能理解,譬如薰粪杂糅,徒眩其汗点耳。而徇俗贱儒,如朱彝尊、顾栋高、任启运之徒,瞀学冥行,奋笔无作,所谓乡曲之学,深可忿疾,譬之斗筲,何足选也!

---

① 录自《訄书》重订本,卷十二。

清儒（二）①

古之言虚，以为两栌之间，当其无栌（本《墨子·经上》。栌即栌，柱上小方木也）。六艺者（凡言六艺，在周为礼、乐、射、御、书、数，在汉为六经。此自古今异语，各不相因，言者各就便宜，无为甘辛互忌），古诗积三千余篇，其他益繁，鱛触无协。仲尼剟其什九，而弗能专施于一术。故曰：达于九流，非儒家擅之也。

六艺，史也。上古史官，司国命，而记注义法未备，其书卓绝不循。《易》最恢奇，《诗》、《书》亦时有盈辞；《礼》、《春秋》者，其言径直易见观，故荀子为之隆礼义，杀《诗》、《书》。礼义隆，则《士礼》、《周官》与夫公冠、奔丧之典，杂沓并出而偕列于经；《诗》、《书》杀，则伏生删百篇而为二十九（《尚书大传》明言六誓五诰，其篇具在伏书。伏书所无，如《汤诰》者，虽序在百篇，而五诰不与焉。以是知二十九篇，伏生自定其目，乃就百篇杀之，特托其辞于孔子耳。谓授读未卒遽死者，非也。知杀

《诗》《书》之说，则近儒谓孔子本无百篇，壁中之书，皆歆、莽驾言伪撰者，亦非也）；《齐诗》之说五际六情，庋《颂》与《国风》，而举二《雅》（迮鹤寿曰：十五《国风》，诸侯之风也；三《颂》，宗庙之乐也；唯二《雅》述王者政教，故四始五际，专用二《雅》，不用《风》《颂》。案，刘子骏《移大常博士》曰：一人不能独尽其经，或为《雅》，或为《颂》，相合而成。疑三家《诗》皆杀本经，而专取其一帙。今可见者，独《齐诗》。《齐诗》怪诞，诚不可为典要，以证荀说行于汉儒尔）。

虽然，治经恒以诵法讨论为剂。诵法者，以其义束身，而有隆杀；讨论者，以其事观世，有其隆之，无或杀也。西京之儒，其诵法既陕隘，事不周浃而比次之，是故龃差失实，犹以师说效用于王官，制法决事，兹益害也。杜、贾、马、郑之伦作，即知"抟国不在敦古"；博其别记，稽其法度，核其名实，论其群众以观世，而六艺复返于史，秘祝之病不溃于今。其源流清浊之所处，风化芳臭气泽之所及，则昭然察矣。变于魏、晋，定于唐，及宋、明始荡。继汉有作，而次清儒。

清世理学之言，竭而无余华：多忌，故歌诗文史楛；愚民，故经世先王之志衰（三事皆有作者，然其弗逮宋、明远甚）。家有智慧，大凑于说经，亦以纾死，而其术近工眇踔善矣。

始故明职方郎昆山顾炎武为《唐韵正》《易》《诗》本音，古韵始明，其后言声音训诂者禀焉。大原阎若璩撰《古文尚书疏证》，定东晋晚书为作伪，学者宗之。济阳张尔岐始明《仪礼》，而德清胡渭审察地望，系之《禹贡》，皆为硕儒。然草创未精博，时糅杂元、明谰言。其成学箸系统者，自乾隆朝始。一自吴，一自皖南。

吴始惠栋，其学好博而尊闻；皖南始江永、戴震，综形名，任裁断。此其所异也。

先栋时有何焯、陈景云、沈德潜，皆尚洽通，杂治经史文辞。至栋，承其父士奇学，揖志经术，撰《九经古义》、《周易述》、《明堂大道录》、《古文尚书考》、《左传补注》，始精眇，不惑于谀闻；然亦泛滥百家，尝注《后汉书》及王士禛诗，其余笔语尤众。栋弟子有江声、余萧客。声为《尚书集注音疏》，萧客为《古经解钩沈》，大共笃于尊信，缀次古义，鲜下己见。而王鸣盛、钱大昕亦被其风，稍益发舒。教于扬州，则汪中、刘台拱、李惇、贾田祖，以次兴起。萧客弟子甘泉江藩，复缵续《周易述》。皆陈义尔雅，渊乎古训是则者也。

震生休宁，受学婺源江永，治小学、礼经、算术、舆地，皆深通。其乡里同学有金榜、程瑶田，后有凌廷堪、三胡。三胡者，匡衷、承珙、培翚也，皆善治《礼》。而瑶田兼通水地、声律、工艺、谷食之学。震又教于京师。任大椿、卢文弨、孔广森，皆从问业。弟子最知名者，金坛段玉裁、高邮王念孙。玉裁为《六书音韵表》以解《说文》，《说文》明；念孙疏《广雅》，以经传诸子转相证明，诸古书文义诘诎者皆理解。授子引之，为《经传释词》，明三古辞气，汉儒所不能理绎。其小学训诂，自魏以来，未尝有也（王引之尝被诏修《字典》，今《字典》缪妄如故，岂虚署其名邪？抑朽蠹之质不足刻雕也）。近世德清俞樾、瑞安孙诒让，皆承念孙之学。

樾为《古书疑义举例》，辨古人称名牴牾者，各从条列，使人无所疑眩，尤微至。世多以段、王、俞、孙为经儒，卒最精者乃在小学，往往得名家支流，非汉世《凡将》《急就》之侪也。凡戴学数家，分析条理，皆参密严瑮，上溯古义，而断以己之律令，与苏州诸学殊矣。

然自明末有浙东之学，万斯大、斯同兄弟，皆鄞人，师事余姚黄宗羲，称说《礼经》，杂陈汉、宋，而斯同独尊史法。其后余姚邵晋涵、鄞全祖望继之，尤善言明末遗事。会稽章学诚为《文史》《校雠》诸通义，以复歆、固之学，其卓约近《史通》。而说《礼》者羁縻不绝。定海黄式三传浙东学，始与皖南交通。其子以周作《礼书通故》，三代度制大定。唯浙江上下诸学说，亦至是完集云。

初，大湖之滨，苏、常、松江、大仓诸邑，其民佚丽。自晚明以来，喜为文辞比兴，饮食会同，以博依相问难，故好刘览而无纪纲，其流遍江之南北。惠栋兴，犹尚该洽百氏，乐文采者相与依违之。及江永、戴震起徽州，徽州于江南为高原，其民勤苦善治生，故求学深邃，言直核而无温藉，不便文士。震始入四库馆，诸儒皆震竦之，愿敛衽为弟子。天下视文士渐轻。文士与经儒始交恶。而江淮间治文辞者，故有方苞、姚范、刘大櫆，皆产桐城，以效法曾巩、归有光相高，亦愿尸程、朱为后世，谓之桐城义法。震为《孟子字义疏证》，以明材性，学者自是疑程、朱。桐城诸家，本未得程、朱要领，徒援引肤末，大言自壮（案：方苞出自寒素，虽未识程、朱深旨，其孝友严整躬行足多矣。诸姚生于纨绔绮襦之间，特稍恬恢自持，席富厚者自易为之，其佗躬行，未有闻者。既非诚求宋学，委蛇宁静,亦不足称实践,斯愈瘤也)。故尤被轻蔑。从子姚萧欲从震学,震谢之,犹呕以微言匡饬。萧不平,数持论诋朴学残碎。其后方东树为《汉学商兑》,徽识益分(东树亦略识音声训故。其非议汉学,非专诬谰之言。然东树本以文辞为宗,横欲自附宋儒,又奔走阮元、邓廷桢间,躬行佞谀,其行与言颇相反。然汉学自三数大师外,亦多拘牵之见。《诗》宗毛公是也,顾未能简异郑《笺》。郑《笺》多杂三家,文义又抵戾不调,将何取焉?《易》宗孟氏,乃因《说文》叙中有《易》孟氏为古文之说,不知其为文误,而强仞为先秦师说。其于费氏,又重郑轻王,不悟王《易》多同马氏,古文家说固然。王、郑言《易》,其高下亦奚啻霄壤乎!又王肃虽多诬造,然其探本贾、马之说,尚与古文旧谊,与康成杂糅今古有殊。今人宁尊郑氏而黜贾、马,其见已鄙,酿嘲之由,宜在兹乎!)。阳湖恽敬、陆继辂,亦阴自桐城受法。其余为俪辞者众,或阳奉戴氏,实不与其学相容(俪辞诸家,独汪中称颂戴氏,学已不类。其佗率多辞人,或略近惠氏,戴则绝远)。夫经说尚朴质,而文辞贵优衍,其分涂自然也。文士既以婴荡自喜,又耻不习经典。于是有常州今文之学,务为瑰意眇辞,以便文士。今文者:《春秋》,公羊;《诗》,齐;《尚书》,伏生;而排摈《周官》、《左氏春秋》、《毛诗》,马、郑《尚书》。然皆以公羊为宗。始武进庄存与与戴震同时,独意治公羊氏,作《春秋正辞》,犹称说《周官》。其徒阳湖刘逢禄,始专主董生、李育,为《公羊释例》,属辞比事,类列彰较,亦不欲苟为恢诡。然其辞义温厚,能使览者说绎。及长洲宋翔凤,最善傅会,牵引饰说,或采翼奉诸家,而杂以谶纬神秘之辞。翔凤尝语人曰:"《说文》始一而终亥,即古之《归藏》也。"其义瑰玮,而文特华妙,与治朴学者异术,故文士尤利之。

道光末,邵阳魏源夸诞好言经世,尝以术奸说贵人,不遇;晚官高邮知州,益牢落,乃思治今文为名高;然素不知师法略例,又不识字,作《诗、书古微》。凡《诗》今文有齐、鲁、韩,《书》今文有欧阳、大小夏侯,故不一致。而齐、鲁、大小夏侯,尤相攻击如仇雠。源一切捆合之,所不能通,即归之古文,尤乱越无条理。仁和龚自珍,段玉裁外孙也,稍知书,亦治《公羊》,与魏源相称誉。而仁和邵懿辰为《尚书通义》、《礼经通论》,指《逸书》十六篇、《逸礼》三十九篇为刘歆矫造,顾反信东晋古文,称诵不衰,斯所谓倒植者。要之,三子皆好姚易卓荦之辞,欲以前汉经术助其文采,不素习绳墨,故所论支离自陷,乃往往如谵语。惟德清戴望,述《公羊》以赞《论语》,为有师法。而湘潭王闿运遍注五经。闿运弟子,有井研廖平,自名其学,时有新义,以庄周为儒术,左氏为六经总传,说虽不根,然犹愈魏源辈绝无伦类者。

大氐清世经儒,自"今文"而外,大体与汉儒绝异。不以经术明治乱,故短于风议;不以阴阳断人事,故长于求是。短长虽异,要之皆征其通雅。何者? 传记、通论,阔远难用,固不周于治乱;建议而不雠,夸诬何益? 魑鬼、象纬、五行、占卦之术,以神教蔽六艺,怪妄。孰与断之人道,夷六艺于古史,徒料简事类,不曰吐言为律,则上世人事污隆之迹,犹大略可知。以此综贯,则可以明流变;以此裂分,则可以审因革。故惟惠栋、张惠言诸家,其治《周易》,不能无揣摭阴阳,其他几于屏阁。虽或琐碎识小，庶将远于巫祝者矣。

晚有番禺陈澧，善治声律、《切韵》，为一家言。当惠、戴学衰，今文家又守章句，不调洽于佗书，始鸠合汉、宋，为《通义》及《读书记》，以郑玄、朱熹遗说最多，故弃其大体绝异者，独取小小翕盍，以为比类。此犹揃豪于千马，必有其分刌色理同者。澧亦絜行，善教授，诸显贵务名者多张之。弟子不能传其声律韵书，稍尚记诵，以言谈剿说取人。及翁同龢、潘祖荫用事，专以谀闻召诸小儒；学者务得宋元雕椠，而昧经记常事。清学始大衰。仲长子曰："天下学士有三奸焉。实不知，详不言，一也；窃他人之说，以成己说，二也；受无名者，移知者，三也。"（见《意林》五引《昌言》。按，今世游闲之士，多憙刺探贵人意旨，因以酬对；或有豫检书传，用应猝乏，深可鄙笑！昔宋世荀昶，欲举其子万秋对策以示沙门慧琳。慧琳曰："此不须看。若非先见而答，贫道不能为；若先见而答，贫道奴皆能为。"今之取人意旨者，多似慧琳所讥。乃至科举对策，学校考验，悉亦类此）

自古今文师法散绝，则唐有《五经》、《周礼》、《仪礼》诸疏，宋人继之，命曰《十三经注疏》。然《书》用枚颐，《左氏春秋》用杜预，《孝经》用唐玄宗，皆不厌人望。《周易》家王弼者，费氏之宗子，道大而似不肖，常见笑世儒；《正义》又疏略。枚颐伪为古文，仍世以为壁藏于宣父，其当刊正久矣。《毛诗传》最笃雅，《笺》失其宗，而《诗谱》能知远。郑氏三《礼》无间也，疏人或未通故言旧事，多违其本。

至清世为疏者，《易》有惠栋《述》，江藩、李林松《述补》（用荀、虞二家为主，兼采汉儒各家及《乾凿度》诸纬书）。张惠言《虞氏义》，虽拘滞，趣以识古。《书》有江声《集注音疏》，孙星衍《古今文注疏》（皆削伪古文。其注，孙用《大传》《史记》、马、郑为主；江间入己说。然皆采自古书，未有以意铷析者）。《诗》有陈奂《传疏》（用毛《传》，弃郑《笺》）。《周礼》有孙诒让《正义》。《仪礼》有胡培翚《正义》。《春秋左传》有刘文淇《正义》（用贾、服注；不具，则兼采杜解）。《公羊传》有陈立《义疏》。《论语》有刘宝楠《正义》。《孝经》有皮锡瑞《郑注疏》。《尔雅》有邵晋涵《正义》，郝懿行《义疏》。《孟子》有焦循《正义》。诸《易》义不足言，而《诗》疏稍胶固，其他皆过旧释。用物精多，时使之也。惟《礼记》《穀梁传》独阙（邵晋涵有《穀梁正义》，见钱大昕《邵君墓志铭》。世未见其书，亦或未成），将孔疏翔实，后儒弗能加？而穀梁氏淡泊鲜味，治之者稀，前无所袭，非一人所能就故。他《易》有姚配中（著《周易姚氏学》），《书》有刘逢禄（著《书序述闻》《尚书今古文集解》），《诗》有马瑞辰（著《毛诗传笺通释》）、胡承珙（著《毛诗后笺》），探啧达恉，或高出新疏上。若惠士奇、段玉裁之于《周礼》（惠有《礼说》，段有《汉读考》），段玉裁、王鸣盛之于《尚书》（段有《古文尚书撰异》，王有《尚书后案》），刘逢禄、凌曙、包慎言之于《公羊》（刘有《公羊何氏释例》及《解诂笺》，凌有《公羊礼疏》，包有《公羊历谱》），惠栋之于《左氏》（有《补注》），皆新疏所采也。焦循为《易通释》，取诸卦爻中文字声类相比者，从其方部，触类而长，所到冰释，或以天元术通之，虽陈义屈奇，诡更师法，亦足以名其家（李善兰曰：

太极即点,天元即线,天元自乘即面,天元再乘即体,准此则四元术所云太极,即可比《易》之太极矣。太极引而长之,为天元,则"太极生两仪"矣;天元自乘,则"两仪生四象"也;天元再乘,则四象生八卦也。然则太极即旋机,犹欧罗巴人所谓重心;而王弼之说,真无可易矣。焦循虽少重王弼,然犹以玄言为非,则滞于常见也)。黄式三为《论语后案》,时有善言,异于先师,信美而不离其枢者也。《穀梁传》惟侯康为可观(箸《穀梁礼证》),其余大氏疏阔。《礼记》在三《礼》间独寡训说。朱彬为《训纂》,义不师古;陈乔枞、俞樾并为《郑读考》,江永有《训义择言》,皆短促,不能具大体。其他《礼笺》(金榜箸)。《礼说》(金鹗箸)。《礼书通故》(黄以周箸)。诸书,博综三《礼》,则四十九篇在其中矣。而秦蕙田《五礼通考》,穷尽二千余年度法,欲自比《通典》,意以世俗正古礼,虽博识,固不知量也。

然流俗言"十三经"。《孟子》故儒家,宜出;唯《孝经》、《论语》、《七略》入之六艺,使专为一种。亦以尊圣泰甚,徇其时俗。六艺者,官书,异于口说。礼堂六经之策,皆长二尺四寸(《盐铁论·诏圣篇》:"二尺四寸之律,古今一也。"《后汉书·曹褒传》:《新礼》"写以二尺四寸简"。是官书之长,周、汉不异),《孝经》谦半之。《论语》八寸策者,三分居一,又谦焉(郑《论语序》)。以是知二书故不为经,宜隶《论语》儒家,出《孝经》,使傅《礼记》通论(凡名经者,不皆正经。贾子《容经》,亦《礼》之传记也)。即"十三经"者,当财减也。独段玉裁少之,谓宜增《大戴礼记》、《国语》、《史记》、《汉书》、《资治通鉴》,及《说文解字》、《周髀算经》、《九章算术》，皆保氏书数之遗，集是八家，为二十一经。其言闳达，为雅儒所不能论。

至于古之六艺，唐、宋注疏所不存者：《逸周书》，则校释于朱右曾；《尚书》欧阳、夏侯遗说，则考于陈乔枞；三家《诗》遗说，考于陈乔枞；《齐诗》翼氏学，疏证于陈乔枞；《大戴礼记》，补注于孔广森；《国语》，疏于龚丽正、董增龄。其扶微辅弱，亦足多云。及夫单篇通论，醇美塙固者，不可胜数。一言一事，必求其征，虽时有穿凿，弗能越其绳尺，宁若计簿善承匦视而不惟其道，以俟后之咨于故实而考迹上世污隆者，举而措之，则质文蕃变，较然如丹墨可别也。然故明故训者，多说诸子，唯古史亦以度制事状征验。其务观世知化，不欲以经术致用，灼然矣。

若康熙、雍正、乾隆三世，撰修七经，辞义往往鄙倍，虽蔡沈、陈澔为之臣仆而不敢辞；时援古义，又椎钝弗能理解，譬如薰粪杂糅，徒睹其污点耳。而徇俗贱儒，如朱彝尊、顾栋高、任启运之徒，瞢学冥行，奋笔无怍，所谓乡曲之学，深可忿疾，譬之斗筲，何足选也！

---

① 录自《检论》，卷四。

说林（上）①

　　途说之士羡王守仁。夫学术与事功不两至，鬼谷明从横，老聃言南面之术，期于用世，身则退藏于密。何者？人之材力有量，思深则业厌也。守仁之学至浅薄，故得分志于戎事，无足羡者。抑守仁所师者，陆子静也。子静剪爪善射，欲一当女真，与之搏。今守仁所与搏者，何人也？仲尼之徒，五尺童子言羞称乎桓、文，犹曰鄙儒迂生所执。观桓、文之斩孤竹，挞荆舒，非峒谷之小蛮夷也。晋文诛子带以定襄王，子带，康回之篡夫，襄王非有罪也。以武宗之童昏无艺，宸濠比之，为有长民之德。晋文而在，必不辅武宗蹶宸濠明矣。其学既卑，其功又不足邵校功能之高下，而曰尧、舜犹黄金万镒，孔子犹九千镒。然则守仁之圣，其将浮于万镒者耶？

　　季明之遗老，惟王而农为最清。宁人居华阴，以关中为天府，其险可守。虽著书，不忘兵革之事。其志不就，则推迹百王之制，以待后圣，其材高矣！征辟虽不行，群盗为之动容。使虏得假借其名，以诳耀天下。欲为至高，孰与船山榛莽之地，与群胡隔绝者？要有规画，则不得不处都市。王之与顾，未有以相轩轾也。黄太冲以《明夷待访》为名，陈义虽高，将俟虏之下问。昔文天祥言以黄冠备顾问，世多疑其语为诬。端居而思，此不亦远乎？以死拒征，而令其子从事于徐菜间，谅曰明臣不可以贰，子未仕明，则无害为虏者。以《黄书》种族之义正之，则嗒焉自丧矣！

叔世有大儒二人：一曰颜元，再曰戴震。颜氏明三物出于司徒之官，举必循礼，与荀卿相似；戴君道性善，为孟轲之徒，持术虽异，悉推本于晚周大师，近校宋儒为得真。戴君生雍正乱世，亲见贼渠之遇士民，不循法律，而以洛、闽之言相稽。哀矜庶戮之不辜，方告无辜于上，其言绝痛。桑荫未移，而为纪昀所假，以其惩艾宋儒者，旋转以泯华、戎之界。寿不中身，愤时以陨，岂无故耶？

戴望治《公羊春秋》，视先戴则不相逮。中更丧乱，寄食于大盗曾氏之门，然未尝仕。观其缀述《颜氏学记》，又喜集晚明故事，言中伦，行中虑，柳下、少连之侪也。望不求仕，而其学流传于湖南、岭广间，至使浮竞之士，延缘绪言，以成《新学伪经》之说。彼以处士而谴刘歆可也，为胡之国师者，可以讥莽之国师乎？

满洲初载，皖南之学未兴。顾氏而下，陈启源、朱鹤龄、臧琳之徒，皆起于吴。学虽浅末，然未尝北面事胡人。惠士奇始显贵，其子栋，一举经学。栋之徒江声，亦举孝廉方正，皆未试也。虽余萧客、陈奂辈，犹以布衣韦带，尽其年寿，则嘉遁之风广矣。满洲于江南，其奸劫屠夷最甚，故士人耻立其朝。康熙、乾隆之世，贼渠数南下以镇抚之，犹不能扰。则以殿试甲第诱致其能文章者，先后赐及第无算。既醉利禄，彭绍升之徒，为之播扬，则嘉遁之风始息。科举废，而士人思以学校出身，惧客籍之占其员数，其持省界始坚。陈启源、朱鹤龄之鬼，不来食矣！

---

① 录自《太炎文录初编·文录》，卷一。

说林(下)①

　　昔吴莱有言：今之学者，非特可以经义治狱，乃亦可以狱法治经。莱，一金华之末师耳，心知其意，发言卓特。近世经师，皆取是法。审名实，一也；重左证，二也；戒妄牵，三也；守凡例，四也；断情感，五也；汰华辞，六也。六者不具，而能成经师者，天下无有。学者往往崇尊其师。而江、戴之徒，义有未安，弹射纠发，虽师亦无所避。苏州惠学，此风少衰。常州庄、刘之遗绪，不稽情伪，惟朋党比周是务。以戴学为权度，而辨其等差，吾生所见，凡有五第：研精故训而不支，博考事实而不乱，文理密察，发前修所未见，每下一义，泰山不移，若德清俞先生、定海黄以周、瑞安孙诒让，此其上也。守一家之学，为之疏通证明，文句隐没，钩深而致之显，上比伯渊，下规凤喈，若善化皮锡瑞，此其次也。己无心得，亦无以发前人隐义，而通知法式，能辨真妄，比辑章句，秩如有条，不滥以俗儒狂夫之说，若长沙王先谦，此其次也。高论西汉而谬于实证，侈谈大义而杂以夸言，务为华妙，以悦文人，相其文质，不出辞人说经之域，若丹徒庄忠棫、湘潭王闿运，又其次也。归命素王，以其言为无不包络，未来之事，如占蓍龟，瀛海之大，如观掌上；其说经也，略法今文，而不通其条贯，一字之近于译文者，以为重宝，使经典为图书符命，若井研廖平，又其次也。虽然，说经者，明是非，无所于党。最上者，固容小小隙漏，而下者亦非无微末蚁子之得也。故曰："与其过而废之也，宁过而存之。"使左道乱政之说，为虏廷所假借，至于锢其人，烧其书，则肉食者之罪，上通于斗极！

甘泉江翁为《汉学师承》《宋学渊源》两记，世多病其颛固。《汉学记》与戴君龃铻。江翁受业余翁，余翁之学，本吴惠君，坚贞守师，遂擅其门，以褊心訾异己，非直江翁，清光禄卿王鸣盛，自惠君出，为《蛾术篇》，亦嗋嗋晋休宁。巷陌之学，同门相党，异夫惠君之博宥也。其他或越隄诸师，吐言陷刻，然能甄择，无泛爱不忍者。陈启源说西方美人，一言不善，削其名氏，斯亦谛慎者矣！《宋学记》甚权略，所录止于穷阎苦行，排摈南方诸浮华士。而仕满洲一命以上，才有政治声闻，即弃不载。诡弹黄、顾，令人人知其非清民。诸言性与天道，诵法尧、禹，捐诸夏，仕貉戎者，始不敢攀扪宋学以矜愚子。故其书见嫉于佞人，适可以嗣《春秋》、方太史也。江翁素行虽夸，近文，尝受学江、余诸逸民，间闻其风烈，没世未尝试府县廷，韦带布衣，以终黄馘，因身为度，故其言噩噩有锋芒。清太傅阮元，学术差愈江翁，在史馆为《儒林传》，说经先顾栋高诸贱儒，讲学亦录诸显贵人，仁鄙侚陋，溷殽无序，顾下于两《记》远甚！

故知学术文史,在草野则理,在官府则衰。

仪征刘光汉赠余《字诂》、《义府》,明黄生作也。其言精塙,或出近世诸师上。夫伪古文之符证,发于梅鷟;周、秦古音之例,造端于陈第。惟小学,亦自黄氏发之。孰谓明无人乎?顾独唱而寡和耳。顾宁人稍后黄氏,始为《易》、《诗》作本音,以正《唐韵》。讫于江、戴、段、王,分部渐塙,外有孔氏,独明东、冬之异。音韵通,文字可以略说,则小学始自名其家。然达者能就其声类,以知通转,比合雅诂,穷治周、秦、两汉之籍,而拘者惟分析字形,明征金石,若王筠之徒,末矣!苗夔稍知声音,亦肤浅无心得。莫友芝、郑珍、黎庶昌辈,皆宝玩碑版,用意止于一点一画之间,此未为正知小学者。方之唐人,犹不失为张参、唐玄度也。史官放堕,此曹复不可得。如其上者,通神旨,知义趣,余与刘生所有志也。下之求一点一画之是非,无所望于后生。礼失则求诸野,匠师雕虫,贤于士人远矣!

近代学者,率椎少文,文士亦多不学。兼是两者,惟阳湖之张生,又非其至者也。然学者不习通俗之文,文顾雅驯可诵,视欧阳、王、苏将过之。先戴《勾股割圜记》,吐言成典,近古所未有。迻者黄以周以不文著,唯黄氏亦自谓钝于笔语。观其撰述,密栗醇厚,庶几贾、孔之遗章,何宋文之足道?戴君在朴学家,号为能文,其成一家言者,则信善矣。造次笔札酬对之辞,顾反与宋文相似。故知世人所谓文者,非其最至,言椎少文,特以匪色不足,短于驰骤曲折云尔。史家若章、邵二公,记事甚善,其持论亦在《文心》、《史通》间。然史家固无木讷寡文之诮,故不悉论。若通俗不学者，其文亦略有第次，善叙行事，能为碑版传状，韵语深厚，上攀班固、韩愈之轮，如曾国藩、张裕钊，斯其选也。规法宋人，而能止节淫滥，时以大言自卫，亦不敢过其情，如姚莹、梅曾亮，则其次也。闻见杂博，喜自恣肆，其言近于从横，视安石不足，而拟苏洵有余，如恽敬辈，又其次也。自放尘埃之外，傲睨万物，而固陋不能持论，载其清静，亦使穷儒足以娱老，如吴敏树辈，又其次也。乃夫文质相扶，辞气异于通俗，上法东汉，下亦旁皇晋、宋之间，而文士以为别传异趣，如汪中、李兆洛之徒，则可谓彬彬者矣。魏源、龚自珍，乃所谓伪体者也。源故不学，惟善说满洲故事，晚乃颠倒《诗》、《书》，以钓名声，凌乱无序，小学尤疏谬，诩诩自高，以微言大义在是，其持论或中时弊，然往往近怪迂。自珍承其外祖之学，又多交经术士，其识源流，通条理，非源之侪。然大抵剽窃成说，无自得者。其以六经为史，本之《文史通义》，而加华辞。观其华，诚不如观其质者。若其文辞侧媚，自以取法晚周诸子，然佻达无骨体，视晚唐皮、陆且弗逮，以校近世，犹不如唐甄《潜书》近实。后生信其诳耀，以为巨子，诚以舒纵易效，又多淫丽之辞，中其所嗜，故少年靡然乡风。自自珍之文贵，则文学涂地垂尽，将汉种灭亡之妖耶？孔子云：觚不觚，觚哉觚哉！

---

① 录自《太炎文录初编·文录》，卷一。

悲先戴[①]

当叔世而得大儒二人，一曰颜元，再曰戴震。

颜氏明三物，出于司徒之官，举必循礼，与荀卿相似；戴君道性善，为孟轲之徒。持术虽异，悉推本于晚周大师。近校宋儒为得真。

吾悲夫戴君之术，以理夺势，而曰："今之治人者，视古贤圣体民之情，遂民之欲，多出于鄙细隐曲，不措诸意。""及其责以理也，不难举旷世之高节，著于义而罪之。尊者以理责卑，长者以理责幼，贵者以理责贱，虽失谓之顺。卑者幼者贱者以理争之，虽得谓之逆。""人死于法，犹有怜之者；死于理，其谁怜之！"

乌乎！戴君生雍正末，亲见贼渠之遇士民，不循法律，而以洛、闽之言相稽。哀矜庶戮之不辜，方告无辜于上，其言绝痛。桑荫未移，而为纪昀所假，以其惩艾宋儒者，旋转以泯华戎之界。寿不中身，愤时以陨，岂无故耶!

---

① 录自 1906 年 11 月出版的《民报》第九号,《说林》,署名太炎。

清代学术之系统[①]

　　清代学术,方面甚广,然大概由天才而得者少,由学力而成者多。关于天才方面的,如诗、词、古文等均属之。清代的诗本不甚好,词亦平常,古文亦不能越唐宋八大家之范围,均难独树一帜。至于学力方面的学术,乃清代所特长,亦特多:如小学、经学、史学、算学、地理学等,均甚有成绩。此等学术,全赖学力,不赖天才。此外如理学,是半赖学力、半赖天才的,清代于此学亦不甚高明。所以现在只讲清代关于学力方面的学术,不讲天才方面的学术,就是半学力半天才的理学也不去讲它。单说学力方面的学术,有小学、经学、史学、算学、地理学等等。

　　清代地理,自成一派之学,开端者为刘献廷与顾祖禹。顾祖禹的《读史方舆纪要》,后来讲地理者均推崇之。然顾氏实一闭户读书之人,各处地方均未实历,全靠刘献廷的帮助,因为旅行各处以实地考察者实为刘献廷,故《读史方舆纪要》一书,乃是以刘献廷的经验与顾祖禹的文章凑合而成的。刘献廷在中国地理学上有一大发明,即中国旧日地图无经纬度数,刘氏始以北极高度为标准而画度数,此后地图用此,皆刘氏提倡之功。讲山水者有齐召南,曾作《水道提纲》。齐氏之后,有汪士铎,曾为胡林翼作地图,中国新近所出地图,均以汪士铎地图为祖。此两家虽可称发明,然他们均曾见内府地图,实有所本,并非独得之功力。清代讲地理之学较好者,当推此四家。其他考《水经注》者,考地理志者,多琐碎繁杂,不必论。

清代算学,以梅文鼎为首。清初算学家有一通弊,多偏于天文方面,故只能认为天文学家,尚不能认为算学家。又多讲迷信,如江永之流,尚不能免此病,虽梅文鼎亦迷信测天步历,盖当时风气如此。自梅氏后,几何学渐渐通行,此本西法,不过将中国旧日算法加以推明,此梅氏所以仍为第一也。康、乾之间,尚有数家,如戴震作《勾股割圜记》,亦未能脱迷信。真有发明者,当推李锐之四元说,李氏仅讲测天,不讲步历,所以高人一等。其余如罗士琳、项名达等,亦各有著述。李善兰始治代数,华蘅芳始治微积,然代数微积本非中法,不足称发明。故学者虽多,而可数者殊少。

清代史学极盛,著述亦极多。史学可别为二,一为作史,一为考史。清代史家,考史者多,作史者少,兹分别言之:

清代作史者,首为万斯同的《明史稿》,万氏此书,乃私人著作。万曾客于明史馆总裁徐元文家,与《明史》极有关系。此书只有列传,无纪、志、表,列传亦多为王鸿绪所作。王氏操守较差,人多讥之,然此书之成,王氏与有功焉,后人不应以其个人操守之差而诋排之,须知前代史家如范晔之流,其个人品行又何尝高出王鸿绪,然世皆称道其书,不以人废言,那么,又何必苛责王鸿绪呢?清代史学著作,完书甚少,《明史稿》自可首屈一指。次则为毕沅之《续通鉴》。万氏《明史稿》之价值过于《宋》、《辽》、《金》、《元》诸史,而毕氏《续通鉴》则远不及《通鉴》;司马温公书有论附于篇后,毕书则无之,即考异亦不详。此书本无大价值,因作史者少,故列入之。宋王偁曾作《东都事略》一书,清邵晋涵乃作《南都事略》以补南渡一代之史,惟今日未见其书,但知有目而已。尚有温睿临者,撰《南疆逸史》,为正史体裁,虽不完具,亦勉强可算一个。后咸丰间徐鼒作《小腆纪年》及《小腆纪传》二书,《纪年》为编年体,《纪传》为纪传体;徐氏不过是一个八股先生,于史学实无功夫,然此二书则尚算完备。近人柯劭忞作《新元史》,亦可算一个作家。如此一算,清代作史者居然尚有七人。

考史者清代特多,最早为万斯同的《历代史表》。后来补表补地理志者如钱大昕、洪亮吉等,于史学均能得大体。其余零考琐录者尚多,以钱大昕的《廿二史考异》、王鸣盛的《十七史商榷》、赵翼的《廿二史札记》为最佳。三书之中,钱书当为第一,钱、王是一路,赵则将正史归类,其材料不出正史;钱、王功力较深,其实亦不免琐碎。故论清代考史之作,实以补表为最好。

清代史家有二长处:第一是实在,第二是不加议论;然其短处亦在此,所以虽无胡致堂之妄,亦无司马温公之长。

讲到清代史家,尚有一事应注意,即论史不敢论及《明史》,甚至考史亦不敢考及《明史》。此因《明史》乃是所谓"钦定"之书,且事涉清室,自应避免,不赞一词。其实《明史》非无可议者,是则有待于后人矣。

小学为清代所特长,开端者如张弨、顾蔼吉诸人,不过考汉碑字体,辨别隶书之正俗,够不上说专门学问,因为这不过是教小孩子认字而已。前代小学家多从《说文解字》着手,而清代小学家却先讲音韵。顾炎武作《音学五书》,以《诗》、《易》、《离骚》用韵为据,音理虽疏,证据却完备。顾氏分古韵为十部,至江永作《古韵标准》,则分十三部,较顾氏为精,因江氏长于审音也。戴震始定古韵为九类,以九类分平声为十六部,连入声共廿五部;实则廿五与十六,十六与九,是一样的,因平声十六部有"阴声"与"阳声"之别,阴声七部,阳声九部,再加入声九部,即成廿五部。自此音理始大明。后来段玉裁分为十七部,孔广森分为十八部,王念孙分为廿一部,皆不离戴之廿五部。明古音方能明训诂,明训诂方能讲《尔雅》、《说文》。邵晋涵与郝懿行,均讲《尔雅》者也。讲《说文》者更多。前人讲《说文》不甚好,因为仅讲形体;段玉裁出,始将声音、训诂、形体三者合讲,其《说文解字注》,虽有改字及增删之病,然大体实甚精当。严可均作《说文声类》,亦甚好。此后王筠的《说文四种》,则仅足供初学之用而已。桂馥的《说文义证》,发明亦甚少。

　　"小学"本合文字、声音、训诂三部分而成,三者不能分离,故欲为此学定一适当之名称却颇难,名为"文字学"则遗声音,名为"音韵学"又遗文字,我想可以名为"言语学",因为研究小学,目的在于明声音训诂之沿革以通古今言语之转变也。清代小学所以能成为有系统之学者,即因其能贯通文字、声音、训诂为一之故。或谓小学专为说经之用,则殊不然;因经书之文虽为古代之言语,而言语却不限于经书也。惟欲说经,必先通小学,始能了解古人之言语。此如算学本非为测天步历而作,而测天步历实有赖于算学。故小学固非专为说经之用,而说经实有赖于小学。

　　清代经师有汉学与非汉学之分。清代经学前驱亦为顾炎武,顾氏无说经专书,惟《日知录》中有说经之部分。顾氏说经,均论大体,小处不讲。彼时汉学尚未成立,顾氏犹时采宋人之说。然同时已有汉学家出,如陈启源讲《诗》,已专据《小序》,与朱熹相反。考《尚书》者有阎若璩的《尚书古文疏证》,对于今本《尚书》,辨别其中孰真孰伪,于是古文诸篇为伪造之案始定,此为渐成汉学之始,然尚无汉学之名。臧琳作《经义杂记》,考经典文字之异同,极类汉学家言,或有疑为非其自作者。此后南方有两派,一在苏州,成汉学家,一在徽州,则由宋学而兼汉学。在苏州者为惠周惕、惠士奇、惠栋。士奇《礼说》已近汉学,至栋则纯为汉学,凡属汉人语尽采之,非汉人语则尽不采,故汉学实起于苏州惠氏。在徽州者为江永,由朱熹之学入门,有《近思录集注》,本非汉学,惟讲

《周礼》甚好，且较惠氏尚过之，故世亦称之为汉学，然江氏本人则不自认为汉学也。江永弟子有金榜，曾作《礼笺》；又有戴震，则实为宋学家，非汉学家。由声音以求训诂，通训诂以说经，虽始于戴氏，然戴氏之学实比其师江永不如，比同学金榜亦不如，而竟享盛名者，盖学者亦如官吏中有"政务官"与"事务官"之别，戴氏如政务官，其事务官之职务则后人为之担负也。戴少时与惠栋曾相见，后来不甚佩服惠氏，因为惠氏所作《明堂大道录》之类，颇多迷信之谈，戴氏颇不以为然。日本人有一戏语，谓惠栋为洪秀全之先驱，我谓惠氏颇似义和团之先驱也。

苏州学派笃信好古，惠氏弟子如江声、余萧客，其学亦不甚高。江声之后如顾千里辈，一变而为校勘学。余萧客作《古经解钩沈》，又作《文选音义》，故又流入《文选》学。王鸣盛作《尚书后案》，亦守古，主郑玄说，一字不敢出入。即戴震之学传至苏州，亦染守古之风，如段玉裁之弟子陈奂，虽本戴学，然其疏《诗》，则不取《郑笺》，专主《毛传》。钱大昕与惠栋亦有关系，然非师弟，钱氏考经证史均甚精核，音韵亦能发明双声，颇多独得，不泥古，与惠栋不同。戴初见钱时，钱已成翰林，戴则寓徽州会馆中，颇落拓，人目为"疯子"，戴氏见钱后告人曰，"吾以晓徵为第二人"，盖自居于第一人也。然钱颇盛称戴，故戴名日起。至江藩作《汉学师承记》，则仍推钱为第一人。苏徽二派，势不相容，然钱氏确高于戴氏。戴后入四库馆，其弟子中有名者为段玉裁、王念孙、孔广森、任大椿、丁杰等。丁杰较逊；任大椿曾作《弁服释例》；段、王、孔三人学问最精。孔广森始治《公羊》，然其最佳之著作则为《诗声类》。段氏作

《说文解字注》、《六书音均表》、《周礼汉读考》、《古文尚书撰异》等。诸书中以《说文解字注》用力最勤，做了三十年，为段氏最后成绩。其作《古文尚书撰异时》，尚年轻，前人多称誉此书，以为精于《说文解字注》；然自今日视之，则《说文解字注》实较《古文尚书撰异》为精，因为就新出之《三体石经考证》，知《古文尚书撰异》实甚疏舛也。王念孙传戴氏之学，所著有《广雅疏证》、《读书杂志》诸书，考明训诂，较以前诸人均为切实，段氏尚有疏谬，王氏则无。其子引之著《经义述闻》，又著《经传释词》，指出古人误解虚字为实字，亦是一大发明。王念孙虽从戴震游，起初并无传戴学之意，故其成功是偶然的。王氏为戴氏之事务官，可谓称职，然王亦能为政务官。《经传释词》诸书之后，有先师俞曲园（樾）先生的《古书疑义举例》诸书，俞先生又王氏之事务官也。王氏以高邮人而传徽学。

是时扬州又特出一支，即汪中，汪与王念孙为同事（在阮元学政幕中），又系同乡。汪之为学虽出于戴，而不为戴氏所缚，又宗顾炎武，不肯为章句之学。其毕生精力所萃，在《述学》一书中。此后扬州学者甚多。有凌曙者，其教弟子可谓得"狡兔三窟"之意，命陈立治《公羊》，刘文淇治《左氏》，因若《公羊》衰则有《左氏》在，《左氏》衰则有《公羊》在也。陈立治《公羊》尚实在。刘文淇数传，至曾孙师培而绝。《太史公自序》说，"自上世尝显功名于虞夏，典天官事，后世中衰，绝于予乎！"余谓仪征刘氏之学，真绝于刘师培也。

与苏州学派不算一支而有关系者，为常州学派，此为今文学派，其治学专以《春秋公羊传》为宗。此派开端者为庄存与,其后有名者为刘逢禄、宋翔凤、以及浙江之戴望等人;人虽多,而学术精良者少。至于康有为以《公羊》应用,则是另一回事,非研究学问也。浙江尚有邵懿辰者,亦讲今文。庄存与虽讲今文,然亦讲《周礼》,而且还要讲伪古文《尚书》,刘逢禄亦讲《书序》,不尽今文也。

清初诸人讲经治汉学,尚无今古文之争。自今文家以今文排斥古文,遂有古文家以古文排斥今文来相对抗,孙诒让作《周礼正义》,专重古文,与今文为敌,此其例也。然今古文实亦不能尽分,即如说《礼》,总不能不杂糅今古文,即宋人之说亦不能不采。凌廷堪作《礼经释例》,胡培翚作《仪礼正义》,二家讲礼,总不免牵入宋代李如圭、张淳诸人之说也。

清代学派中,尚有四明学派,此派不起于清,实源于宋。万斯大、万斯同兄弟均四明派,说经多讲三礼。其后传至黄式三,式三子以周作《礼书通故》,意欲集三礼之大成,此书杂糅汉宋及今古文,因欲说《礼》,则今古文不能不杂糅,汉宋亦不能不杂糅也。若只讲古文而不讲今文,则先须排斥《礼记》,这是做不到的;而宋儒说《礼》亦有甚好者,不能弃而不录。所以今古文不能不杂糅,汉宋亦不能不杂糅。孙诒让作《周礼正义》,能排斥今文,然不能尽斥宋说,此则今古文虽欲争而亦有不能争者。

清代经学,自分布之地域观之,最先为苏州(后又分出常州一支),次徽州,又次为扬州,浙江在后。其在山东,则有孔广森及桂馥。在广东,则有侯康,讲《穀梁》;又有陈澧,亦是汉宋杂糅者。余如四川、两湖亦有经学家。惟有一处纯为宋学,绝对不受汉学影响者,即江西是也。江西本陆学极盛之地,宋代朱熹讲学之所,故在历史地理上为一特别区域。大概学问亦如催眠术,遇有特别情形者则不能催。江西之学风,在清代三百年中绝不受汉学影响,今之江西犹昔之江西也。

清初亦有理学先生,后来汉学家出,尚不敢菲薄理学,如惠栋之流,说经虽宗汉,亦不薄宋;江永且为《近思录》作注。自徽州派之戴震出,方开辟一新世界。其《孟子字义疏证》一书,大反对陆王,对于程朱亦有反对之语。后人多视此书为反对理学之书,实则为反对当时政治之书。清初皇帝表面上提倡理学,常以理学责人,甚至以理学杀人,故戴氏书中有云,“人死于法,犹有怜之者;死于理,其谁怜之!”这是他著书的要旨。戴氏见雍正乾隆动辄利用理学以责人,颇抱不平,故攻击理学。戴氏以前,尚推崇程朱,此后遂不复谈宋学矣。

桐城派始祖方苞,颇自居于理学。至姚鼐,则无理学之见。姚在少年时愿从戴震学,戴拒而不收——究竟是不敢收,还是不屑收,却不得而知——因此两人极相左。翁方纲自附于理学,故姚与翁均攻戴。至方东树作《汉学商兑》,对戴仍不减仇视之意。《汉学商兑》中斥汉学之弊,颇有中肯语。惟方氏谓汉学家于立身行己之道不讲,这却不然。当时的汉学家,品行无甚坏者。唯孙星衍较坏,然亦小节,不过好男色而已;然当其点翰林时不肯拜和珅,则不可谓不讲气节,在山东按察使任内,平反冤狱甚多。大概汉学家亦如耶稣教人,即欲为非,亦不敢,因汉学家亦不敢叛周公孔子之教也。故如汉世张禹、孔光、马融之徒，清代无之。大抵清代经师平常人多，故难得有为则有之。唯阮元在官能平海寇，此为汉学家之功业，然阮氏除此以外，亦并无十分好处。其余诸人在官亦平常，无特别好，亦无特别坏。其所以然者，因为他们本欲自处于无用，盖自清初诸人均不愿入仕，故其说经，不但无通经致用之说，即议论亦不愿发，虽今文派之刘逢禄亦无此思想。后来之通经致用说，则从康有为起。此或自古已然，如战国时之经师，据《汉书艺文志》及《儒林传》所录，如商瞿、穀梁赤、公羊高等，在当时皆毫无声名。孟子由经师转入儒家，故成有用。可见自来经师本多如此，非独清人然也。故吾人评清代汉学家，可以说他们无用，却不能说他们品行不好。

一九三二年二月二十九日，章太炎先生来平。三月三十一日，师大研究院的历史科学门及文学院的国文系和历史系合请先生为学术的演讲，这篇文章就是那天的演讲笔记。自从前年（一九三二）年底本月刊发刊以来，我早就打算把它登在去年（一九三三）的《文学院专号》中。但因那时北平一天一天地危急起来，学校与个人都闹到"不遑宁处"，这篇笔记，不知道给我搁在哪儿啦，所以只好暂且不提。最近居然在无意之中找到啦，我把它看了一道，觉得柴德赓君所记，大体都对，但亦间有未合之处，于是把它略略修改了一下。修改的时候，极力追想那天所听的话，但模糊、错误、忘记之处一定很多。当柴君把这篇笔记誊清了托方国瑜君交给我的时候，太炎先生尚未离平，我请他自己看看，他对我说,"你看了就行了";而我当时竟偷懒没有看,直到现在才来动笔修改,实在荒唐得很。所以要是还有错误,那是我的不是,我应该负责声明的。

一九三四年三月二十一日,钱玄同记。

---

① 录自《师大月刊》,第十期,章太炎演讲,柴德赓记录。

与吴检斋论清代学术书①

　　检斋足下：两得手书，推崇过当。仆辈生于今世，独欲任持国学，比于守府而已，固不敢高自贤圣，以哗世取名也。扬榷清代儒先所为佹佹不舍者，志亦若是而已。其间或有污隆，转忘其本。然而媚于一人，建计以张羯胡之焰者，始终未有闻焉。论者诋以贠瓶寡用，要其持身如此。比于魏裔介、李光地之伦，禅贩程、朱以自摧汉族者，可不谓贤欤？铨次诸儒学术所原，不过惠、戴二宗。惠氏温故，故其徒敦守旧贯，多不仕进；戴氏知新，而隐有所痛于时政，则《孟子字义疏证》所为作也。源远流分，析为数师。后生不能得其统纪，或以为耆集旧事而已；或徒以为攻击宋儒，陋今荣古，以为名高。则未知建夷入主，几三百年，而四维未终于解敔，国性不即于陵夷者，果谁之力也！今之诡言致用者，又魏裔介、李光地之次也。其贪鄙无耻，大言鲜验，且欲残摧国故，以自解顺民降俘之消者，则魏、李所不为也。及今而思所以振之，视诸先正从容讲授之世，固已难矣。仆所为夙夜孜孜，以求维持于不敝者，复不能尽与前修同术。何者？繁言碎义，非欲速者所能受也；蹈常袭故，非辩智者所能满也。一于周孔，而旁弃老庄释迦深美之言，则蔽而不通也；专贵汉师，而剽剥魏晋，深憨洛闽者，则今之所务有异于向时也。大氐六艺诸子，当别其流，毋相纷糅，以侵官局。朴学稽之于古，而玄理验之于心。事虽繁喷，必寻其原，然后有会归也；理虽幽眇，必征诸实，然后无遁辞也。以是为则，或上无戾于古先民，而下可以解末世之狂醒乎？来书谓近治《说文》，桂氏征引极博，而鲜发明，此可谓知言者；王氏颇能分析，盖亦滞于形体；惟段氏为能知音，其卤莽专断，诚不能无诮訾议。要之，文字者，语言之符，苟沾沾正点画、辨偏旁而已，此则《五经文字》、《九经字样》已优为之，终使文字之用，与语言介然有隔，亦何贵于小学哉！段氏独能平秩声音，抽引端绪，故虽多疵点而可宝耳。来书称歙音多合唐韵，此有由也。五胡乱而古音亡，金元扰而唐韵歇。然其绪余，犹在大江以南。且乡曲之音，多正于城市；山居之音，多正于水滨。以其十口相传，不受外化故也。昔朱元晦独谓广州音正，近世陈兰甫复申明之。以今所闻，二公之言，诚不虚也。所以不受流变者，亦由横隔五领，胡虏之音无由递传至此耳。仆向时作《新方言》，盖欲尽取域内异言，稽其正变，所得裁八百余事，未能周悉。今以一册奉上。书不尽意，它日来过，当一二引伸之。章炳麟白。十月十四日。

承教愧汗，鄙人何术之有？佗日晤谈，未妨言志。学问之事，终以贵乡先正东原先生为圭臬耳。章炳麟白。

---

① 录自吴承仕藏《章炳麟论学集》，北京师范大学出版社，1982年影印版。

莉汉昌言·连语(节选)[①]

顾宁人深惩王学,然南交太冲,北则尤善中孚。太冲固主王学者,中孚且称"一念万年",其语尤奇,且谓宁人"抛却自心无尽藏",然交好固不替也。则知宁人所恶于王学者,在其末流昌狂浮伪而已。太冲傲傥,中孚醇朴,则不论其学之异同。

蕺山谓"意为主宰"。此意根也,意根执我,不待于诚之,诚之则我见益坚牢矣。

明之亡,不降其志者,其王而农、刘伯绳、应嗣寅、沈朗思邪?宁人、太冲欲行其学,不能与清吏无酬酢也。磨而不磷,涅而不缁,吾于宁人尤信。

吴三桂引虏入关,毒敷诸夏,后虽抗清,不足以自赎。故王而农坚卧不与其事,以不祥辞者,薛方诡对之类也。贤者避世可也。

李中孚受清主赐额,李天生应词科,受检讨之命,非其志也。

甚矣黄太冲之褊也，以王偶、卫湜之书绝人。吕用晦佻矣，事师而欺，游侠耻之。

顾宁人谓汉、晋间人一玷清议，终身不齿，此王治之所不可阙也。余谓清议云者，激浊扬清之谓；若今之群言，则激清扬浊而已。非礼法正乎上，廉耻修乎下，欲以贤不肖付诸众口，则转益为厉也。杨子云"妄誉近乡原，妄毁近乡讪"，世多乡原，清议已不可据，况多乡讪乎！

浸润之谮、肤受之诉不行焉，恶讦以为直者，恶徼以为智者，圣哲所规，其风远矣。夫事之难知，莫奸私赃贿若。近世法律、奸罪必待亲告乃受，盖惧其诬。然诬告可绝，妄谈不能绝也。官吏受赃，法所必惩。自钞币、飞钱之行，其物轻微，授受无迹，苟得者易以巧脱，而清白者亦易受诬。法廷必求有征，然流言不能绝也。近世人多嫉媢，小有憎恚，便兴谣诼，渐至流衍，迄于举国泯纷。然则窃金盗嫂之谤，亦何所不至邪？今时处世唯有一术：曰恶闻人过；化人唯有一术：曰忠信。乌呼，生民至于今，亦殆将毙矣，忠信者，其续命汤乎！

躬自薄而厚责于人，今之常态也。是以交友必相怨，处事必相疑。十室之邑，岂无忠信哉？由今人不贵是耳！

说经论道，以振民俗，在昔为有效。今乃人人不窥六籍，欲变之者，虽如戚同文之教授，犹患其高。惟效顾氏读经会耳！

戴东原之学，根柢不过二端。曰"理丽于气，性无理气之殊；理以絜情，心无理欲之界"，如是而已。其排斥宋儒以理为如有一物者，得之；乃自谓理在事物，则失之甚远也。然要其归，则主乎忠恕。故云："治己以不出于欲者为理,治人亦然。举凡民之饥寒愁怨、饮食男女、常情隐曲之感,咸视为人欲之甚轻者。用之治人,则祸其人。"又云:"君子不必无饥寒愁怨、饮食男女、常情隐曲之感也。理欲之辨,使君子无完行,谗说诬辞,反得刻议君子而罪之,为祸如是也。"老子云:"圣人无常心,以百姓心为心。常善救人,故无弃人。常善救物,故无弃物。"东原盖深知此者,亦自不觉其冥合耳。使其宰世御物,则百姓得职,人材不遗矣。阳明,子房也;东原,萧、曹也。其术相背,以用世则还相成也(罗整庵于气见理,罗近溪得力于恕,东原辨理似整庵,归趣似近溪)。

杨子云曰:"通天地人谓之儒。"天官之学,孔门未尝以为教。《易》之为道,广大悉备。只于《泰》之九三称"无平不陂,无往不复"。《象》曰:"无平不陂,天地际也。"此即《周髀》之说,谓地本法天,写其一面,则如覆槃,括其两面,则如丸卵,人之所履,随处似平,其实随处陂陁隙下,如此,故能无往不复。然于日星行度,《易》所不言,《曾子天圆》称:"如诚天圆而地方,则是四角之不掩也。"此乃误以地为平圆,亦自不害其为曾子。儒何必通天地也!戴东原《与是仲明书》云:"诵《尧典》数行,至'乃命羲和',不知恒星七政所以运行,则掩卷不能卒业。"若然,古人三年通一经,今必十年然后通《尧典》也。古历甚疏,孔疏具在,亦足讲明,何事深求乎?若必精研象纬,致之推步,谓读徐光启书可了邪?司天之术,非仪象完具,不可推测。东原束发受书,曷能有是,虽覃思十年,亦何所益?徒以素好是学,习贯成性,以是教人,则是以有厓之生随无厓之知也。九章之术,六艺一端,其以应用,则明著方田、粟米、商功、均输四者，皆切于人事，而非远求天象，古之为学可知已。今人常识，于天官亦只明经纬。由此可知郡县广轮之数，宁必推日月之薄蚀，察五纬之赢缩，征恒星之伏见，然后为学哉！

修己治人之学，简而易知。其他则有集千年之成验，聚百土所涉历，然后就者，必以一人尽之，是老死而不可殚也。地舆为经国者所宜知，然图书所载，亦其大略。必求山溪之通塞，寻道里之迂径，辨民俗之醇薄，方策不具，必须身验，而身验固非一人所能尽也。故曰"知之为知之，不知为不知"。

---

① 录自《章氏丛书续编》。

汉学论(上)①

　　清时之言汉学,明故训,甄度制,使三礼辨秩,群经文曲得大通,为功固不细。三礼而外,条法不治者尚过半。而末流适以汉学自弊,则言《公羊》与说彝器款识者为之也。

　　循《公羊》之说,周可以黜,鲁可以王,时制可以诡更,事状可以颠倒。以《春秋》为史耶? 则沈约、魏收所不为。坚指以为经耶? 则吴广之帛书,张角之五斗米道也。清世言《公羊》已乱视听,今《公羊》之学虽废,其余毒遗蠚犹在。人人以旧史为不足信,而国之本实瘣矣。循《彝器释文》之说,文不必见于字书,音义不必受之故老。苟以六书皮傅,从而指之曰,此某字也。其始犹不敢正言,逮及末嗣,习为故然。直以其说破篆籀正文,而析言乱名者滋起矣。二者之败,其极足以覆国。始之为汉学者,尽瘁以善其事,收效不过参之一。后之为汉学者,转趣奇邪,祸乃流于人民种姓,所谓哲夫成城,哲妇倾城者非邪? 若不辨其名氏,不审其鬶箸,一切以汉学笼之,则清世之言汉学者,功未盈眦,其祸且滔天也。是何也?汉学者,或上应古文本事,或无所隐据,起于博士俗说。谶书妄作,固瑕瑜参者也。因而衍之,得失之差,固以千里矣。

方东树之属不悟,为《汉学商兑》以弹之。商兑可也,其所商兑非也。彼以明故训、甄度制为碎,以疏弃宋儒为败俗。按清初顾炎武、张尔岐皆独行之士,志节过人。次如臧琳、陈启源辈,亦尚贫而乐道者也。其后制行渐庳,然犹循履名检,愈于佗不学者。乃孙星衍之徒作,不修小行,渐以点污,亦仅仅一二人耳。素位故不闻有邪恕之倾险也,守经故不闻有朝寅之绝毋也。学之碎无害于人之躬行。宋儒之制言,不能越于群经。人固有乐群经而厌宋儒语录者。且行己之道,群经已粲然明白矣。必以疏弃宋儒为非者,后汉之士,大氐放道而行,其时乌睹所谓宋儒书耶?

乃若清世从政之士,制行苟偷,于前代为甚。则建夷秉政之为。建夷者,以军容入国,事任专断,钳语拒谏。炕于秦皇父子,方镇效之。贵倨即与人志无异,而更开卖官之窦。使贾竖婓人阶以上遂,是故鲠直敢言者必挫,廉制特立者必困,下之化上,疾于风草,是以谀诡干没者皆是,而正人之路日弗。汤斌之徒,乍一飞跃,及议关税,终失气喋口以死。吏道如此,斯时虽有程朱,乌能救之?安在言汉学者之咎耶?东树不知清之流化足以蛊败士行而有余,而横归过于汉学。其訾汉学也,又不知指《公羊》与《彝器释文》之缪,而猥罪明故训、甄度制者,所谓聋者之闻蚁斗以为牛鸣，而不闻辟历之下击也。

---

① 录自《太炎文录续编》，卷一。

汉学论（下）①

　　清儒以汉学植名，薄魏晋经说不道。及湘潭王闿运，与陈澧谈经大屈；归，发箧读注疏略上口，宣言清儒说经不逮注疏甚远。然闿运本文人，以旧注文义渊雅过于时人，以是定是非，殊不能慊人志。余弟子黄侃尝校注疏四五周，亦言清儒说经虽精博，其根柢皆在注疏，故无清人经说无害也。无注疏，即群经皆不可读。其说视闿运为实。要之清儒研精故训，上陵季汉，必非贾、孔所能并。其说三礼，虽本之郑氏，然亦左右采获，上窥周逸，旁摭汉师遗说，不局于郑氏而止。谓其根柢皆在注疏，是亦十得六七，未足以尽之也。

　　余谓清儒所失，在牵于汉学名义，而忘魏、晋榦蛊之功。夫汉时十四博士，皆今文俗儒，诸古文大师虽桀然树质的，犹往往俯而汲之，如贾景伯、郑康成皆是也。先郑、许、马濡俗说为少，然其书半亡佚。后人欲窥其微，难矣。黄初以来，始立《毛氏诗》、《左氏春秋》，《尚书》亦取马、郑，而尽废今文不用。逮《三体石经》之立，《书》、《春秋》古文一时发露，然后学有一尊，受经者无所怔惑。故其时有不学者，未有学焉而岐于今文者，以是校汉世之学，则魏、晋有卓然者矣。郑冲无俚，盗《石经》之字以造《古文逸书》，为世诟病。今所谓《伪孔尚书》是也。然今人知伪孔之非，为训说以更之者数家。猝然遇章句塞棘，终已不能利解。就解其一二语，首尾相次，竟不知说何事。此有以愈于伪孔乎？无有也。清人说《周易》多摭李鼎祚集解，推衍其例，则郑、荀、虞之义大备。然其例既为王氏略例所破，纵如三家之说，有以愈于王氏乎？无有也。《春秋》言《公羊》者不足道，清世说《左氏》必以贾服为极。贾服于传义诚审，及贾氏治《春秋经》，例本刘子骏，既为《杜氏释例》所破，质之丘明传例，贾氏之不合者亦多矣。易义广大，不可以身质。王氏与郑、荀、虞或皆有圣人之道焉，不敢知也。若《春秋》者，语确而事易见，凡例有定，不容支离。杜氏所得盖什七，而贾氏财一二耳。夫若是者，非汉人之材绌，而魏、晋人之材优也；汉人牵于学官今文，魏、晋人乃无所牵也。

余少时治《左氏春秋》，颇主刘、贾、许颖以排杜氏，卒之娄施攻伐，杜之守犹完，而为刘、贾、许颖者自败。晚岁为《春秋疑义答问》，颇右杜氏，于经义始条达矣。由是观之，文有古今，而学无汉、晋。清世经说所以未大就者，以牵于汉学之名，蔑魏、晋使不得齿列。今退而求注疏，近之矣。必牵于注疏之名以为表旗，是使何休、郑冲之徒，复乔乔然而居上也。抑余闻之，子夏于经师为最高，然仲尼作《春秋》，子夏不能赞一辞。唐、宋诸儒说《春秋》者百家,皆恣为高论,轶出绳外,以是疑《春秋》非经师所能喻。前者吴起、贾谊善治《春秋》,此皆有王伯大略者。及晋则得杜预,宋有叶适(《习学记言》有论春秋一卷)。明有高拱(《有春秋正旨》),预与适尚有文学名,拱即辅世之相而已。然其言悉为经师所不能道,岂暇论其学云何哉?夫孔门之四科,亦有相倚者也。

---

① 录自《太炎文录续编》,卷一。

今古文辨义①

　　自刘申受、宋于庭、魏默深、龚瑟人辈诋斥古文，学者更相放效，而近世井研廖季平始有专书，以发挥其义。大抵采摭四人，参以心得。四人者，于《毛诗》、《周礼》、《逸礼》、《古文尚书》、《左传》，率攻击如仇雠，廖氏则于四知皆加驳斥，而独尊左氏，谓不传《春秋》，正群经之总传，斯其异也。其《群经凡例》、《经话》、《古学考》等书，虽所见多偏庆激诡，亦由意有不了，迫于愤悱之余，而以是为强解，非夫故为却偃以衒新奇者。余是以因通人之蔽而为剖释焉。

　　综廖氏诸说，一曰经皆完书无缺，以为有缺者刘歆也。一曰六经皆孔子所撰，非当时语，亦非当时事，孔子构造是事而加王心也。一曰四代皆乱世，尧、舜、汤、武之治皆无其事也。一曰《左氏》亦今学，其释经亦自造事迹，而借其语以加王心，故大旨与《公》、《穀》同，五十凡无一背《公》、《穀》也。一曰诸子九流皆宗孔子也。夫廖氏之意，特以宰予尝言夫子贤过尧、舜,苟六经制作,不过祖述宪章,知尧、舜固为作者之程,而孔子特为述者之明,恶得以加于尧、舜之上哉。于此思之不通,则尽谓尧、舜事为虚,而以归之孔子,然后孔子为生民所未有,而群疑皆析矣。及后又得一证,观春秋时公卿大夫烝报残虐,降至而秦、汉以后,斯风渐熄,则意三代以上,其渎乱无人理,必更甚于春秋,而尧、舜、汤、文,遂可一扫空之,至此则其守愈坚矣。古文逸经,多谓出于周公,是则六经为周、孔并制,孔子又不得为生民所未有也,于是谓逸经皆刘歆所伪撰,而孔子乃尊无二上矣。《左氏》述当时事,有极丑恶者,亦有极嘉美者,意春秋既为乱世,则必不得有此美谈,于是谓《左氏》亦自造事迹,而非征实之史。

九流自儒家而外,八家所说古事,虽与经典不无龃龉,而大致三代以上,圣帝明王名臣才士亦略不异于群经。且魁琐小事,亦有与群经合者。使其各为一术,则孔子以前,坟典具在,孔子不能焚去其籍也,彼诸子者,何为舍实事不言而同于孔子虚拟之事乎?于是词穷,则不得不曰庄、墨、申、韩皆宗孔子也。至此则欲摈古文于经义之外,而反引珍说于经义之中;欲摈尧、舜、周公不得为上圣,而反尊庄周、墨翟为大师,则亦仅可鹘突其词,敷衍其语,而于心终不能安,于理终不能晰矣。

综其弊端,不过欲特尊孔子,而彼此枨触,疑义丛生,故不得不自开一径耳。

余则解之曰:孔子贤于尧、舜,自在性分,非专在制作也。昔人言禹入圣域而未优,斯禹不如尧、舜也;颜渊言欲从末由,斯颜不如孔也。

此其比较，皆在性分之内，岂在制作哉！惟然，故惟宰我、子贡、有若辈亲炙者知之，而孟氏则去圣已远，未尝亲睹其气象，故必引三子之言以为证。若制作六经，则孟时全帙具在，以此证其优于尧、舜，自可言从己出，何必远引三子哉？孟言伯夷、伊尹与孔子得百里之地而君之，皆能以朝诸侯，有天下，是则定太平、制礼乐，夷、尹与孔子同此能事矣，而又言二子不能与孔子相班，然则孔子之所以超越千古者，必不在制作可知也。尧、舜、周公适在前，而孔子适承其后，则不得不因其已成者以为学，其后亦不得不据此删刊以为群经，此犹姜桂因地而生也，而其圣自过三人，此犹姜桂不因地而辛也。夫青胜于蓝，冰寒于水，知过其师，亦何足怪。

然即以群经制作言之，《春秋》自为孔子笔削所成，其旨与先圣不同，即《诗》、《书》亦具录成、康后事，其意亦不必同于尧、舜、周公矣。惟《易》与《礼》、《乐》，多出文、周，然《易》在当时，为卜筮所用，《礼》、《乐》亦为祝史瞽矇之守，其辞与事，夫人而能言之行之也。仲尼赞《易》为十翼，则意有出于爻象之外者。今七十子传微言于后学，而为之作《记》，则意有出于《礼》、《乐》本经之外者(注《礼运》、《礼器》、《仲尼燕居》、《三朝记》等篇，非《士礼》、《周官》所能尽也。《乐》亦可知。至于《记》中制度有异二礼，则自为孔子制作，兼用夏、殷，然不去二礼以存其异者，通三统也。夏、殷之礼不存者，文献不足征也)。是故经皆孔子之经，而非尧、舜、周公所据得，然彼所以圣过数子者，当不在是。自唐以后，太学遂罢旦而记尼，亦以孔子圣德，自可度越前哲耳。岂以为《士礼》不出周公,而《周礼》又当摈绝哉？然则孔子自有独至,不专在六经;六经自有高于前圣制作,而不得谓其中无前圣之成书,知此则诸疑冰释,以下无庸再解矣。

然犹必解之者,则以世儒或不明廖氏本恉,而反取其支流以为根据也。春秋时事,秽浊不忍闻,大半皆出君相,此事非秦、汉以后所无也。郡国守相,藩镇将帅,亦与古诸侯同。特封建之世,国皆有史,故秽事流传;郡县之世,非天子不得有史,故其事隐秘。不然,齐文宣、隋炀帝、唐太宗、玄宗、梁太祖及元世诸主之淫昏烝报,皆与春秋时事不殊,其君有之,而谓其将吏无之乎？封建变而为县,若弑君则秦、汉以后,只奉一共主,固宜其少。然郡则诸侯变而为守令,杀守令亦犹弑君也。明亡以来,与春秋年数相当,历数成案,戕官之事,何止弑君三十六乎？而骨肉相残,如两江总督噶礼之谋鸩其母者,更不足论也。要之,此在法令修明与否,而不专在教化,春秋时法令不如汉、唐、宋、明修明,故有此渎乱事耳。若教化则犹此教化也,有此教化,而上之人不能使昭明,斯法令不修之罪也。五帝四王在上,及幽、厉以前小康之世,固无此渎乱矣。而据此逆推,谓三代皆无教化之乱也。何其诬也。

且廖氏又曰:《山海经》,真禹制也,而《禹贡》为孔子之书;《穆天子传》,真周事也,而本纪多弟子所传。夫如是,则《山经》、《穆传》所载神仙妖鬼,乃真确有其事矣。是愿专此教,而反为神仙妖鬼诸事立一实证,虽孔子亦无说以斥其夸诞也,则其说适为淫词助攻之柄而已矣。《左氏》借古义美词以释经,余亦尝有是语。其言曰:陆元朗之叙《庄子》也,曰辞趣华深,正言若反;吕成公之论《史记》也,曰文见于此,起义于彼。以此读《左传》,则大通矣。然所谓古义美词者,皆当世自有其言,特左氏缀集以释经耳。且事本不为经发,而左氏则借之以申经义,故常有文在彼传,而实以申此经者。若使左氏自造,则不必为此隐见回曲之辞,而不妨于本条之下直造斯语矣。且苟其古义美词,皆非实有,则所谓炁报残虐者,亦安足据哉!

大抵《左氏》以事托义,故说经之处,鲜下己意,而多借他处之义以释之。故其义最为难知,而其功亦如集腋谷材,非二百四十年之遗语,不足以回旋其意也。即孔子作《春秋》,何独不然。苟曰拨乱世以成升平,由升平以成太平,则王者布政不过一世,而民已无不仁矣,何待二百四十年乎?惟《春秋》非二百四十年则行事不备,无以为法戒,亦犹《左氏》非二百四十年则嘉语不备,无以相证解耳。然则孔子著经,亦若兼为传人地者,故曰经之与传一体相成,共为表里也。若因服注季札观乐事,云传家据已定言之,遂谓《左氏》他事,亦皆取六经微言大义以裁成之,是则单文孤证也已矣(《左氏》非剿袭国史,其笔削去取之功勤矣,于此偶从已定言之,此《左氏》之文,非国史原文可知,要非于国史之外自撰事实也)。至三传大旨,自有相同,而其异者终若瓜畴芋区之不可念。廖氏见近世治《公羊》者,皆明斥《左氏》,而不明斥《穀梁》,然《穀梁》之异于《公羊》,不下《左氏》,而诸儒意见偏枯如此,则不如并《左氏》而进之。且均以为今学也。以廖氏识见卓绝处,亦正其差池处。

盖同为今学,十四博士,其异同犹不可更仆,如韩太傅说《诗》,《艺文志》谓其与齐、鲁间不同，此即其见端也。三传同者自同，异者自异，穿穴鑿凿以相比附，亦何不可。要之，离则双美，合则两伤，调人刘兆，甚无谓也。至于诸子分流，自出畴人散乱之后，家各承其旧学，更相衍说，以成一派，与孔子何与？此不必辨者，廖氏亦不能求其安隐也。即如墨子专与仲尼立异，巧文丑诋，孟、荀皆欲放拒之，此必不能谓其宗孔也。其他虽褒贬互见，要亦如儒家之取老聃，非宗之也。宋世苏氏，学最疏陋，以其牧竖兔园之见，谓庄周尊崇儒术。明世陋者，复扬其波，如《庄子雪》等书是矣，斯何足效乎？谓经皆完书者，以秦焚《诗》、《书》，未及博士所藏耳，不知荀子言秦无儒矣。伏生适通《尚书》，其余博士，非书通经术，彼时固以博士备顾问，非如汉博士之为经师也。古者书无雕本，非儒生献书，其书无由入官。《周礼》之不传于汉初，《礼经》之有逸篇三十九，正以秦无其儒，故博士无其书耳。且酂侯所收，止丞相御史府图籍，此当时政书，与博士之《诗》、《书》何涉？其后咸阳焚于项羽，则博士所藏，亦庸能传布乎？以此末杀古文，未见其可也。

廖氏谓今文重师承，古文重训诂。惟重师承，故不能自为歧说；推重训诂，故可以由己衍解，是亦大误。大小夏侯，同出兒宽，而彼此相非。王式《鲁诗》，江公《穀梁》，皆近本申公，而丑诋狗曲。至《诗纬》本于《齐诗》，而言《诗》含六情五际，绝于申，申者谓申公也，则齐、鲁《诗》亦如仇敌矣。其相忌克如此，安能恪守师说乎？苟专以师承为重，矩尺弗违，则五经只应有五师耳（《易》本商瞿，何以分为施、孟、梁丘；《诗》本子夏，何以分为齐、鲁、韩：此见其不守师承，故有争端也）。安得有十四博士乎？古文之训诂，如《周礼》杜及大郑等注，在今日视之为平常，不知当时凿山通道，正自不易。盖此诸家未言章句义理，惟求其字句之通，正如今日校勘家，彼此参稽以求通其所不可通。迨其左右采获，征结尽解，则豁然塙斯而不可变，非如今日专执小学以说经者，必欲皮傅形声，舍其已通者而为之别求新说也。此训诂之所以是重，而非穿求崖穴者所可拟矣（近代训诂家如惠、戴、段、王，皆得古人正脉；其后以小学说经者，则多穿求崖穴矣）。训诂既通，然后有求大义者，异义所载是也。然贾、马、许、郑皆古文，而说亦有异，此正与十四博士之异义相似。今古文皆然，何独谓古文不重师承乎？

今观廖氏所论，其于《公羊》，则不取劭公日月之说，即董生《繁露》，亦有不满，且并王鲁之说驳之，则大义亦与先师迥异，而犹谓今文重在师承，恐已于今文，已不能重师承矣。若曰吾所言者，与经悉合，经旨自如此，故不敢屈经以从先师也，则何责于古文家哉！

若曰：吾所言者，独合于经，而古文家独否，则深于古文者，亦正有辞以御之耳。至不守先师微言大义之师承，而独守经皆完书之师承，则仰梁自思，当亦觉其可哂矣。

总之，廖氏之见，欲极崇孔子，而不能批却导窾以有此弊。寻其自造六经之说，在彼固以为宗仰素王，无出是语，而不知踬其说者，并可曰孔子事亦后人所造也。噫嘻！槁骨不复起矣，欲出与今人驳难，自言实有其人实有其事，固不可得矣。则就廖氏之说以推之，安知孔子之言与事，非孟、荀、汉儒所造耶？孟、荀、汉儒书，非亦刘歆所造耶？邓析之杀求尸者,其谋如此;及教得尸者,其谋如彼。智计之士,一身而备输、墨攻守之具,若好奇爱博,则纵横错出,自为解驳可也。彼古文既为刘歆所造,安知今文非亦刘歆所造以自矜其多能如邓析之为耶?而《移让博士书》,安知非亦寓言耶?然则虽谓兰台历史,无一语可以征信,尽如蔚宗之传王乔者亦可矣。而刘歆之有无,亦尚不可知也,乌虖!廖氏不言,后之人必有言之者,其机盖已兆矣。若是,则欲以尊崇孔子而适为绝灭儒术之渐,可不惧与?

观廖氏书,自谓思而不学,又谓学问三年当一小变,十年当一大变,知其精勤虚受,非卤莽狂仞者比。今于尊崇孔子一案,既为解明如此,则诸论皆不必发。吾甚愿廖氏之大变也。若夫经术文奸之士,藉攻击廖士以攻击政党者,则埳井之鼃,吾弗敢知焉。

---

① 录自《亚东时报》第十八号,"杂录",清光绪二十五年十一月二十三日出版,署名"菊汉阁主"。

学隐（一）①

　　魏源默深为《李申耆传》，称乾隆中叶，惠定宇、戴东原、程易畴、江叔澐、段若膺、王怀祖、钱晓徵、孙渊如及臧在东兄弟，争治汉学，锢天下智惠为无用。包世臣慎伯则言东原终身任馆职，然揣其必能从政。二者交岐。繇今验之，魏源则信矣。

　　吾特未知其言用者，为何主用也？处无望之世，衒其术略，出则足以佐寇。反是，欲与寇竞，即罗网周密，虞候迦互，执羽籥除暴，终不可得。进退跋疐，能事无所写，非施之训诂，且安施邪？古者经师如伏生、郑康成、陆元朗，穷老笺注，岂实泊然不为生民哀乐？亦遭世则然也。今观世儒，如李光地、汤斌、张廷玉者，朝读书百篇，夕见行事，其用则贤矣。若夫袁宏之颂荀或者曰：“始救生人，终明风概。”数子其能瞻望乎哉！故曰“大儒胪传，小儒压颊”，《诗》、《礼》之用则然。比度于无用者，孰贤不肖？则较然察矣。

定宇殁,汉学数公,皆拥树东原为大师。其识度深浅,诚人人殊异。若东原者,观其《遗书》,规摹闳远,执志故可知。当是时,知中夏虮黶不可为,为之无鱼子虮虱之势足以藉手;士皆思偷愒禄仕久矣,则惧夫谐媚为疏附,窃仁义于侯之门者。故教之汉学,绝其恢谲异谋,使废则中权,出则朝隐。如是足也! 借使中用如魏源,能反其所述《圣武记》以为一书,才士悉然,东原方承流奔命不给,何至槁项自縶,缚汉学之拙哉?

或曰:弁冕之制,绅舄之度,今世为最微;而诸儒流沬讨论,以存其概略,是亦当务之用也(任幼植箸《弁服释例》。幼植之学,出自东原。张皋文箸《仪礼图》。皋文学出金辅之,辅之与东原亦最相善)。

---

① 录自《訄书》重订本,卷十三。

学隐（二）①

　　魏源为《李兆洛传》，称乾隆中叶，惠栋、戴震、程瑶田、江声、段玉裁、王念孙、钱大昕、孙星衍及臧庸兄弟，争治汉学，锢天下智惠为无用。包世臣则言戴震终身任馆职，然揣其必能从政。二者交岐。繇今验之，二家皆信矣（源之言，有未合者。戴震精于舆地，钱大昕习于史事，孙星衍明于法律，非只治汉学也。虽欲有用，亦宁能废此三物？世臣之说，盖谓治在力行，不在多言，郡县良吏，悃愊无华，必不出于尚口者。戴氏少为裨贩，涉历南朔，闾里奸邪、米盐琐细，尽知之矣。故独许其能从政，亦非虚拟）。

　　吾特未知魏源所谓用者，为何主用也？处无望之世，衒其术略，出则足以佐寇。反是，欲与寇竞，即网罗周密，虞候迦互，执羽籥除暴，终不可得。进退跋疐，能事无所写，非施之训诂，且安施邪？古者经师如伏生、郑康成、陆元朗，穷老笺注，岂实泊然不为生民哀乐？亦遭世则然也。今观世儒如李光地、汤斌、张廷玉者，朝读书百篇，夕见行事，其用则贤矣。若夫袁宏之颂荀或者曰："始救生人，终明风概。"数子其能瞻望乎哉？故曰："大儒胪传，小儒压颊"，《诗》《礼》之用则然。比度于无用者，孰贤不肖？则较然察矣。

惠栋殁，吴材衰，学者皆拥树戴氏为大师，而固不执汉学。其识度深浅，亦人人殊异。若戴氏者，观其《遗书》，规摹闳远，执志故可知。当是时，知中夏瓯黯不可为，为之无鱼子虮虱之势足以藉手，士皆思偷愒禄仕久矣，则惧夫谐媚为疏附，窃仁义于侯之门者。故教之古学，绝其恢诡异谋，使废则中权，出则朝隐。如是足也（李充说《论语》叶公问孔子于子路事曰：叶公问之，将欲致之为政；夫子乃抗论儒业，大明其志，使如此之徒，绝望于觊觎。江熙亦曰：叶公惟知执政之贵，不识天下复有胜远；故欲子路抗明素业，无嫌于时，得以清波濯彼秽心。余念惠、戴诸公，意亦准是，非特自督同志，且令王贼绝望。如孙星衍之伦，未达斯意，然其明罚饬法，本之平恕，亦犹愈于附上罔下者也）！借使中用如魏源，能反其所述《圣武记》以为一书，才士悉然，戴氏方承流奔命不给，何至槁项自絷，缚无能之辞哉？

或曰：弁冕之制，绅舄之度，今世为最微；而诸儒流沫讨论，以存其梗概，是亦当务之用也。（任大椿箸《弁服释例》。大椿之学，出自戴氏。张惠言箸《仪礼图》。惠言学出金榜，榜与震亦最相善。）

章炳麟曰：诸学皆可以驯致躬行。近世为朴学者，其善三：明征定保，远于欺诈；先难后得，远于徼幸；习劳思善，远于偷惰。故其学不应世尚，多悃愊寡尤之士也。

昧者或不识人事臧否，苟务博奥，而足以害民俗，乱政理。自惠氏为《明堂大道录》，已近阴阳。而孙星衍憙探《道藏》房中之说，张琦说《风后握奇经》，神仙兵符，几于一矣。琦尝知馆陶县，其后山东有义和团。刘逢禄以《公羊传》佞谀满洲。大同之说兴，而汉房无畔界。延及康有为，以孔子为巫师。诸此咎戾，皆汉学尸之。要之，造端吴学，而常州为加厉。

魏源深诋汉学无用。其所谓汉学者，戴、程、段、王未尝尸其名。而魏源更与常州汉学同流。妖以诬民，夸以媚房，大者为汉奸，剧盗，小者以食客容于私门。三善悉亡，学隐之风绝矣！

---

① 录自《检论》，卷四。

蓟汉微言（节选）①

　　遣汉、宋之封执，泯儒、释之异相，以忠恕之道，平论此土师儒，自宋迄清，凡有五科。明道、白沙知见未精，而有萧然自得之趣，为吏则百姓循化，处乡而风俗改善，斯可谓有德者。伊川、中立、显道诸君，才有高下，识有通蔽，随入此流，此一辈也。陆子静、杨慈湖、王阳明见道稍高，其立义直捷，前有张无垢，后有彭尺木、罗台山之伦，此又一辈也。陈君举、叶正则之徒，上规周礼，以经国利民为志，而躬行亦饬。晚有颜习斋，独以六艺为教，抑亦永嘉遗风，而规模殊隘矣，此又一辈也。朱晦庵不尚高论，其治经知重训诂，以少长福建，为吕惠卿、蔡京旧乡，习闻新学，性好勇改，故多废先师大义，而以己意行之，其言道，以天理人欲为不并立，内以持躬，固足寡过，外以隶政，即不能以百姓心为心。罗整庵始言"天理即在人欲之中"，"气质之性即义理之性"，此为朱学之骍角矣。至清而戴氏有作，少学于江慎修，其补正《毛郑诗》，颇采朱氏《集传》(长沙叶德辉言,曾见戴氏原稿,采用朱义尤多),其文中或尊称为朱子,明其推重朱氏也。生当雍正、乾隆之交,见其诏令谪人,辄介程朱绪言以僦法,民将无所厝手足,故为《原善》《孟子字义疏证》,斥理欲异实之谬,近本罗氏而远匡乡先生之失,其间虽有诋诃,亦犹庄周书之讥孔子,禅宗之诃佛骂祖,其所诃固在此不在彼也,是故东原之术,似不与朱氏相入,而观其会通,则为朱学之斡盅者,厥惟东原,此又一辈也。此四家者,虽见有浅深,用有内外,去其轻短之见、奢阔之谈、缴绕无解之辩,居贤善俗,悉有可取。至于周濂溪、邵康节、张横渠三子,所见不出上天造化,阴阳辅治,五行合神,其说近于天磨。在汉有董、眭、京、翼,讫清而有常州今文之学,同波异澜,会归一类(此中汉学、宋学之辨,正如天主、天方之争尔),虽天倪弥覆,常无弃人,而锢蔽已深,行迷难复,恐终自绝于大道也。

---

① 录自《章氏丛书》,1919 年再版本。

论修《清代朴学家列传》与人问答书①

支伟成案：余杭章太炎先生炳麟，少时治经，谨守朴学，所疏通证明者，在文字器数之间。旁逮子史，并多阐发，而于小学为尤精。谓："文字先有声然后有形，字之创造及其孳乳皆以音衍。"所著《文始》及《国故论衡》中论文字音韵诸篇，能灼然见语言文字本原；盖应用清儒之治学法，而廓大其内容，延辟其新径，故其精义多发乾、嘉诸师所未发也。中年以后，究心佛典，治"俱舍"、"唯识"，有所深入。著《齐物论释》，以佛法解老、庄，乃与《瑜伽》、《华严》相会。自谓："以分析名相始，以排遣名相终。"既游日本，兼涉西籍，更能融会新知，贯通旧学，所得日益闳肆。所著《菿汉微言》、《检论》、《文录》诸篇，皆淹雅博治，语多深造。尝曰："自揣平生学术，始则转俗成真，终乃回真向俗。秦、汉以来，依违于彼是之间，局促于一曲之内，盖未尝睹是也。"是先生之学，固度越清儒矣。惟生居浙东，颇究心明、清掌故，盛倡种族革命，其影响于近世学术思想者至巨。既叙勋民国，允推当代大师。伟成纂述兹书，固以"传人传学"为旨，又经先生详加论订，稍有增删。爰略志学行，用示景仰。并转载原书于后，期供海内学者共证订焉。书曰：

得书，并《清代朴学大师列传序目》。世衰道微，足下独能存此典型！所序亦甚精审。然陡欲著书传世，则不惮加功切劘；纵出书稍迟数月，不嫌其晚。故鄙意有见为未是者，即识于纸端。大义未申，复作书以明吾旨：

一、原书"先导大师"一类，列顾、黄、王、颜、阎诸公于前，其实非只此也。如朱鹤龄、陈启源于《诗》独尊毛、郑，扫徽国《集传》之芜，其功不在阎百诗下（一《诗》，一《书》）。黄生研精小学，与专求篆隶，审正形体者不同。——此数人者，或与百诗同时，或稍在前，其名不如百诗之广，其实则未必有歉，似宜并著"先导"传中。而毛奇龄诋朱有余，自身瑕垢则或转过于朱（如《四书改错》，可笑可鄙之处甚多），允宜删去。如以朱、陈、黄等不可称"大师"，则一切皆称"先导耆宿"可也。

二、史学分"浙派"、"别派"，尚非允惬。代嬗之间，知明代旧事者，自以浙人为多，然所重则在作史耳。"作史"、"考史"二者才本不同。今宜将"作史"、"考史"分列，不必以"浙派"、"别派"分列。"作史"者，如：万斯同（《明史》原稿有列传五百卷，其纪志则未成，今所行王鸿绪史稿，非万氏原本），温睿临（《南疆逸史》），王夫之（《永历实录》），皆端然自成一书。而陈黄中之于宋史（《宋史新编》），吴任臣之于九国，邵晋涵之于南宋事（《南都事略》），谢启昆之于西魏，皆"作史"者也。毕沅之《续通鉴》，虽不逮温公，亦有所出于正史外者。余如补表诸家，皆当以"作史"论矣（如《明鉴》《明纪》之类，不能出于《明史》外，则不足道）。若王鸣盛、赵翼，则"考史"者也。钱之《廿二史考异》，虽校王、赵为精，亦"考史"者也。史有三长，谓才、学、识。"作史"者必兼具三事，"考史"者只须一"学"字耳。其难易不同。然今之"作史"者，不过及一二代，而"考史"者乃通贯古今，则范围又有大小；是以两者不容轩轾，而不得不分也。

三、校雠家之功罪，在清代正宜分别。其私家校雠者，虽微及数卷，但能勘对停审，则皆于古书有功。其官局校雠者则异是。清修《四库》，本藉此以禁明代书籍，为其有所research讥也（史部、集部、笔记皆有）。观违禁书目所载，有令毁者，则《四库》不载矣；有抽毁者，则《四库》亦加以删改矣。今且未论《四库》定本，即自违禁之谕一出，而民间刻书亦多依以删改。今所传《日知录》《天下郡国利病书》之流，已非真本。此则编纂《四库》者之罪也。纪昀之类，亟宜删去。惟朱筠请集《永乐大典》，其后遂有武英殿丛书，此则不为无功者耳。

四、"今文"之学，不专在常州。其庄、刘、宋、戴（宋之弟子）诸家，执守"今文"，深闭固拒，而附会之词亦众，则常州之家法也。若凌曙之说《公羊》、陈立之疏《白虎》、陈乔枞之辑三家《诗》、三家《尚书》，只以古书难理，为之征明，本非定立一宗旨者，其学亦不出自常州。此种与吴派专主汉学者当为一类，而不当与常州派并存也。当汉学初兴时，尚无古、今文之分别。惠氏于《易》，兼明荀、虞；荀则"古文"，虞则"今文"也。

及张惠言之申虞氏,亦"今文"也。其他如孙之《尚书》,江之《礼书》,或采《大传》,或说《戴记》,皆今、古文不分者。故不得以偶说"今文"经传,遂以常州家法概之。《春秋》三传,《穀梁》最微;桐乡之钟、丹徒之柳、番禺之侯(尚有江都梅蕴生,其书未见),皆具扶微补绝之心,而非牢守一家以概六艺者,与常州家法绝殊;要之,皆吴派之变迁而已。

——以上四事,编次时宜折衷至当,不应卤莽而为之也。

若夫汉、宋兼采者,亦不止浙、粤为然。宝应刘台拱、朱彬二家皆兼宋学意味,而朱之《礼记》为甚,即皖学大师江、戴二公亦然(江本兼谈宋学,戴氏《孟子字义疏证》力与宋学相攻,而说经实兼采宋学,惟小学、音韵、历算、地理,不涉宋学耳)。至高邮、曲阜始醇粹无杂耳。

龚自珍不可纯称"今文",以其附经于史,与章学诚相类,亦由其外祖段氏"二十一经"之说,尊史为经,相与推移也(段氏《经韵楼集》有《十经斋记》,欲于十三经外,加入《大戴记》、《国语》、《史记》、《汉书》、《资治通鉴》、《说文解字》、《周髀算经》、《九章算术》,为二十一经)。

魏源不得附常州学派。如说《诗》多出三家之外(以《小雅》"念彼共人"为厉王既放,共和摄位时作),说《书》不能守欧阳、夏侯(以黄道周三易洞玑说《洪范》),杂糅瞀乱,直是不古不今非汉非宋之学也。

王闿运亦非常州学派,其说经虽简,而亦兼采古、今,且笺《周官》(庄氏亦讲《周官》,刘氏兼说《书序》,是知当时只攻《左氏》,犹未尽攻"古文"也。逮邵懿辰始书攻"古文"耳。王氏生于邵后,独兼古、今,且笺《周官》,则亦不得云常州派也)。此但于惠、戴二派外独树一帜,而亦不肯服从常州也（王少年尝至广州，为陈澧所诃，不肯服惠、戴；又与邵懿辰意见不合，故不肯步常州后尘）。

——此数事，虽无关宏旨，能审正则更善矣。

原稿附上 　　　　　　　　　　章炳麟顿首（九月十四日）

支伟成案：方此书属稿时，正值江、浙兴兵，沪、宁道梗；居困处危，益励于学；衷有所疑，辄就胪询；而太炎先生亦不惮挥汗作答，委曲尽言。兹并录问答之辞于后，若他日宇内清平，昌明学术，其将观此而感慨系之矣！

问：前奉手书，渥承明教，诸所指正，悉当遵示更改。惟愚昧之资，尚有怀疑莫决者，辄胪陈于后，伏愿先生再进而教之，抑又伟成之厚幸也！

答：烽火接天，吾与子犹效鲁城弦诵，亦一佳事！所答如左。

问：陈长发《毛诗稽古篇》纯宗毛、郑，辨正《集传》，实开吴派之先声；谨遵先生言，列诸"先导"传中。至朱愚庵《诗经通义》，则兼采宋儒欧阳、小苏、吕、严之说，尊汉殊不若长发之笃；只以愚庵名大，故后人率以陈附朱。今拟以陈为主，而愚庵附见，似较平允？惟臧玉琳博通群经，辈行与清初诸老同时，是否可与陈朱同升？

答：陈长发学优于朱，以陈列"先导"，朱附之可也。臧玉琳行辈亦老，同入"先导"为得。

问：清代作史考史，实均自浙派开之。杭大宗《三国志补注》、《补金史》，厉太鸿之《辽史拾遗》，皆"考史"而出乾嘉前者也。但以派分，正所以尊浙之意。不过浙派以"作史"为重,故"考史"止著大宗,聊见先河。若梁曜北、洪筠轩诸君虽浙人,则仍入诸乾嘉以来之别派。惟马宛斯、顾复初,行辈既高,又所著虽仅述古,实非兼具才、学、识三者不能;列诸别派,未免有屈;故拟遵先生言,分"史学大师列传",黄、万诸先生外,加宛斯、复初。继以"作史学家列传",吴任臣、全祖望、陈氏父子、谢启昆等属之。再继以"考史学家列传",钱竹汀、王西庄等属之。先生以为然否?至若补表补志诸家,究应属"作史"、"考史",疑莫能决,尚乞示知。

答:史学分"作史"、"考史",足下所拟极是。其补表补志诸家,亦兼有"考史"之作;视其所补者长,则入"作史"列;所考者长,则入"考史"列。

问:温氏《南疆逸史》,纪载明季事迹,诚具史裁;惟议者有谓温为体仁谊子,未免乎彼党多所回护,而不直"东林"。若潘力田、吴赤溟两先生,虽书佚不传,其致力明代掌献,实足与黄、万方驾。且潘氏《国榷》尚存稿本,可为后来重修《明史》之所取资。故鄙意与其列温氏,不若补入潘、吴两公,或应并补温氏,均请指示。

答:温睿临为体仁族人,不直"东林",或有偏党,然史道邻、瞿稼轩皆是"东林",而温无贬辞;则于大者不失,其余小小不足为咎。"东林"始崇气节,而谋国不必皆臧;末流气节亦堕,唯党见牢持不破,其人亦不必尽是也。且温氏亦与万季野交,不得以一眚掩之。

潘柽章允宜列入。

问：陈左海父子，师友多皖派，而笃守汉学，实与吴派为近，究应何列？

答：左海父子，学本近吴，列吴派下为得。

问：王壬秋诚独立一派，拟为单立"湖南派古今文兼采经学家列传"而以王先谦、皮锡瑞附之，未知可否？惟王先谦经学书未见，仅皮氏《经学通论》中极力推许，故拟列入。先生既谓其经学不足道，必有卓见。其《汉书补注》不如《荀子集解》之精，可否列入"诸子学家"？

答：湖南经学，唯有单立湘派而已。考其始，如邹叔绩辈，不过粗闻经义。王从词章入经学，一意笃古，文体规摹毛、郑；发明虽少，然亦杂采古今，无仲舒、翼奉妖妄之见。皮氏先亦从吴、皖二派入手，久之，以翁、潘当道，非言"今文"则谋生将绌，故以此投时好，然亦不尽采"今文"也。王益吾说经之书甚少，《荀子集解》优于《汉书补注》，又尝校注《水经》，亦不能列入"诸子学家"；若别入"显贵提倡传"中，兼附著述，似为得之（南菁书院之设，与诂经精舍相近也）。大抵湘中经学亦颇杂沓；然有一事则为诸家同病，盖于江、戴、段、孔古音之学实未得其分豪也。偶一举及，其疵病立见矣。

问：汉、宋兼采，原不始自浙、粤，惟自嘉、道后，此派旗帜始鲜，而浙、粤为最盛，故特于皖派中析出。否则诚如先生言，不独刘端临、朱武曹为然，即江、戴亦颇出入于宋学也。惟如此分析，究未知合义法否？抑须别立名目？统乞示知。

答：湘派既分，浙、粤亦分之可也。

问：张惠言师传在皖，家法近吴，究应何列？

答：张之《易》近吴派，其《礼图》则得诸皖，仍可入皖。

问：宝应刘氏三世，既遵示移吴入皖。而仪征刘孟瞻父子祖孙及凌晓楼、陈硕甫诸先生虽出皖系，其笃守汉儒，实吴派之家法，亦可移皖入吴否？

答：仪征刘孟瞻本凌晓楼弟子，学在吴、皖之间，入皖可也。陈硕甫专守毛传，尚与吴派不同。盖吴派专守汉学，不论毛、郑，亦不排斥三家；硕甫专守毛传，意以郑笺颇杂，三家不如毛之纯也；仍应入皖。

问：秦蕙田可否与马宛斯、顾震沧同列？

答：秦蕙田可与马、顾同列。

问："地理学家列传"遵示补入郑元庆。董士锡亦续修《行水金鉴》者，可附见郑下否？

答：董士锡于地学亦大家，宜附郑。

问：李文田学兼治经、史、地理、校勘、金石之学，宜属何家？

答：李文田虽兼治诸学，然其所长在西北地理，宜入"地理学家"，与徐松、张穆相次。

问：李竹朋只见其《古泉汇》，其他关于金石著作未见，乞示知。

答：李竹朋所著，以《古泉汇》为最。即此一书，足以千古！较其学术，在金石家中为尤难，盖事须贯穿也。至翁宜泉、刘燕庭，则于李传开端言之为宜。

问：俞理初学问典博，辨论精切，贯串经史百家，不易分派；拟入

"诸子学家",继思亦有未安,或径列皖派何如?

答:俞理初学问甚博,而不能自名其家;其在皖派,又与先哲不同;入之"诸子学家"亦有未安。大抵学博考核而不能成家者,宋世多有:如沈存中、洪容斋是也。其书只宜入"诸子"中"杂家",或"小说家"。然清代此类甚少;如赵甄北《陔余丛考》,严九能《娱亲雅言》,又不如俞氏远甚。既无朋类汇集,只有附入皖派,稍似妥帖。

问:再清儒"音律"、"方志"诸学,均有专家,可否析出单列?

答:所询"音律"、"方志"诸学应否分列。"方志"即史学之裨(亦有考核舆地独为精审者,然不多见),然佳者终少,似不必列。"音律"亦有二派:其一,借此衍算,如钱溉亭是;其一,专明乐艺,如诸琴谱是。兼综二者,盖只凌次仲、陈兰甫而已。其人既少,亦难分出也。

章炳麟顿首(中秋前一日)

---

① 录自支伟成著《清代朴学大师列传》,岳麓书社,一九八六年影印本。题目为本书编者所拟。

颜　学①

　　明之衰,为程、朱者痿弛而不用,为陆、王者奇觚而不恒。诵数冥坐与致良知者既不可任,故颜元返道于地官。以乡三物者,德、行、艺也,斯之谓格物(案:以习行三物为学,无为傅会格物。傅会则"格"字训诂,终不可通)。保氏教六艺者,自吉礼以逮旁要三十六凡目也。更事久,用物多,而魂魄强,兵农、水火、钱谷、工虞,无不闲习。辅世则小大可用,不用而气志亦日以奘驵,安用冥求哉? 观其折竹为刀,以胜剑客,磐控驰射,中六的也;当明室颠覆,东胡入帝,而不仕宦,盖不忘乎光复者。藉在挽近,则骑帆而动豁也。故曰:"勇,达德也。"又数数疢心于宋氏之亡,儒生耆老痛摧折才士,而不用其尚武,则义之所激已。然外敕九容、九思,持之一跬步而不敢堕《曲礼》;自记言行,不欺晦冥;持志微眇若是,斯所以异于陈亮也。苦形为艺,以纾民难;其至孝恻怆,至奔走保塞,求亡父丘墓以归;讲室列弦匏弓矢,肄乐而不与众为瀫;斯所以异于墨子也。形性内刚,孚尹旁达,体骏驵而志齐肃,三代之英,罗马之彦,不远矣!

独根其学在物,物物习之,而概念抽象之用少。其讥朱熹曰:"道犹琴也(本作"《诗》《书》犹琴也",与前后文义皆不合,今以意更正),明于均调节奏之谱,可谓学琴乎?故曰以讲读为求道,其距千里也。即又有妄人指谱而曰:'是即琴也,辨音律,协声均,理性情,通神明。'无越于是谱,果可以为琴乎?故曰以书为道,其距万里也。千里万里,何言之远也!亦譬之学琴然:歌得其调,抚娴其指,弦求中音,徽求中节,声求协律,是之谓学琴矣,未为习琴也。指从志,音从指,清浊疾徐有常节,鼓有常度,奏有常乐,是之谓习琴矣,未为能琴也。弦器可手制也,音律可耳审也,诗歌惟其所欲也,志与指忘,指与弦忘,私欲不作,而大和在室,感应阴阳,化物达天,于是乎命之曰能琴。今指不弹,志不会,徒以习谱为学琴,是渡河而望江也,故曰千里也。今目不睹,耳不闻,徒以谱为琴,是指蓟丘而谈滇池也,故曰万里也。"(录颜说)

夫不见其物器而习符号,符号不可用。然算术之横从者,数也。数具矣,而物器未形,物器之差率,亦即无以跳匿。何者?物器丛繁,而数抽象也。今夫舍谱以学琴,乃冀其中协音律,亦离于抽象,欲纤息简而数之也。算者,谱者,书者,皆符号也。中国自六经百家以逮官书,既不能昭晰如谱,故胶于讲读者,虵缪于古人而道益远。非书者不可用,无良书则不可用。今不课其良不良,而课其讲读不讲读,即有良书,当一切废置邪?良书废,而务水火、工虞,十世以后将各持一端以为教。昔管子明水地,以为集于天地,藏于万物,产于金石,集于诸生,故曰水神。惟佗流士(希腊人)亦谓宙合皆生于水。海克德斯(希腊人),明神火播于百昌,则为转化,藏于匈中,干暵者为贤人,润湿者为愚人。此皆巂琐于百物之秒杪,又举其秒杪以为大素,则道术自此裂矣。故曰滞于有形,而概念抽象之用少也。

颜氏讥李颙不能以三事三物使人习行,顾终身沦于讲说。其学者李塨、王源,亦皆惩创空言,以有用为臬极。周之故言,仕、学为一训(《说文》:仕,学也)。何者?礼不下庶人,非宦于大夫,无所师。故学者犹从掾佐而为小史(秦法以吏为师,此革战国之俗,而返之三代也)。九流所萌蘖,皆畴人之法,王官之契也。然更岁月久,而儒、道、形名,侵寻张大,以为空言者,社会生生之具至爻错。古者更世促浅,不烦为通论。渐渍二三千岁,不推其终始,审其流衍,则维纲不举,故学有无已而凑于虚。且御者必辨于骏良玄黄,远知马性,而近人性之不知;射者必谨于往镞拟的,外知物埻,而内识埻之不知;此其业不火驰乎?其学术不已憔悴乎?

观今西方之哲学,不齑万物为当年效用,和以天倪,上酌其言,而民亦沐浴膏泽。虽玄言理学,至于浮屠,未其无云补也。用其不能实事求是,而鳃理紾纱者多,又人人习为是言,方什伯于三物,是故文实颠偾,国以削弱。今即有百人从事于三物,其一二则以爱智为空言,言必求是,人之齐量,学之同律,既得矣!虽无用者,方以冥冥膏泽人事,何滞迹之有?

　　颜氏徒见中国久淹于文敝，故一切以地官为事守，而使人无窈窕旷闲之地。非有他也，亦不知概念抽象则然也。虽然，自荀卿而后，颜氏则可谓大儒矣（案：《荀子·解蔽》云："空石之中有人焉，其名曰觙。其为人也，善射以好思。耳目之欲接，则败其思；蚊虻之声闻，则挫其精；是以辟耳目之欲，而远蚊虻之声，闲居静思则通。思仁若是，可谓微乎？孟子恶败而出妻，可谓能自强矣；有子恶卧而焠掌，可谓能自忍矣，未及好也。辟耳目之欲，可谓能自强矣，未及思也。蚊虻之声闻则挫其精，可谓危矣，未可谓微也。夫微者，至人也。至人也，何强？何忍？何危？故浊明外景，清明内景，圣人纵其欲，兼其情，而制焉者理矣。夫何强？何忍？何危？故仁者之行道也，无为也。圣人之行道也，无强也。仁者之思也恭，圣人之思也乐，此治心之道也。"据是，则至人无危，其次犹有闲居静思、辟欲远声者。以此思仁，是非李侗所谓默坐澄心、体认天理者邪？故知此事无与禅宗。特以藏息自治，任人自为，不容载诸学官律令，故师保诸职，未有一言及此。颜氏谓非，全屏此功，亦视思仁之道大轻矣，斯其不逮荀子者也）。

---

① 录自《觕书》重订本，卷十一。

正　颜[①]

　　明之衰,为程、朱者痿弛而不用,为陆、王者奇觚而不恒。诵数冥坐与致良知者既不可任,故颜元返道于地官。以乡三物者,德、行、艺也,斯之谓格物(按:以习行三物为学,无为傅会格物。古之言物,犹今言事、言件。乡三物者,谓乡学之三件。此为普遍之名,非乡学之专名也。《周礼》种马、戎马、齐马、道马、田马、驽马,各为一物;岁、时、日、月、星、辰,亦称六物。若以傅会格物,亦可言相马为格物,推禄命为格物乎?若谓彼此皆指言学,故得推知,则大学与乡学又不一也)。保氏教六艺者,自吉礼以逮旁要三十六凡目也。更事久,用物多,而魂魄强,兵农、水火、钱谷、工虞,无不娴习。辅世则小大可用,不用而气志亦日以奘驵,安用冥求哉?观其折竹为刀,以胜剑客,磬控驰射,中六的也;当明室颠覆,东胡入帝,而不仕宦,盖不忘乎光复者。藉在挽近,则骑帆而动舲也。故其言曰:“勇,达德也。”又数数疚心于宋氏之亡,儒生耆老摧折才士，而不用其尚武，则义之所激已。然外饬九容、九思，持之一跬步而不敢堕《曲礼》；自记言行，不欺晦冥；斯所以异于荆轲也。苦形为艺，以纾民难；其至孝恻怆，至奔走保塞，求亡父丘墓以归；讲室列弦匏弓矢，肆乐而不与众为觳；斯所以异于墨子也。形性内刚，孚尹旁达，体骏驵而志齐肃，足以任事；令得平敞之地，为制约束，兴婚姻嫁娶之礼，举学校讲授之业，班行其众，则可以继乡之田畴也。会在平世，则可以任少学父师。虽然，不校崇庳，谓其贤于程、陆，适胜游徼求盗之职矣。

古者有云："燕赵之士钝如椎。"颜氏其犹未脱于是邪？夫其所学务得皮肤（颜元长于射、御、礼，本粗疏；乐、书、数，非其所知也。其徒李塨言数，则只记珠算之乘除；言书，则粗陈今隶之正俗。市侩之数，学究之书，而自谓明六艺，可鄙孰甚？至所谓兵农、水火、钱谷、工虞无不娴习者，则矜夸之辞耳），而总揽之用微。其讥朱元晦曰："道犹琴也（本作"《诗》《书》犹琴也"，与前后文义皆不合，今以意更正），明于均调节奏之谱，可谓学琴乎？故曰以讲读为求道，其距千里也。即又有妄人指谱而曰：'是即琴也，辨音律，协声均，理性情，通神明。'无越于是谱，果可以为琴乎？故曰以书为道，其距万里也。千里万里，何言之远也！亦譬之学琴然：歌得其调，抚娴其指，弦求中音，徽求中节，声求协律，是之谓学琴矣，未为习琴也。指从志，音从指，清浊疾徐有常节，鼓有常度，奏有常乐，是之谓习琴矣，未为能琴也。弦器可手制也，音律可耳审也，诗歌惟其所欲也，志与指忘，指与弦忘，私欲不作，而大和在室，感应阴阳，化物达天,于是乎命之曰能琴。今指不弹,志不会,徒以习谱为学琴,是渡河而望江也,故曰千里也。今目不睹,耳不闻,徒以谱为琴,是指蓟丘而谈滇池也,故曰万里也。"(录颜说)

夫不见其物器而习符号,符号不可任。然算术之横从者,数也。数具矣,而物器未形,物器之差率,亦即无以跳匿。何者? 物器丛繁,而数总揽之也。夫舍谱以学琴者,自谓习久足以中协音律,此亦离于总揽,欲纤息简而数之也。算者,谱者,书者,皆符号也。自六经百家以逮官书,既不能昭晰如谱,故胶于讲读者,䩢缪于古人而道益远。非书者不可用,无良书则不可用。今不课其良不良,而课其讲读不讲读,即有良书,当一切废置邪? 良书废,而大言礼、乐、射、御、书、数,颜氏固弗能尽习也。就其习者,无过胥史市井之用,固弗深致学任驱使,而以内圣外王在是,则道术自此裂矣。

颜氏讥李颙不能以三事三物使人习行,顾终身沦于讲说。其学者李塨、王源,亦皆惩创空言,以有用为臬极。周之故言,仕、学为一训(《说文》: 仕,学也)。何者? 礼不下庶人,非宦于大夫,无所师。故学者犹从掾佐而为小史(秦法以吏为师,此革战国之俗,而返之三代也)。九流所萌蘖,皆畴人之法,王官之契也。然更岁月久,而儒、道、形名,侵寻张大,以为空言者,四民生生之具至交错矣。古者更世促浅,不烦为通论。渐渍二三千岁,不推其终始、审其流衍,则维纲不举,故学有无已而凑于虚。且御者必辨于骏良玄黄,远知马性,而近人性之不知;射者必谨于往镞拟的,外知物埻,而内识埻之不知;此其业不火驰乎? 其学术不已憔悴乎？

　　观今远西之有玄学，不庸万物为当年效用，和以天倪，上酬其言，而民亦沐浴膏泽。虽清言理学，至于桑门禅人，未其无云补也。用其不能实事求是，而思理紊绖者多，习者弥易，识者弥寡。是故文实颠偾，国以削弱。今即有百人从事于三物，其一二则以名理为空言，言必求是，人之齐量，学之同律，既得矣！虽无用者，方以冥冥膏泽人事，何滞迹之有（按：《荀子・解蔽》云："空石之中有人焉，其名曰觙。其为人也，善射以好思。耳目之欲接，则败其思；蚊虻之声闻，则挫其精；是以辟耳目之欲，而远蚊虻之声，闲居静思则通。思仁若是，可谓微乎？孟子恶败而出妻，可谓能自强矣；有子恶卧而焠掌，可谓能自忍矣；未及好也。辟耳目之欲，可谓能自强矣，未及思也。蚊虻之声闻则挫其精，可谓危矣，未可谓微也。夫微者，至人也。至人也，何强？何忍？何危？故浊明外景，清明内景，圣人纵其欲，兼其情，而制焉者理矣。夫何强？何忍？何危？故仁者之行道也，无为也。圣人之行道也，无强也。仁者之思也恭，圣人之思也乐，此治心之道也。"据是，则至人无危，其次犹有闲居静思、辟欲远声者。以此思仁，是非延平李氏所谓默坐澄心、体仞天理者邪？故知此事非独禅宗所有。特以臧息自治，任人自为，不容载诸学官律令，故师保诸职，未有一言及此。颜氏谓非，全屏此功，亦视思仁之道大轻矣，皆矫枉过直之论也）？

　　颜氏徒见中国淹于文敝，故一切以地官为事守，而使人无窈窕旷闲之地。非有佗也，亦无总揽之用则然。虽然，苟上不忘宗国，而下可备一官,其志可隐也。纪昀阿谀记丑,而托汉师;翁方纲雕虫篆刻,而依宋儒。据非其有,亡异于世家大奴。此颜氏之所耻。

---

① 录自《检论》,卷四。

释　戴[①]

　　明太祖诵洛、闽儒言，又自谓法家也。儒、法相渐，其法益不驯。盖昔韩非有言："人主不自刻以尧，而责人臣以子胥，是幸殷人之尽如比干；尽如比干，则上不失，下不亡。不权其力而有田成，而幸其身尽如比干，故国不得一安。废尧、舜而立桀、纣，则人不得乐所长而忧所短。失所长，则国家无功；守所短，则民不乐生。以无功御不乐生，不可行于齐民。如此，则上无以使下，下无以事上。"（《安危》篇）顾太祖不知也。比明中世，人主喜怒僻违，而不循法。谏官有所长短，不以法律弹正，时藉洛、闽重言，以为柄矜。《记》所谓援其所不及，烦其所不知，人主穷迫亦以其言检下，下复相朋以要主。奸心难知，人主孤立，则庶事丛脞，终于嫚令谨诛，万事自此堕矣！洛、闽诸儒，制言以劝行己，其本不为长民，故其语有廉棱，而亦时时轶出。夫法家者，辅万物之自然，而不敢为，与行己者绝异。任法律而参洛、闽，是使种马与良牛并驷，则败绩覆驾之术也。清宪帝亦利洛、闽，刑爵无常，益以恣睢。会遭平世，无罍疑沮事者，然而吏惑于视听，官困于诘责，惴惴莫能必其性命，冤狱滋烦，莫敢缓纵。戴震生雍正末，见其诏令谪人不以法律，顾摭取洛、闽儒言以相稽，觇司隐微，罪及燕语。九服非不宽也，而迢之以丛棘，令士民摇手触禁，其蠹伤深。震自幼为贾贩，转运千里，复具知民生隐曲，而上无一言之惠，故发愤著《原善》、《孟子字义疏证》，专务平恕，为臣民诉上天。明死于法可救，死于理即不可救。又谓衽席之间，米盐之事，古先王以是相民，而后人视之猥鄙。其中坚之言尽是也。震所言多自下摩上，欲上帝守节而民无瘅。焦循摅之云："《诗》教亡于明，故言不本性情，而听者厌倦。至于忿毒相寻，以同为党，以比为争，或假宫闱、庙祀、储贰诸名，千百人哭于朝，以激君怒，害及其身，祸延其国。"(《毛诗补注·序》。)《记》曰：臣不重辞，则君不劳。亦庶几得震意哉！如震所言，施于有政，上不龇苛，下无怨讟，衣食孳殖，可以致刑措。究极其义，及于性命之本，情欲之流，为数万言。夫言欲不可绝，欲当即为理者，斯固隶政之言，非饬身之典矣。辞有枝叶，乃往往轶出阃外，以诋洛、闽。纪昀攘臂扔之，以非清净洁身之士，而长流污之行，虽焦循亦时惑。挽世或盗其言，以崇饰惛淫。今又文致西来之说，教天下奢，以菜食褹衣为耻，为廉节士所非。诚明震意，诸款言岂得托哉？洛、闽所言，本以饬身，不以隶政，震所诃又非也。凡行己欲陵，而长民欲恕。陵之至者，止于释迦。其次若伯夷、陈仲。持以阅世，则《关雎》为淫哇，《鹿鸣》为流湎，《文王》、《大明》为盗言矣。不如是，人不与鸟兽绝。洛、闽诸儒，躬行虽短，其言颇欲放物一二，而不足以长民。长民者，使人人得职，篠荡其性，国以富强，上之于下，如大小羊羜相犨犢而已，本不可自别于鸟兽也。夫商鞅，韩非虽峭，不逾法以施罪，劓民以任功，徒以礼义厉民犹难，况遏其欲？民惟有欲，故刑赏可用。向若以此行己，则终身在鹁鹊之域也。以不谕故交拏，交拏故交弊，察其所以，皆失其本已。明之君臣，负洛、闽之法度。纪昀以来，负戴震之法度。

问者曰：戴震资名于孟子，其法不去欲，诚孟子意耶？章炳麟曰：长民者，辅万物之自然，而不敢为，稍欲割制，而去甚、去奢、去泰，始于道家。儒、法皆仰其流，虽有峭易，其致一也。虽然，以欲当为理者，莫察乎孙卿。孙卿为《正名》一首，其言曰："凡语治而待去欲者，无以道欲，而困于有欲者也。凡语治而待寡欲者，无以节欲，而困于多欲者也。有欲无欲，异类也，生死也，非治乱也。欲之多寡，异类也，情之数也，非治乱也。欲不待可得，而求者从所可。欲不待可得，所受乎天也。求者从所可，受乎心也。人之所欲生甚矣，人之所恶死甚矣。然而人有从生成死者，非不欲生而欲死也。故欲过之而动不及，心止之也。心之所可中理，欲虽多，奚伤于治？欲不及而动过之，心使之也。心之所可失理，欲虽寡，奚止于乱？故治乱在于心之所可，亡于情之所欲。不求之其所在，而求之其所亡，虽曰我得之，失之矣。性者，天之就也；情者，性之质也，欲者，情之应也。以欲为可得而求之，情之所必不免也。以为可而道之，知所必出也。故虽为守门，欲不可去，性之具也。虽为天子，欲不可尽，欲虽不可尽，可以近尽也。欲虽不可去，求可节也。所欲虽不可尽,求者犹近尽;欲虽不可去,所求不得,虑者,欲(此欲字,乃犹之声误)节求也。道者进则近尽,退则节求,天下莫之若也(以上孙卿语)。"极震所议,与孙卿若合符。以孙卿言性恶,与震意佛,故解而赴《原善》。夫任自然者,则莫上老聃矣。寄于儒名,更宾老聃,以孟轲为冢子,斯所谓寓言哉!震书多姗议老、庄,不得要领,而以浮辞相难,弥以自陷,其失也(老、庄书本非易理,戴君虽明六艺儒术,宁能解《齐物论》耶?又释氏经论,盖戴君所未睹,徒刺取禅人常语,而加驳难,尤多纰缪)。当是时,学者以老、庄、商、韩为忌,其势不能无废百家。念在长民,顾以持法为讳。题旌其名,与《儒行》、《曲礼》无别,令血气不柬者,得介以非修士,牵于性善无诟奸之术,而大臣得挟愚污之人,以渔厚资,货财上流而巧说者用,莫有议其非也。故庄子曰:"唇竭则齿寒,鲁酒薄而邯郸围,圣人生而大盗起。"

---

① 录自《太炎文录初编·文录》,卷一。

与李源澄论戴东原书^①

得书评东原著书利病。东原本受业婺源江翁，江笃信考亭者，而世或言东原剽剥程、朱，若然，岂亦剽剥其师耶？咎在过疑王学，推而极之，于考亭亦不能护。如其言理在事物不在心，正与告子外义同见。盖诋诃心学，其势自不得不尔也。至言以理杀人，甚于以法杀人，此则目击雍正、乾隆时事，有为言之。当是时，有言辞触忤与自道失职而兴怨望者，辄以大逆不道论罪。雍正朝尚只及官吏，乾隆朝遍及诸生齐民矣。其所诛者不尽正人，要之文致罪状，挤之死地，则事事如此也。观其定狱，往往不下刑部，而属之九卿会议，以刑部尚持法律，九卿则可以轶出绳外、从上所欲尔。东原著书骨干不过在此，而身亦不敢质言，故托诸《孟子字义疏证》以文之。诚令昌言不讳者，但著论一首足矣，安用枝叶之辞为也！东原既殁，其弟子不憭师意，奋然以为陵驾宋、明诸儒，岂徒名实不应，夫亦岂东原之志乎？凡矫枉者言必过直，传之稍远，其言往往有弊。足下纠其弊是也，仆则以知人论世自任矣。书覆即问起居多福。章炳麟顿首。

---

① 录自《制言半月刊》，第五期。

与刘师培书①

《学报》钩微探赜，宣扬国光，诚所崇仰。独其中所录《公羊》诸说，时有未喻。严、颜立学，须以发策决科；劭公《解诂》，独推胡母条例。彼既远在汉初，未睹《左氏》，随文发例，亦无訾焉；劭公生值炎季，古文师说，灼然见明，然犹党同妒真，自誓墨守，捃摭纬候，多及百条，适足使人迷罔。魏晋以来，其书废阁，非无故也。

刘申受辈，当戴学昌明之世，研寻古义，苦其烦碎，拾此吐果，自名其家，固所以便文士。常州儒人，娼嫉最盛。古文辞之笔法受之桐城，乃欲自为一派，以相抗衡，其所谓今文学派者，志亦若是而已。然犹援据师说，语必有宗，不欲苟为皮傅。《公羊》学之所以为《公羊》学者，本贵墨守，不贵其旁通也。□□□耳食欧书，惊其瑰特，则又旁傅骈氏，通其说于赤县神州，至谓"雅言即翻译，翻译即改制"，荒谬诬妄，更仆难终。仆尝见其全书，举《庄子》玄圣素王之语，谓玄圣即周公（按玄圣即

95

孔子,见《剧秦美新》。纬书以孔子为水德,墨绿不代苍黄,故旧有玄圣之号。□氏以庙讳书玄圣作元圣,谓即周公。周公在古未有元圣之名,《逸周书》言元圣武夫,非指周公。为说称周公为元圣者,始于时文家之破题耳。□乃据以为说,伧陋实甚)。此可谓全未读书者。今乃录其学说,不已过乎?

又□□□文学深湛,近世鲜其畴类,仆亦以为第二人也。而门下标榜,乃谓揜迹史迁,俾倪韩、柳,则亦誉过其职。鄙意提倡国学,在朴说而不在华辞,文学诚优,亦足疏录。然壮言自肆者,宜归洮汰。经术则专主古文,无取齐学(《穀梁》、《鲁诗》,皆可甄录;《公羊》、辕固,则无取焉)。

君家世治《左氏》,诚宜笔其精粹,以示后生。仆亦素崇子骏,考迹《新论》,则知子政父子,非有异端(前已有一书言之)。由此上窥,乃及贾生训诂。昔尝作《左氏读》,约有五十万言,藏在箧中,未示学者,曾以语君,求为编次。当时书笥已失,今复寻检得之。复欲他人编排年月,则已不可得矣。臣精销亡,又未能躬自第录,唯《叙录》一篇,文成二万,当觅书手移写,更以寄君。窃谓申受见之,唯有匍匐却走耳。宋人程公说《春秋分记》,寻求未获,孙渊如尝赞是书,以为远过顾栋高辈,更望代为寻取。书此达意,兼问起居。如有德音,无吝金玉。

---

① 录自《国粹学报》第二年丙午第十二号,《撰录》,原题为《某君与某书》。

高先生传①

　　高先生，讳学治，字宰平，其先自山阴之前梅渡江而宅，为仁和人。先生生则扶义，俶傥乐文籍，无纯驳皆取。弱冠，游同县劳权、劳格兄弟间，慕其悃愊，始刻苦求朴学。劳氏多藏书，自何焯、卢文弨、顾广圻所校，键箧百种，得尽假读。深居治三礼及四家《诗》，旁罗金石，亦好宋、明儒书，以贡生选乌程训导。是时归安徐有壬善四元术，仁和劳权善校雠，德清戴望好为故训，皆时走集。望年最少，性感慨不与时俗偶。每至，见他人所论著，即曰：为先生瀡狱。先生曰：诺。望即取书反覆检之，证一事，驳一事。曰：为先生奏悲诵。先生曰：诺。望则倚墙振愩，声振林木。当是时，先生最欢。及望治《公羊春秋》，与先生异术，劳权亦死，先生始不说经。炳麟见先生，先生年七十五六矣，犹日读书，朝必写百名，昼虽倦不卧也。问经事，辄随口应，且令读陈乔枞书。炳麟曰：若不逮陈矣。先生曰："长洲陈君过拘牵，不得骋。"炳麟问孙星衍，且及《逸书》。先生曰："《逸书》置之，《禹贡》郑注引《胤征》曰：筐厥玄黄，昭我周王。孙君曰：昭导，勖也，忠信为周。说昭为勖则是，言忠信王，何其纡曲无文义耶？"炳麟曰："太康失邦，及仲康至相世，天子守府，有斟灌、斟寻之地耳。《地理志》北海郡有平寿、寿光二县。应劭曰：平寿故斟寻，寿光故斟灌，斟城、灌亭皆在焉。然则周王者，寿王也。地本名寿，汉世因以名县。古者迁都，则国号从之，商更为殷，豳更为周，唐更为晋，是也。天子依寿为行在，故不曰夏王，称寿王矣。古文周、寿声近，禂或作䮓，其例也。望文生义，言忠信王，未之思也！"先生称善，且曰："若是，《逸书》则可说矣。虽然，不见篇帙，从朽壁中得一二语已拉绝者，辄以施训，若得完书，当云何？"炳麟由是说经益谨。先生语炳麟，惠、戴以降，朴学之士，炳炳有行列矣。然行义无卓绝可称者，方以程、朱、倪也。视两汉诸经师，坚苦忍形，遯世而不闷者，终莫能逮。夫处陵夷之世，刻志典籍，而操行不衰，常为法式，斯所谓易直弸中，君子也。小子志之！炳麟拜受教。先生为人宣发而聭，以好金石，财略尽。子保徵，善治生。先生得取给。常薄滋味，缓形，故得寿考。以清光绪二十年，年八十一卒。病时语其子保康曰：居乱世，无票票如柳絮！吾闻诸朱用纯矣，薣以冬甘，疢疾者将以定而性也。既病甚，保康常采庭华进，先生说之，顷之，又进黄甘枕上，命彻之，曰：自病莫如贪，既得华，复乐此耶？其自救如此。子二，保康、保徵。

---

① 录自《太炎文录初编·文录》，卷二。

俞先生传①

　　俞先生，讳樾，字荫甫，浙江德清人也。清道光三十年，成进士，改庶吉士。既授编修，提督河南学政，革职。既免官，年三十八，始读高邮王氏书。自是说经依王氏律令。五岁，成《群经平议》，以劖《述闻》，又规《杂志》作《诸子平议》，最后作《古书疑义举例》。治群经，不如《述闻》谛，诸子乃与《杂志》抗衡。及为《古书疑义举例》，轵察觸理，疏纱比昔，牙角才见，绌为科条，五寸之枅，极巧以㞢，尽天下之方，视《经传释词》益恢郭矣！先是浙江治朴学者，本之金鹗、沈涛，其他多凌杂汉、宋。邵懿辰起，益夸严。先生教于诂经精舍，学者乡方，始屯固不陵节。同县戴望，以丈人事先生，尝受学长洲陈奂，后依宋翔凤，引《公羊》致之《论语》。先生亦次何邵公《论语义》一卷。始先生废，初见翔凤，翔凤言《说文》"始一终亥"，即《归藏经》，先生不省。然治《春秋》颇右公羊氏，盖得之翔凤云。为学无常师，左右采获，深疾守家法违实录者。说经好改字,末年自敕为《经说》十六卷,多与前异。章炳麟读《左氏》昭十七年传:"其居火也久矣,其与不然乎?"证以《论衡·变动篇》云:"綝然之气见,宋、卫、陈、郑灾。"说曰:"不然者,林然之误,借林为綝。"先生曰:"虽夠善,不可以训。"其审谛如此! 治小学不摭商、周彝器,曰:"欧阳修作《集古录》,金石始萌芽,榷略可采。其后多巫史诳豫为之,韩非所谓番吾之迹,华山之棋,可以辨形体,识通叚者,至秦、汉碑铭则止。"雅性不好声色,既丧母、妻,终身不肴食,衣不过大布,进机不过茗菜,遇人岂弟,卧起有节,气深深大董,形无苟你,老而神志不衰,然不能忘名位。既博览典籍,下至稗官歌谣,以笔札泛爱人,其文辞瑕适并见,杂流亦时时至门下,此其所短也。所著书,自《群经平议》《经说》而下,有《易说》、《易穷通变化论》、《周易互体征》、《卦气直日考》、《卦气续考》、《书说》、《生霸死霸考》、《九族考》、《诗说》、《荀子诗说》、《诗名物证古》、《读韩诗外传》、《士昏礼对席图》、《礼记郑读考》、《礼记异文笺》、《郑康成驳正三礼考》、《玉佩考》、《左传古本分年考》、《春秋岁星考》、《七十二候考》、《论语郑义考》、《何邵公论语义》、《续论语骈枝》、《兒笘录》、《读汉碑》。自《诸子平议》而下,有《读书余录》、《读山海经》、《读吴越春秋》、《读越绝书》、《孟子高氏学》、《读文子》、《读公孙龙子》、《读鹖冠子》、《读盐铁论》、《读潜夫论》、《读论衡》、《读中论》、《读抱朴子》、《读文中子》、《读楚辞》,如别录。其他笔语甚众,然非其至也。年八十六,清光绪三十三年卒。

赞曰:浙江朴学晚至,则四明、金华之术莃之,昌自先生。宾附者,有黄以周、孙诒让。是时先汉师说,已陵夷矣,浙犹觳张,不弛愈缮。不逮一世,新学蝡生,灭我圣文,粲而不蝉,非一隅之忧也!

---

① 录自《太炎文录初编·文录》,卷二。

孙诒让传[①]

　　孙诒让,字仲容,浙江瑞安人也。父衣言,清太仆卿,性骨鲠,治永嘉之学,而诒让好六艺古文。父讽之曰:"孺子徒自苦,经师如戴圣、马融,不阻群盗为奸劫,则贼善人,宁治史志,足以经世致远。"诒让曰:"以人废言不可,且先汉诸黎献,风义爝然,经训之以徒举一二人僻邪者,史官如沈约、许敬宗,可尽师耶?"父乃授《周官经》,其后为《正义》,自此始。年二十,中式丁卯科乡试,援例得主事,从父宦于江宁。是时德清戴望、海宁唐仁寿、仪征刘寿曾,皆治朴学,诒让与游,学益进。以为典莫备于六官,故疏《周礼》;行莫贤于墨翟,故次《墨子间诂》;文莫正于宗彝,故作《古籀拾遗》。其他有《名原》、《古籀余论》、《契文举例》、《九旗古义述》、《周书斠补》、《尚书骈枝》、《大戴礼记斠补》、《六历甄微》、《广韵姓氏刊误》、《经迻》、《札迻》、《述林》。又述方志为《永嘉郡记》。初,贾公彦《周礼疏》多隐略,世儒各往往傅以今文师说,而拘牵后郑义者,皆仇王肃,又糅杂齐、鲁间学。诒让一切依古文弹正,郊社禘祫则从郑,庙制昏期则从王,益宣究子春、少赣、仲师之学,发正郑、贾凡百余事。古今言《周礼》者,莫能先也。墨子书多古字古言,《经》上、下尤难读,《备城门》以下诸篇,非审曲勿能治。始南海邹伯奇比次重差、旁要诸术,转相发明,文义犹诘诎不驯。诒让集众说,下以己意,神恬週明,文可讽诵。自墨学废二千岁,儒术孤行,至是较著。诒让行亦大类墨氏,家居任邮,所至兴学,与长吏楮柱,虽众怨弗恤也。自段玉裁明《说文》,其后小学益密,然说解犹有难理者。又经典相承诸文字,少半缺略,材者欲以金石款识补苴,程瑶田、阮元、钱坫往往考奇字,征阙文,不审形声,无以下笔。龚自珍治金文,盖缪礼滋多于是矣。诒让初辨彝器情伪,摈北宋人所假名者,即部居形声不可知,辄置之;即可知,审其刻画,不跌豪氂,然后傅之六书。所定文字,皆隐括就绳墨,古文由是大明。其《名原》未显于世。《札迻》者,方物王念孙《读书杂志》。每下一义,妥耶宁极,淖入凑理。书少于《诸子平议》,校雠之勤,倍《诸子平议》。诒让学术,盖龙有金榜、钱大昕、段玉裁、王念孙四家,其明大义,钩深穷高过之。晚年尝主温州师范学校,充浙江教育会长。清廷征主礼学馆,不起。年六十一。清光绪三十四年五月,病中风卒。

赞曰:叔世士大夫,狃于外学,才得魄莫,视朴学若土梗。诒让治六艺,旁理墨氏,其精妙足以摩撧姬、汉,三百年绝等双矣!遭时不淑,用晦而明,若日将暮,则五色柳谷愈章。而学不能传弟子,勉为乡里起横舍,顾以裂余见称于世。悲夫。

---

① 录自《太炎文录初编·文录》,卷二。

瑞安孙先生伤辞[①]

　　炳麟始交平阳宋恕平子，平子者，与瑞安孙先生为姻，因是通于先生。当是时，吴越间学者，有先师德清俞君，及定海黄以周元同，与先生三，皆治朴学，承休宁戴氏之术，为白衣宗。先生名最隐，言故训，审慎过二师。著《周礼正义》、《墨子间诂》、《古籀拾遗》、《经迻》、《札迻》，如目录。而平子疏通知远，学兼内外，治释典，熹《宝积经》。炳麟少治经，交平子，始知佛藏。平子麻衣垢面，五六月着绵鞋，疾趣世之士如仇雠。外恭谨，恂恂如鄙人。夸者多举平子为笑，平子无愠色。及与人言学术，刚棱四注，谈者皆披靡。炳麟以先生学术问平子，平子勿深意，然不能非间也。会南海康有为作《新学伪经考》，诋古文为刘歆伪书。炳麟素治《左氏春秋》，闻先生治《周官》，皆刘氏学，驳《伪经考》数十事，未就，请于先生。先生曰："是当哗世三数年，荀卿有言：'狂生者不胥时而落。'安用辩难？其以自熏劳也。"顷之，康有为败，其学亦绝。然轻㥄者多摭三统三世为名高，往往喜谶纬，诬典籍成事，外与进化之说相应，不自回遹，始疑六艺，卒班固、范晔所录，亦以为罔。先生节族愈陵，不与世推移。炳麟著《訄书》未就，以其草稿问于先生，方自拟仲长统。先生曰："《淮南鸿烈》之嗣也，何有于仲长氏！"然炳麟始终未尝见先生颜色，欲道海抵温州，履先生门下，时文网密，不可。平子以白先生。先生笑，且曰："吾虽无长德，中正之官，取决于胆，犹胜诸荐绅怯愞畏事者。自有馆舍，可止宿也！"其后倾侧扰攘圮陛之中，播迁江海间，久不得先生音问，平子亦荒忽不可得踪迹。问浙中诸少年，曰：先生亦几及祸，然怀保善类自若，学者介以为重。平子虽周谨，顾内挚深，与人言，辄云"皇帝圣明"，今且用满洲文署其诗。炳麟素知平子性奇傀而畏祸，以此自盖，非有媚胡及用世意。谈言微中，亦咢咢见锋刃。世无知平子者，遂令朱张阳狂，示亲昵于裔夷，冀脱祸难，虽少戆，要之，世人负平子深矣！其言内典，始治《宝积经》，最后乃壹意治《瑜伽》。炳麟自被系，专修无著世亲之说，比出狱，世无应者。闻平子治《瑜伽》，窃自憙，以为梵方之学，知微者莫如平子，视天台、华严诸家深远。稽古立事，世无逾先生。《墨经》废千载，本隐之显，足以自名其家。推迹古籀，眇合六书，不为穿凿，庄述祖、龚自珍不足当牧圉。然文士多病先生破碎，抑求是者，固无章采，文理密察，足以有别，宜与文士不相容受。世虽得王闿运等百辈，徒华辞破道，于朴学无补益。定海黄君既前卒，属先师又不幸，姬汉典柯，不绝如线，赖先生任持之。函雅故，通古今，冠带之民，千四百州县，独有一介，而新学又不与先生次比，独倡无与，古先民之遗文，其将坠地！今先生得上寿，庶有达者，继其遗绪，令民志无携贰，中夏犹可兴也。昨岁炳麟次《新方言》三百七十事，上之先生，以为乐操土风，民不忘本，质之子云、稺让而不惑，百世以俟知言之选而无钼铻，庶几国学可兴，种姓可复。先生视《新方言》以为精审，赐之《周礼正义》，且具疏古文奇字以告。八月发书，比今岁五月，始达江户，将以旬月抽读《正义》，且以书报先生，愿辅存微学，拥护民德，远不负德清师，近不负先生。呜呼！不浃辰乎，先生遂捐馆舍，焉知向日所以诏炳麟者，今遂为末命也！乃者先生不以炳麟寡昧，有所啬敕，自兹其绝！先生被炳麟书，自言作《名原》七篇，今亦不可得受读，国亡典刑，炳麟丧其师资；且闻平子亦蛰处，不与世耦，生死未可知。内之颉、籀、儒、墨之文，外之玄奘、义净之术，凑于一身，世道交丧，求良友且不得一二，学术既亡，华实薿剥，而中国亦将殄绝矣。呜呼，哀哉！辞曰：

　　四维丧，国灭亡。颓栋梁，民安乡？生不遭尧与舜让，汤汤大海不可望，灵尚安留吟青黄。

---

① 录自《太炎文录初编·文录》，卷二。

孙仲容先生年谱序①

　　瑞安孙仲容先生，淹通今古，箸纂闳博，其书已成者二十六种，未成者七种，别有题跋、书牍之属不在箸纂者，不可胜纪。先生殁二十有余年，哲嗣孟晋，次第爬梳，得其纲领。以为古之为学者与年俱邵，不述其进德之涂，箸述之岁，则后人无以观，因为纂次年谱四卷。凡先生所自记，与其尺札笺记，皆尽录之，然后先生之学大明。余按年谱之作，大较起于宋人，然太史作《孔子世家》，必以鲁公某年与孔子几何岁相与排比，是即年谱之造端，佗传未有也。何者？将相显人有殊功盛名者，其行事必见于国史，按表记以推其行事，其年即较然可知。儒者成学，大率不系于王事，则国史无可征，必推第其年，然后可晓。以孔子为学者宗，故举此以示例，后人之为年谱者，放于此矣。顾处朝列与政事，与夫身遭乱流颠沛失据者，其行事先后尚可考，虽岁阅百数，后人犹能追谱之，则朱子、顾宁人之伦是也。承平闲暇，托于无能之辞，若戴东原之徒,非及时为谱,后之人何自述哉? 先生之学,不后于宁人、东原,其散在筐箧者,非其子姓,又莫能理,排比之亟,有过于二公者矣。余昔时慕先生为学,颇与通书,而苦不能亲觌,又未尽见先生之书,得是谱始稍慊于志。若其学术之大,足以上通圣则,旁开物宜者,世人当知之。日月贞观,固非下士所宜赞也。民国二十二年十二月章炳麟序。

---

① 录自《制言半月刊》,第二十期。

孙太仆年谱序[①]

　　孟晋次其尊人仲容征君年谱,余为序之,既复出示其祖太仆君年谱十卷。太仆,晚清特立之儒也。扬历中外,数至监司,以持论侃直,为帅府所沮,置诸列卿散地而归,终已不得大行其志。谱中多述文学,于政事颇略,亦其势然也。孟晋生二岁而太仆殁。年十六复遭征君之丧,比入民国,故老凋谢,遗闻散失尽矣。犹能据其遗著以成斯编,亦可谓善继志述事者哉。谱称太仆尝论清儒汉、宋门户之弊,以为永嘉经制,兼综厥长,足以通其区畛;及征君治官礼,欲以经术措诸时用,亦本其先人之训也。宋世永嘉诸贤,与新安、金溪、金华并峙,其后三家皆有传人,讫元明未替,而永嘉黯然不章。近世如亭林、桴亭及北方颜、李诸公,廓除高论,务以修己治人为的,盖往往与永嘉同风,顾弗能尽见其书。太仆父子生七百年后,独相继表章之,专著则有《永嘉丛书》之刻,佚篇则有《永嘉集》之纂,括囊大义,辨秩源流,则拾南雷、谢山之遗,以成《永嘉学案》二十卷。最录凡目,则《温州经籍志》,为一郡艺文渊海,自是郑、薛、陈、叶与先后作者之遗绪,斩而复续。乌呼,盛矣。迩者太仆殁已四十年,征君殁亦二十余年,世变益亟,盖几与衰宋无异。夫拯之者则谁与? 然则孟晋阐明两世之业,以待人之兴起者。盖可少乎哉! 盖可少乎哉! 民国二十二年十二月章炳麟序。

---

① 录自《制言半月刊》,第五十八期。

清故龙安府学教授廖君墓志铭①

君讳平,井研廖氏,海内所知为廖季平先生者也。余始闻南海康有为作《新学伪经考》、《孔子改制考》,议论多宗君,意君必牢持董、何义者。后稍得其书,颇不应。民国初,君以事入京师,与余对语者再,言甚平实,未尝及怪迂也。后其徒稍稍传君说,又绝与常论异。君之学凡六变,其后三变。杂取梵书及医经形法诸家,往往出儒术外。其第三变最可观,以为《周礼》、《王制》,大小异治。而康氏所受于君者,特其第二变也。

职方氏大表中国疆域,面相距为万里。君以清世版图,外及蒙古伊犁,南北财距六千里,故推《周礼》以为治地球之书,岂未考古今尺度有异耶? 语曰:"圣人不考,时变是守。"自《周官》之行,逮春秋末,阅岁已五六百,中更霸制,朝章不能无变异,《春秋》所记地望,南不暨洞庭,西不及蜀,虽圣人恶能张大之? 谓《春秋》无太平制,足以破董何,其大小何足言?《王制》者,特后儒撮拾残缺所为,愈不可为典要,其言东不尽东海,地反陕于春秋,海暝尽弃,小亦不得矣,顾君或未之思也。君之言绝恢怪者,以六经皆孔子所作,虽文字亦孔子造之,与旧记尤相左。人亦不敢信。

初,君受学湘潭王翁,其后说渐异,王翁颇非之。清大学士南皮张之洞尤重君。及君以大统说《周礼》,之洞遗书,以为风疾马良,去道愈远。而有为之徒见君前后异论,谓君受之洞贿,著书自驳,此岂足以污君者哉?君学有根柢,于古近经说无不窥,非若康氏之剽窃者,应物端和,未尝有倨容,又非若康氏自拟玄圣居之不疑者也。顾其智虑过锐,流于谲奇,以是与朴学异趣。康氏无儒行,其后数传,言益乱俗,而君持论以教孝为立国根本。事母先意承志,如恐弗胜,乃不为末学狂稚者所借,亦可以知君雅素矣。

君著书一百二十一种,年八十二而卒,则民国二十一年六月也。清时尝成进士,以知县用,改教职,受五品封,配李宜人。有丈夫子八,女子子五。其年九月,葬荣县陈家山之阳,逾二岁,其孙宗泽以状来,曰:"先生持论与大父不同,无阿私之嫌,愿铭其幽。"余闻庄生有言,圣人之所以骇世,神人未尝过而问焉,次及贤人君子亦递如是。余学不敢方君子,君之言殆超神人过之矣,安能以片辞褒述哉?以君学不纯儒,而行依乎儒者,说经又兼古今,世人猥以君与康氏并论,故为辨其妄云。铭曰:

斯也燔经,不可以罪孙卿。歆也劫后,不可以诬高密之叟。廖君之言多扬诩，末流败俗君不与。

---

① 录自《太炎文录续编》，卷五之下。

驳皮锡瑞三书^①

  善化皮锡瑞尝就《孝经》郑注为之义疏,虽多持纬候,扶微继绝,余甚多之。其后为《王制笺》、《经学历史》、《春秋讲义》三书,乃大诬谬。《王制笺》者,以为素王改制之书,说已荒忽。然《王制》法品,尽古今夷夏不可行,咎在博士,非专在锡瑞也。《经学历史》钞疏原委,顾妄以己意裁断,疑《易》、《礼》皆孔子所为,愚诬滋甚!及为《春秋讲义》,又不能守今文师说,糅杂三传,施之评论,上非讲疏,下殊语录,盖牧竖所不道。又其持论多以《四库提要》为衡。《提要》者,盖于近世书目略为完具,非复《别录》、《七略》之俦也。其序多两可,不足以明古今文是非。锡瑞为之怅惑,兹亦异矣。又其称湖南文化,始自唐刘蜕登进士科,延及曾国藩辈,以彰进化速疾。案湖南人士始后汉桂阳蔡伦。伦诚宦者,然史称其有才学,校雠经典,伦实监理,斯固弘恭、史游之次;又始造树肤鱼网为纸,中夏文化升降之迹,伦有力焉。其后蜀有蒋琬、刘巴之徒,兴于零陵。琬代诸葛亮执政，成劳炳然；巴在汉末称高士，声及吴会。诸葛亮自言："运筹帷幄，不及子初远甚！"誉或少过，然蜀世文诰策命，皆巴所为，诚文章之隽也。及晋有桂阳罗含，桓温称之，以为江左之秀，岂惟荆楚而已（见《晋书·文苑传》）。其文迹可睹者，有《湘中记》，时见援引，盛道湘水之美，信而有征。是数子者，皆湖南之令，异方君子，犹时想其末风绝流。锡瑞不举，独以刘蜕为初，将崇重科举，惑其神志，抑数典而忘稽古乎？汉、晋遗事犹不能悉，何况黄、唐之世，文、武之时？谓孔子以前旧无文化，亦其所也。余既睹锡瑞书，伤其芜乱，又将迷误后生，驳议云尔。

一、孔子作易驳议

汉世有言：孔子作《春秋》。未有言孔子作《易》。皮锡瑞以为伏羲画卦，孔子系辞。《系辞》者，谓卦、爻下辞也。《系辞传》则为弟子所作。案《左氏传》所载筮辞，锡瑞将谓古文难信，今姑不举。且以《大传》、《史记》及他书所记为质。《孔子世家》曰："孔子晚而喜《易》，序彖、系、象、说卦、文言。读《易》，韦编三绝，曰：'假吾数年，若是，我于《易》则彬彬矣。'"若所云系者，即是卦、爻下辞，彖、象当何所指？若以彖传、象传当之，是自作卦、爻，自以彖、象说解，其谬一也。重卦之象，人人能为之，何必文王？若专定其名者，羑里之囚七年，所定无过六十四名，何其短拙？其谬二也。连山、归藏载在《春官·大卜》。锡瑞或不信，桓谭《新论》曰："《连山》藏于兰台，《归藏》藏于大卜。《连山》八万言，《归藏》四千三百言。"此汉人所明见，不可诬也。孔子亦云："吾得坤乾。"郭璞在晋，犹引《归藏》齐母、郑母诸经。《归藏》当殷已有辞。《周易》为周时所用，不为系辞，而待鲁国儒者，于六百年后为之补苴，情事相违，其谬三也。六十四卦，十五为重名，四十九为奇名，其字才七十九。夫百名以上书于策，不及百名书于方，盖书契之恒制。七十九名，书之版牍则足矣，安得有韦编？纵令在策，其文既寡，其义又少，谙诵其名，数日则了，而远待数年之功，绳烂革敝，乃得记识，何圣人之徇齐，而今钝拙若是？其谬四也。《论语》云："五十以学《易》。"学者非自习其著作之名，故当抽读他人成语。六十四卦，卜筮者悉能举之，若旧无卦爻辞，当何所学？其谬五也。《大传》曰："《易》之兴也，其于中古乎？作《易》者其有忧患乎？"此言中古，其为文王则明。今云：卦爻之辞，作自孔子。又云：《大传》是弟子作。师徒相接，必不谓之中古。中古已作，必不远待孔子。若云重卦称作，非必系辞，上遗伏羲经始之功，下弃尼父成书之业，徒取中流，又无其义。其谬六也。《大传》曰："《易》之兴也，其当殷之末世、周之盛德耶？当文王与纣之事耶？是故其辞危。"若文王不系辞，则《大传》为妄说。若曰卦名为辞，名卦者其功微，成书者其功巨，顾不曰《易》兴定、哀，当素王与七十二君之事，独绸缪于姬氏旧王，而没本师之绩，是举其微而遗其巨，详其远而略其近。其谬七也。若以箕子岐山之属，非文王所宜言者，郑众、马融尝以爻辞出周公矣。要之，文王亲见箕子，何不可录其人？山川群神，帝王所常祀，宁知前王无享岐山者？必谓文王自拟乎？且《易》当殷末，故事状不及周世。徒有高宗、帝乙、箕子而已。若作自孔子者，当有成、康之事，五伯之迹。今近不举周世，远不举虞、夏，独以殷事为言，违其情势，其谬八也。《文言》为孔子作，《世家》所明著。若自作爻辞，又自设问以明其意，既非辞赋，何容有此（《公羊》、《穀梁》、《夏小正》、《丧服》诸传，皆弟子口问，师口答之。若设难之文，近起汉世，周时惟辞赋有此，未有施诸说经者也）？其谬九也。若曰《文言》、《系辞》二传，皆有"子曰"之文，故不得言自著。寻子者，男子之美称；夫子者，卿大夫之尊号，诚不得自据也。然司马迁官太史令而自署太史公，褚少孙亦自题褚先生，此则后进相寻，因以自号，非无其比。或言迁书署太史公者，则东方朔为书之。若然，《大传》称子者，何知非弟子别题？若以两字有疑，因谓《大传》出于门下，可曰《史记》百三十篇，悉非子长所撰耶？其谬十也。序、彖、象、说卦、文言，皆传也，卦、爻辞则为经。若系即卦、爻辞者，《史记》当列文最先，何故退就序、彖之下？文在传次，而以为经，其谬十一也。《左氏》记载筮辞，容为今文家所不信，太史公世治《周易》（谈受《易》于杨何，迁亦自云正《易传》），于《左氏》内、外传所录，悉载在《世家》言。若知为孔子作者，当辨《左氏》之非，纵无驳证，犹当劓去其文。今则绵篇莚牒，往往而见，曾无存疑之辞。既以迁书为据，而云辞由孔子，其谬十二也。《传》曰："盖有不知而作之者，我无是也。"谓孔子作《易》者，太史公所不著，施、孟、梁丘所不言。锡瑞直以己意断其有无，吾见世之妄人多矣，于皮氏得一焉。

二、孔子制礼驳议

《礼》五十六篇，皆周公旧制。《记》言"哀公使孺悲学士丧礼于孔子,《士丧礼》于是乎书"。此谓旧礼崩坏,自此复著竹帛,故言书,不言作(此犹汉末玉佩制亡,惟王粲能记其法。非王粲以前无玉佩,而自粲始制之也)。俗人疑礼为孔子所制,证以孟子所举,滕文公行三年丧,其父兄曰:"吾宗国鲁先君莫之行,吾先君亦莫之行也。"明周公本无三年丧制(此本毛奇龄说)。然孟子时,诸侯去其籍久矣。滕父兄言不足证。《春秋左氏传》曰:"三年之丧,虽贵遂服。"又曰:"君有大丧,国不废蒐。有三年之丧,而无一日之戚。国不恤丧,不忌君也;君无戚容,不顾亲也。"曾申者,左氏之徒,其言曰:"哭泣之哀,齐斩之情,饘鬻之食,自天子达。"明春秋已有三年丧制。杜预以为卒哭除服,既反《传》义,滕父兄言鲁先君莫之行者,即以昭公大蒐之事为法,非周典也。虽然,天子诸侯有朝会莅政之典,是故康王在丧,麻冕黼裳以受册度,出在应门,犹受黄朱之乘,退则释冕而反丧服。明出入异容矣。孔子曰:"高宗谅闇,百官总己,听于冢宰三年。"此盖殷制有然。周时臣为君亦三年。自士以至三公,其服无等。天子葬期七月,则冢宰百官皆在倚庐。若背殡行事,则持丧为虚;若相随居丧,则政事将废。冢宰以下,既有听政之期,明天子亦临政御门自若,反在丧次,然后寝苫持衰。《春秋》:"宋平公卒,寺人柳炽炭于位,元公将至,则去之。比葬,柳遂有宠。"惟寝苫无床,故当以炭温地,言其将至,又明不终日在丧次也。若夫士丧之礼,柩在殡中,朝一溢米,夕一溢米,不食菜果,逾月而葬,故有力者足以堪此。天子葬期七月,诸侯五月,瘠墨过甚,非有生所能堪。然则居庐食鬻,上下所同,兼御菜果,宜其异矣。三年之丧,二十五月而毕,今古文典籍所同。犹以《记》言中月而禫，遂令郑、王异说，二十七月之制，自郑始也。《春秋》："文公二年冬，公子遂如齐纳币。"时去僖公之薨，适得二十五月，故左氏以为礼（丧制计月，本兼计首尾，葬期亦然。非如今人刻日而计也）。若从旧，为已禫未逾月，若从郑说，亦大祥以后也。大祥朝服缟冠，既祥，改服十五升布深衣，领袖缘皆然。素，缟冠纰素，中衣领袖缘带皆然。去腰绖，弃杖，白麻屦无绚，醯酱干肉，出垩室，始居内寝。按小功成服十一升，义服十二升，既葬，缤裳如故，居内寝。故小功卒哭，可以冠，取妻。三年之丧，大祥以后，服十五升布，其缕已细于小功之末。虽不得行亲迎，纳币固无嫌矣。盖冠、昏皆嘉礼，然情欲之事，于丧有牾，成人代父，在丧则宜。是故三加之节，在殡而行（成王因丧冠，可证。盖不冠则无以成服也）。别内之制，及禫犹厉。纳币轻于亲迎，重于加冠，故既祥则可以行，斯先王所以立中制节也。虽依郑义，左氏说犹可通，况于古者三年之丧，旧典皆云二十五月而毕哉？后人不晓变除，直以三年之丧，始终若一，进者则云鲁文丧娶，退者又言卒哭除服。其他见《春秋》。诸侯在丧不废朝聘，因以古制无三年服。岂悟共主领录九服，邦君亦有邻交，居庐苴丧，事不偏替者乎？毛奇龄好为诬说，皮锡瑞又据孺悲学丧之文，以为礼始孔子，亦其谬矣！《士丧礼》固言书，不言作，丧服礼兼上下，又非《士丧》之篇，文不相涉。《记·檀弓》曰："鲁人朝祥而暮歌，子路笑之。孔子曰：'三年之丧，亦以久矣夫！'"言其久不行也。若自孔子始作者，当云三年之丧，创法自我，不可以责未闻者。何乃言久不行耶？《记·檀弓》又曰："衰，与其不当物也，宁无衰。"

然则自斩衰三升，下至缌麻，十五升抽其半，其为精粗异度，繁碎亦甚矣。独有制礼自上，民胥效法，故织纴之家，素备其式。假自孔子制之者，纵令遍行鲁国，自适士以至府史胤族，犹当万数，仓卒制之，何由得布(按今人虽欲持衰而不得者，即以布之精粗不能如法故也)？若不自置邸店，亲课女红，布缕既不中程，则衰无以当物，唐为文具，将安设施？此则自卫反鲁，五年之中，专为缝人贾贩，犹惧不给，固无删述六经之暇矣。又若制礼昉于孔氏，冠、昏、朝聘以及祭享，其事犹多，哀公不以问孔子，独问士丧；孔子又本不作《士丧礼》，待哀公问然后发之，君则失偏，臣则失缺，其违于事情远矣。即若是者，《礼记·曾子问》篇，孔子自说从老聃受礼，宁知今之《礼经》，非老聃制之耶？孟子曰："诸侯之礼，吾未之学也。"正以经礼三百，曲礼三千，制自周室，不下庶人，其后礼崩乐坏，当孔子时而已不具，故儒者不得篇篇诵习。若制自孔子者，下逮齐宣，才百有余岁，非残缺之限，孟子又无容不学也。《墨子·节葬》篇曰："君死，丧之三年；父母死，丧之三年；妻与后子死者五，皆丧之三年。然后伯父、叔父、兄弟、孽子，期。姑姊甥舅，皆有月数，则毁瘠必有制矣。使面目陷陬，颜色黧黑，耳目不聪明，手足不劲强，不可用也。"其作《非儒》，又以是专斥儒者。《说苑·修文》篇亦云："儒者丧亲三年。"此由丧礼废缺，独儒者犹依其法，故名实专归之。古者刑书，本无短丧之罚，故得人人自便，弗可禁止，非直晚周也。汉世晁错、翟方进为三公，遭亲丧犹不去官。若以周公时未有丧制，故晚周无三年服，汉世《士礼》既行，何以持服者寡乎？见晚周无持齐斩者，即云丧礼自孔氏制之，见汉世无持齐斩者，复可云丧礼自二戴制之耶？孔子曰："殷因于夏礼，所损益可知也；周因于殷礼，所损益可知也。"晚世尊公旦者，黜孔子以为先师；讼孔子者，又云周监二代，实无其礼。不悟著之版法，姬氏之功，下之庶人，后圣之绩。成功盛德，各有所施，不得一概以论也。

三、王制驳议

《王制》者，汉文帝使博士剌六经为之，见于《史记》。卢子干从其说，而郑君以为在赧王后，说已暗昧。或言博士所作，本制兵制、服制诸篇（《史记索隐》说）。又有望祀射牛事（见《封禅书》）。今皆无有，是本二书也。不悟经师传记，时有删取其文，即今《乐记》亦不及本数，则《王制》愈可知。先师俞君以为素王制法，盖率尔不考之言，皮锡瑞信是说，为《王制笺》，所不能通，即介恃素王以为容阅。案周尺东田之文，非孔子作甚明。其言制禄，又参半本《孟子》。孟子自言去籍以后，其详不闻（孟子王制说，略可信者曰：卿禄四大夫，大夫食七十二人，卿食二百八十八人。案古一升当今二合，周礼上年人食四鬴，是为二石五斗六升。一岁为三十石七斗二升，当今六石一斗四升四勺也。兼有麻豆在内，故得此数。食七十二人者，为二千二百一十石八斗四升，四之为八千八百四十七石三斗六升。汉承秦制，丞相视周列国之卿，故奉万石。御史大夫九卿视周列国之大夫，为中二千石，月奉百八十鬴，一岁二千一百六十鬴，数皆相近。《晋语》言卿一旅之田，大夫一卒之田，一卒百人，一旅五百人，则卿禄五大夫，百人则三千七十二石，五百人则万五千三百六十石。视汉制皆加三分之一,视王制说,卿则略倍矣)。当孔子时,周典犹在,纵欲改制,不当适与孟子所略闻者同。尤淡乱不经者,以为天子之官,三公、九卿、二十七大夫、八十一元士,此非孟子所说,而与《昏义》、《尚书大传》、《春秋繁露》、《白虎通义》相扶。案《周礼》三百六十官,非徒三百六十人也。官各有正有贰有考,除胥徒府史妇官不计,约三千人,而乡遂郊野之官不与。官之以事别者,一官无过数十人,官之以地别者,一官率有千百人。故乡遂凡二万二千八百七十二人,郊野凡六千五十八人。今云百二十官,徒有百二十人,何其昧于设官分职之略也(每官不止一人,而方面亲民之官,一官必至千百人,斯乃设官常法,异代所同。虽有圣知,弗能易也)?《周礼·天官》太宰,卿一人,小宰,中大夫二人,宰夫,下大夫四人,上士八人。此十五人者,所谓正贰考也。六官则九十人,若以此率,都九卿当一百三十五人。此徒总摄维纲之吏,未及众职。今《王制》除三公外,徒有一百十七人。若如《大传》所说,每一卿,三大夫佐之,每一大夫,三元士佐之。如此,一卿之正贰考,凡十三人。略与《周官》相比,九之为一百十七人。自此而下,别事为官,分地置吏,俄空焉。《王制》亦说有大乐正、大司寇、市大史诸官,不在卿数,又非卿之贰也。若每卿三三以为佐,虽大乐正诸官,亦无所容矣。若言大夫参卿,元士参大夫,非如《周官》正贰考之制者,是则百二十官,各为正长,九卿之寺,徒有正卿一人,更无僚属为之赞助,其丛脞不亦甚乎?又其所云:"命乡论秀士,命乡简不帅教者,移之郊,移之遂。"乡与郊遂将置吏耶?其无吏也?若无吏者,命乡则命何人?移郊移遂，复命何人督录之？若置吏者，亲民之官，因地而分，其数必逮千人以上，安得徒有百二十人也？余以《王制》、《昏义》、《书大传》、《春秋繁露》，皆不达政体者为之，名曰博士，而愚莫甚焉！锡瑞又欲移其愚于孔子，谓之为后王制法。案汉官四百石，比古元士，故叔孙通制《朝仪》，吏六百石以上，乃得侍坐上寿，其下即不，所谓朝不坐、燕不与也。今以《百官公卿表》、《百官志》校之，除去三辅诸职，在朝者尚一百五十余员，皆在四百石以上，而博士、议郎之属无员者，犹在其外，宦者亦不与焉。所以给用者，四百石以下，自三百石至于斗食，其为赞助者尚众。今《王制》言王朝命吏，下至元士而止。以此为汉制法，只令旷官废事耳。且《王制》，封建制也。然千里之内，亦有乡遂，县内九十三国，外有方百里之国六十四，方十里之国九十六，以禄士为闲田，此处遂无吏人领治之耶？《王制》之县内，比汉三辅，若闲田无官者，则是欲汉废京兆尹、左冯翊、右扶风以下也。循《王制》之法，行之无不乱治，施之无不旷官，百世可知。博士本谩池不练政事，郑、孔盖未能弹正。皮锡瑞又曲解之，其言有百里之内以共官，千里之内以为御。郑君说之，以为官者谓其文书财用，御者谓衣食。《正义》曰：百里者，谓去王城百里，四面相距为二百里。即如是，天子私用，二十四倍于经费之数。虽夏癸、商辛之政，未至从欲废治如此也！其言疆域，西不尽流沙，南不尽衡山，东不尽东海，北不尽恒山，凡四海之内，断长补短，方三千里，为田八十万亿一万亿亩。案《尧典》所言疆里，北至朔方，南讫交趾，东至堣夷，汉辽西之域也，西至西，即汉之鲜水，王莽号之曰西海，今所谓青海也（西、鲜、青一声之转)。《周官》经略，亦方万里，九州之内，则方七千里。纵以《周官》为不可信，燕召公所都，即今宛平，北得涿鹿，今宣化之域，出恒山之北矣。齐景公欲遵海而南，放乎琅邪，鲁亦奄有龟蒙，皆地尽东海矣。博士不考地望，欲摈燕、齐于九州外，孔子生当周世，必不欲割冠带之地，以资熏鬻、秽貉也。今文说亦或言中国方五千里，此虽不达周制，犹愈《王制》所说。锡瑞则云：三千里为平土可耕者，余二千里在山陵林麓三分去一之内(此本《白虎通义》而误)。按《王制》，方一里者为田九百亩，方三千里者，乘方为九百万里，故得田八十万亿一万亿亩，此本未去山林陵麓以下也。又五千里者，乘方为千里之地二十五，三千里者，乘方为千里之地九。若依五千里数，三分去一，犹有方千里之地十六，方百里之地六十六，方十里之地六十六，安得遽削至方千里者九乎？此殆三分去二，非三分去一也。锡瑞虽粗觕，犹宜略识画方之法，何乃荒忽至是也！然则《王制》者，博士钞撮应诏之书，素非欲见之行事，今谓孔子制之为后世法，内则教人旷官，外则教人割地，此盖管、晏之所羞称，贾捐之所不欲弃，桑维翰、秦桧所不敢公言，谁谓上圣而制此哉？抑今文家之说，皆谓汉立《公羊》，上应圣制。今《王制》云："乐正崇四术，立四教，顺先王《诗》《书》《礼》《乐》以造士。"不言崇五术，立五教，不言顺素王《春秋》。若《王制》为孔子所定，则汉立《公羊春秋》，乃不应孔子意也。今文家又憙言《春秋》断狱，《洪范》察变，今《王制》云："破律以乱政，杀。假于鬼神卜筮以疑众，杀。"夫《汉律》所不著，而以《春秋》为决事比，是破坏《汉律》。说辽东高庙之灾，以为当诛大臣；见虫食木叶之变,以为当禅位公孙氏。是假于鬼神以疑众,然则仲舒论死,眭孟刑诛,于《王制》适为应辟矣。为今文而尊《王制》,只以自毙,夫何利之有? 锡瑞于此,盖未之思也!

---

① 录自《太炎文录初编·文录》,卷一。

菿汉微言（节选三则）①

《明堂大道录》流为张翰风之《风后握奇经》，《公羊》、《齐诗》流为康长素之《孔子改制考》。翰风为义和团之先师，长素虽与相反，而妖妄则同。若探其原，则董仲舒、翼奉亦义和团之远祖矣。

严复既译《名学》，道出上海，敷坐讲演，好以《论》、《孟》诸书证成其说。沈曾植笑之曰："严复所言，《四书题镜》之流。何意往听者之不知类邪？"严复又译《社会通诠》，虽名通诠，实乃远西一往之论，于此土历史贯习固有隔阂，而多引以裁断事情。是故知别相而不知总相者，沈曾植也。知总相而不知别相者，严复也。

问：桐城义法何其隘邪？答曰：此在今日亦为有用。何者？明末猥杂佻倪之文，雾塞一世，方氏起而廓清之，自是以后，异喙已息，可以不言流派矣。乃至今日，而明末之风复作。报章小说，人奉为宗，幸其流派未亡，稍存纲纪，学者守此，不至堕入下流，故可取也。若谛言之，文足达意，远于鄙倍可也，有物有则，雅驯近古，是亦足矣，派别安足论！然是为中人以上言尔，桐城义法者，佛家之四分律也，虽未与大乘相齿，用以摧伏磨外，绰然有余，非以此为极致也。

① 录自《章氏丛书》，1919 年再版本。

与邓实书①

昨闻上海有人定近世文人笔语,为五十家,以仆纡厕其列。仆之文辞,为雅俗所知者,盖论事数首而已,斯皆浅露,其辞取足便俗,无当于文苑。向作《訄书》,文实闳雅,箧中所藏,视此者亦数十首,盖博而有约,文不奄质,以是为文章职墨,流俗或未之好也。定文者以仆与谭复生、黄公度耦,二子志行,顾亦有可观者;然学术既疏,其文辞又少检格。复生气体骏利,以少习俪语,不能远师晋宋,意用彫琢,惊而失粹,轻佻之病,睢睢相属。公度憙言经世,其体则同甫、贵与之俦,上距敬舆,下捱水心,犹不相逮。仆虽朴陋,未敢与二子比肩也。近世文士,王壬秋可谓游于其藩,犹多掩袭声华,未能独往;康长素时有善言,而稍谲奇自恣,仆亦不欲与二贤参俪。谓宜刊削鄙文,无令猥厕大衍之数,虚一不用,亦何伤于蓍卦哉。故非欲掎摭利病,泛儤时彦以自崇也,以为文生于名,名生于形,形之所限者分,名之所稽者理,分理明察,谓之知文。

---

①

小学既废,则单篇拟落,玄言日微,故俪语华靡,不揣其本而骛其末,人自以为卿云,家相誉以潘、陆,何品藻之容易乎?

仆以下姿,智小谋大,谓文学之业,穷于天监,简文变古,志在桑中,徐庾承其流化,淡雅之风,于兹沫矣。燕、许诸公,方欲上攀秦、汉,逮及韩、柳、吕、权、独孤、皇甫诸家,劣能自振。晚唐变以谲诡,两宋济以浮夸,斯皆不足邵也。将取千年朽蠹之余反之正,则虽容甫、申耆,犹曰采浮华、弃忠信尔。皋文、涤生,尚有谖言,虑非修辞立诚之道。夫忽略名实,则不足以说典礼,浮辞未剪,则不足以穷远致,言能经国,绌于笾豆,有司之守,德音孔胶,不达形骸智虑之表,故篇章无计簿之用,文辩非穷理之器,彼二短者,仆自以为绝焉。所以块居独处,不欲奇群彦之数者也。夫代文救僿,莫若以忠,撰录文辞,谅非急务,然彼之为是,亦云好尚所至而已。遂事既不可谏,仆之私著,出内在我,宜告以鄙怀,无令署录。玉石朱紫,庶其有分。章炳麟叩头。

---

① 录自《太炎文录》,卷二。

致国粹学报社书①

国粹学报社者，本以存亡继绝为宗，然笃守旧说，弗能使光辉日新，则览者不无思倦，略有学术者，自谓已知之矣。其思想卓绝，不循故常者，又不克使之就范，此盖吾党所深忧也。

弟近所与学子讨论者，以音韵训诂为基，以周、秦诸子为极，外亦兼讲释典。盖学问以语言为本质，故音韵训诂，其管籥也；以真理为归宿，故周、秦诸子，其堂奥也。经学繁博，非闭门十年，难与斠理，其门径虽可略说，而致力存乎其人，非口说之所能就，故且暂置弗讲。音韵诸子，自谓至精，然音韵亦有数家异论，非先览顾、江、戴、孔诸家之说，亦但知其精审，不知精审之在何处也。诸子幸少异说（元明以来，亦有异论，然已无足重轻。近世则惟有训诂，未有明其义理者，故异说最少），而我所发明者，又非汉学专门之业，使魏、晋诸贤尚在，可与对谈。今与学子言此，虽复踊跃欢喜，然亦未知其异人者在何处也。其稿已付真笔誊写，字多汗漫,恐刻工不审,暇当斠理一过,却再寄上。

虽然,学术本以救偏,而迹之所寄,偏亦由生。近世言汉学,以其文可质验,故譬言无由妄起,然其病在短拙。自古人成事以外,几欲废置不谈。汉学中复出今文一派,以文掩实,其失则巫。若复甄明理学,此可为道德之训言(即伦理学),不足为真理之归趣(理学诸家,皆失之汗漫,不能置答,则以不了语夺之)。惟诸子能起近人之废,然提倡者欲令分析至精,而苟弄笔札者,或变为倡狂无验之辞,以相诳耀,则弊复由是生。此盖上圣所无如何也。贵报宜力图增进,以为光大国学之原(肉食者不可望,文科经科之设,恐只为具文,非在下者谁与任此),延此一线,弗以自沮。幸甚。绛顿。

---

① 录自《国粹学报》第五年己酉第十号。

自述学术次第①

　　余生亡清之末，少慧异族，未尝应举，故得泛览典文，左右采获。中年以后，著籑渐成，虽兼综故籍，得诸精思者多，精要之言，不过四十万字，而皆持之有故，言之成理，不好与儒先立异，亦不欲为苟同。若《齐物论释》、《文始》诸书，可谓一字千金矣。晚更患难，自知命不久长，深思所窥，大畜犹众。既以中身而陨，不获于礼堂写定，传之其人，故略录学术次第，以告学者。顷世道术衰微，烦言则人厌倦，略言又惧后生莫述。昔休宁戴君，著书穷老，然多发凡起例，始立规摹，以待后人填采。其时墨守者有元和惠氏，尚奇者有长洲彭氏，皆非浮伪妄庸士也。人多博览，亦知门径，一身著述，既有不暇，则定凡例以俟后生，斯亦可矣。今者讲诵浸衰，徒效戴君无益，要令旧术之繁乱者，引以成理，所谓提要钩玄，妙达神怡，而非略举大纲，为钞疏之业也。敢告诸生，亹亹不已，识大识小，弘之在人。

余少年独治经史《通典》诸书,旁及当代政书而已,不好宋学,尤无意于释氏。三十岁顷,与宋平子交,平子劝读佛书,始观《涅槃》《维摩诘》《起信论》《华严》《法华》诸书,渐近玄门,而未有所专精也。遭祸系狱,始专读《瑜伽师地论》及《因明论》《唯识论》,乃知《瑜伽》为不可加。既东游日本,提倡改革,人事繁多,而暇辄读藏经,又取魏译《楞伽》及《密严》诵之,参以近代康德、萧宾诃尔之书,益信玄理无过《楞伽》《瑜伽》者。少虽好周秦诸子,于老庄未得统要,最后终日读《齐物论》,知多与法相相涉,而郭象、成玄英诸家悉含胡虚冗之言也。既为《齐物论释》,使庄生五千言,字字可解,日本诸沙门亦多慕之。适会武昌倡义,束装欲归,东方沙门诸宗三十余人属讲佛学,一夕演其大义,与世论少有不同。东方人不信空宗,故于法相颇能听受,而天台、华严、净土诸巨子,论难不已,悉为疏通滞义,无不厌心。余治法相,以为理极不可改更,而应机说法,于今尤适。桂伯华初好华严,不憙法相,末乃谓余曰:"今世科学论理日益昌明,华严、天台,将恐听者藐藐,非法相不能引导矣。释迦之后,弥勒当生,今其弥勒主运之时乎?"又云:"近世三百年来,学风与宋明绝异,汉学考证,则科学之先驱,科学又法相之先驱也。盖其语必征实,说必尽理,性质相同尔。"斯言可谓知学术之流势者矣。余既解齐物,于老氏亦能推明,佛法虽高,不应用于政治社会,此则惟待老庄也。儒家比之,邈焉不相逮矣。然自此亦兼许宋儒,颇以二程为善,惟朱、陆无取焉。二程之于玄学,间隔甚多,要之未尝不下宜民物,参以戴氏,则在夷惠之间矣。至并世治佛典者,多以文饰膏粱,助长傲诞,上交则谄,下交则骄,余亦不欲与语。余以佛法不事天神,不当命为宗教,于密宗亦不能信。

余治经专尚古文,非独不主齐、鲁,虽景伯、康成亦不能阿好也。先师俞君,曩日谈论之暇,颇右《公羊》。余以为经即古文,孔子即史家宗主。汉世齐学,杂以燕、齐方士怪迁之谈,乃阴阳家之变。鲁学犹近儒流,而成事不符已甚。康成所述,独《周礼》不能杂以今文,《毛诗笺》名为宗毛,实破毛耳。景伯谓《左氏》同《公羊》者什有七八,故条例多为元凯所驳。余初治《左氏》,偏重汉师,亦颇傍采《公羊》,以为元凯拘滞,不如刘、贾闳通。数年以来,知释例必依杜氏,古字古言,则汉师尚焉。其文外微言,当取二刘以上,元年之义,采诸吴起,专明政纪,非可比傅乾元也。讥世卿之说,取之张敞,所指则季氏、田氏、赵氏,非如《公羊》谰言崔尹也。北平历谱、长沙训故之文,汉以后不遗只字,余独于《史记》得之。《十二诸侯年表》所载郑妾梦兰、卫鞭师曹、曹人弋雁诸事,《左氏》皆不志其年,而年表有之,斯必取诸历谱者矣。采用传文,时或改字,观《尚书》改字本于安国,则知《左氏》改字于长沙矣。所次《左传读》,不欲遽以问世者,以滞义犹未更正也。《毛诗》微言,所得尤众,藏之匈中,未及著录,今则亡矣。

余少读惠定宇、张皋文诸家易义,虽以为汉说固然,而心不能惬也。亦谓易道冥昧,可以存而不论。在东因究老庄,兼寻辅嗣旧说,观其明爻明象,乃叹其超绝汉儒也。近遭忧患,益复会心。然辅嗣《易注》,简略过甚。康成爻辰之说,诚无足取,以礼说《易》,则可谓有所甄明。

《易》者，藏往知来之学，开物成务之书，所叙古今事变，不专为周氏一家，则康成有未及也。近欲有所论著，烦忧未果，惟条记数事，亦足以明易道之大矣。"上经以乾坤列首，而序卦偏说屯蒙，屯者草昧，蒙者幼稚，此历史以前事状也。屯称即鹿无虞，斯非狩猎之世乎？其时人如鸟兽，妃匹皆以劫夺得之，故云匪寇婚媾也。然女子尚有贞而不字，君子尚有舍不从禽，廉耻智慧，民之天性，故可导以礼而厚其生。蒙始渐有人道，故言纳妇，婚姻聘币，初与买鬻等耳，故云，见金夫不有躬也。需为饮食宴乐，始有酒食，乃入农耕之世。观说神道设教，《易》明宗教之事唯此耳。而观我生、观其生者，展转追求，以至无尽，则知造物本无，此超出宗教以上者也。观之所受曰噬嗑，先王以明罚敕法。大凡肉刑皆起宗教，蚩尤泯棼，九黎乱德，人为巫史，五虐之刑亦作焉。参及域外，则有以违教而受炮燔之刑者矣。噬嗑有灭鼻灭趾之象，斯所以继观也。受噬嗑者为贲，贲者文饰，今所谓文明。而君子以庶明政，无敢折狱，故称贲其趾，舍车而徒，是为废刖足而代以髡钳役作也；又称贲其须，则并除髯刑也。其卦亦及妃匹之事，言白马翰如，匪寇婚媾者，文明之世，婚礼大定，立辔骈马，于是行矣。然亲迎御轮，亦仿古者劫掠而为之，如系赤韨以仿蔽前耳，故亦称匪寇婚媾（睽亦称匪寇婚媾。王辅嗣说此爻，即以文明至眇为说。所谓君子以同而异也）。足知开物成务，其大体在兹矣。屯称利建侯，象曰：宜建侯而不宁。比称不宁方来，后夫凶，象曰：先王以建万国亲诸侯。屯之侯，部落酋长，无所统属者也；比之侯，封建五等，有所统属者也。所谓不宁者，即《考工》所谓宁侯、不宁侯耳。酋长无统,不属于王所,故不宁为宜也;五等有统,来享来王,故不宁方来化为宁侯也。后夫凶者,若涂山之会,防风后至而戮矣。所谓屯者,亦不必远在上古,后世蛮夷犹尔。三代之五等,比之侯也;三代之荒服,汉之边郡属国,近世漠北漠南,屯之侯也,豫言利建侯行师者,周秦汉之侯王,大分圭土,以封功臣,其柄操之自上。晋言康侯,康训为空,则秦汉之关内侯,唐以来之虚封矣。罢侯置守,改土归流,《易》无明文,于晋乃隐示之意。下经始咸恒,亦主夫妇之道,其言变事又多矣。姤称女壮,而象云后以施命诰四方,以一阴承五阳,则乌孙、匈奴之妻后母,卫藏之兄弟同室也。然施命诰四方者,不得格以中华礼法,汉且以诏公主矣。归妹为人之终始,上经之泰,但言帝乙归妹耳,下经乃说其君之袂,不如其娣之袂良。观夫东方之俗,帝女不下嫁异姓,而貉俗或制其夫妇同室,惟妾媵乃得进御,即其事也。且归妹常道耳,象必言天地不交,而万物不生,归妹人之终始,其郑重至是者,亦豫为彼著戒矣。丰以折狱致刑,其义略同噬嗑,故有折其右肱,肉刑之事也。解以赦过宥罪,其义略同贲,故两言解而拇,废除肉刑之事也。余卦或言劓刖,或称天劓者,自主受者吉凶,不及法制。《易》以开物成务,故首屯为草昧,次蒙为幼稚,需以饮食宴乐,始为农耕之世。饮食必有讼者,则今人所谓生存竞争也。讼之事小者,但为两造对簿,大者则聚群攻夺,讼必有众起。指讼之大者也,是故受讼以师。夫必共甘苦听约束,然后群体固结,故有师然后相比。师比之上,宗主存焉,赋调所归,故比必有畜。有师有财,加以亲比,故履帝位而不疚。上下有辨,民志亦定矣。初设帝制，君民未有隔阂，是以泰也。自尔相沿，等威严峻，是以否也。其道古今人事之变，可谓深切箸明矣。夫生生之谓易，原始要终，知死生之说者，莫备乎蛊。随以向晦入宴息，以喜随人，受之以蛊。局言之，则医和所谓阳物晦时，淫则生内热惑蛊之疾耳；广言之，释氏所谓惑业苦者，大略举之矣。沈溺惑蛊，斯非惑乎；蛊者事也，斯非业乎；虫食心腹，斯非苦乎。观之观我生，观其生，展转追寻，以至无尽，而知造物本无。合之乾元，赞以首出庶物，万物资始，云行雨施，品物流形，而用九乃言群龙无首。象曰：天德不可为首也，义又相及。盖强阳之气，群动冥生，非有为之元本者，其曰穷理尽性，岂虚言哉？"

余治小学，不欲为王菉友辈，滞于形体，将流为《字学举隅》之陋也。顾江、戴、段、王、孔音韵之学，好之甚深，终以戴、孔为主。明本字，辨双声，则取诸钱晓徵。既通其理，亦犹所歉然，在东闲暇，尝取二徐原本，读十余过，乃知戴、段而言转注，犹有泛滥，繇专取同训，不顾声音之异。于是类其音训，凡说解大同，而又同韵或双声得转者，则归之于转注。假借亦非同音通用，正小徐所谓引伸之义也（同音通用，治训故者所宜知，然不得以为六书之一）。转复审念，古字至少，而后代孳乳为九千，唐宋以来，字至二三万矣，自非域外之语（如伽佉僧塔等字，皆因域外语言声音而造），字虽转繁，其语必有所根本。盖义相引伸者，由其近似之声，转成一语，转造一字，此语言文字自然之则也。于是始作《文始》，分部为编，则孳乳浸多之理自见，亦使人知中夏语言，不可贸然变革。又编次《新方言》，以见古今语言，虽递相嬗代，未有不归其宗，故今语犹古语也。凡在心在物之学，体自周圆，无间方国，独于言文历史，其体则方，自以己国为典型，而不能取之域外。斯理易明，今人犹多惑乱，斯可怪矣。《新方言》不过七八百条，展转访求，字当逾倍。余成书以后，犹颇有所得者，今亦不能自续，弟子有沈坚者，实好斯事，其能继余之志乎。

余少已好文辞，本治小学，故慕退之造词之则，为文奥衍不驯。非为慕古，亦欲使雅言故训，复用于常文耳。犹凌次仲之填词，志在协和声律，非求燕语之工也。时乡先生有谭君者，颇从问业。谭君为文，宗法容甫、申耆，虽体势有殊，论则大同矣。三十四岁以后，欲以清和流美自化，读三国两晋文辞，以为至美，由是体裁初变。然于汪、李两公，犹嫌其能作常文，至议礼论政则踬焉。仲长统、崔实之流，诚不可企。吴魏之文，仪容穆若，气自卷舒，未有辞不逮意，窘于步伐之内者也。而汪、李局促相斯，此与宋世欧阳、王、苏诸家务为曼衍者，适成两极，要皆非中道矣。匪独汪、李，秦汉之高文典册，至玄理则不能言。余既宗师法相，亦兼事魏晋玄文，观夫王弼、阮籍、嵇康、裴頠之辞，必非汪、李所能窥也。尝意百年以往，诸公多谓经史而外，非有学问，其于诸子佛典，独有采其雅驯，摭其逸事，于名理则深慭焉。平时浏览，宁窥短书杂事，不窥魏晋玄言也。其文如是，亦应于学术耳。余又寻世之作奏者，皆知宗法敬舆，然平彻闲雅之体，始自东汉，讫魏晋南朝皆然，非敬舆始为之也。中书奏议，文益加详，一奏或至五六千字，若在后代，则览者易生厌倦。故宋时已有贴黄，清初且制全疏不得过三百字，斯由繁而不杀，成此穷反也。曾涤生窥摹陆公，颇复简约，其辞乃如房行制义，若素窥魏晋南朝诸奏，则可以无是过矣。由此数事，中岁所作，既异少年之体，而清远本之吴魏，风骨兼存周汉，不欲纯与汪、李同流。然平生于文学一端，虽有所不为，未尝极意菲薄，下至归、方、姚、张诸子，但于文格无点，波澜意度，非有昌狂俪规者，则以为学识随其所至，辞气从其所好而已。今世文学已衰，妄者皆务为骪骳，亦何暇訾议桐城义法乎？余作诗独为五言，五言者，挚仲洽《文章流别》，本谓俳谐倡乐所施，然四言自风雅以后，菁华既竭，惟五言犹可仿为。余亦专写性情，略本钟嵘之论，不能为时俗所为也。

余于政治，不甚以代议为然，曩在日本，已作《代议然否论》矣。国体虽更为民主，而不欲改移社会习惯，亦不欲尽变时法制，此亦依于历史，无骤变之理也。清之失道，在乎偏任皇族，贿赂公行，本不以法制不善失之，旧制或有拘牵琐碎，纲纪犹自肃然。明世守法，虽专制之甚，乱在朝廷，郡县各守分职，犹有循良之吏。清世素不守法，专制之政虽衰，督抚乃同藩主，监司且为奴虏，郡县安得有良吏乎？逮乎晚世变法，惑乱弥深，既恶旧法之烦，务为佚荡，以长驾远驭为名，而腐蠹出于钧府，鱼烂及于下邑，夫焉能以旧法为罪也？尚新者知清政之衰，不知极意更其污染，欲举一切旧法尽废夷之；主经验者又以清政为是，踵其贪淫，而不肯循其法纪。斯犹两医同治一疾，甲断为热，乙断为寒，未知阴阳隔并，当分疏而治之也。余独以为旧法多可斟酌，惟省制当废耳。一省小者或为二三道，大者或为三四道，道不过六七十部，所部不过二三十县，犹大于汉之列郡，而司察可周矣。明世设分守道，即布政司参政、参议也，名曰分守，即与汉时太守相同。清时并去司衔，则布政司之权已分，使各道隶于督抚，曷若隶于中央，而以巡按监之为愈乎（督抚可以挠守道之权，巡按但主纠察，不能挠其政权也）？边方斗绝，兵民之政难分，户口之数寡少，自可别为区处，不当以是概内地也。省制不除，非独政纪不能清理，而地方自治之法，亦难以见诸实行（地方稍小则能自治，过大则未有不疏略诞慢者）。明时以布政使专主省事，晚设督抚，不能专有其地（明督抚甚多，一省或二三人），而政治已渐有牵掣矣，况军民同主乎？然自两汉以下，制度整齐，莫如明世，清世因循其法，虽稍汗漫，亦未至如唐宋甚也。明之亡国，在以常法议军事，知兵宿将，倚为干城者，失一要塞，陷一藩城，无不依律处戮，熊廷弼之传首，杨嗣昌之自杀，皆坐此也，终于为敌报仇，而为清所禽制矣。清之亡国，在以军法处民政，官常计典，视若具文，最后二三十年，以赃盗罢遣者，逾数岁亦还起复，钱粮侵挪之考成，风厉杀人之罪状，始则严于小吏，缓于大僚，其后小吏亦多不治。贿积于上，盗布于下，民怨沸腾，又安得不瓦解也。是故明政宜于应变，清政绌于守常。言政治者，本多论常道耳。且守法之弊，能令胥史把持，得因受贿，然所取本非甚巨，亦不敢破律败度为之，议既定矣，又不保长官之觉察否也。释法之弊，胥史无受赇之门，而大臣乃为奸府，其破律败度，得以破格应变为名，其所取又十倍于胥史，而复更无长官以觉察之也。三百年以来，言胥史蠹败者多矣，清平之世，长官寡过，其忿疾胥史自可也；及于末世，士大夫之行，乃较胥史愈下，而复昌言骂詈,其忸怩不已甚乎? 明世长官,不敢恣意为非者,饬法循纪之效也,然犹设都察院以督百僚,自洪武讫于隆庆,台宪箸效,吏治甚清;万历中年以降,言官始有分曹树党,而杨、左诸公之风节,于国事终非无补也。清世虽循旧设官,内多惩忌,台宪之职已轻,然大吏奸私,尚颇因之发觉。末世乃有受财鬻奏,毛举细故者,则以风宪官吏犯赃,罪加二等之制,浸废不行也。向令清无察院,其昏乱又何所底止矣。余向与总统孙公,论政多所不合,其谓中国有都察院制度善于他方,适与鄙心相中。及南都建设,余以议员或难专任,亟怂恿设评政院,遂著之约法焉。虽然,此非可以虚名取效。余从政时所有条议,多未存稿。

余于法律非专,而颇尝评其利害。以为当今既废帝制,妖言左道诸律,固宜删刊,其旧律有过为操切,反令不行者,与自相缪戾者,删改亦宜也。而今律之缪亦多,略论如左: 余以法律之要,莫如刑名。唐律五刑,各分等次,明世新增凌迟、充军重法,未载律条,清律则兼载之矣。凌迟固无人理,而流刑未足惩奸,故别增发遣充军之法,亦仿唐之加役流,而稍峻厉,此所以弥缝其阙也。今拟新刑律者,死刑以下,独有徒刑一名,虽无期五等,迭为衰次,其名曰徒刑则一也。旧律为名者五,为等十七(二死,三流,各作一等),清又加发遣及五等充军,并及准徒总徒之例,其名等已多矣。今者但有二名七等,名既阔略,则伸缩当在一等之中,而不可滥于同名之内。今之伸缩,遂有三等之差,同一罪状,而徒五年与徒六月,得以随意定之,阔绝亦泰甚矣。案清世死刑监候,分情实、缓决、矜疑三种,律不明箸,而随法吏意见以为重轻,固以情伪繁多,不可豫制。今之伸缩，亦其类也。然法官不皆平情审察，不当授权过重，刑名泰简，则伸缩相悬，名之不治，而苟且以定律，纵任法官，随其高下，此乃近于古之议事以制者，岂刑书之谓乎？然则杖笞虽废，徒刑而下，宁无他种惩罚之名，徒之五等。亦宜分剂五年耳。每一年限之中，或伸或缩，法官犹绰绰有余，而罪状不失于轩轾。自徒以上，流刑虽无所用，加役流与发遣当差，今犹可以惩创，此其大法当革者也。余观唐律虽宽，滞于阶级，故黎庶屈而搢绅伸，明目来渐革除矣。清制多设条例，遂有奇觚。今当变革刑名，于清时律例之破碎不完者，简练以归一剂，无取诡，更旧贯，而悉以新意易之也。且监临主守诸名，名之善者也。监守自盗本在贼盗科中，罪视强盗稍轻，而视常人窃盗为重，斯乃旧制相沿，法之至当者也。今拟新刑律者，一切以侵占目之，主守侵占官财，与常人侵占私有田宅器物，遂无所分，岂忘责任所在，与悠悠路人有殊乎？又放火决水坏历史、宗教之图书建筑物者，遂科死刑，而坏常人宅舍图书者，罪反减轻，岂焚一尼庵，烧一卷《金刚经》、《新旧约》者，其罪当重，而毁广夏藏书者，其罪转轻耶？是则律为保护鬼神，不为保护生人也（清例发名臣大儒冢墓见尸者，罪至斩枭，盗大祀神御物者斩立决，过亦同此。古人已往，宜所尊敬然法不应加重，鬼神则更置之矣）。又谋杀、故杀、斗殴杀，情罪自殊。二人以上为谋，本诸晋律，而唐律所同也，清律以谋诸心谋诸人皆称为谋，已失本原，然三者犹有分剂。今拟新刑律者，遂无殊别，此亦含胡之甚者矣。又明清诸律，亲属相奸，其罪至重。今常人和奸，但无夫者即无罪，与习贯所恶已殊矣。而亲属父子兄弟之间,聚麀无忌,彼则曰,他国法律固然,法律不与道德相谋也。法律固不与道德相谋,岂不与人情习俗相谋耶。彼干犯宗教神庙者,罪或加重,在彼亦谓人情习贯宜然,自中国视之,亦若为道德耳。夫人情习俗,方国相殊,他国之法,未尝尽从一概,独欲屈中国之人情习俗以就异方,此古所谓削趾适屦者矣。

余观明志,鞫问之制甚详。清亦拟议其法,其以人主亲临勾决,及有改变部议者,诚为出位,而定谳平允者亦多。若夫恭请王命即行正法,此又其泰简者也。凡事固有紧急寻常之分,不当以罪有重轻为量。彼响马江洋大盗之流,罪虽稍轻,而事关紧急,临时杀之亦可矣。杀父母祖父母及杀一家非死罪三人者,罪虽至重,而非紧急之科,其事迹虚实,亦不如大盗之著明,则恭请王命非也。逮清末世,常罪且有就地正法者矣。今法官断罪以后,非上控者,虽至死刑,亦无再鞫之例,而上控又必延请律师,所费至巨,则是贫人常屈,而富人或有可伸耳,此其不如清初旧制彰彰明矣。旧制判狱之职,守土主之,今则别设法官,其间亦各有利害。守土主行政之事,于民多有爱憎,又事繁不暇专理,或有率尔判定者;法官于民事不关,无所恩怨,既有专职,则事稍精审,此其利也。守土奉禄有余,武断轻率者多。而受赇鬻狱者寡;法官贫乏,则受赇者自多,此其害也。宜大增法官之禄,使无他心,守土虽不能干预法事,法官有枉法受赃者,则宜付守土检举。而判决法官罪状者,当别选其人,不然则法官之朋党比周,非律所制能也。清时已得蒙古,习俗与中国异状,故刑部律与蒙古律有分。卫藏新疆,未有所制焉。近世名为五族共和,然蒙古律卒不可改,新疆虽建设行省,处置回人,亦宜有与内土异状者,卫藏等于羁縻,法由彼制,则新疆宜有治理回人条例,而蒙古律亦当更定刑名,凡法律条文,不必尽从域内,惟刑名则不可差池。蒙古律尚有凌迟之法(奴奸家长妻,本部人奸福晋,皆凌迟处死),亟宜废去,其九九赎刑,则以素少钱币存之可也。

余于晚明遗老之书,欲为整理而未逮也。古称读书论世,今观清世儒先遗学,必当心知其意。若全绍衣痛诋李光地佻淫不孝,实未足以为大过,台湾之役,光地主谋,使汉绪由兹而斩,欲明加罪状则不能,故托他过以讥之也。江子屏《宋学渊源记》,不录高位者一人,自汤斌、二魏、熊赐履、张伯行之徒,下至陆陇其辈,靡不见黜,而顾、黄二子为明代人物,又别为论叙以见端,诚谓媚于胡族得登肒仕者,不足与于理学之林也。其他微言难了者,尚复众多,而侈谈封建井田者为甚。是议起于宋儒,而明末遗民陈之,其意乃绝相反(除王而农别有所感,王昆绳辈意见,则纯同宋儒,其他皆有别旨)。宁人之主张封建,后世不明其故,戴子高犹肆口评之,甚无谓也。宋儒欲以封建井田致治,明遗民乃欲以封建井田致乱。盖目睹胡人难去,惟方镇独立以分其权,社会均财以滋其扰,然后天下土崩,而孤偾易除也。当时无独立及社会主义诸名,有之亦不可明示,托于儒家迂论,乃可引致其涂耳。自宁人以下者,斯类多矣。而清雍正、乾隆二朝,亦能窥其微旨,故有言封建井田者,多以生今反古蒙戮,又数为诏令以驳斥之。若以为沿袭宋儒迂论者,又何必忌之至是耶?然终无可奈何,及同治、光绪以还,行省拥兵于上,会党横行于下，武昌倡义，上下同谋，而清之亡忽焉。则先正之谋果效，而朽腐化为神奇之说亦不虚也。乌虖，前哲苦心，若斯者岂独一尚已，后之学者，其识之哉。

余昔在南皮张孝达所，张尝言国学渊微，三百年发明已备，后生但当蒙业，不须更事高深。张本好疏通，不暇精理，又见是时怪说流行，惧求深适以致妄，故有是语。时即答曰：经有古今文，自昔异路。近代诸贤，始则不别，继有专治今文者作，而古文未有专业，此亦其缺陷也。十余年中，思近世学术未备，犹不止此。诸治史学者，皆留心地理官制，其他已甚疏矣。姓氏之学，自《元和姓纂》以降，郑樵亦粗明其统绪，至邓氏《辩证》，渐墒凿矣。元明以降，转变增损，又益繁多，未见近代有治此者也（《元史·氏族志》别是一种）。刑法之学，旧籍惟《唐律》为完，汉晋南北朝之事，散在史传。如补兵以减死，督责以代杖，又皆律外方便之门，皆当校其异同，评其利病，又未见近代有治此者也。食货之学，非独关于租赋，而权度之大小，钱币之多少，垦田之盈诎，金银粟米之贵贱，皆与民生日用相系，此不可不论列者，又未见近代有治此者也。乐律之学，略有端倪，陈氏《通义》，发明荀勖之学，可谓精且博矣。然清康熙朝所审定者，丝声倍半相应，竹声倍半不相应。相应者乃八与一、九与四，其言人气折旋，必有度数，皆由证验所明，更谓丝器不可名以律吕，亦可谓得理者。而陈君犹取倍半相应之说，两者孰是，必听音而后知之，非衍算所能尽理，又未有商略是非者也。斯四术者，所包闳远，三百年中，何其衰微也。此皆实事求是之学，不能以空言殽乱者，既尚考证，而置此弗道乎？其他学术，虽辨证已精，要未可谓达其玄极。夫学术不在大小，要能精审，则可以成天下之亹亹。自百工技艺之微，所诣固有高下殊绝者，大方之粗疏，或不如小物之精理矣。故近世小学，似若至精，然推其本则未究语言之原，明其用又未综方言之要。其余若此类者，盖亦多矣。若夫周秦九流，则眇尽事理之言，而中国所以守四千年之祚者也。玄理深微，或似佛法。先正以邹鲁为衡，其弃置不道，抑无足怪。乃如庄周《天运》，终举巫咸，此即明宗教惑人所自始；惠施去尊之义，与名家所守相反；子华子迫生不若死之说，又可谓管乎人情矣。此皆人事之纪，政教所关，亦未有一时垂意者。汪容甫略推墨学，晚有陈兰甫始略次诸子异言，而粗未亦已甚。此皆学术缺陷之大端，顽鄙所以发愤。古文经说，得孙仲容出，多所推明。余所撰著，若《文始》、《新方言》、《齐物论释》，及《国故论衡》中明见、原名、辨性诸篇，皆积年讨论以补前人所未举。其他欲作《检论》明之（旧著《訄书》，多未尽理，欲定名为《检论》，多所更张），而时不待人，日月亦将逝矣。昔人云："百龄影徂，千载心在。"岂不痛哉。

余以人生行义，虽万有不同，要自有其中流成极。奇节至行，非可举以责人也，若所谓能当百姓者，则人人可以自尽。顾宁人多说行己有耻，必言学者宜先治生；钱晓徵亦谓求田问舍，可却非义之财。斯近儒至论也。追观晚清遗史，非无二三可取者，至于林下之风，则泯然同丧矣。亡国以后，其余臭尚未涤荡，当其在位可知也。所取于林下风者，非为慕作清流，即百姓当家之事，小者乃生民常道，苟论其至，沮溺荷荼之隐,仲子之廉,武侯之德,未或不本于勤生。斯风既亡,所谓见利思义,见危授命,久要不忘平生之言者,宜其澌灭而不存矣。

---

① 录自《制言半月刊》,第二十五期。

救学弊论^①

　　士先志，不足以启其志者，勿教焉可也；尊其所闻则高明，行其所知则光大，不足以致高明光大者，勿学焉可也。末世缀学，不能使人人有志，然犹什而得一，及今则亡。诸学子之躁动者，以他人主使故然，非有特立独行如陈东、欧阳澈者也。且学者皆趣侧诡之道，内不充实，而外颇有谀闻，求其以序进者则无有，所谓高明光大者，亦殆于绝迹矣。

　　凡学先以识字，次以记诵，终以考辨，其步骤然也。今之学者能考辨者不皆能记诵，能记诵者不皆能识字，所谓无源之水，得盛雨为潢潦，其不可恃甚明。然亦不能尽责也。识字者古之小学，晚世虽大学或不知，此在宋时已然。以三代之学明人伦，则谓教字从孝，以《易》之四德元合于仁，则谓元亦从人从二，此又何责于今之人邪？若夫记诵之衰，仍世而益甚，则趣捷欲速为之。盖学问不期于广博，要以能读常见书为务。宋人为学，自少习群经外，即诵荀、扬、老、庄之书。自明至清初，虽

149

盛称理学经学者，或于此未悉矣。

明徐阶为聂豹弟子，自以为文成再传，亦读书为古文辞，非拘于王学者。然陈继儒《见闻录》载其事，曰：吾乡徐文贞督学浙中，有秀才结题用颜苦孔之卓语。徐公批云杜撰，后散卷时，秀才前对曰：此句出扬子《法言》。公即于台上应声云：本道不幸科第早，未曾读得书。是明之大儒未涉《法言》也。清胡渭与阎若璩齐名，于《易》知河洛先天之妄，于《书》明辨古今水道，卓然成家。然《尚书》蔡沈传有云陟方乃死，犹言殂落而死。胡氏以为文义不通，不悟殂落而死语亦见《法言》。且扬子于《元后诔》亦云殂落而崩，以此知《法言》非有误字，必以义不通为诟，咎亦在扬子，不在蔡沈矣。是清初大儒未涉《法言》也。夫以宋世占毕之士所知，而明、清大儒或不识，此可谓不读常见书矣。自惠、戴而下，诵览始精，有不记必审求之，然后诸考辨者无记诵脱失之过。顾自诸朴学外，粗略者尚时有。章学诚标举《文史》、《校雠》诸义，陵厉无前，然于《汉·艺文志》儒家所列平原老七篇者误仞为赵公子胜，于是发抒狂语，谓游食者依附为之，乃不悟班氏自注明云朱建，疏略至是，亦何以为校雠之学邪？是亦可谓不读常见书者矣。如右所列，皆废其坦途，不以序进，失高明光大之道。然今之学者又不必以是责也。

吾尝在京师，闻高等师范有地理师，见日本人书严州宋名睦州，因记方腊作乱事，其人误以方腊为地名，遂比附希腊焉。而大学诸生有问朱元晦是否广东人者，有问段氏《说文注》是否段祺瑞作者，此皆七八年前事，不知今日当稍进邪？抑转劣于前邪？近在上海闻有中学教员问其弟子者,初云孟子何代人,答言汉人,或言唐、宋、明、清人者殆半。次问何谓五常,又次问何谓五谷,则不能得者三分居二。中学弟子既然,惧大学过此亦无几矣。

然余观大学诸师,学问往往有成就者,其弟子高材勤业亦或能传其学,顾以不及格者为众,斯乃恶制陋习使然。制之恶者,期人速悟,而不寻其根柢,专重耳学,遗弃眼学,卒令学者所知,不能出于讲义;习之陋者,积年既满,无不与以卒业证书,与往时岁贡生等。故学者虽惰废,不以试不中程为患。学则如此,虽仲尼、子舆为之师,亦不能使其博学详说也。夫学之弇鄙,无害于心术,且陋者亦可转为娴也。适有佻巧之师,妄论诸子,冀以奇胜其侪偶,学者波靡,舍难而就易,持奇诡以文浅陋,于是图书虽备,视若废纸,而反以辨丽有称于时。师以是授弟子,是谓诬徒,弟子以是为学,是谓欺世,斯去高明光大之风远矣。其下者或以小说传奇为教,导人以淫僻,诱人以倾险,犹曰足以改良社会,乃适得其反耳。苟征之以实,校之以所知之多寡,有能读《三字经》者,必堪为文学士,有能记鲍东里《史鉴节要便读》者,则比于景星出黄河清矣。

老氏云:大道甚夷而民好径。夫学者之循大道亦易矣,始驱之于侧诡之径者,其翁同龢、潘祖荫邪?二子以膏粱余荫,入翰林为达官,其中实无有。翁喜谈《公羊》,而忘其他经史。潘好铜器款识,而排《说文》,盖经史当博习,而《说文》有检柙,不可以虚言伪辞说也。以二子当路,能富贵人,新进附之如蚁,遂悍然自名为汉学宗。其流渐盛。康有为起,又益加厉。谓群经皆新莽妄改,谓诸史为二十四部家谱。既而改设学校,经史于是乎为废书,转益无赖,乃以《墨子·经说》欺人,后之为是,亦诚翁、潘所不意,要之始祸者必翁、潘也。

他且勿问,正以汉学言之。汉人不尽能博习,然约之则以《论语》、《孝经》为主,未闻以《公羊》为主也。始教儿童皆用《仓颉篇》,其后虽废,亦习当时隶书,如近代之诵《千字文》然,未闻以铜器款识为教也。盖为约之道,期于平易近人,不期于吊诡远人。今既不能淹贯群籍,而又以《论语》、《孝经》、《千字文》为尽人所知,不足以为名高,于是务为恢诡,居之不疑,异乎吾所闻之汉学也。子夏曰:"贤贤易色,事父母能竭其力,事君能致其身,与朋友交言而有信,虽曰未学,吾必谓之学矣。"子夏为文学之宗,患人不能博习群经,或博习而不能见诸躬行,于是专取四事为主。汉世盖犹用其术。降及明代,王汝止为王门高弟,常称见龙在田,其实于诸经未尝窥也。然其所务在于躬行,其言学是学此乐,乐是乐此学者,为能上窥孔颜微旨。借使其人获用,亦足以开物成务,不必由讲习得之。所谓操之至约,其用至博也。诚能如是,虽无识字、记诵、考辨之功何害? 是故汉、宋虽异门,以汉人之专习《孝经》、《论语》者与王氏之学相校,则亦非有殊趣也。

徐阶政事才虽高,躬行不逮王门耆旧远甚,即不敢以王学文其弇陋之过。且其职在督学,督学之教人,正应使人读常见书,己不能读而诸生知之,于是痛自克责,是亦不失为高明光大也。若翁、潘之守《公羊》执铜器,其于躬行何如? 今之束书不观,而以哲学墨辨相尚者,其于躬行复何如? 前者既不得以汉学自饰,后者亦不得以王学自文,则谓之诳世盗名之术而已矣。是故高明光大之风，由翁、潘始绝之也。

夫翁、潘以奇诡眇小为学，其弊也先使人狂，后使人陋。尽天下为陋儒，亦犹尽天下为帖括之士，而其害视帖括转甚。则帖括之士不敢自矜，翁、潘之末流敢自矜也。张之洞之持论，蹈乎大方，与翁、潘不相中，然终之不能使人无陋，而又使人失其志，则何也？凡学者贵其攻苦食淡，然后能任艰难之事，而德操亦固，汉、宋之学者皆然。明虽少异，然涉艰处困之事，文儒能坦然任之。其在官也，虽智略绝人，退则家无余财，行其素而不以钓名，见于史传者多矣。

张之洞少而骄蹇，弱冠为胜保客，习其汰肆，故在官喜自尊，而亦务为豪举，以其豪举施于学子，必优其居处，厚其资用，其志固以劝人入学，不知适足以为病也。自湖北始设学校，其后他省效之，讲堂斋庑备极严丽，若前世之崇建佛寺然，学子家居无是也；仆从周备，起居便安，学子家居无是也。久之政府不能任其费，而更使其家任之，学子既以纷华变其血气，又求报偿，如商人之责子母者，则趣于营利转甚。其后学者益崇远西之学，其师或自远西归，称其宫室舆马衣食之美，以导诱学子。学子慕之，惟恐不得当，则益与之俱化。以是为学，虽学术有造，欲其归处田野，则不能一日安已。自是惰游之士遍于都邑，唯禄利是务，恶衣恶食是耻，微特遗大投艰有所不可，即其稠处恒人之间，与齐民已截然成阶级矣。向之父母妻子，犹是里巷翁媪与作苦之妇也。自以阶级与之殊绝，则遗其尊亲，弃其伉俪者，所在皆是。人纪之薄，实以学校居养移其气体使然。

观今学者竞言优秀，优秀者何？则失其勇气，离其淳朴是已。虽然，吾所忧者不止于庸行，惧国性亦自此灭也。大国无论文野，要能守其国性，则可以不殆。金与清皆自塞外胜中国者也，以好慕中国文化，失其朴劲风，比及国亡，求遗种而不得焉。上溯元魏，其致亡之道亦然。蒙古起于沙漠，入主中夏，不便安其俗，言辞了戾，不能成汉语（观元时诏书令旨可知），起居亦不与汉同化，其君每岁必出居上都，及为明所覆，犹能还其沙漠，与明相争且三百年。清时蒙古已弱，而今喀尔喀犹独立也。匈奴与中国并起，中行说告以勿慕汉俗，是故匈奴虽为窦宪所逐，其遗种存者犹有突厥、回纥横于隋唐之间，其迁居秦海者，则匈牙利至今不亡。若是者何也？元魏、金、清习于汉化，以其昔之人为无闻知，后虽欲退处不毛，有所不能。匈奴、蒙古则安其土俗自若也。夫此数者悉野而少文，保其野则犹不灭，失其野则无噍类，是即中国之鉴矣。

中国人治之节，吾所固有者已至交，物用则比于远西为野。吾守其国性，可不毙也。今之学子慕远西物用之美，太半已不能处田野。计中国之地，则田野多而都会少也。能处都会不能处田野，是学子已离于中国大部，以都会为不足，又必实见远西之俗行于中国然后快。此与元魏、金、清失其国性何异？天诱其衷，使远西自相争，疮痍未起，置中国于度外耳。一日有事，则抗节死难之士必非学子可知也。且夫儒者柔也，上世人民刚戾，始化以宗教，渐又化以学术，然后杀伐之气始调。然其末至于柔弱，是何也？智识愈高，则志趣愈下，其消息必至于是也。善教者使智识与志趣相均，故不亟以增其智识为务，中土诸书皆是也。

今之教者唯务扬其智识,而志趣则愈抑以使下,又重以歆慕远西,堕其国性,与啖人以罂粟膏,醉人以哥罗方,无以异矣。推学者丧志之因,则张之洞优养士类为之也。

吾论今之学校先宜改制,且择其学风最劣者悉予罢遣,闭门五年然后启,冀旧染污俗悉已涤除,于是后来者始可教也。教之之道,为物质之学者,听参用远西书籍,唯不通汉文者不得入。法科有治国际法者,亦任参以远西书籍授之。若夫政治经济,则无以是为也。然今诸科之中,唯文科最为猖披,非痛革旧制不可治。微特远西之文徒以绣其鞶帨,不足任用而已,虽所谓国学者,亦当有所决择焉。夫文辞华而鲜实,非贾傅、陆公致远之言。哲学精而无用,非明道定性、象山立大之术。欲骤变之,则无其师,固不如已也。说经尚矣,然夫穷研训故,推考度制,非十年不能就。虽就或不能成德行,不足以发越志趣。必求如杜林、卢植者以为师,则又不可期于今之教员也。此由明练经文,粗习注义,若颜之推所为者,亦可以止矣。欲省功而易进,多识而发志者,其唯史乎?其书虽广,而文易知,其事虽烦,而贤人君子之事与夫得失之故悉有之。其经典明白者,若《周礼》、《左氏》内、外传,又可移冠史部,以见大原(昔段若膺欲移《史记》、《汉书》、《通鉴》为经,今移《周礼》、《左氏》为史,其义一也),其所从入之途,则务于眼学,不务耳学。为师者亦得以余暇考其深浅也。如此则诡诞者不能假,慕外者无所附,顽懦之夫亦渐可以兴矣。厥有废业不治,积分不足者,必不与之卒业证书。其格宜严而不可使滥,则虽诱以罢课,必不听矣。

　　然今之文科,未尝无历史,以他务分之,以耳学面之,故其弊有五:一曰尚文辞而忽事实。盖太史、兰台之书,其文信美,其用则归于实录,此以文发其事,非以事发其文,继二公为之者,文或不逮,其事固粲然。今尚其辞而忽其事,是犹买珠者好其椟也。二曰因疏陋而疑伪造。盖以一人贯串数百年事,或以群材辑治,不能相顾,其舛漏宜然,及故为回隐者,则多于革除之际见之,非全书悉然也。《史通·曲笔》之篇,《通鉴考异》之作,已往往有所别裁。近代为诸史考异者,又复多端,其略亦可见矣。今以一端小过,悉疑其伪,然则耳目所不接者,孰有可信者乎?百年以上之人,三里以外之事,吾皆可疑为伪也。三曰详远古而略近代。夫羲农以上,事不可知,若言燧人治火,有巢居桧,存而不论可也。《尚书》上起唐虞,下讫周世。然言其世次疏阔,年月较略,或不可以质言。是故孔子序《甘誓》以为启事,墨子说《甘誓》以为禹事,伏生、太史公说《金滕》风雷之变为周公薨后事,郑康成说此为周公居东事,如此之类,虽闭门思之十年,犹不能决也。降及春秋,世次年月,始克彰著。而迁、固以下因之,虽有异说,必不容绝经如此矣。好其多异说者,而恶其少异说者,是所谓好画鬼魅,恶图犬马也。不法后王而盛道久远之事,又非所以致用也。四曰审边塞而遗内治。盖中国之史自为中国作,非泛为大地作。域外诸国与吾有和战之事,则详记之,偶通朝贡则略记之,其他固不记也。今言汉史者喜说条支、安息,言元史者喜详鄂罗斯、印度,此皆往日所通,而今日所不能致。且观其政治风教,虽往日亦隔绝焉。以余暇考此固无害,若徒审其纵迹所至,而不察其内政军谋何以致此。此外国之人之读中国史，非中国人之自读其史也。五曰重文学而轻政事。夫文章与风俗相系，固也。然寻其根株，是皆政事隆污所致，怀王不信谗，则《离骚》不作，汉武不求仙，则《大人赋》不献。彼重文而轻政者，所谓不揣其本，求之于末已。且清谈盛时，犹多礼法之士。诗歌盛时，犹有经术之儒。其人虽不自襮于世，而当世必取则焉。故能持其风教，调之适中。今徒标揭三数文士，以为一时士俗，皆由此数人持之，又举一而废百也。扬榷五弊，则知昔人治史，寻其根株。今人治史，摭其枝叶。其所以致此者，以学校务于耳学，为师者不可直说事状以告人，是以遁而为此。能除耳学之制，则五弊可息，而史可兴也。

吾所以致人于高明光大之域，使日进而有志者，不出此道。史学既通，即有高材确士欲大治经术，与明诸子精理之学者，则以别馆处之。诚得其师，虽一二弟子亦为设教。其有豪杰间出，怀德葆真，与宋明诸儒之道相接者，亦得令弟子赴其学会。此则以待殊特之士，而非常教所与也。能行吾之说，百蠹千穿，悉可以使之完善。不能行吾之说，则不如效汉世之直授《论语》、《孝经》，与近代之直授《三字经》、《史鉴节要便读》者，犹愈于今之教也。

---

① 录自《太炎文录续编》，卷一。

刘师培论中国近 |
三百年学术史

近儒学术统系论①

昔周季诸子,源远流分,然咸守一师之言,以自成其学;汉儒说经,最崇家法;宋明讲学,必称先师;近儒治学,亦多专门名家,惟授受谨严,间逊汉宋。甘泉江藩作《汉学师承记》,又作《宋学渊源记》,以详近儒之学派。然近儒之学,或析同为异,或合异为同,江氏均未及备言,则以未明近儒学术之统系也。试举平昔所闻者陈列如左。

明清之交以浙学为最盛。黄宗羲授学蕺山,而象数之学兼宗漳圃,文献之学远溯金华先哲之传,复兼言礼制以矫空疏。传其学者数十人,以四明二万为最著,而象数之学则传于查慎行。又沈昀、张履祥亦授学蕺山,沈昀与应㧑谦相切磋,均黜王崇朱,刻苦自厉,履祥亦然,而履祥之传较远。其别派则为向璜。吕留良从宗羲、履祥游,所学略与履祥近,排斥余姚若放淫词。传其学者,浙有严鸿逵,湘人有曾静,再传而至张熙。及文狱诞兴,而其学遂泯(后台州齐周华犹守吕氏之学)。别有沈国模、钱德洪、史孝咸，承海门石梁之绪，以觉悟为宗，略近禅学。宗羲虽力摧其说，然沈氏弟子有韩孔当、邵曾可、劳史。邵氏世传其学，至于廷采，其学不衰。

时东林之学，有高愈、高世泰、顾培，上承泾阳梁溪之传，讲学锡山。宝应朱泽沄从东林子弟游，兼承乡贤刘静之之学，亦确宗紫阳。王茂竑继之，其学益趋于征实。又吴人朱用纯、张夏、彭珑，歙人施璜、吴慎，亦笃守高、顾之学，顺、康以降，其学亦衰。

若孙奇逢讲学百泉，持朱、陆之平，弟子尤众，以耿介、张沐为最著。汤斌之学亦出于奇逢，然所志则与奇逢异。李颙讲学关中，指心立教。然关中之士，若王山史、李天生，皆敦崇实学。及顾炎武流寓华阴，以躬行礼教之说倡导其民，故授学于颙者，若王尔缉之流，均改宗紫阳。颙曾施教江南，然南人鲜宗其学，故其学亦失传。博野颜元以实学为倡，精研礼、乐、兵、农。蠡县李塨，初受学毛大可，继从元说，故所学较元尤博。大兴王源初喜论兵，与魏禧、刘继庄友善，好为纵横之谈，继亦受学于元，故持论尤高。及元游豫省，而颜学被于南；塨寓秦中，而颜学播于西；即江、浙之士，亦间宗其学。然一传以后其学骤衰，惟江宁程廷祚私淑颜、李，近人德清戴望亦表彰颜、李之书，舍是传其学者鲜矣。

自是以外，则太仓陆世仪，幼闻几社诸贤之论，颇留心经世之术，继受学马负图，兼好程、朱理学。陈言夏亦言经世，与世仪同。世仪讲学苏、松间，当时鲜知其学，厥后吴江陆耀、宜兴储大文、武进李兆洛，盖皆闻世仪之风而兴起者，故精熟民生利疾而辞无迂远。

赣省之间，南宋以降，学风渐衰，然道原之博闻，陆、王之学术，欧、曾、王氏之古文，犹有存者，故易堂九子均好古文。三魏从王源、刘继庄游，兼喜论兵而文辞亦纵横。惟谢秋水学崇紫阳，与陆、王异派。及雍、乾之间，李黻起于临川，确宗陆学，兼佟博闻，喜为古文词，盖合赣学三派为一途。粤西谢济世党于李黻，亦崇陆黜朱，然咸植躬严正，不屈于威武。瑞金罗台山早言经世，亦工说经，及伊郁莫伸乃移治陆、王之学，兼信释典，合净土禅宗为一。吴人彭尺木、薛湘文、汪大绅从台山游，即所学亦相近。惟罗学近心斋，卓吾，彭、汪以下多宅心清静，由是吴中学派多合儒、佛为一谈。至嘉、道之际，犹有江沅，实则赣学之支派也。

闽中之学，自漳圃以象数施教，李光地袭其唾余，兼通律吕音韵，又说经近宋、明，析理宗朱子，卒以致身贵显。光地之弟光坡作《礼记述注》，其子钟伦亦作《周礼训纂》，盖承四明万氏之学。扬名时受学光地，略师其旨以说经，而律吕音韵之奥，惟传于王兰生。又闽人蔡世远，喜言朱学，亦自谓出于光地。雷铉受业于世远，兼从方苞问礼，然所学稍实，不欲曲学媚世，以直声著闻。

自此以外，则湘有王夫之，论学确宗横渠，兼信紫阳，与余姚为敌，亦杂治经史百家。蜀有唐甄，论学确宗陆、王，尤喜阳明，论政以便民为本，嫉政教礼制之失平，然均躬自植晦，不以所学授于乡，故当时鲜宗其学。别有刘原渌、姜国霖，讲学山左，李颙章、范镐鼎，讲学河汾，均以宗朱标其帜，弟子虽众，然不再传，其学亦晦。此皆明末国初诸儒理学之宗传也。

　　理学而外，则诗文之学，在顺、康、雍、乾之间亦各成派别，然雕虫小技，其宗派不足言，其有派别可言者，则宋学之外厥惟汉学。汉学以治经为主。考经学之兴，始于顾炎武、张尔岐。顾、张二公均以壮志未伸，假说经以自遣。毛大可解《易》说《礼》，多述仲兄锡龄之言。阎若璩少从词人游，继治地学，与顾祖禹、黄仪、胡渭相切磋。胡渭治《易》，多本黄宗羲。张弨与炎武友善，吴玉搢与弨同里，故均通小学。吴江陈启源与朱鹤龄偕隐，并治《毛诗》《三传》，厥后大可《毛诗》之学传于范家相，鹤龄《三传》之学传于张尚瑗，若璩《尚书》之学传于冯景。又吴江王锡阐、潘柽章，杂治史乘，尤工历数。柽章弟来受数学于锡阐，兼从炎武受经，秀水朱彝尊亦从炎武问故，然所得均浅狭。别有宣城梅文鼎，殚精数学，鄂人刘湘奎、闽人陈万策均受业其门，文鼎之孙瑴成世其家学，泰州陈厚耀亦得梅氏之传，而历数之学渐显。武进臧琳闭门穷经，研覃奥义，根究故训，是为汉学之始。东吴惠周惕作《诗说》《易传》，其子士奇继之，作《易说》《春秋说》。栋承祖父之业，始确宗汉诂，所学以掇拾为主，扶植微学，笃信而不疑。厥后，掇拾之学传于余萧客，《尚书》之学则江声得其传，故余、江之书言必称师。江藩受业于萧客，作《周易述补》以续惠栋之书。藩居扬州，由是钟怀李宗泗、徐复之流，均闻风兴起。

　　先是，徽歙之地有汪绂、江永，上承施璜、吴慎之绪，精研理学，兼尚躬行，然即物穷理，师考亭格物之说，又精于三礼。永学犹博，于声律、音韵、历数之学，均深思独造，长于比勘。金榜从永受学，获窥礼堂论赞之绪，学特长于《礼》。戴震之学亦出于永，然发挥光大，曲证旁通，以小学为基，以典章为辅，而历数、音韵、水地之学，咸实事求是以求其源，于宋学之误民者，亦排击防闲不少懈。徽歙之士，或游其门，或私淑其学，各得其性之所近，以实学自鸣。由是治数学者，前有汪莱，后有洪梧；治韵学者，前有洪榜，后有汪有诰；治三礼者，则有凌廷堪及三胡；程瑶田亦深三礼，兼通数学辨物正名，不愧博物之君子。此皆守戴氏之传者也。及戴氏施教燕京，而其学益远被。声音、训诂之学传于金坛段玉裁，而高邮王念孙所得尤精，典章制度之学传于兴化任大椿。而李惇、刘台拱、汪中，均与念孙同里，台拱治宋学，上探朱、王之传，中兼治词章，杂治史籍，及从念孙游，始专意说经。顾凤苞与大椿同里，备闻其学，以授其子凤毛。焦循少从凤毛游，时凌廷堪亦居扬州，与循友善，继治数学，与汪莱切磋尤深。阮元之学亦得之焦循、凌廷堪，继从戴门弟子游，故所学均宗戴氏，以知新为主，不惑于陈言，然兼治校勘，金石。黄承吉亦友焦循，移焦氏说《易》之词以治小学，故以声为纲之说浸以大昌。时山左经生有孔继涵、孔巽轩，均问学戴震，巽轩于学尤精，兼工俪词。嗣栖霞郝懿行出阮元门，曲阜桂馥亦从元游，故均治小学。懿行治《尔雅》，承阮氏之例，明于声转，故远迈邢疏。又大兴二朱、河间纪昀，均笃信戴震之说，后膺高位，汲引汉学之士，故戴学愈兴。别有大兴翁方纲，与阮元友善，笃嗜金石。河南之儒，以武亿为最著。亿从朱门诸客游，兼识方纲，故说经之余，亦兼肆金石，而金石之学遂昌。

　　时江、浙之间，学者亦争治考证。先是，锡山顾栋高从李绂、方苞问故，与任启运、陈亦韩友善，其学均杂糅汉、宋，言淆雅俗。而吴人何焯以博览著名,所学与浙西文士近。吴江沈彤承其学,渐以说经。嘉定钱大昕于惠、戴之学左右采获,不名一师,所学界精博之间。王鸣盛与钱同里(兼与钱为姻戚),所学略与钱近,惟博而不精。大昕兼治史乘,旁及小学、天算、地舆。其弟大昭传其史学,族子塘、坫,一精天算,一专地舆,坫兼治典章训诂。塘、坫之弟有钱侗、钱绎,兼得大昕小学之传,而钱氏之学萃于一门。继其后者,则有元和李锐,受数学于大昕;武进臧庸,传其远祖臧琳之学;元和顾千里,略得钱、段之传,均以工于校勘为阮元所罗致。嗣有长洲陈奂,所学兼出于段、王,朱骏声与奂并时,亦执贽段氏之门,故均通训故。若夫纽树玉、袁廷梼之流,亦确宗钱、段,惟所学未精。常州之学复别成宗派。自孙星衍、洪亮吉,初喜词华,继治掇拾、校勘之学,其说经笃信汉说,近于惠栋、王鸣盛。洪氏之子齮孙传其史学。武进张惠言,久游徽歙,主金榜家,故兼言礼制,惟说易则同惠栋,确信谶纬,兼工文词。庄存与与张同里,喜言《公羊》,侈言微言大义,兄子绶甲传之,复昌言钟鼎古文。绶甲之甥有武进刘逢禄、长州宋翔凤,均治《公羊》,黜两汉古文之说。翔凤复从惠言游,得其文学,而常州学派以成。皖北之学,莫盛于桐城。方苞幼治归氏古文,托宋学以自饰,继闻四明万氏之论,亦兼言三礼,惟姚范校核群籍,不惑于空谈,及姚鼐兴,亦挟其古文宋学与汉学之儒竞名,继慕戴震之学,欲执贽于其门,为震所却,乃饰汉学以自固,然笃信宋学之心不衰。江宁管同、梅曾亮均传其古文。惟里人方东树作阮元幕宾,略窥汉学门径,乃挟其相传之宋学以与汉学为仇,作《汉学商兑》。故桐城之学自成风气,疏于考古,工于呼应顿挫之文,笃信程、朱,有如帝天,至于今不衰。惟马宗琏、马瑞辰间宗汉学。

浙中之士,初承朱彝尊之风,以诗词博闻相尚,于宋代以前之书籍束而勿观。杭世骏兴,始稍治史学,赵一清、齐召南兴,始兼治地理。惟余姚、四明之间,则士宗黄、万之学,于典章文献探讨尤勤。鄞县全祖望,熟于乡邦佚史,继游李绂之门,又从词科诸公游,故所闻尤博。余姚邵景涵,初治宋、明史乘,所学与祖望近,继游朱珪、钱大昕门,故兼治小学。会稽章学诚,亦熟于文献,既乃杂治史例,上追刘子玄、郑樵之传,区别古籍,因流溯源,以穷其派别,虽游朱珪之门,然所学则与戴震立异。及阮元秉钺越省,越人趋其风尚,乃转治金石、校勘,树汉学以为帜。临海金鹗尤善言《礼》,湖州之士亦杂治《说文》古韵,此汉学输入浙江之始。厥后仁和龚丽正婿于段玉裁之门,其子自珍,少闻段氏六书之学,继从刘申受游,亦喜言《公羊》,而校雠古籍又出于章学诚,矜言钟鼎古文,又略与常州学派近,特所得均浅狭,惟以奇文耸众听。仁和曹籀、谭献,均笃信龚学,惟德清戴望,授《毛诗》于陈奂,受《公羊》于宋翔凤,又笃嗜颜、李之学,而搜辑明季佚事,又与全、邵相同,虽以《公羊》说《论语》,然所学不流于披猖。近人俞樾、孙诒让,则又确守王、阮之学,于训故尤精。定海黄氏父子,学糅汉、宋,尤工说《礼》,所言亦近阮氏,然迥与龚氏之学异矣。若江北、淮南之士,则继焦、黄而起者,有江都凌曙。曙问故张惠言,又游洪榜之门,故精于言《礼》,兼治《公羊》,惟以说《礼》为本。时阮元亦乡居,故汉学益昌。先大父受经凌氏,改治《左传》。宝应刘宝楠兼承族父端临之学,专治《论语》。别有薛传均,治《说文》,梅植之治《穀梁》。时句容陈立,丹徒汪芷、柳兴宗,旌德姚佩中,泾县包世荣、包慎言,均寓扬州,山阳丁晏,海州许桂林,亦往来邗水之间,并受学凌氏,专治《公羊》。芷治《毛诗》,兴宗通《穀梁》,佩中治汉《易》,世荣治《礼》,兼以《礼》释《诗》,慎言 初治《诗》、《礼》,继改治《公羊》,桂林亦治《穀梁》,尤长历数,晏遍说群经,略近惠栋,然均互相观摩,互相讨论,故与株守之学不同。甘泉罗士琳,受历数之学于桂林,尤精数学。时魏源、包世臣亦纵游江淮间,士承其风,间言经世,然仍以治经为本。

若夫燕京之中,为学士所会萃。先是,大兴徐松,治西北地理,寿阳祁颖士,兼考外藩史乘,及道光中叶浸成风会,而颖士之子隽藻兼治《说文》,骤膺高位。由是,平定张穆、光泽何秋涛,均治地学,以小学为辅,尤熟外藩佚事,魏源、龚自珍亦然。故考域外地理者,必溯源张、何。至王筠、许瀚、苗夔则专攻六书。咸互相师友。

然斯时宋学亦渐兴。先是,赣省陈用光,传姚鼐古文之学,派衍于闽中、粤西,故粤西朱琦、龙翰臣,均以古文名。而仁和邵懿辰、山阳潘德舆,均治古文、理学,略与桐城学派相近。粤东自阮氏提倡后,曾钊、侯康、林伯桐均治汉学,守阮氏之传。至陈澧遂杂治宋学。朱次琦崛起,汉、宋兼采,学蕲有用。曾国藩出,合古文、理学为一,兼治汉学,由是学风骤易。黔中有郑珍、莫友芝,倡六书之学,兼治校勘,至于黎庶昌,遂兼治桐城古文。闽中陈寿祺,确宗阮氏之学,其子乔枞杂治今文《诗》,至于陈捷南,则亦兼言宋学。湘中有邓显鹤,喜言文献,至于王先谦之流,虽治训故,然亦喜古文,是皆随曾氏学派为转移者也。惟湘中前有魏源,后有王闿运,均言《公羊》,故今文学派亦昌,传于西蜀、东粤。此近世学派统系之可考者也。

厥观往古,通人名德,百年千里,比肩接迹,曾不数数觏;今乃聚于二百年之中,师友讲习,渊源濡染,均可寻按,岂非风尚使然耶?晚近以来,风尚顿异,浮云聚沤,千变百态,不可控搏。后生学子屏遗先哲,不独前儒学说湮没不彰,即近儒之书亦显伏不可见,谓非蔑古之渐哉。故论其流别,以考学术之起源,后来承学之士,其亦兴起于斯。

---

① 录自《左盦外集》,卷九。

清儒得失论①

昔杨子《法言》有言："周之人多行，秦之人多病。"幼诵其言，辄心仪之。因以证核往轨，盱衡近俗，则明人多行略与周同，清人多病略与秦同。何者？明庭虽屈辱臣节，然烈士殉名，匹夫抗愤，砥名励行，略存婞直之风。及考其学术，大抵疏于考古，切于通今；略于观书，勤于讲学，释褐之士，莫不娴习典章，通达国政，展布蕴蓄，不贰后王。或以学植躬，勇于信道，尊义轻利，以圣自期。故上起公卿，下迄士庶，非才猷卓越者，即愚无知之士。虽江陵之徒，敢悍精敏，专事威断，然保民固圉，功参管、葛；而立朝之臣，其清亮亦多可师法。及秉鞭方面，则又子惠烝黎，称为循吏。下至草泽迁生，犹能敦庞近古，陶物振俗，功在觉民。虽迂滞固执，不足应变，然倡是说者，莫不自信为有用。若夫不求致用，而惟以求是为归，或假借经世之说，以钓声名，则固明代所无也。及夫蛮夷猾夏，宗社丘墟，上者陨身湛族，百折不回；其次亦笃守苦节，洁身远

170

引。荐绅效贞，士女并命，渫血断脰，鼎镬如饴。下逮氓隶，志节嚼然。天命虽倾，其所披泄，亦足伸浩气于天壤。

清代之学，迥与明殊。明儒之学，用以应事；清儒之学，用以保身。明儒直而愚，清儒智而谲；明儒尊而乔，清儒弃而湿。盖士之朴者，惟知诵习帖括，以期弋获。才智之士，惮于文网，迫于饥寒，全身畏害之不暇，而用世之念泪于无形。加以廉耻道丧，清议荡然，流俗沉昏，无复崇儒重道，以爵位之尊卑，判己身之荣辱。由是儒之名目贱，而所治之学亦异。然亦幸其不求用世，而求是之学渐兴。夫求是与致用，其道固异，人生有涯，斯二者固不两立。俗儒不察，辄以内圣外王之学求备于一人，斯不察古今之变矣。

及计清代学术之变迁，则又学同旨异，创始之人学以为己，而继起之士学以殉人。当明、清之交，顾、黄、王、颜，各抱治平之略，修身践行，词无迂远，民生利病了若指掌。求道德之统纪，识治乱之条贯，虽各尊所闻，要皆有以自植。唐甄、胡承诺、陈瑚、陆世仪辈，亦能救民以言，明得失之迹，哀刑政之苛，虽行事鲜所表见，然身没而言犹立。若王源、魏禧、刘献廷，术流杂霸，观其披图读史，杯酒论兵，系情民物，穷老而志不衰，有足多者。时讲学之儒，有沈昀、应扨谦、张履祥，抗节不渝，事违尘枉；孙奇逢、傅山，以侠入儒，耻为虏屈，苦身厉行，顽廉懦立；李颙、吕留良，亦耻事二姓，然濡染声气之习，未能洁清。盖已蹈明季之风矣。若夫东林子弟，讲学锡山，派衍于吴中，学传于徽、歙，道被于淮南，从其说者，躬行礼教，行必中虑，虽出处语默，不拘一操，未闻有倾慕显达者。

至若刘、姜标帜于齐东，范、李授徒于汾晋，易堂九子标名于南赣，证人学会继迹于越东，虽北人尚躬行，南人腾口说，尊朱崇陆，各异指归。然恂恂善导，义归训俗，信乎特立之士矣。

梨洲之学，传于四明万经、全祖望，辱身虏廷，生平志节，犹隐约于意言之表。李垛受学习斋，而操行弗逮；汤斌亦受学夏峰，然觍颜仕虏，官至一品，贻儒学之羞。时陆陇其兴于浙，拾张、吕之唾余，口诵洙泗之言，身事毡裘之主，惟廉介之名与汤相埒。自此以降，而伪学之风昌。前有二魏，后有李光地，为学均宗考亭，裔介、光地尤工邪佞，鬻道于虏，炫宠弋荣，盖与宋、明诸儒异趣。自是虏廷利用其术，而以朱学范民，则宰辅之臣，均以尊朱者备其位，前有朱轼、张玉书，后有董、何、翁、杜。由康、雍以迄道、咸，为相臣者以百计，大抵禹步舜趋，貌柔中谄，同乎流俗，合乎污世，易耿介为昌披，以谦挹为躁进。然曲学阿世，咸借考亭以自饰，惟孙嘉淦、杨名时、陈鹏年，引谊侃侃，不少充诎，庶几虎豹在山，藜霍不采。雷铉、彭鹏，亦位卑言高，矫立风节，白沙在泥，不与俱黑，此之谓矣。若李绂，笃信陆学，蹈危陵险，不克捍于强御；谢济世、蔡挺，亦敦厉名实，不屈威武。然皆摈抑不伸，或衣赭而关三木者有焉。当是时，学昌于下，虑有二端：吴中之地，前有钱民，后有彭绍升。彭学杂糅儒、释，与汪、罗相切磋，盖负聪明博辩之才，宅心高远。及世无知己，则溺志清虚，以抒郁勃，隐居放言，近古狂狷，此一派也。桐城方苞，善为归氏古文，明于呼应顿挫之法，又杂治宋学，以为名高，然行伪而坚，色厉内荏。姚鼐传之，兼饰经训以自辅。下逮二方，犹奉为圭臬。东树砭砭,尚类弋名;宗诚卑卑,行不副言。然昌言讲学,亦举世所难能,此一派也。由前之派,则肆而不拘;由后之派,则拘而不肆。然肆者恣情而远虑,拘者炫伪以媚时,得失是非,亦无以相过矣。

若夫词章之彦,宗派各殊,桑海之交,诗分三类,豹人之流,意有所郁,莫能通其志,不平之唱,托之啸傲,郁苍莽之奇响,作变徵之哀音,子房、鲁连之志也;翁山之流,词藻秀出,流连哀思而忠厚恻怛,有《下泉》、《匪风》之思,《骚经》《九歌》之遗也。若野人卜宅于东淘,贞父潜纵于石臼,择荒寒寂寞之境,以自鸣其诗,澹雅之音,起轶尘埃,冥鸿在天,弋人何篡,靖节表圣之俦也。若是之流,咸为高士。时龚、王、钱、吴,以亡国大夫,欲汲引后进以盖己愆,主持风会。后人小子,竞趋其门,王、施、二宋,亦风雅好事,主盟坛坫,以游宴饰吏治。篇题觞咏,藻绘山川,文墨交游之士,乐其品题,冀增声价,如蚁附膻,沈溺而不知反。虽故老遗民,亦或引之为知己,躁进之风开,亡国之念塞,而文章之士多护李陵,著述之家恒称谯叟,名污口籍,曾不少羞。谓非数子作之俑欤?

康熙之初,□□虑反侧之未安,乃广开制科,以收众誉。应其选者,大抵涉猎书史,博而不精,谙于词章,尤工小品。此数子者,非不抱故都之痛,沽肥遁之称,然晚节不终,顿改初度,簪裾拜跪之场,酒色征逐之习,虽才藻足以自泽,然高蹈之踪,易为奔竞,撫华弃实,迥异初心。乾隆初年,士应制科之选,兼精记诵,所学尤卑。别有鄙陋之夫,失身权贵,以文词缘其奸,或伺候贵显之门,奔走形势之途。盖季长颂《西第》,务观记《南园》,昔为正直所羞,而今世以为恒法。潘末以下,蹈此者多以钱名世为尤佞。其尤侧媚者,或以赏鉴,或以博闻,得侍中用事,颂扬□后,比于赓歌。徐乾学最显贵,而高士奇、何焯、陈梦雷次之。若张照之书翰,齐召南之地舆,亦足应□后之需,以备顾问,与宅情词藻之士,殊途同归。自赵执信之流,以疏狂见摈,落魄江湖,放情诗酒,绮罗丝竹,大昌任达之风。后人慕其风流,竞言通脱,吐言止于轻薄,赋咏不出《桑中》。及袁枚、赵翼、蒋士铨,以文辞欺人,诱惑后生,伤败风化,故为奇行,以耸公卿,既乐其身,兼以招权而纳贿。文人无行,是则豺虎所不食矣(杭世骏则较彼等为高)。时王昶、沈德潜,以达官昌其诗,提倡宗派,互相誉嗷。曾燠、卢见曾,以文学饰簿书,宾礼华士,粉饰承平。广陵二马,物力滋殖,崇尚文雅,酬答篇章,流风所染,作者景从。短轴长篇,以代羔雁。其尤下者,若王昙之流,既肆其行,兼纵其文,卮言伪体,外强中干,抑又不足论矣。夫文士自轻既若此,故有识之士多薄文士而不为,乃相率而趋于考证。

始考证之学,发原顺治、康熙间,自顾炎武、张尔岐艰贞忧愤,一意孤行,所谓风雨如晦,鸡鸣不已。顾氏身历九边,思以田牧建伟业;张居济阳,亦以兵法勒乡人。及夫大厦既倾,志士伊郁,乃以说经自勉,而其志趋于求是。顾精音韵,兼治金石;张注《礼》经,句读精审。时皖南之士有梅文鼎,东吴之滨有王锡阐、朱鹤龄、陈启源,长、淮之域有张弨、吴玉搢,皆跧伏乡井,甘守湛冥。然学业无与证,志气亦鲜所发抒,复以时值讳匿,易婴□忌,由是或穷历数,或研训故形声,夷然守雌,以全孤竹之节。自此以还,苏、常之士,以学自隐,耻事干谒。武进臧琳,树汉学以为帜,陈义渊雅,虽间流迂滞,然抱经以终,近古隐佚。东吴惠氏,三世传经,周惕、士奇,虽稍稍显贵,然饰躬至肃。栋承家学,守一师之言,以授弟子,确宗汉诂,甄明佚训,萧然物外,与世无营,虽一馆卢氏,然钓名市美,匪志所存。弟子江声、余萧客,均师其行,终身未尝应童子试,亦不通姓名于显宦之门。信乎沈潜之士矣。与顾、张并世者,有阎若璩、胡渭、毛奇龄(阎、胡之生稍晚),阎辩伪书,胡精水地,毛辟紫阳,虽务求词胜,然咸发前人所未言。阎、胡以博学鸣,为清臣徐乾学司编纂。阎行尤卑,至为潜邸食客。毛氏少从义师,避仇亡命,及举制科,骤更其操,至以《平滇颂》□□。又梅文鼎之裔有梅瑴成,挟文鼎之书,佐清治历。而李光地、王兰生,又以律吕、音韵之奥,见重于清,以曲技之才,致身公辅(王兰生之职稍卑),而干世乞赏之流,遂以学术为进身之具矣。

乾隆之初,有顾栋高、吴鼎、陈亦韩,以乡曲陋儒,口耳剽窃,言淆雅俗,冥行索途。转以明经婴征辟,擢官司业,号为大儒,故汉学犹不显于世,及四库馆开而治汉学者踵相接。先是,徽、歙之间汪绂、江永,均治朴学。永学尤长于经,旁及天文、音律,然刻苦自厉,研经笃行,自淑其躬,以化于其乡。戴震继之,彰析名物,以类相求,参互考验而推历审音,确与清廷立异。观其作《声韵考》,力破七音,盖痛心于《康熙字典》之妄者。震经学既为当世冠,第少不自显,亦兼营负贩以济其贫,应试中式,犹以狂生称于京师。会钱大昕荐之,得赏庶吉士,盖出不意。然终身未尝感大昕恩,大昕亦不以此市德也。及震既显,适秦蕙田辑《五礼通考》,纪昀典校秘书,大兴二朱亦臻高位,慨然以振兴儒术自任。游其门者,有邵晋涵、武亿、章学诚、任大椿:章氏达于史例,武氏精于考核,邵氏杂治经史,任氏出戴震门,尤精三礼。然皆淡于荣利,或仕宦不达,薄游以终。武官山东,与和珅所遣番役相抗,尤著直声。戴震弟子别有王念孙、孔广森、段玉裁:广森早达,无仕宦情;念孙尤精小学,然击奸锄恶,异于脂韦,当和珅用事时,念孙官给事中,数上书劾其罪,与洪亮吉之徒诛奸谀,于既死者异矣。其子引之继之,虽忝窃高位,亦无劣状;惟玉裁作令黔、蜀,以贪黩名,此则经生之羞耳。时江永弟子金榜,以巨室之子廷试为第一人,屏遗俗荣,裹足城府。继起之士,若陵程三胡,亦伺籍闲曹,聊谋禄隐(栖霞郝懿行亦然)。而吴、越之间,有卢文弨、钱大昕、王鸣盛,咸通达经训,壮谢肮仕,殚精雠校,知止不辱。钱氏群从,下逮后昆,均以学自晦。钱坫尝应毕沅聘,与孙星衍、洪亮吉同在幕府,而不污于孙、洪淫荡招权之行。其外,吴人有沈彤、袁廷梼,亦屏华崇实,不以所学自矜,异于逞稽古之荣者矣。厥后毕沅、阮元均以儒生秉节钺,天下之士相与诵述文章,想望丰采。从政之余,兼事掇拾、校勘之学,捃摭群籍,网罗放失,或考订异文,证核前□,流布群籍,踵事剞劂。吴、越之民争应其求,冀分笔札之资以自润。既为他人撰述,故考核亦不甚精。及阮元督两广,建学海堂,聚治经之士,讲习其间,儒生贪其廪饩,渐亦从事实学,此与公孙相汉,振兴儒学无异。然阮元能建学,故所得多朴质士,犹愈于浮华者。毕氏之门,有汪中、孙星衍、洪亮吉,幼事词藻,兼治校勘、金石,以趋贵显之所好,及记诵渊雅,复用以肆经,由是经学与文词糅杂,而经生为世诟病自此始。内苞污行,外饰雅言,身为倡优而欲高谈伏、郑，使向者江、戴诸公见之，必执戈逐之无疑也。亮吉素狂放，肆情声色，后以群小荧惑，责难于君，遂被放谪，天下冤之。然不知亮吉之污行，盖有过于其君者。星衍卓荦不羁，嗜利若渴，一行作吏，民嫉其贪。中行尤薄，肆毒室人，兼工刀笔，尝以构讼攫千金。斯三子者，皆以绵邈之文，传食公卿。子云有言：今之学者，非独为之华藻，又从而绣其鞶帨。其斯之谓乎。

常州自孙、洪以降，士工绮丽之文，尤精词曲，又虑择术不高，乃杂治西汉今文学，杂采谶纬以助新奇。始庄存与治《公羊》，行义犹饬。张惠言治虞氏《易》，亦粗足自守。庄氏之甥有刘逢禄、宋翔凤，均治今文，自谓理炎汉之堕业，复博士之绪论。然宋氏以下，其说凌杂无绪，学失统纪，遂成支离，惟俪词韵语则刻意求新，合文章经训为一途，以虚声相煽。故刘工慕势，宋亦奢淫，旁逮沈钦韩之流，均以菲食恶衣为耻。常州二董，亦屈志于□臣，趋炎之技，沈湎之情，士节之衰，于斯而极。若江北学者，自汪中外，多得江、戴之传。焦循、黄承吉，或发古经奥义，或穷文字之源。黄兼工诗，以格律声情相尚，甘泉江藩则确宗惠氏。此数子者，焦、黄均居乡寡行，江稍疏放，然慕世之心未衰，惟凌曙、刘台拱修身励行，上拟汉儒。别有包世荣、包慎言、姚配中、俞正燮，迹托皖南。汪日桢、臧寿恭、徐养原、姚谌，奋迹苕溪。薛传均、柳兴宗、汪士铎，潜踪江表。朱骏声、陈奂、毛岳生、张履，绍业东吴。左右采获，不名一师，志行简澹，闭门雒诵；或学成出游，践更府主，默守蛰晦，如家居时，不惑流俗，乃见斯人。若夫丁晏劬身于桑梓，汪（喜、荀）刘（宝楠）施惠于下邑，可谓矫立名节，卓尔不群者矣。惟学者猥众，精疏殊会，华实异途，笃行之儒恒潜伏不见用，即向之挟考证词章之学者，虽以媚俗为旨，然簪笔佣书，优倡同蓄，士生其间，乃饰巧驰辩，以经济之学相鹾。先是，宜兴储大文、吴江陆耀，侈言匡时之术；后武进李兆洛，作吏有声，精熟民生利弊，然刻意而行不肆，牵物而志不流。又张琦、周济，工古文辞，好矫时慢物，兼喜论兵，自谓孙、吴蔑以加，琦书尤诡，济曾助理盐法，以精干称。时泾县包世臣，娴明律令，备闻民间疾苦，于盐、漕、河诸大政尤洞悉弊端，略近永嘉先哲，而屡以己说干公卿，复挟书翰词章以自炫，由是王公倒屣，守令迎门。邵阳魏源，亦侈言经世，精密迥出世臣下，然权门显宦，请谒繁兴，才通情侈，以高论骇俗。

夫考证词章之学，挟以依人，仅身伺倡优之列，一言经济，则位列宾师，世之饰巧智以逐浮利者，孰不乐从魏包之后乎。然辗转稗贩，心愈巧而术愈疏，惟冯桂芬为差善。而治今文之学者，若刘逢禄、陈立，又议礼断狱，比傅经谊，上炫达僚，旁招众誉，然此特宦官之捷途，其枉道依合，信乎贾董之罪人矣。若夫朴僿塞冗，文采不足以自表，则旁治天算地舆以自诩实用。自寿阳祁颖士娴习外藩佚事，大兴徐松精研西北地理，松官学士，颖士之子隽藻粗习小学，亦备位尚书，与汤金钊、林则徐以得士相竞。由是治域外地理者，则有张穆、何秋涛；治数学者，则有许桂林、罗士琳；治《说文》者，则有王筠、许瀚。所治之学，随达官趋向为转移，列籍弟子视为至荣，外示寂寞之名，中蹈揣摩之习。然拙钝不足以炫俗，故钓利之术亦迥逊包、魏。虽然，由惠、戴之术，可以备师儒而不足以备王佐；由魏、包之术，可以作王佐而不足以作圣贤。及盗名之术愈工，则圣贤王佐师儒之学并举齐观，同条共贯，多方拒敌，以自立于不败。道光中叶，清室之臣有倭仁、吴竹如，以程、朱之学文其浅陋，别有山阳潘德舆、顺德罗惇衍、桂林朱琦、仁和邵懿辰，以古文、理学驰声京师，其学略与方、姚近。曾国藩从倭仁游，与吴、潘、邵、朱友善，又虑祁门诸客学出己上，乃杂治汉学，嗣为清廷建伟勋，后起之士竞从其学，而桐城之文，亦骤昌行于湘、赣、粤西诸域。时曾氏幕中有遵义黎庶昌，上承郑珍、莫友芝六书之学，无锡薛福成达于趣时，均兼治古文，以承曾氏之绪论，惟南汇张文虎、德清戴望，则恪守汉学，与时乖牾而不辞。浙学自阮氏提倡后，定海黄式三亦学兼汉、宋，其子以周继之，然实事求是，不侈空言。广东学者惟侯康为最深醇，其次有南海朱次琦、番禺陈澧。次琦笃信宋学，而汉学特摭捃及之，澧学钩通汉、宋，掇引类似之言曲相附和。黄氏蛰晦，不以所学目标。朱、陈稍近名，各以其学授乡里，然束身自好，不愧一乡之善士。惟学术既近于模棱，故从其学者，大抵以执中为媚世。自清廷赐澧京卿衔，而其学益日显。常州今文学，自龚、魏煽其流，而丹徒庄棫、仁和谈献、湘潭王闿运，均笃信《公羊》，以词华饰经训，棫兼言经世，作纵横捭阖之谈，献工俪词，间逞姿媚，闿运少居肃顺幕，又随湘军诸将游，耄而黩货，然风声所树，学者号为大儒。适潘祖荫、翁同龢、李文田皆通显，乐今文说瑰奇，士之趋赴时宜者，负策抵掌，或曲词以张其义，而闿运弟子廖平，遂用此以颠倒五经矣。又潘、翁之学，涉猎书目，以博览相高，文田则兼治西北地理，由是逞博之士，说地之书递出而不穷。浙有俞樾、孙诒让,深于训故之学,疏理群籍,恪宗戴、王。樾作《古书疑义举例》,足祛千古之惑。诒让作《经迻》《札迻》,略与樾之《平议》相类,而审谛过之,其《周礼正义》,盖仿佛金榜、胡培翚间。又东粤简朝亮,承次琦之绪,以己意说经,进退众说。徽州汪宗沂,遍治群经,不立家法,尤善治平之略,精研礼、乐、兵、农,以备世用。义乌朱一新,黜汉崇宋,尤斥今文。此数子者,朝亮蛰居雒诵,以降志为羞;宗沂依隐玩世,敢为骇俗之言;一新尚气而竞名。樾名尤高,湘、淮诸将,隆礼有加,诒让不陨先业,间为乡闾兴利。今文之学,昌于南方;而桐城古文,复以张裕钊、吴汝纶之传,流播于北。此近世学术变迁之大略也。

要而论之,清儒之学,与明儒殊。明儒之学以致用为宗,而武断之风盛;清儒之学以求是为宗,而卑者或沦于禅贩。其言词章经世理学者,则往往多污行,惟笃守汉学者,好学慕古,甘以不才自全,而其下或治校勘、金石以事公卿。然慧者则辅以书翰词章,黠者则侈言经世,其进而益上,则躬居理学之名。盖汉学之词,举世视为无用,舍闭关却扫外,其学仅足以授徒。若校勘、金石,足以备公卿之役,而不足以博公卿之欢;词章书翰,足以博公卿之欢,而不足以耸公卿之听;经世之学,可以耸公卿之听,而不足以得帝王之尊。欲得帝王之尊,必先伪托宋学以自固。故治宋学者,上之可以备公辅,下之可以得崇衔。包、魏言经世,则足以陵轹达官。孙、洪事词章,则足以驰名招贿。臧、洪(臧康、洪颐煊)顾、纽(顾千里、纽树玉),仅治校勘、金石,亦足免桥、项之忧。惟臧、惠、余、江之流，食贫守约，以恬泊自甘。然亦直道既废，身显则誉兴，身晦则谤集，士无进身之术，则芸夫牧竖得以议其后。故近世以来，士民所尊，莫汤陆若，则以伪行宋学，配享仲尼也。其次则为方、姚，又次则为龚、魏。盖方、姚之徒，纳理学、古文为一轨；而龚、魏二子，则合词章经世为一途。自是以降，袁枚、赵翼亦享大名，则以通脱之词便于肆情纵欲，为盲夫俗子所乐从。若校勘、金石之流，赏鉴之家，尚或珍其述作。至于汉学之儒，则仅垂声称，遗书不显，世之好恶，何其谬乎。若衡其学行，则其身弥伸，其品弥贱，其名愈广，其实愈虚。盖帖括之家，稍习宋、明语录，束书不观，均得自居于理学，经世之谈，仅恃才辩，词章之学，仅恃华藻。而校勘、金石，必施征实之功。若疏理群经，讲明条贯，则非好学深思，不能理众说之纷以归一是。故惟经学为难能，甘为所难，所志必殊于流俗。故汉学之儒，均学穷典奥，全身远害，以晦其明。即焦、黄以暴行施于乡，段氏以贫声著于世，然志骄而不卑，行横而不鄙，以之为民蠹则有余，以之败世风则不足。而朱次琦、朱一新之徒，或以汉学为趋声气，抑亦思近世之趋声气者，果醇为汉学之儒乎？抑亦以金石、校勘、词章济之者乎？夫必以金石、校勘、词章相济，则知趋声气者，固在彼不在此。朱次琦在清世得赏京卿，其先，顾栋高、陈亦韩辈，亦尝受清征辟，见重远在惠、戴上，彼糅杂汉、宋，以雠欺而卒得其所好，汉学之儒，有如是趋声气者乎？要之，纯汉学者，率多高隐，金石、校勘之流，虽已趋奔竞，然立身行己，犹不至荡检逾闲。及工于词章者，则外饰倨傲之行，中怀鄙佞之实，酒食会同，惟利是逐。况经世之学，假高名以营利；义理之学，借道德以沽名。卑者视为利禄之途，高者用为利权之饵，外逞匡时化俗之谈，然实不副名，反躬自思，亦必哑然失笑（惟包世臣稍近有用）。是则托兼爱名而博为我之实益。故考其所学，亦彪外而不蜥中。荀卿有言：小人之学，以为禽犊。墨子有言：今之学者，得一善言，务以悦人（《新序》引）。近人顾炎武亦曰：今之疑众者，行伪而脆。其词章、经世、理学之流乎。若夫阮元、王引之，以纯汉学而居高位，然皆由按职升迁，渐臻高位，于其学固无与也。盖处清廷之下，其学愈实，其遇愈乖。此明之人多行，所由异于清之人多病也。比较以观，则士节之盛衰，学风之进退，均可深思而得其故矣。

---

① 录自《左盦外集》，卷九。

近代汉学变迁论[①]

古无汉学之名,汉学之名始于近代。或以笃信好古该汉学之范围,然治汉学者未必尽用汉儒之说,即用汉儒之说亦未必用以治汉儒所治之书。是则所谓汉学者,不过用汉儒之训故以说经,及用汉儒注书之条例以治群书耳,故所学即以汉学标名。然二百余年之中,其学术之变迁可分为四期。试述如左:

一为怀疑派。顺、康之交,治经之士若顾氏之于音韵,张氏之于《礼经》,臧氏之于故训,均有创始之功。说者以此为汉学之萌芽,不知汉学初兴,其征实之功悉由怀疑而入。如阎百诗之于古文《尚书》,始也疑其为伪作,继也遂穷其作伪之源。胡渭、黄宗炎之于《易图》,始也斥其曲说,继也遂探其致误之由,于民间相承之说不复视为可从,其卓识为何如哉。且《书》、《易》而外,所辨尤多,有陈启源《毛诗稽古编》,而后宋儒说《诗》之书失其根据;有毛奇龄《四书改错》,而后宋儒释《论》、《孟》

之书失其依傍；有万斯大《学礼质疑》，而后宋儒说《礼》之书不复宗为定论。盖宋学之行已历数百年之久，非惟不敢斥，抑且不敢疑，至胡、毛诸儒之书出，而无稽之说扫除廓清。始也疑其不可信，因疑而参互考验，因参互考验而所得之实证日益多，虽穿凿之谈、叫嚣之语时见于经说之中，然不为俗说所迷，归于自得，不得以采掇未纯而斥之也。是为汉学变迁第一期。

次为征实派。康、雍之间，为士者虽崇实学，然多逞空辩，与实事求是者不同。及江、戴之学兴于徽、歙，所学长于比勘，博征其材，约守其例，悉以心得为凭，且观其治学之次第，莫不先立科条，使纲举目张，同条共贯，可谓无征不信者矣。即嘉定三钱，于地舆、天算，各擅专长，博极群书，于一言一事必求其征。而段、王之学，溯源戴君，尤长训故，于史书诸子转相证明，或触类而长，所到冰释。即凌、陈、三胡，或条列典章，或诠释物类，亦复根据分明，条理融贯，耻于轻信而笃于深求，征实之学盖至是而达于极端矣。即惠氏之治《易》，江氏之治《尚书》，虽信古过深，曲为之原，谓传注之言坚确不易，然融会全经，各申义指，异乎补苴掇拾者之所为，律以江、戴之书，则彼此二派均以征实为指归，是为汉学变迁第二期。

次为丛缀派。自征实之学既昌，疏证群经，阐发无余，继其后者虽取精用弘，然精华既竭，好学之士欲树汉学之帜，不得不出于丛缀之一途，寻究古说，摭拾旧闻。此风既开，转相仿效，而拾骨骴积之学兴。一曰据守，笃信古训，局蹐狭隘，不求于心，拘墟旧说，守古人之言而失古人之心;二曰校雠,鸠集众本,互相纠核,或不求其端,任情删易,以失本真;三曰撷拾,书有佚编,旁搜博采,碎璧断圭,补苴成卷,然功力至繁,取资甚便,或不知鉴别,以赝为真;四曰涉猎,择其新奇,随时择录,或博览广稽,以俟心获,甚至考订一字,辨证一言,不顾全文,信此屈彼。此四派者非不绝浮游之空论,溯古学之真传,然所得至微,未能深造而有得,或学为人役,以供贵显有力者之求。是为汉学变迁第三期。

次为虚诬派。嘉、道之际,丛缀之学多出于文士,继则大江以南工文之士以小慧自矜,乃杂治西汉今文学,旁采谶纬以为名高。故常州之儒莫不理先汉之绝学,复博士之绪论,前有二庄,后有刘、宋,南方学者闻风兴起。及考其所学,大抵以空言相演,继以博辩。其说颇返于怀疑,然运之于虚而不能证之以实,或言之成理而不能持之有故。于学术合于今文者,莫不穿凿其词,曲说附会;于学术异于今文者,莫不巧加诋毁,以诬前儒,甚至颠倒群经以伸己见。其择术则至高而成书则至易,外托致用之名,中蹈揣摩之习,经术支离,以兹为甚。是为汉学变迁第四期。

要而论之,怀疑学派由思而学,征实学派则好学继以深思,及其末流,学有余而思不足,故丛缀学派已学而不思,若虚诬学派则又思而不学。四派虽殊,然穷其得失,大抵前二派属于进,后二派则流于退,丛缀学派为征实派之变相,而虚诬之学则又矫丛缀而入于怀疑,然前此之怀疑与征实相辅,此则与征实相违,不可谓非古今人不相及矣。譬之治国,怀疑学派在于除旧布新,旧国既亡而新邦普建,故科条未备而锐气方新；若征实学派是犹守成之主，百废俱兴，综核名实，威令严明；而丛缀学派又如郅治既隆，舍大纲而营末节，其经营创设不过繁文缛礼之微；虚诬学派则犹国力既虚，强自支厉，欲假富强之虚声以荧黎庶，然根本既倾则危亡之祸兆。此道、咸以还汉学所由不振也，悲夫！

---

① 录自《左盦外集》，卷九。

论近世文学之变迁[①]

　　宋代以前,义理考据之名未立,故学士大夫莫不工文。六朝之际,虽文与笔分,然士之不工修词者鲜矣。唐代之时,武夫隶卒均以文章擅长,或文词徒工,学鲜根抵。若夫于学则优,于文则绌,唐代以前未之闻也。至宋儒立义理之名,然后以语录为文,而词多鄙倍(顾亭林《日知录》曰:"典谟爻象,此二帝三王之言也,《论语》《孝经》,此夫子之言也,文章在是,性与天道亦在是,故曰:'有德者必有言。'善乎游定夫之言曰:'不能文章,而欲闻性与天道,譬犹筑数仞之墙而浮埃聚沫以为基,无是理矣。'后之君子于下学之初即谈性道,乃以文章为小技而不必用力,然则夫子不曰'其旨远,其辞文'乎? 不曰'言之无文,行之不远'乎? 曾子曰:'出词气,斯远鄙倍矣。'尝见今讲学先生从语录入门者,多不善于修词,或乃反子贡之言以讥之曰,夫子之言性与天道可得而闻,夫子之文章不可得而闻也。"又引杨用修之言曰:"文,道也;诗,言也。语录出而文与道判矣，诗话出而诗与言离矣。"又钱竹汀曰："释子之语录始于唐，儒家之语录始于宋，儒其行而释其言，非所以垂教也。君子之出词气必远鄙倍，语录行而儒家有鄙倍之词矣。有德者必有言，语录行则有德而不必有言矣。"）。至近儒立考据之名，然后以注疏为文，而文无性灵。夫以语录为文，可宣于口而不可笔之于书，以其多方言俚语也；以注疏为文，可笔于书而不可宣之于口，以其无抗堕抑扬也。综此二派咸不可目之为文，何则？

周代之时文与语分，故言语、文学区于孔门。降及战国，士工游说，纵横家流列于九家之一，抵掌华屋，擅专对之才，泉涌风发，辩若悬河，虽矢口直陈，自成妙论。及笔之于书，复经史臣之修饰，如《国语》《国策》所载是也。在当时虽谓之语，自后世观之，则语而无异于文矣。

若六朝之时，禅学输入，名贤辩难，间逞机锋，超以象外，不落言诠，善得言外之旨，然此亦属于语言，而语录之文盖出于此。且所言不外日用事物，与辞旨深远者不同。其始也讲学家口述其词，弟子欲肖其口吻之真，乃以俗语笔之书以示征实。至于明代，凡自著书者亦以语录之体行之，而书牍序记之文杂以俚语，观其体制与近世演说之稿同科，岂得列之为文哉？

若考据之作，则汉魏之笺疏均附经为书，未尝与文学相混。惟两汉议礼之文博引数说，以己意折衷，近于考据。然修词贵工，无直情径行之语。若石渠、白虎观之议，则又各自为书。唐宋以降，凡考经订史之作咸列为笔记，附于说部之中，诚以言之无文未可伺于文学之列也。近世以来,乃崇斯体。夫胪列群言,辨析同异,参互考验,末下己意,进退众说以判是非,所解之书虽各不同,然篇成万千,文无异轨,观其体制又略与案牍之文同科,盖行文之法,固不外征引及判断二端也。昔阳湖孙氏分著述与考据为二,以考订经史者为考据,抒写性灵者为著作。立说虽疏(已为焦理堂所驳),然以考据之作与抒写性灵者不同,则固不易之确论。此亦不得谓之文者也。

乃近世以来学派有二:一曰宋学,一曰汉学。治宋学者,从语录入门;治汉学者,从注疏入门。由是以语录为文,以注疏为文,及其编辑文集也,则义理考订之作均列入集部之中,目之为文。学者互相因袭,以为文能如是,是亦已足,不复措意于文词,由是学日进而文日退。古人谓文原于学,汲古既深,摘辞斯美(如杜诗"读书破万卷,下笔如有神"是),所谓读千赋者自善赋也。今则不然,学与文分,义理考证之学迥与词章殊科,而优于学者往往拙于为文,文苑、儒林、道学遂一分而不可复合,此则近世之异于古代者也。故近世之学人,其对于词章也所持之说有二:一曰鄙词章为小道,视为雕虫小技,薄而不为;一以考证有妨于词章,为学日益则为文日损(如袁枚之箴孙星衍是)。是文学之衰不仅衰于科举之业也,且由于实学之昌明(证以物理之学,则各物均有不相容性。实学之明以近代为最,故文学之退亦以近代为最,此即物理家所谓不相容也。《左传》亦曰"物莫能两大"),此文学均优之士所由不数觏也。

然近世之文亦分数派。明代末年,复社、几社之英以才华相煽,敷为藻丽之文（如陈卧子、夏考功、吴骏公之流是）。顺、康之交，易堂诸子竞治古文，而藻丽之作，易为纵横。若商丘侯氏、大兴王氏（昆绳）、刘氏（继庄）所为之文，悉属此派。大抵驰骋其词，以空辩相矜，而言不轨则，其体出于明允、子瞻。或以为得之苏、张、史迁，非其实也。余姚黄氏，亦以文学著名，早学纵横，尤长叙事，然失之于芜辞多枝叶，且段落区分牵连钩贯，仍蹈明人陋习。浙东学者多则之。季野、榭山咸属良史，惟斐然成章，不知所裁，然浩瀚明鬯，亦近代所罕觏也。时江、淮以南，吴、越之间，文人学士应制科之征，大抵涉猎书史，博而不精，谙于目录、词章之学，所为之文以修洁擅长，句栉字梳，尤工小品。然限于篇幅，无奇伟之观，竹垞、次耕其最著者也，钝翁、渔洋、牧仲之文，亦属此派。下迨雍、乾，菫浦、太鸿犹沿此体，以文词名浙西，东南名士咸则之，流派所衍固可按也。望溪方氏，摹仿欧、曾，明于呼应顿挫之法，以空议相演，又叙事贵简，或本末不具，舍事实而就空文，桐城文士多宗之，海内人士亦震其名，至谓天下文章莫大乎桐城。厥后桐城古文传于阳湖、金陵，又数传而至湘、赣、西粤。然以空疏者为之则枯木朽荄，索然寡味，仅得其转折波澜。惟姬传之丰韵，子居之峻拔，涤生之博大雄奇，则又近今之绝作也。

若治经之儒，或治古文家言，或治今文家言，及其为文遂各成派别。东原说经，简直高古，逼近《毛传》，辞无虚设，一矫冗长之习，说理记事之作，创意造词浸以入古，唐、宋以降罕见其匹。后之治古学者咸宗之，虽诂经考古远逊东原，然条理秩如，以简明为主，无复枝蔓之词，若高邮王氏、仪征阮氏是也。故朴直无文,不尚藻绘,属辞比事自饶古拙之趣。及掇拾者为之,则剿袭成语,无条贯之可寻,侈征引之繁,昧行文之法,此其弊也。常州人士喜治今文家言,杂采谶纬之书,用以解经,即用之入文,故新奇诡异之词足以悦目。且江南之地,词曲尤工,哀怨清遒,近古乐府,故常州之文亦词藻秀出,多哀艳之音,则以由词曲入手之故也。庄氏文词深美闳约,人所鲜知,其以文词著者,则阳湖张氏、长洲宋氏,均工绵邈之文,其音则哀而多思,其词则丽而能则,盖征材虽博,不外谶纬、词曲二端。若曲阜孔氏,亦工俪词,虽所作出宋氏之上,然旨趣略与宋氏同,则亦治今文之故也。近人谓治《公羊》者必工文,理或然欤。若夫旨乖比兴,徒尚丽词,朝华已谢,色泽空存,此其弊也(近人惟谭仲修略得张、宋之意)。

数派以外,文派尤多。江都汪氏,熟于史赞,为文别立机杼,上追彦升。虽字酌句斟,间逞姿媚,然修短合度,动中自然,秀气灵襟,超轶尘壒,于六朝之文得其神理。或以为出于《左传》、《国语》,殆誉过其实。厥后荆溪周氏,编辑《晋略》,效法汪氏,此一派也。邵阳魏氏、仁和龚氏亦治今文之学,魏氏之文明畅条达,然刻意求新,故杂奇语以骇俗流。龚氏之文自矜立异,语羞雷同,文气佶孹,不可卒读,或语求艰深,旨意转晦,此特玉川、彭原之流耳。或以为出于周秦诸子,则拟焉不伦。此又一派也。若夫简斋、稚威、仲瞿之流,以排奥自矜,虽以气运辞,千言立就,然俶乱而无序,泛滥而无归,华而不实,外强中干,或怪诞不经,近于稗官家言,文学之中斯为伪体,不足以言文也。

近代文学之派别大约若此。然考其变迁之由，则顺、康之文，大抵以纵横文浅陋，制科诸公博览唐、宋以下之书，故为文稍趋于实。及乾、嘉之际，通儒辈出，多不复措意于文，由是文章日趋于朴拙，不复发于性情，然文章之征实莫盛于此时。特文以征实为最难，故枵腹之徒，多托于桐城之派以便其空疏；其富于才藻者，则又日流于奇诡。此近世文体变迁之大略也。

近岁以来，作文者多师龚、魏，则以文不中律，便于放言，然袭其貌而遗其神。其墨守桐城文派者，亦囿于义法，未能神明变化。故文学之衰，至近岁而极。文学既衰，故日本文体因之输入于中国。其始也译书撰报，据文直译以存其真，后生小子厌故喜新，竞相效法。夫东籍之文，冗芜空衍，无文法之可言，乃时势所趋，相习成风，而前贤之文派，无复识其源流，谓非中国文学之厄欤？

① 录自《左盦外集》，卷十三。

汉宋学术异同论①

总　序

昔周末诸子辩论学术咸有科条，故治一学辨一事，必参互考验，以决从违。《礼记·中庸》篇之言曰："故君子之道本诸身，征诸庶民，考之三王而不谬，建诸天地而不倍，质诸鬼神而无疑，百世以俟圣人而不惑。"《管子·七法》篇曰："义也，名也，时也，似也，类也，比也，状也，谓之象（此即名学之精理）。"而《庄子·天下》篇亦曰：古之为道术者，以法为分，以名为表，以参为验，以稽为决，其数一二三四是也。是则古人析理必比较分析，辨章明晰，使有绳墨之可循，未尝舍事而言理，亦未尝舍理而言物也。故推十合一谓之士（《说文》），不易之术谓之儒（《韩诗外传》）。汉儒继兴，恪守家法，解释群经，然治学之方，必求之事类以解其纷（如《释名序》及郑康成《三礼序目》所言是也），立为条例以标其臬（如《春秋繁露》）曰：知其分科条别贯，所附明其义之所审。何氏《公羊解诂序》曰：隐括使就绳墨。而贾逵颍容治《左氏》咸先作条例），或钩玄提要而立其纲（如郑康成《诗谱序说》），或远绍旁搜以觇其信（如许君《说文序》及郑志说），故同条共贯，切墨中绳，犹得周末子书遗意。及宋儒说经，侈言义理，求之高远精微之地，又缘词生训，鲜正名辨物之功，故创一说或先后互歧（此在程朱为最多），立一言或游移无主（宋儒言理多有莽无归宿者）。由是言之，上古之时，学必有律，汉人循律而治经，宋人舍律而论学，此则汉、宋学术得失之大纲也。

近世以来，治汉学者咸斥宋儒为空疏（江郑堂曰：濂洛关闽之学不究礼乐之原，独标性命之旨。焦理堂曰：宋儒言心言理如风如影。钱竹汀曰：训诂之外别有义理，非吾儒之学也。然近世汉学诸儒解经多有条例，如戴东原之类是也，咸合于汉人之学派），而治宋学者复推崇宋儒，以为接正传于孔、孟，即有调停汉、宋者，亦不过牵合汉、宋，比附补苴，以证郑、朱学派之同（如陈兰甫、黄式三之流是也。崇郑学而并崇朱学，惟不能察其异同之所在，惟取其语句之相同者为定，未必尽然也。若阮芸台《儒林传序》则分汉、宋为两派）。夫汉儒经说虽有师承，然胶于言词，立说或流于执一。宋儒著书虽多臆说，然恒体验于身心，或出入老、释之书（如张、朱、二程皆从佛学入门），故心得之说亦间高出于汉儒（宋儒多有思想，穿凿之失，武断之弊，虽数见不鲜，然心得之说亦属甚多），是在学者之深思自得耳。故荟萃汉、宋之说，以类区别，稽析异同，讨论得失，以为研究国学者之一助焉。

汉宋义理学异同论

近世以来,治义理之学者有二派:一以汉儒言理平易通达,与宋儒清净寂灭者不同,此戴、阮、焦、钱之说也;一以汉儒言理多与宋儒无异,而宋儒名言精理大抵多本于汉儒,此陈氏、王氏之说也。夫学问之道有开必先,故宋儒之说多为汉儒所已言,如太极无极之说,濂溪所倡之说也,然秦、汉以来悉以太极为绝对之词(《说文》云:惟初太始,道立于一,造分天地,化成万物,即由太极生阴阳之说。郑君注《周易》亦云:极中之道,淳和未分之气也),而无极之名亦见于《毛传》(《维天之命篇》引孟仲子说),濂溪言无极而太极,即汉由无形而生有形之说耳(何休《公羊解诂》云:元者气也,无形以起,有形以分。赵岐《孟子章句》云:大道无形而生有形)。本原之性,气质之性,二程所创之说也(见《二程遗书》中,不具引。大约谓本原之性无恶,气质之性则有恶),然汉儒言性,亦以性寓于气中(如郑君注《礼运》故人者天地之德节云:"言人兼此气性,纯也。"又注故人者天地之心节云:"此言兼气性之效也。"又《乐记》注云:气,顺性也。《春秋繁露》亦曰:凡气从心。此即朱子注《中庸》天命之谓性所本),惟宋儒喜言本原之性,遂谓人心之外别有道心,此则误会伪书之说矣。觉悟之说本于《说文》诸书(《说文》云:斅,觉悟也。从教门,门尚矇也。學,篆文斅省。《白虎通》云:学之为言觉也,以觉悟所不知也。郑君注《礼记》云:学不心解则忘之矣。又曰:思而得之则深),惟觉悟由于治学,非谓觉悟即学也。及宋儒重觉,遂以澄心默坐为先，此则易蹈思而不学之弊矣（案汉儒之说最易与宋、明之言心者相混。《释名》云：心，纤也，所识纤微无物不贯也。即朱子心聚众理说所本。《说文》云：圣，通也。《白虎通》云：圣，通也，明无所不照。此即朱子虚灵不昧豁然贯通说所本。赵岐《孟子章句》云：圣人亦人也，其相觉者以心知耳。即阳明以知觉为性说所本。《孟子章句》云：欲使己得其原本如性自有之性也。即朱子明善复初说所本。赵岐《孟子章句》：云学必根原，如性自得，物来能名，事来不惑。郑君注《乐记》云：物来则又有知。此即程子思虑有得不假安排之说。若夫郑君注《礼记》言人情中外相应。即程子感寂说所从出也。汉儒注《周易》曰：君子以明自照其德。即延平观心说所从出也。特汉儒之说在于随经随释，而宋儒则以澄心默坐标宗旨耳）。汉儒言理主于分析（《白虎通》曰：礼义者有分理），而宋儒言理则以天理为浑全之物，复以天理为绝对之词（戴东原曰：宋儒言理以为如有物焉，得于天而具于心，因以意见当之。其说是也。然朱子《答何叔京书》则言浑然仍具秩然之理，是朱子亦以理为分析之物矣。故程、朱言事事物物皆有理可格），此则宋儒解理之失矣（朱子言天即理，性即理，此用郑君之说而误者。郑君注《乐记》云：理犹性也；注《檀弓》云：命犹性也；笺《毛诗》云：命犹道也。犹为拟词，即为实训，此宋人训诂之学所由误也）。又如欲生于情，私生于欲，此亦宋儒之说也。然汉儒说经亦主去欲（《说文》"情"字下云：人之阴气有欲者。赵岐《孟子章句》云：情主利欲也。此即宋儒欲生于情之说。又《说文》云：欲，贪欲也。郑君注《乐记》曰：欲谓邪淫也。又曰：穷人欲言无所不欲。又云：心不见物则无欲。又曰：善心生则寡于利欲。又笺《毛诗》曰：人少而端悫则长大无情欲。《尚书大传》曰：御思心于有尤。郑注云：尤，过也，止思心之失者在于去欲有所遇欲者。是汉儒不特言欲，抑且言无欲矣），特宋儒著书，遂谓天理与人欲不两立，此则宋儒释欲之非矣。若夫宋儒主静之说，虽出于《淮南》，然孔氏注《论语》已言之（孔安国《论语注》曰：无欲故静。又郑君《诗笺》曰：心志定故可自得）。宋儒主一之说虽出于《文子》，然毛公作《诗传》已言之（《毛传》云：执义而用心固。《韩诗外传》亦曰：好一则博）。又汉儒言仁，读为相人耦之仁（郑君注《中庸》云：仁，相人耦也，即曾子人非人不济之义也），近于恕字之义（《说文》云：仁，亲也。从人二。又云：恕，仁也。惠，仁也。是汉儒言仁，皆主爱人之义，故仁必合两人而后见也）张子《西铭》本之，至程、朱以断私克欲为仁（程子言爱非仁已与汉儒之说相背，且断私克欲可训为义，不可训之为仁），则与汉儒之言仁相背矣（惟《释名》云：克，刻也。刻物有定处，人所克念有常心。近于宋儒克欲之说，惟不指仁德而言）。汉儒言敬，皆就威仪容貌而言（《说文》云：恭，肃也。敬，肃也。忠，敬也。肃，持事振敬也。从聿在臩上，战战兢兢也。《释名》云：敬，警也。郑君注《檀弓》：礼主于敬。又注《少仪》云：端悫所以为敬也。是敬字皆就整齐严肃言），朱子《家礼》本之，至程门以寂然不动为敬（如杨龟山、李延平、谢上蔡之类是），则与汉儒之言敬相背矣。盖宋儒言理，多求之本原之地，故舍用言体，与汉儒殊，然体用之说汉儒亦非不言也（《说文》"德"字下云：外得于人，内得于己，从直心，言德兼内外。即宋儒体用之说。又郑君笺《毛诗》云：内有其性，又可以有为德也。亦与《说文》相同），特宋儒有体无用（董子言性有善端，而赵岐亦言寻其本性，宋儒本之，遂谓仁有仁体，性有性体，道有道体，以体为本，以用为末），致遗弃事物，索之冥冥之中，而观心之弊遂生。且下学上达，汉儒亦非不言也（孔安国注《论语》云：下学人事，上知天命。郑君注《儒行》云：初时学其近者、小者，以从人事，自以为可则狎侮之，至于先王大道，性与天命，则遂捍格不入，迷惑无闻。此其确证），特汉儒由下学入上达，而象山、慈湖遂欲舍下学而言上达耳。推之知幾之说出于《说文》（《说文》云：幾，微也。即周子幾善恶，朱子幾者动之微所本）扩充之说出于赵岐（赵岐《孟子章句》曰：人生皆有善行，但当充而用之耳）存养之说出于《繁露》（周末世硕言性以养性为主，而《繁露》亦曰性可养而不可改，《韩诗外传》云：中心存善而日新之。赵岐注《孟子》云：能存其心，养育其正性，是为仁人）慎独之说出于郑君（郑君注《中庸》云：慎独者慎其闲居之所为也）则宋儒之说孰非汉儒开其先哉（即程、朱言鬼神亦本郑说）。乃东原诸儒于汉学之符于宋学者绝不引援，惟据其异于宋学者以标汉儒之帜；于宋学之本于汉学者亦屏斥不言，惟据其异于汉儒者以攻宋儒之瑕。是则近儒门户之见也。然宋儒之讥汉儒者，至谓汉儒不崇义理，则又宋儒忘本之失也。此学术所由日歧欤。

汉宋章句学异同论

汉儒说经，恪守家法，各有师承，或胶于章句，坚固罕通，即义有同异，亦率曲为附合，不复稍更。然去古未遥，间得周秦古义。且治经崇实，比合事类，详于名物制度，足以审因革而助多闻。宋儒说经，不轨家法，土苴群籍，悉凭己意所欲出，以空理相矜，亦间出新义，或谊乖经旨而立说至精。此汉、宋说经不同之证也。大抵汉代诸儒惑于神秘之说，轻信而寡疑，又谲诈之徒往往造作伪经以自售其说，如张霸伪作《百两篇》(若杜林《漆书》决非伪)，刘歆增益《周官》经(刘歆于《左氏传》亦稍有所增益)是也。若宋代诸儒则轻于疑经，然语无左验(与阎氏疑《古文尚书》之有左验者不同)，多属想像之辞。如《易》有《十翼》著于《汉志》(故《汉志》言《易》十二篇)，而宋儒欧阳修则疑《十翼》之名始于后世，继其说者并不信《说卦》三篇，而元人俞玉吾则并谓《序卦》、《杂卦》之名始于韩康伯，咸与《汉志》、《隋志》不符，而《三坟》为唐人伪作，郑樵转信其书，此宋学不可解者一也。《尚书》有今文、古文，而古文则系伪书，虽吴棫、朱子、王应麟渐知古文之伪(若元人吴澄亦以古文为伪)，然程、张诸子并疑今文(张子谓《金縢》文不可信，而朱子亦稍疑伏生之通今文)，而元儒王柏遂本其意作《书疑》(王柏举《大诰》、《洛诰》咸疑其伪)，近儒斥为邪说(江郑堂)，曾为辨诬，此宋学不可解者二也。毛公、郑君皆谓《诗序》作于子夏，而朱子作《诗传》则屏斥《诗序》，独玩经文，南轩、仁山皆守朱说(郑渔仲亦主不用《诗序》之说，惟马端临则力言《诗序》不可废)，至王柏著《诗疑》则又本朱子之意，斥郑、卫之诗为淫奔，删《诗》三十余篇(并删《野有死麕》)，此宋学不可解者三也。汉儒说《春秋》经皆凭三传，各守家法(如说《公羊》者不杂《左氏》、《穀梁》，说《左氏》者不杂《公羊》是），至唐赵匡、啖助、陆淳，始废传谈经，而三传束置高阁。有宋诸儒孙（孙觉）、张（张载）、苏（苏轼、苏辙）、刘（刘敞），咸说《春秋》，支离怪诞，而泰山安国之书亦移经就己（太山尊王发微，主于定名分。胡氏《春秋传》主于别华夷），既杂糅三传，复排斥三传之非，其不可解者四也。若子由、永叔、五峰咸疑《周官》，君实、李觏、冯休咸疑《孟子》，立说偏颇，殆成风习。且《孝经》经文十八章，自汉、唐以来从无异议，而朱子说经辄据汪氏（端明）、何氏（可久）之妄说，改窜删削，指为误传，于刘炫伪造之古文，反掇拾丛残列为经文。于伪者既信其为真，于真者复疑其为伪，此诚宋儒说经之大失矣。且宋儒说经，非仅疑经蔑古已也，于完善之经文且颠倒移易，以意立说，改《周易·系词》者有程子（改《易·系辞》天一地二一节于天数五地数五一节之上，后世读本从之），改《尚书·洪范》、《康诰》者有东坡（东坡改《书·洪范》王省惟岁节于五曰历数之下，又改《康诰》惟三月哉生魄节于《洛诰》周公拜手稽首之上），改《论语·乡党·季氏篇》者有程、朱（程子改《乡党》必有寝衣节于斋必有明衣布节之下，朱子改《季氏篇》诚不以富二句于民到于今称之之下），而临川俞氏改易《周官》，妄生穿凿（著《复古篇》谓司空之属分寄五官，取五官中四十九官以补冬官之缺，此说一倡而元儒清源邱氏又以序官置各官之首，而临川吴氏以及明人椒邱何氏于《周官》皆妄有移易，几无完书），及朱子尊崇《学》、《庸》，列为四书，复妄分章节于《大学》、《孝经》，则以为有经有传（朱子分《大学》为经一章、传十章，复改《康诰》曰节于未之有也，下瞻彼淇澳二节于止于信之下，于《中庸》复分为三十三章,以《孝经》首七章为经,余皆为传),王柏继之,而附会牵合无所不用其极矣(王柏作《二南相配图》、《洪范经传图》,于《洪范》妄分经、传,复作《重定中庸章句图》,金仁山、胡允文诸人多崇奉其妄说)。盖宋儒改经,其弊有二:一曰分析经、传,二曰互易篇章。虽汉儒说经非无此例(如费直以《易·十翼》释上下经,此即合传于经之例也,若夫郑君《十月之交》四篇为刺厉王诗,以及河间王以《考工记》补《冬官》,马氏增《月令》三篇于《小戴》,皆移易经文篇次者也),然汉儒立说,皆有师承,即与古谊不同,亦实事求是,与宋儒独凭臆说者不同。自宋儒以臆说改经,而流俗昏迷,不知笃信好古,认宋儒改订之本为真经,不识邹、鲁遗经之旧,可谓肆无忌惮者矣。惟朱子作《易本义》,追复古本(《易》古经为王弼所乱,朱子用吕大防之说,追复古本十二篇之旧,与《汉·艺文志》合),而论次三礼则以《仪礼》为本经(朱子以《仪礼》为本经,其说出郑君《周礼》为本,《仪礼》为末之上),皆与《班志》相合,此则宋学之得也。盖宋代之时,治经不立准绳,故解经之书竞以新学相标,又理学盛行,故注释经文亦侈言义理,疏于考核,例非汉儒之例(如程大昌谓诗无风体,而刘氏、胡氏等复重定《春秋》之例是),说非汉儒之说(如程、朱以《大学》为曾子所作,以《中庸》为孔门传心法之书,咸与汉儒之说不合,而所注各书,或以史书释经,或以义理说经),图非汉儒之图(如《易》有《先·后天图》、《易数钩隐图》,《诗》有《二南相配图》,皆不足据,惟程大昌《禹贡地理图》、苏轼《春秋指掌图》、杨复《仪礼图》稍为完善),而传注之中复采摭俗说,武断支离(由于不精小学)易蹈缘词生训之讥,近儒斥之,诚知言也。

汉宋象数学异同论

汉儒信谶纬，宋儒信图书（谶纬亦称图书，《公羊》疏曰：问曰六艺论言，六艺者，图所生也。《春秋》言依百二十国史何？答曰：王者依图书行事，史官录其行事，言出图书，岂相妨夺。俞理初曰：百二十国史仍是图书，古太史书杂处，取《易》于《河图》，则《河图》余九篇；取《洪范》于《洛书》，则《洛书》余六篇。皆图书也。此谶纬亦可称图书之证也），均属诬民之学。特谶纬、图书，其源同出于方士。上古之时天人合一，爰有史祝之官，兼司天人之学，凡七政五步十二次之推测，星辰日月天象之变迁，咸掌于冯相保章，则太史之属官也。及东周之际，官失其方，苌弘以周史而行奇术（如射狸首是），老子以史官而托游仙，史职末流流为方士，若赵襄获符，秦王祠雉，以及三户兴楚之谣，五星兴汉之兆，皆开谶学之先。然卢生入海求仙，归奏亡秦之谶，则谶书出于方士明矣。至于西汉，儒、道二家竞为朝廷所尊尚，由是方士之失职者，以谶纬之说杂糅六经之中，如公玉带献明堂之图，栾大进封禅之说是也，而兒宽之徒复援饰经术以自讳其本原，此谶纬原于方士之证也。若宋人图书之学出于陈抟，抟以道士居华山，从种放、李溉游，搜采道书，得九宫诸术，倡太极、河洛、先天、后天之说，作《道学纲宗》，其学传之刘牧，牧作《易数钩隐图》，而道家之说始与《周易》相融。周茂叔从陈抟游，隐师其说（马贵与曰，晁氏曰，朱震言程颐之学出于周敦颐，敦颐得之穆修，亦本于陈抟。景迁云：胡武平、周茂叔同师鹤林寺僧寿涯，其后武平传于家，茂叔则授二程，此周子学术出于陈抟之证)，作《太极图说》，宋代学者皆宗之。夫太极之名，图书之数，先天、后天之方位，虽见于《易传》，然抟、放之图纵横曲直，一本己意所欲出，似与《易》旨不符。近世诸儒坚斥宋人图书之说(宋林栗以《易图》为后人依托，非画卦时所本有，俞琰作《易外别传》，以邵子《先天图》阐明丹家之旨，元吴澄、明归有光亦皆著说争辩，元延祐间天台陈应润作《爻变义蕴》，确指陈邵之图为参同炉火之说，以为道家假借《易》理以为修炼之用。厥后胡渭作《易图明辨》，黄宗炎作《图书辨惑》，毛奇龄作《图书原舛》，皆斥之甚力，此后遂成为定论矣)，以陈邵图书系属方士炼修之别术，虽指斥稍坚，然宋儒图书出于方士则固彰彰可考矣。

谶纬、图书既同溯源于方士，然河洛之说汉儒亦非不言也(孔安国、杨雄以图书俱出伏羲世，为刘牧说所本，刘歆则言图出伏羲时，伏羲以之作《易》，《书》出禹时，禹法之以作《洪范》，与孔、杨之说迥殊)。又虞翻注《易传》，《易》有太极节云：四象，四时也，两仪谓乾坤也。而陈邵《易图》亦谓太极分为两仪，由两而四，两数叠乘以成六十四卦之数(由两而四、而八、而十六、而三十二、而六十四)，实与古说相符，非徒方士秘传之说也。宋儒若欧阳修(有《论九经请删正义中谶纬札子》，以谶纬非圣人书)、魏了翁(重定《九经正义》，尽删谶纬之言)、王伯厚(讥《宋书·符瑞志》引谶纬，晁以道亦曰：使纬书皆存犹学者所弗道，况其残缺不完，于伪之中又伪者乎。盖宋人不喜纬书，殆成风习也)，虽深斥纬书,然朱子注《论语》河不出图(注云:河图,河中龙马负图。此引纬书中之说也),注《楚词》昆仑天阙(注云:昆仑者,地之中也,地下有八柱。亦本纬书),亦未尝不引纬书也。

盖汉代之时,以通谶纬者为内学(惟孔安国、毛公皆不言纬,桓谭、张衡尤深嫉之。范蔚宗云:桓谭以不喜谶流亡,郑兴以逊辞仅免,贾逵能附会,文字差显,世主以之论学,悲矣哉),宋代之时,以通图书者为道学。汉人言谶纬并兼言灾异、五行,宋人言图书并兼言皇极经世。汉人灾异、五行之说,于《易》有孟氏(孟氏从田王孙受《易》,得《易》家候阴阳灾变书,梁邱氏以为非田生所传,然梁邱氏亦言灾异,惟丁宽《易》不言阴阳灾变之说)、京氏(京氏之学出于焦延寿,延寿尝从孟喜问故,著《易林》),于《书》有夏侯氏(喜言《洪范五行传》,以之言灾异)、刘氏,于《诗》有翼氏、后氏(皆齐《诗》也,称说五际六情,与《诗纬》推度灾纪历枢之说合,盖齐《诗》家法如此),于《春秋》有董氏、眭氏,咸以天变验人事,迄于东汉不衰。若《皇极经世》书作于邵子,其学出于阴阳家。昔邹衍之徒侈言五德,以五行之盛衰验五德之终始,邵子本之,故所作之书亦侈言世运(大抵以阴阳五行为主,由阴阳五行而生世运之说,由世运之异而生帝皇王霸之分。但彼之所言世运,仍主古盛今衰之说,与进化之公例相为反背也)。又邵子于汉儒之学最崇杨雄(邵子曰:洛下闳改《颛帝历》为《太初历》,杨子云准《太初》而作《太玄》,凡八十一首,九分共三卦,凡五隔四,四分之则,四分当一卦,卦气始于中孚,故首中卦。又云:子云既知历法,又知历理。又云:子云作《太玄》,可谓知天地之心矣。

又邵子诗云：若无杨子天人学,焉有庄生《内外篇》。此皆邵子推崇子云之证也。故程子曰：尧夫之学大抵似杨雄),盖邵子之学,虽由李挺之绍,陈抟之传,然师淑杨雄,则仍汉学之别派也。且邵子之说本于汉儒者,一曰卦气之说。夫卦气之说始于焦赣京房,谓卦气始于中孚,以四正卦分主四方(以坎、离、震、兑分主四方,应二至二分之日,谓四时专主之气,春木、夏火、秋金、冬水,每卦各值一日,以观其善恶,其余六十余爻别主一日,凡三百六十日。《易纬图》相同),子云《太玄》本之(朱子曰：《太玄》都是学焦延寿推卦气。案京焦言卦气以中孚为冬至之初,颐上九为大雪之末,《太玄》亦以中为阳气开端节,即以中孚为冬至初之说。《养有·踦嬴》二赞即以颐上九为大雪之末也,以《易》卦气为次序而变其名。朱子之说是也)。而邵子之言卦气也,亦用六日七分之说(蔡西山云：康节亦用六日七分,此其证也),此宋学之源于汉学者一也(两汉诸儒皆主六日七分之说,自杨雄、马融、郑玄、宋虞、陆范,皆主其说,皆言卦气始于中孚,孔颖达从之)。一曰九宫之说。夫九宫之法见于《乾凿度》,郑君注纬亦信其言,张平子力排图谶,不废九宫风角之占,而陈抟喜言九宫,邵子之书亦兼明九宫之理(毛西河以九宫始于张角,实则汉学亦有此一派),此宋学之源于汉学者二也。夫卦气之占、九宫之法,语邻荒渺,说等无稽,然溯其起原,则两汉鸿儒已昌此说,安得尽引为宋儒之咎哉？且宋儒象数之学出于汉儒者,非仅卦气、九宫已也,即河洛之图亦然。《易纬河图数》云：一与六共宗,二与七同道,三与八为朋,四与九为友,五与十同途。而宋儒之绘《河图》、《洛书》也,实与相符（如《河图》之象一、六同在北，三、八同在东，二、七同在南，四、九同在西，而五则居中）。又刘歆有言，《河图》、《洛书》相为经纬，《八卦》、《九章》相为表里，则又宋儒图书相为用之说所从出也（宋儒谓八卦之水、火、木、金、土即《洪范》之五行，图之五十有五，即九畴之子目也。又谓图书皆所以发明《易》理）。虽孔安国、刘歆、关朗，皆以十为图，以九为书，与刘牧之说不同（刘牧以十为书，以九为图，别为一说），然朱子作《易学启蒙》，仍主汉儒孔、刘之说（蔡元定亦然），则宋学亦未能越汉学范围也。又如纳甲之说，朱子所深信也（朱子曰：如纳甲法，坎纳戊，离纳己，乾之一爻属戊，坤之一爻属己，留戊就己，方成坎离，盖乾坤属大父母，坎离是小父母也），然郑君注《易》已言之。互体之说，亦朱子所深信也（朱子自言晚年从《左传》悟得互体），然虞翻注《易》已言之（惟陈邵先天互体之说实不可信）。即太极阴阳之说，亦为汉儒所已言（郑君注《易》有太极云：极中之道淳和未分之气也，此即宋儒以太极为元浑之物之说也。又《说文》"一"字下云：惟初太极，道立于一，造分天地，代成万物。此即周子《太极图说》所谓太极生阴阳，由阴阳以生万物之说也。又何氏《公羊解诂》云：元者，气也，无形以起，有形以分，造起天地，天地之始也。其说亦与《易》注及《说文》相同），特宋儒以太极标道学之帜耳。又周子《太极图说》谓阳变阴合而生五行（大约宋儒于马融四时生五行之说排斥最深，目为曲说），此亦许、郑之旧说也（郑氏《尚书大传》注曰：天变化为阴、为阳，覆成五行。又《说文》曰：五，五行也，从二，阴阳在天地间交午也。皆五行生于阴阳之说也）。特阴阳、五行，古学分为二派，汉儒、宋儒均失之耳。若夫先天、后天之言，汉、唐以前初无是说，乃陈邵臆创之谈（邵子又谓：有已生之卦，有未生之卦。而朱子申之曰：自震至坤为已生，自巽至坤为未生。则又牵《说卦传》以就圆图之序，可谓穿凿附会无所不至者矣），而天根、月窟之说尤属无稽（黄黎洲曰：邵子所谓天根者，性也；月窟者，命也。性命双修，老子之学。康节自诉其希夷之传，而其理与《易》无与，则亦自述其道家之学，而其说于《易》无与也。说者求之《易》而欲得其三十六宫者，可以不必也。黄氏之说最确），甚至改定新历（亦邵子事），创造新图，以圣贤自拟，此其所以招近儒之指斥也。

特汉儒之学多舍理言数，宋儒之学则理数并崇，而格物穷理亦间迈汉儒。试详举之。邵子之言曰：天依形，地附气（或问尧夫子，天何依？曰：天以气而依于地。地何附？曰：地以形而附于天。则其说又稍误，不若此语之确），又曰：其形也有涯，其气也无涯。程子曰：天气降而至于地，地中生物者皆天之气也。又曰：凡有气莫非天，有形莫非地。张子曰：虚空即气，减得一尺地便有一尺气。朱子曰：天无形质，但如劲风之旋，升降不息，是为天体而实非有体也；地则气之渣滓，聚成形质，但兀然浮空而不堕耳。此即岐伯大气举地之说也（见《素问》），与晳种空气之说大约相符。此宋人象数学之可取者一也。张子之言曰：地对天，不过天特地中之一物尔，所以言一而大谓之天，二而小谓之地（案唐孔颖达云：天是太虚，本无形体，但指诸星转运以为天耳。天包地外，如卵之裹黄。其说亦确）。又曰：地有升降，地虽凝聚不散之地，然二气升降，其相从而不已也。阳日上，地日降而下者，虚也；阳日降，地日进而上者，盈也。此一岁寒暑之候也。至于一昼夜之盈虚升降，则以海水潮汐验之为信（黄瑞节注《正蒙》，谓地有升降，人处地上如在舟中，自见岸之移，不知舟之转也。又谓地乘水力，与元气相为升降，气升则地沉而海水溢上则为潮，气降则地浮而海水缩下则为汐。其说亦精）。朱子亦曰：天地四游，升降不过三万里（其说稍讹）。此即郑君地有四游之说（《考灵耀》注云：地盖厚三万里，春分之时地渐渐而下，至夏至时地之上畔与天中平，夏至之后地渐渐而上，至冬至时上游地之下畔与天中平，自冬至后渐渐向下。盖郑注误日为天），与晢种地球公转之说大抵相同。此宋人象数学之可取者二也。程子之言曰：月受日光，日不为亏，然月之光乃日之光也。朱子之言曰：月在天中则受日光而圆，月远日则其光盈，近日则其光损（又曰：月无盈缺，人看得有盈缺，晦日则日与月相叠，至初三方渐渐离开。其说是也）。又曰：纬星皆受日光，此即张衡日蔽月光之说（张衡曰：火外光，水含景，月光生于日之所照，魄生于日之所蔽，当日而光盈，就日而光尽，众星被耀，因水转光，当日之冲，光常天合者蔽于地也，是为暗虚在星，星微月过则食日之薄地其明也），与晢种月假日明之说互相发明。此宋人象数学之可取者三也（邵子曰：日月之相食，数之交也，日望月则月食，月掩日则日食。是日月食不为灾异，在北宋时邵子已知之矣）。然宋人象数之学精语尤多，周子言：动而生阳，动极复静；静而生阴，静极复动（又谓一动一静互为其根）。非即效实储能之说乎（案动而生阳即西人辟以出力之说，所谓效实也；静而生阴即西人翕以合质之说，所谓储能也。故周子之语甚精）？张子言：聚亦吾体，散亦吾体，知死生之不亡可与言性。非即不生不灭之说乎（聚散虽不同而原质仍如故，即不生不灭之说也）？又谓两不灭则一不可见，一不可见则两之用息。非即正负相抵之法乎（物有二即有对待，故佛家言三世一时，众多相容。张子此言与代数正负相等则消之法同）？而邵子《观物内篇》曰：象起于形，数起于质，名起于言，意起于用，其析理尤精，远出周、张之上（象起于形者，即《左传》物生而后有象也，物之不存，象将安附？数起于质者，即《左传》象而后有滋，滋而后有数是也。凡物之初，皆由一而生二，而后各数乃生。名起于言，如《尔雅》之指物皆曰谓之是也。意起于用，即古人所谓思而后行也。以穆勒名学之理证之，则象即物之德也，数即物之量也，言即析词之义也，用即由意生志，由志生为之义也，故其理甚精）。又以水、火、土、石为地体（邵子曰：太柔为水，太刚为火，少柔为土，少刚为石，水、火、土、石交而地之体尽。张子亦曰：水、火、土、石，地之体也），以代《洪范》之五行（此则深明地质之学），地质之学已启其萌。此则宋儒学术远迈汉儒者矣，与荒缈不经之说迥然殊途。

若汉人象数之学今多失传，然遗文犹可考，试详析之，约分三派。附《周易》者为一派。孟喜、京房、郑玄、荀爽之流，注释《周易》咸杂术数家言，一曰游魂归魂之学（出于《易传》游魂为变一语，说最奇诞），一曰飞伏升降之说（亦孟、京之学，宋衷、虞翻皆信之），一曰爻辰之学（张皋闻曰：乾坤六爻上应二十八宿，依气而应谓之爻辰。钱竹汀谓费氏有

《周易分野》一书，为郑氏爻辰之法所从出。陈兰浦曰：郑氏爻辰之说实不足信，故李鼎祚集解刊削之），一曰消息之学（陈兰浦曰：十二消息卦之说必出于孔门，《系辞传》云：往者屈，来者信，原始反终，通乎昼夜之道，皆必指此而言之。故郑、荀、虞三家注《易》皆用此说也），说经之儒皆崇此说。此一派也。附历数者为一派。刘洪作《乾象术》（大抵为谈天象之书），郑康成作《天文七政论》（并为刘氏《乾象术》作注），郑兴校《三统术》，李梵作《四分术》，推之，霍融作《漏刻经》，刘陶作《七曜论》（论日月五星），甄叔遵作《七曜本起》，张衡作《灵宪算罔论》（又作《浑天仪》一卷），虽推步之术未若后世之精然测往推来，足神实用（张衡之说最为有用）。此一派也。附杂占者为一派。何休作《风角注训》（风角者谓候四方四隅之风，以验事物之吉凶），王景作《大衍元基》（景以六经所载皆有卜筮，而众书杂淆，吉凶相反，乃参稽众家数术之书、冢宅、禁忌、堪舆、日相之属适于时用者，集为《大衍元基》），以及景鸾作《兴道论》（抄风角杂书，列其占验），徐岳作《术数纪遗》，莫不备列机祥，自矜灵秘。然说邻左道，易蹈疑众之诛。此又一派也（汉人此派之学别有《图宅说》及《太平清领书》。《图宅说》者，以五行、五姓、五声定宫室之向背，王充《论衡》引之。《太平清领书》者，专以五行为主，乃道家之书也。若夫许峻《易林》、《易决》、《易杂占》诸书，亦属此派者也）。

　　盖汉人象数之学舍理言数，仍为五行灾异学之支流。乃近世巨儒表佚扶微，摭拾丛残，标为绝学，而于宋学之近理者转加排斥，虽有存古之功，然荒诞之言岂复有资于经术？此则近儒不加别择之过也。

汉宋小学异同论

上古之时，未造字形先造字音，及言语易为文字而每字之义咸起于右旁之声，故任举一字，闻其声即可知其义，凡同声之字，但举右旁之声，不必拘左旁之迹，皆可通用。盖造字之源，音先而义后，字音既同，则字义亦必相近，故谐声之字必兼有义，而义皆起于声，声、义既同即可相假；况字义既起于声，并有不必举右旁为声之本字，即任举同声之字亦可用为同义，故古韵同部之字其义不甚悬殊。周代以降，汉、宋诸儒解文字者各不同。汉儒重口授，故重耳学；宋儒竞心得，故重眼学。汉儒知字义寄于字音，故说字以声为本；宋儒不明古韵（惟吴才老略知古韵），昧于义起于声之例，故说字以义为本而略于字音。由今观之，则声音训诂之学固汉儒是而宋儒非也。何则？《尔雅》一书，凡同义之字声必相符（如《释诂篇》哉、基、台三字皆训为始，然皆与始音相近；洪、庞、旁、弘、戎五字皆训为大，而其音咸相近。皆音同则义通之证也），而东周之世，达才通儒咸以音同之字互相训释（如孔子作《易传》云：乾，健也，坤，顺也，其证一。《论语》云：政者正也，其证二。又言：貉之为言，恶也，其证三。《尔雅》释草木鸟兽如蒺藜为茨，扁竹为蓄，皆以切语为名，而蓄菖萑萹之类复以音近之字互释，其证四。《中庸》云：仁者，人也，义者，宜也，其证五。余证尚多），其解释会意者仅反正为乏（《左传》宣十五年）、止戈为武（宣十二年）、皿虫为蛊（昭元年）数语耳。是字义寄于字音，故义由声起，声可该义，义不可该声。汉儒明于此例，观孔鲋作《小尔雅》，多以同音之字互训，以证古人义起于音，而许君作《说文》，所列之字亦以形声之字为较多，而假借一门咸以音同相假用，即转注一门亦大抵义由声起，如菜莉、拈揶、火煜、妹婿之类，字义既同而其字又一声之转（盖二字互训，上古只有一字，后以方言不同造为两字，故音义全同也），犹之《尔雅》训哉、基、台三字为始也。又《说文》于谐声之中复析为亦声、省声二目，亦声者，会意之字，声义相兼者也（亦声之例有三：一为会意字之兼声者，亦为形声字之兼意者，一为在本部兼声与义而在异部则其义迥别也。然以会意字之兼声者为正例），省声者，谐声之字，以意为声者也（如"茵"字下云：朙省声，朙字会意而茵字兼从之得声是也，余类推），是会意之字亦与谐声之字相关。若象形、指事二体，亦多声、义相兼（如龍字、能字，皆系象形之字，而龍从肉童省声，能字从肉亦系省声，其证一。若指事之字，则尹字从君得声是也，其证二）。是《说文》一书虽以字形为主，然说字实以字音为纲矣。即刘熙《释名》区释物类，以声解字，虽间涉穿凿，然字义起于字音则固不易之定例也（杨雄《方言》详举各地称谓事物之不同，亦多声近之字）。且马、郑说经明于音读，用读为、读若之例以证古字之相通，然汉儒异读咸取声近之字以改易经文，则用字之法音近义通，汉儒固及知之也。宋人治《说文》者始于徐铉，铉虽工篆书，然校定《说文》昧于形声相从之例，且执今音绳古音，于古音之异于今音者则易谐声为会意（如《说文》鍊取棄声，徐以棄为非声，不知棄从台声，《诗》"鍊天之未阴雨"，今本作迨，亦从台声也。镮取暠声，徐以暠为非声，当从環省，不知古人读暠如環，《诗》"独行暠裛"，《释文》本作茕茕，与裛声相转，故多假借通用。熇取高声，徐以高为非声，当从高省，不知高亦从高，且《说文》无高字，徐氏新增此字，盖高、熇字通，不当展转取声也。赣从竷省声，徐以竷为非声，按《诗》"坎坎鼓我"，《说文》引坎作竷，坎、空音近，故赣、竷二字音亦不殊。麴取糗声，读若酋，徐云糗侧角反，音不相近，不知糗从焦声，平入异而声相通，郑玄谓秦人犹、摇声相近，亦糗音近酋之旁证也。是古音相通之例徐氏未及知也）。

自是以降，吴淑治《说文》学，取书中有字义者千余条撰《说文互义》（《宋史·吴淑传》），舍声说义自此始矣。及荆公作《字说》，偏主会意一门，于谐声之字亦归入会意之中，牵合附会，间以俗说相杂糅。而罗愿作《尔雅翼》，陆佃作《埤雅》，咸奉《字说》为圭臬，而汉儒以声解字之例遂无复知之者矣（惟郑樵解武字，以武字非会意，当从亡从戈，亡字系谐声，亦误讹杂出，不足信也）。且《说文》以"比类合谊，以见指㧑"解会意，盖会与合同，而谊、义互为通用之字，合谊即会意之正解（所以合二字之义而成一字之义也）。而宋人解会意之会为会悟，此其所以涉于穿凿也。又如程伊川之解霆字也，谓霆字从雨从包，是大气所包住，所以为霆，不知霆字从包得声，乃谐声而非会意也。朱子之解忠恕也，引中心为忠、如心为恕之说，其说虽本孔颖达，然忠字从中得声，恕字从如得声，亦谐声而非会意也。古字义寄于声，故声、义相兼，何得舍字声而徒解字义与（惟朱子注《论语》侃侃闇闇、注时习、注非礼勿视，注《孟子》自艾、注不屑就，注《周易》天下之赜，注《诗》、注近王舅，皆引《说文》，而比字之音,亦用《群经音辨》之说,乃宋儒之稍通小学者)？惟王观国以盧字、田字为字母(《学林》云:盧者字母也,田者字母也。又云:凡省文者,省其所加之字也,俱用字母则字义该矣。说甚精),王圣美治字学,演其义以为右文(《梦溪笔谈》云:王圣美治字学,演其义以为右文,又谓:凡从戈之字皆以戈字为义),张世南谓文字右旁亦多以类相从(《游宦纪闻》谓:从戈之字皆有浅小之义,从青之字亦皆有精明之义),明于音同义通之例。近世巨儒如钱(钱塘欲离析《说文》系之以声)、黄(黄春谷谓字义咸起于声音)、姚(姚文田作《说文声系》)、朱(朱骏声作《说文通训定声》,悉以字之右旁为纲),解析《说文》咸用其意。是六书造微之学,宋人犹及知之,特俗学泥于会意一门,而精微之说遂多湮没不彰耳(王船山《说文广义》全以会意解古字,特较荆公《字说》为稍优)。近代以来,小学大明,而声音、文字之源遂历数千年而复明矣,此岂宋儒所能及哉。

---

① 录自《国粹学报》第一年乙巳第六、七、八号,《学篇》。

南北学派不同论·南北考证学不同论①

（近代之儒所长者，固不仅考证之学。然戴东原有云：有义理之学，有词章之学，有考证之学。则训诂、典章之学，皆可以考证一字该之。袁子才分著作与考据为二，孙渊如作书辨之，谓著作必原于考据，则亦以考据该近代之学也。若目为经学，则近儒兼治子、史者多矣，故不若考证二字之该括也。）

宋元以降，士学空疏，其寻究古义者，宋有王伯厚，明有杨慎修、焦弱侯（皆南人而非北人）。伯厚博极群书，掇拾丛残，实为清学之鼻祖（《玉海》一书特备应词科之用，《困学纪闻》稍精，然语无裁断，特足备博闻之助耳）。慎修、弱侯咸排斥宋儒，慎修通文字、地舆、谱牒之学，惟语多复杂，谊匪专门；弱侯观书多卓识（与郑渔仲相类），惟穿凿不足观。殆及明季，黄宗羲崛起浙东，稍治实学（通历算、乐律之学，著书甚多）。

其弟子万斯大,推究礼经(作《学礼质疑》、《仪礼商》及《礼记偶笺》),以辩论擅长,然武断无家法。时萧山毛氏,黜宋崇汉,于五经咸有撰述(作《仲氏易》、《推易始末》、《春秋占筮书》、《易小帖》四书以说《易》,作《古文尚书冤词》以说《尚书》,作《毛诗写官记》、《诗札》以说《毛诗》,作《春秋传》、《春秋简书刊误》、《春秋属词比事记》以说《春秋》,于《礼经》撰述尤多),牵合附会,务求词胜。德清胡渭作《禹贡锥指》、《洪范正论》,精于象数(胡氏不信汉儒灾异,亦不信宋儒先天后天图)、舆图之学,惟采掇未精。吴越之民闻风兴起,治《礼经》者有蔡德晋(作《礼经礼传本义》及《通礼》)、盛世佐(作《仪礼集编》)、任启运(作《礼经章句》),治《毛诗》者有朱鹤龄(作《毛诗通义》,博采汉、宋之说,博而不纯)、陈启源(作《毛诗稽古篇》,亦无家法,惟详于名物、典章),治《易》学者有吴鼎(作《易例举要》、《易象集说》)、陈亦韩(多论《易》之文),治《春秋》者有俞汝言(作《春秋平义》、《四传纠正》二书)、顾栋高(作《春秋大事表》,虽多善言,然体例未严,无家法可称),咸杂糅众说,不主一家,言淆雅俗,瑜不掩瑕,譬若乡曲陋儒,冥行索途,未足与于经生之目,此南学之一派也(若当涂徐文靖以及桐城说经之士,皆此派之支流)。又东南人士喜为沈博之文,明季之时,文人墨客多以记诵擅长,或摘别群书,广张条目,以供獭祭之需。秀水朱彝尊尤以博学著闻,虽学综四部,然讨史研经,尚无途辙。浙人承其学者自杭世骏(于两汉书、《文选》皆有撰择,亦稍治二礼,惟语无心得)、厉鹗(作《辽史拾遗》、《南宋杂事诗》,淹博而不通经术)、全祖望(学术出于黄梨洲,编《宋元学案》,尤熟于明末史事,而《经史问答》亦精)，咸熟于琐闻佚事，博学多闻，未能探赜索隐(惟祖望学有归宿，余咸无伦次)，口耳剽窃，多与说部相符，然皆以考古标其帜。

及经学稍昌，江南学者即本斯意以治经，由是有摭拾之学，复有校勘之学。摭拾之学掇次已佚之书，依类排列，单词碎义，博采旁搜(出于王伯厚之《辑诗考》、《郑氏易》)。校勘之学考订异文，改易殊体，评量于字句之间，以折衷古本。先是，武进臧琳(当康熙时)作《经义杂记》，以为后儒注经疏于校雠，多讹文脱字，致失圣人之本经(阎百诗《经义杂记序》)，于旧文之殊于今本者，必珍如秘笈，以正俗字之讹；于古义之殊于俗训者，必曲为傅合，以证古训之精。虽陈义渊雅，然迂僻固滞，适用者稀。东吴惠氏亦三世传经，周惕、士奇虽宗汉诂，然间以空言(周惕作《诗说》、《易传》，士奇作《易说》、《春秋说》，说多空衍，而采掇亦未纯)说经，惠栋作《周易述》，并作《左传补注》，执注说经，随文演释，富于引伸，寡于裁断(此指《周易述》言)，而扶植微学，亦有补苴罅漏之功(此指《左传补注》言)。栋于说经之暇，复补注《后汉书》，兼为《精华录》、《感应篇》作注(所撰笔记尤多)，博览众说，融会群言，所学与朱、杭相近，而《九经古义》甄明佚诂，亦符臧氏之书。弟子余萧客辑《古经解钩沈》，网罗放失，掇次古谊，惟笃于信古，语鲜折衷，无一词之赞。若钱大昕、王鸣盛之流，虽标汉学之帜，然杂治史乘，钱作《廿二史考异》，并拟补辑《元史》，王亦作《十七史商榷》，采掇旧闻，稽析异同，近于摭拾、校勘之学。惟大昕深于音韵、历算学多心得(如论反切、七音，皆甚精卓)一洗雷同剿说之谈(钱大昕亦治摭拾之学，所辑古书甚多，惟塘、坫之学稍精绝,塘精天算,坫精地舆,侗、绎以下无足观矣)。鸣盛亦作《尚书后案》,排摘伪孔,扶翼马、郑,裁成损益,征引博烦,惟胶执古训,守一家之言而不能自出其性灵。江声受业惠栋,作《尚书集注音疏》,其体例略同《后案》。王昶亦以经学鸣,略涉籓篱,未窥堂奥,惟金石之学稍深(作《金石萃编》,集金石学之大成,然亦摭拾、校勘之学)。若孙星衍、洪亮吉,咸以文士治经,学鲜根柢,惟记诵渊雅。星衍杂治诸子,精于校勘(曾刊刻《孙子》、《吴子》、《司马法》、《六韬》、《穆天子传》、《抱朴子》诸书,又为毕沅校《墨子》、《吕氏春秋》、《山海经》,明于古训,解释多精),亮吉旁治地舆,勤于摭拾(曾补辑《三国疆域志》、《晋齐梁疆域志》),即所辑汉、魏、晋,亦摭拾之学也)。亮吉作《左传诂》,星衍作《尚书古今文注疏》,精校详释,皆有扶微擖佚之功。继起之儒,咸为群经作疏,《尔雅》疏于邵晋涵,《国语》疏于董增禄(龚丽正亦为《国语》作疏),《毛诗》疏于陈奂,《左传古注》辑于李贻德,大抵汇集古义,鲜下己见,义尚墨守,例不破注,遇有舛互,曲为弥缝,惟取精用弘,咸出旧疏之上,殆所谓述而不作,信而好古者与。与摭拾、校勘之学殊涂同归(摭拾之学集古说成一书,而为义疏者亦引群书证一说;校勘之学校正文字之异同,为义疏者亦分析众说之同义,特有拓充不拓充之殊耳)。而东南治校勘之学者,前有何焯、齐召南(皆文士也),后有卢文弨、顾千里(卢校诸子,顾校《毛诗》、《仪礼》最精,所校群书不下十余种)、钱泰吉(所校《汉书》最精),虽别白精审,然执古改今,义多短拙(观方氏《汉学商兑》所举数条可见)。治摭拾之学者,以臧庸(辑《孝经考异》、《月令杂说》、《乐记注》、《子夏易传》、

《诗考异》《韩诗异说》《尔雅古注》《说文古音考》《庐植礼记解诂》、
《蔡邕明堂月令章句》《王肃礼记注》《圣证论》《帝王世纪》《尸子》诸
书)、洪颐煊(孙星衍之书多其手辑,余所辑甚多)为最著,虽抱残守缺,
然细大不捐,未能探悉其本义,或疲精殚思以应富贵有力者之求而资以
糊口(如顾、臧、洪皆是也)。斯时吴中学者有沈彤、褚寅亮、纽树玉,所
著之书咸短促不能具大体。越中学者有丁杰、孙志祖、梁履绳,以一得
自矜,支离破碎,然咸有存古之功。若袁枚、赵翼之流,不习经典,惟寻
章摘句,自诩淹通,远出孙、洪之下。此南学之又一派也。及惠、洪、顾、
赵友教扬州,而南学渐输于江北(如江藩为余氏弟子,汪中与孙、洪友
善,而贾稻孙、李惇之流,咸与汪氏学派相近)。

　　时皖南学者亦以经学鸣于时。皖南多山,失交通之益,与江南殊,
故所学亦与江南迥异。先是,宣城梅文鼎精推步之学,著书百余万言,
足裨治历明时之用。婺源汪绂,兼治汉学、宋学,又作《物诠》一书,善于
即物穷理,故士学益趋于实用。江永崛起,穷陬深思,独造于声律、音
韵、历数、典礼之学,咸观其会通,长于比勘,弟子十余人,以休宁戴震为
最著。戴氏之学,先立科条,以慎思明辨为归,凡治一学立一说,必参互
考验,曲证旁通,以辨物正名为基;以同条共贯为纬,论历算则淹贯中西
(初治西法,后复考究古算经,通《九章》之学,所著以《勾股割圜记》为最
精),论音韵则精穷声纽(作《转语》二十章,近于字母之学,而解字亦以
声为本),论地舆则考订山川(戴氏考地舆皆以山川定城邑,见《水地
记》),咸为前人所未发;而研求古籍,复能提要钩玄,心知其意,凡古学

之湮没者,必发挥光大,使绝学复明(如校古算经之类是也),凡古义之钩棘者,必反复研寻,使疑文冰释(如《春秋即位改元考》诸篇是),凡俗学之误民者,必排击防闲,使卮言日绝(如《孟子字义疏证》是)。且辨彰名物,以类相求,则近于归纳(如《学礼篇》考古代礼制,各自为篇是也),会通古说,匡违补缺(如《尔雅》、《说文》诸书皆不墨守),则异于拘墟,辨名析词,以参为验,则殊于棱模,实事求是,以适用为归(观《与是仲明书》可见,又作《璇玑玉衡图》、《地舆图》皆合于准望),则异于迂阔,而说经之书简直明显,尤近汉儒。戴氏既殁,皖南学者各得其性之所近,治数学者有汪莱(作《衡斋算学》),治韵学者有洪榜(作《示儿切语》,厥后汪有诰尤深韵学),治三礼者有金榜(作《礼笺》)、胡匡衷(作《仪礼释官》),以凌廷堪(作《礼经释例》)、胡培翚(作《仪礼正义》)为最深。歙人程瑶田亦深于三礼之学(作《宗法小记》诸书),作《考工创物小记》、《磬折古义》,以证工学必原数学,复作《水地小记》,多祖述上海徐氏之书,明于测量之法,而释谷(作《九谷考》)、释虫尤足裨博物之用,可谓通儒之学矣。

　　戴氏弟子舍金坛段氏外(段氏治《说文》精锐明畅,于古本多所改易,则仍戴氏校定《毛诗》、《春秋经》之例也,《六书音韵表》亦由心得),以扬州为最盛。高邮王氏传其形声训故之学,兴化任氏传其典章制度之学。王氏作《广雅疏证》,其子引之申其义,作《经传释辞》、《经义述闻》,发明词气之学,于古书文义诎诘者各从条例,明析辨章,无所凝滞,于汉魏故训多所窜更。任氏长于三礼,知全经浩博难罄,因依类稽求,博征其材，约守其例，以释名物之纠纷，所著《深衣释例》、《释缯》诸篇，皆博综群书，衷以己意，咸与戴氏学派相符。仪征阮氏友于王氏、任氏，复从凌氏（廷堪）、程氏（瑶田）问故，得其师说。阮氏之学主于表微，偶得一义，初若创获，然持之有故，言之成理，贯纂群言，昭若发蒙，异于恒钉猥琐之学。甘泉焦氏与阮氏切磋，其论学之旨谓不可以注为经，不可以疏为注，于近儒执一之弊排斥尤严（观《理堂家训》，以摭拾之学为拾骨学，以校勘之学为本子学，排斥甚力。又以执一之学足以塞性灵，文集中斥之屡矣），所著《周易通释》，掇刺卦爻之文，以字类相属，通以六书九数之义，复作《易图略》、《易诂》（惟《易章句》体例仿虞注，无甚精义），发明大义，条理深密，虽立说间邻穿凿，然时出新说，秩然可观，亦戴学之嫡派也（焦氏《论语通释》出于戴氏《孟子字义疏证》）。

自阮氏以学古跻显位，风声所树，专门并兴，扬州以经学鸣者凡七八家，是为江氏之再传。黄承吉研治小学，以声为纲，其精微之说与高邮王氏相符。凌曙治《董子春秋》、《郑氏礼》，以礼为标，缕析条分，亦与任氏之书相近（时宝应刘台拱治学亦絜静精微）。先曾祖孟瞻先生受经凌氏，与宝应刘宝楠切劘至深，淮东有二刘之目，治《左氏春秋》，而宝应刘氏亦作《论语疏证》。并世治经者又五六家，是为江氏之三传。盖乾、嘉、道、咸之朝，扬州经学之盛，自苏、常外，东南郡邑莫之与京焉，遂集北学之大成。

江淮以北，当康、雍之交，有山阳阎若璩（阎氏虽籍太原，实寄居山阳），灼见古书之伪，开惠、江、王、孙之先。别有济阳张尔岐，作《仪礼郑注句读》,依经为训,章别句从。邹平马骕,作《左传事纬》、《绎史》,博引古籍,惟考订多疏。自是厥后,治算学者有淄川薛凤祚,其精密略逊梅氏,治小学金石学者有山阳吴玉搢(作《金石存》、《说文引经考》及《别雅》)、莱阳赵曾(深于金石)、偃师武亿(作有《经读考异义证》、《偃师金石考》),咸有发疑正读之功。曲阜孔氏得戴氏之传,治《公羊春秋》,严于择别,于《何氏解诂》时有微词,与株守之学不同(时山东学者有周昌年、孔继涵、李文藻,不若巽轩之精)。而曲阜桂氏、栖霞郝氏咸守仪征阮氏之传,探究《尔雅》(郝氏作《尔雅正义》)、《说文》(桂氏作《说文义疏》),解释物类咸以得之目验者为凭(桂氏治《说文》,往往引现今物类以解之,于山东、云南之草木鸟兽征引尤多,可谓博物之学矣。郝氏《尔雅》亦引今证古,得之目验,与剿袭陈言旧说者不同也),桂氏诠释许书虽稍凝滞,而郝氏潜心雅学,注有回穴,辄为理董,与孔氏治《公羊春秋》相同(郝氏又治《山海经》)。又大名崔述,长于考辨,订正古史,辨析精微,善于怀疑而言皆有物,咸与江北学派相似,而齐、鲁、幽、豫之间,遂为北学盛行之地矣。

要而论之,吴中学派传播越中,于纬书咸加崇信(惠栋治《易》杂引纬书,且信纳甲爻辰之说,其证一也;张惠言治《虞氏易》,亦信纬学,其证二也;王昶《孔庙礼器碑跋》谓纬书足以证经,其证三也;孙星衍作《岁阴岁阳考》,诸篇杂引纬书,其证四也;王鸣盛引纬书以申郑学,其证五也;嘉兴沈涛以五纬配五经,且多引纬书证经,其证六也。余证甚多),而北方学者鲜信纬书(惟旌德姚配中作《周易姚氏学》颇信谶纬,余未有信纬书者,江北学者亦然)。徽州学派传播扬州,于礼学咸有专书(如江永作《礼经纲目》、《周礼疑义举要》、《礼记训义择言》、《释宫补》,戴震作《考工记图》,而金、胡、程、凌于《礼经》咸有著述,此徽州学者通三礼之证也。任大椿作《释缯》、《弁服释例》,阮元作《车制考》、朱彬作《礼记训纂》,此江北学者通三礼之证也。而孔广森亦作《大戴礼补注》),而南方学者鲜精礼学(如惠栋《明堂大道录》、《禘说》,皆信纬书,惠士奇《礼说》亦多空论,若沈彤《仪礼小疏》、褚寅亮《仪礼管见》、齐召南《周官禄田考》、王鸣盛《周礼军赋说》,咸择言短促,秦蕙田《五礼通考》亦多江、戴之绪言,惟张惠言《仪礼图》颇精,然张氏之学亦受金榜之传,仍徽州学派也)。北人重经术而略文辞(徽州学派无一工文之人,江北学者亦然,与江南殊),南人饰文词以辅经术(如孙、洪皆文士,钱、王亦文人,卢、顾亦精于文辞,此其证也),此则南、北学派之不同者也。昔《隋书·儒林传》之论南、北学也,谓南人简约得其菁英,北人深芜穷其支叶。今观于近儒之学派,则吴、越之儒功在考古,精于校雠,以博闻为主,乃深芜而穷其支叶者也;徽、扬之儒功在知新,精于考核,以穷理为归,乃简约而得其菁英者也。南、北学派与昔迥殊,此固彰彰可考者矣。

自是以后,江北、皖南虽多缀学方闻之彦(皖南学者,如俞正燮之淹博,贯穿群言,包世荣之精纯,研治《诗》、《礼》,皆颇可观。江北学者,如汪喜荀之学近于焦、阮,薛传钧深明小学,沈龄作《方言疏》,陈逢衡治《佚周书》、《竹书纪年》、《山海经》,梅毓治《榖梁》,薛寿治《说文》、《文选》,亦足与前儒竞长。若夫丹徒汪芏治《郑氏诗》,丹徒柳兴宗治《范氏穀梁》，句容陈立治《何氏公羊》，山阳丁晏遍治群经，海州许桂林通历算，为甘泉罗士林之师，然皆得江北经儒之传授者也)，然精华既竭，泄发无余，鲜深识玄解，未能竞胜前儒。江淮以北治小学者，有安丘王筠(著《说文释例》、《说文句读》)、河间苗夔(精声韵学)、日照许瀚、商城杨铎(治小学、金石学)，治地学者有大兴徐松(作《汉书西域传补注》诸书)、平定张穆(作《蒙古游牧记》诸书)，咸沈潜笃实，所著之书亦大抵条举贯系，剖析毫芒，惟朴僿塞尤，质略无文。江南学者仍守摭拾、校勘之学，揭《说文》以为标，攘袂掉臂以为说经之正宗(如湖州姚文田、严章甫、严徐卿、姚谌、程庆余，上虞朱芹仁和邵友莲，咸治小学，若赵一清之流亦精校勘之学，惟张履治三礼，汪日桢治历法，而朱骏声治《说文》，皆有心得，稍有可观)，然违于别择，昧厥源流，务于物名，详于器械，考于诂训，摘其章句，不能统其大义之所极(用中论语)。虽依傍门户，有搜亡补佚之功，然辗转稗贩，语无归宿，甚至轻易古书，因讹袭谬而颠倒减省，离析合并一凭臆断，且累言数百，易蹈辞费之讥，碎细卑狭，文采黯然。承学之士渐事鄙夷，由是有常州今文之学。

先是常州之地有孙(洪)、黄(仲则)、赵(味辛)诸子，工于诗词骈俪之文，而李兆洛、张琦复侈言经世之术，又虑择术之不高也，乃杂治西汉今文学，以与惠、戴竞长。武进庄存与喜治《公羊春秋》，作《春秋正辞》，于六艺咸有撰述(有《易说》、《八卦观象》、《系辞传论》、《尚书既见》、《毛诗说》、《周官记》、《周官说》、《乐说》，以《周官记》为最精深)，大抵依经立谊，旁推交通，间引史事说经，一洗章句训诂之习，深美闳约，雅近《淮南》),则工于立言,重言申明,引古匡今(如《春秋正辞》楚杀郤宛一条是),则近于致用,故常州学者咸便之。然存与杂治古文(如治《毛诗》、《周官》经是),不执守今文之说(如卫辄一条则斥《公羊》),其兄子庄述祖亦遍治群经(作有《尚书今古文考证》、《毛诗口义》、《诗记长编》、《乐记广义》、《左传补注》、《五经疑义》、《论语别记》),发明夏时《归藏》之义(作《夏小正经传考释》,以发明改元郊禘之义),以为《说文》始一终亥,即古《归藏》为六书条例所从出,复杂引古籀遗文,分别部居(作《古文甲乙篇》、《说文古籀疏证》),以蔓衍炫俗。故常州学者说经必宗西汉,解字必宗籀文,摧拉旧说,以微言大义相矜。庄氏之甥有武进刘逢禄、长州宋翔凤,咸传庄氏之学。刘氏作《公羊何氏释例》(并作《解诂笺》及《答难》),縆理完密,又推原《左氏》、《穀梁》之得失,难郑申何,复作《论语述何》、《夏时经传笺》、《中庸崇礼论》、《议礼决狱》,皆比傅《公羊》之义,由《董生春秋》以窥六经家法。又谓《虞易》罙通大义(作有《虞氏变动表》、《六爻发挥旁通表》、《卦象阴阳大义》、《虞氏易言补》,皆申明虞注,则以虞注为全书也),《毛诗》颇略微言(初尚毛学,后改治三家诗),马、郑注书颇多讹谬(作《尚书古今集解》,颇匡马、郑),《左传》别行,不传《春秋》(作《左氏春秋考证》),别作《纬略》一书,稍邻恢诡。宋氏之学与何氏略同,作《拟汉博士答刘歆书》,又作《汉学今文古文考》,谓《毛诗》、《周官》、《左氏传》咸非西汉博士所传,而杜、贾、马、郑、许、服诸儒,皆治古文,与博士师承迥别,而今文、古文之派别,至此大明。又以《公羊》义说群经(如《论语发微》之类是),以古籀证群籍,以为微言之存非一事可该，大义所著非一端足竟，会通众家，自辟蹊径，且崇信谶纬，兼治子书，发为绵渺之文，以虚声相煽，东南文士多便之。别有邵阳魏源、仁和龚自珍，皆私淑庄氏之学，从刘逢禄问故。源作《两汉经师今古文家法考》，其大旨与宋氏同(谓西汉之学胜于东汉，东汉之学兴而西汉博士之家法亡矣)，谓西汉微言大义之学隳于东京，且排斥许、郑，并作《董子春秋发微》，复有《诗古微》。说《书》宗《史记》、《大传》，上溯西汉今文家言，以马、郑之学出于杜林《漆书》，并疑《漆书》为伪作，虽排击马、郑，亦时有善言；说《诗》恪宗三家，特斥《毛诗》，然择术至淆，以穿穴擅长，凌杂无序，易蹈截趾适履之讥(如《书古微》，以言《禹贡》数篇为最精。至于信黄石斋之《洪范》，改易经文，于《梓材》增入伯禽，增妄说也。《诗古微》不知韩、齐、鲁师说各自不同，并举齐观，此其大失)。邹汉勋与源同里，治经亦时出新义(惟不恪信《公羊》，韵论历考最精，余亦朴实敦确，惜多缺佚)。湘潭王闿运亦治《公羊春秋》，复以《公羊》义说五经，长于《诗》、《书》，绌于《易》、《礼》。其弟子以资州廖平为最著，亦著书数十种。其学输入岭南，而今文学派大昌。此一派也。自珍亦治《公羊》，笃信张三世之例，作《五经大义终始论》，杂引《洪范》、《礼运》、《周诗》，咸通以三世之义(又作《五经大义答问》，以主张三世之义)，说《诗》颇信魏说，非毛非郑，并斥序文(又有陈乔枞作《三家诗遗说》、《齐诗翼氏说疏证》)，又喜治《尚书》，作《太誓答问》，以今文《太誓》为伪书，虽解说乖违，然博辩不穷，济以才藻，殊足名家，而《左传》、《周官》亦以己意抉真伪。其子龚澄复重订《诗经》，排黜《书序》，并改订各字书，尤点窜无伦绪。仁和邵懿辰，初治桐城古文，继作《礼经通论》，以《礼经》十七篇为完书，以《佚礼》为伪作，又作《尚书大意》，以马、郑所传逸书为伪撰，转信伪古文为真书，可谓颠倒是非者矣。惟德清戴望，受业宋氏之门，祖述刘、宋二家之意，以《公羊》证《论语》，作《论语注》二十卷，欲以《论语》统群经，精诣深造，与不纯师法者不同。此别一派也（别有仁和曹籀、谭献等，皆笃信龚氏学）。

当此之时，江北学者亦见异思迁，泾县包慎言（慎言生居扬州）作《公羊历谱》，又以《中庸》为《春秋》纲领，欲以《公羊》义疏证《中庸》，未有成书。宝应刘恭冕初治《论语》（宝楠作义疏未成，恭冕续成之），继作《何休注论语述》，掇剌解诂，引《论语》者以解释《公羊》，复作《春秋说》一书，亦颇信三科之义。丹徒庄棫（棫亦生长扬州）作《大圜通义》，组合《周易》、《公羊》之义，汇为一编，体例略师《繁露》，自矜通悟，然诞妄愚诬，于说经之书为最劣，拾常州学派之唾余以趋时俗之好尚，此南方学派输入江北者也。而江北之学亦有输入南方者，一曰闽中学派，一曰浙中学派。闽中士学疏陋，自陈寿祺得阮氏之传，殚深三礼疏证、五经异义，条邺朴纯，里人陈金城、陈庆镛、王捷南传其学，后起之士有林鉴堂（作《孔子世家补订》、《孟子列传纂》，诸书刻有《竹柏堂丛书》）、刘端。端于礼学为尤精，是为闽中之正传。浙中自阮氏提倡后，有临海金鹗，作《求古斋礼说》，其精审亚于江、戴。定海黄式三遍治群经，作《论语后案》，其子以周亦作《经训比义》，虽时杂宋儒之说，然解释义理多与戴、阮相符（与陈澧稍别），以周又作《礼书通故》，集三礼之大成。瑞安孙诒让深于训诂典章之学,作《周官正义》,亦集《周官》学之大成。别有德清俞樾,以小学为纲,疏理群籍,恪宗高邮二王之学,援顺经文之词气,曲为理绎,喜更易传注,间以臆见改本经,精者略与王氏符,虽说多凿空,然言必有验,迥异浮谈。即钱唐诸可宝、黄岩王棻,解经亦宗古训,不惑于今文流言,是为浙学之别派。此皆江北学派输入南方者也。

然岭南、黔中仍沿摭拾、校勘之学。岭南之士列阮氏门籍者,虽有侯康、曾钊、林伯桐,然以番禺陈澧为最著。澧学钩通汉、宋,以为汉儒不废义理,宋儒兼精考证,惟掇引类似之言曲加附合,究其意旨,仍与摭拾之学相同,然抉择至精,便于学童。若桂林龙翰臣(以韵学为最精)、朱琦、南海朱次琦,咸学兼汉、宋,与澧差同,而陈澧、朱次琦各以其学授乡里,弟子咸数十人,至今未绝。此岭南学派之大略也。黔中之学始于遵义,郑珍校定《汗简》诸书,复作《说文新附考》、《说文逸字》,长于校勘,亦兼治《仪礼》,其子小尹,亦长小学。独山莫犹人精六书形声之学,其子友芝善鉴别宋本古籍,作《唐说文木部笺异》,以考二徐未改之书,章疏句栉,有补掇之功。遵义黎庶昌,近承郑氏、莫氏之学,曾乘轺日本,搜讨秘籍,刻《古佚丛书》,使亡书复显(贵阳陈矩亦于日本得古书多种,刊以行世),此黔中学派之大略也。

要而论之,南方学派析为三:炫博骋词者为一派(如万斯大、毛奇龄之类是),摭拾校勘者为一派,昌微言大义者为一派。北方学派析为二:辨物正名者为一派,格物穷理(格物者,格物类也;穷理者,穷实理也。与宋、明虚言格物穷物者不同)者为一派(惟徽州之儒于正名辨物外,兼能格物穷理,若江北及北方之儒,则大抵仅能正名辨物而已,然咸精当)。虽学术交通,北学或由北而输南,南学亦由南而输北,然学派起源夫固彰彰可证者也,黄、惠、江、庄谓非儒术之导师欤? 且南、北学派虽殊,然研覃古训,咸为有功于群经(惟阴阳灾异之学最为无稽,掇拾、校勘之学虽无伤于大道,然亦废时玩日之一端也)。此近儒考据之精所由,非汉、魏以下所能及也(惟有私学无官学,有家学无国学)。岂不盛哉!

---

① 录自《国粹学报》第一年乙巳第七号,《学篇》。

近儒之《易》学①

明末之时，言《易》学者咸知辟陈邵之图。黄宗羲作《易学象数论》，其弟宗炎复作《周易象辞》、《图书辨惑》，然不宗汉学，家法未明。惟胡渭《易图明辨》、李塨《周易传注》，舍数言理，无穿凿之失。毛奇龄述仲兄锡龄之言，作《仲氏易》，又作《推易始末》、《春秋占筮书》、《易小帖》三书，谓易占五义，牵合附会，务求词胜。惟东吴惠氏世传《易》学，自周惕作《易传》，其子士奇作《易说》，杂释卦爻，以象为主，专明汉例，但采掇未纯，士奇子栋作《周易述》，以虞注、郑注为主，兼采两汉易家之说，旁通曲证，然全书未竟。门人江藩继之，作《周易述补》，栋又作《易汉学》、《易例》、《周易本义辨证》，咸宗汉学。江都焦循作《易章句》，其体例略仿虞注，又作《周易通释》，掇刺卦爻之文，以字类相属，通以六书九数之义，复作《易图略》、《易话》、《易广记》，发明大义，成一家言。武进张惠言，治《易》亦宗虞、郑，作《周易虞氏义》、《郑氏义》，并作《周易易礼虞氏消息》,姚佩中、刘逢禄、方申宗其义,佩中作《周易姚氏学》,逢禄作《易虞氏五述》,申作《易学五书》,咸以象数为主,或杂援谶纬,然家法不背汉儒。若钱澄之(《田间易学》)、李光地(《周易通论》、《周易观象》)、苏宿(《周易通义》)、查慎行(《周易玩辞集解》)之书,则崇宋黜汉,率多臆测之谈,远出惠、焦之下。此近儒之《周易》学也。

---

① 录自《刘申叔先生遗书·经学教科书》,第一册第三十课。

近儒之《书》学①

自吴澄梅鹭攻伪古文，太原阎若璩作《古文尚书疏证》，灼见古文孔传之伪，惟体例未纯，不足当疏证之目。弟子宋鉴广其义，别作《尚书考辨》。厥后，惠栋作《古文尚书考》，江声从栋受业，作《尚书集注音疏》，江南学者皆遵之。王鸣盛《尚书后案》，孙星衍作《尚书古今文注疏》，咸崇今文黜伪孔，以马、郑传注为宗。段玉裁作《古文尚书传异》，亦详于考核，惟毛奇龄崇信伪古文，作《古文尚书冤词》（朱鹤龄亦信伪古文）。厥后，庄存与诸人亦言伪《尚书》不可废，存与作《尚书既见》，以宣究微言，其甥刘逢禄亦作《书序述闻》，并作《尚书古今文集解》。及魏源作《书古微》，以马、郑之学出于杜林《漆书》，并疑杜林《漆书》为伪作，乃排黜马、郑，上溯西汉今文家言，虽武断穿凿，亦间有善言。龚自珍治《尚书》，亦作《太誓答问》，以今文《太誓》为伪书，常州学派多从之。若李光地《尚书解义》、张英《书经衷论》，据理臆测，至不足观。若夫释《尚书》天文者,有盛百二《尚书释天》,而胡渭《洪范正论》,并辟灾异五行之说(虽不守汉儒家法,然辨惑之功则甚大)。释《尚书》地理者,有蒋廷锡《尚书地理今释》,而胡渭《禹贡锥指》辨证尤详,后起之儒有朱鹤龄(《禹贡长笺》)、徐文靖(《禹贡会笺》)、焦循(《禹贡郑注释》)、程瑶田(《禹贡三江考》)、成蓉镜(《禹贡班义述》),诠释《禹贡》,咸有专书。此近儒之《尚书》学也。

---

① 录自《刘申叔先生遗书·经学教科书》,第一册第三十一课。

近儒之《诗》学①

　　国初,说《诗》之书,如钱澄之(《田间诗学》)、严虞惇(《读诗质疑》)、顾镇(《虞东学诗》),咸无家法,而毛奇龄作《毛诗写官记》、《诗札》,顾栋高作《毛诗类释》,亦多凿空之词,又吴江朱鹤龄作《诗通义》,杂采汉、宋之说,博而不纯,陈启源与鹤龄同里,商榷《毛诗》,作《毛诗稽古编》,虽未标汉学之帜,然考究制度名物,尚能明晰辨章,及李黼平作《毛诗紬义》,戴震作《毛郑诗考正》、《诗经补注》,咸宗汉诂,段玉裁受业戴震,复作《毛诗故训传》、《诗经小学》以校订古经,然择言短促,惟马瑞辰《毛诗传笺通释》、胡承珙《毛诗后笺》稍为精博,至陈奂受业段玉裁,作《毛诗义疏》,舍郑用毛,克集众说之大成,并作《毛诗说》、《毛诗音》及《郑氏笺考征》,以考郑笺之所本(近儒治郑笺者有江都梅植之,拟作郑笺疏,未成)。至若惠周惕作《诗说》,庄存与作《毛诗说》,则别为一派,舍故训而究微言(详于礼制),及魏源作《诗古微》,斥《毛诗》而宗三家诗,然择说至滑，龚自珍亦信魏说，非毛非郑，并斥序文，又丁晏作《诗考补注》（专采三家诗之说），陈乔枞作《三家诗遗说》，并作《齐诗翼氏学疏证》，皆以三家为主，然单词碎义，弗克成一家之言。若夫包世荣作《毛诗礼征》，焦循作《毛诗草木虫鱼鸟兽释》（姚炳作《诗释名解》，陈大章作《诗传名物集览》，黄中松作《诗疑辨证》，亦与焦同），亦多资多识博闻之用，此近儒之《诗经》学也。

---

① 录自《刘申叔先生遗书·经学教科书》，第一册第三十二课。

近儒之《春秋》学①

　　顺、康之交，说《春秋》者仍仿宋儒空言之例，如方苞（《春秋通论》）、俞汝言（《春秋平义》、《四传纠正》）之书是也，毛奇龄作《春秋传》，又作《春秋简书刊误》、《春秋属辞比事记》，以经文为纲，然穿凿无家法，惠士奇作《春秋说》，以典礼说《春秋》，其书亦杂糅三传，顾栋高《春秋大事表》博大精深，惜体例未严。治《左氏》者，自顾炎武作《杜解集正》，朱鹤龄《读左日钞》本之，而惠栋（《左传补注》）、沈彤（《春秋左传小疏》）、洪亮吉（《左传诂》）、马宗琏（《左传补注》）、梁履绳（《左传补释》），咸纠正杜注，引伸贾、服之绪言，以李贻德《贾服古注辑述》为最备。至先曾祖孟瞻公，作《左传旧注正义》，始集众说之大成，是为《左氏》之学。治《公羊》者，以孔广森《公羊通义》为嚆矢，会通礼制，不墨守何氏之言，凌曙作《公羊礼说》、《公羊礼疏》、《公羊问答》，亦以礼为纲（并注《董子繁露》）。弟子陈立广其义，作《公羊正义》（并疏《白虎通》），及庄存与作

《春秋正辞》,宣究《公羊》大义,其甥刘逢禄复作《公羊何氏释例》、《何氏解诂笺》,并排斥《左传》、《穀梁》,而宋翔凤、魏源、龚自珍、王闿运,咸以《公羊》义说群经,是为《公羊》之学。治《穀梁》者有侯康(《穀梁礼证》)、柳兴恩(《穀梁大义述》)、许桂林(《穀梁释例》)、钟文烝(《穀梁补注》),咸非义疏,梅毓作《穀梁正义》,亦未成书,是为《穀梁》之学。若夫段玉裁校定古经,陈厚耀校正历谱,江永考究地舆,咸为有用之学。此近儒之《春秋》学也。

---

① 录自《刘申叔先生遗书·经学教科书》,第一册第三十三课。

近儒之《礼》学①

    近儒治三礼学者,始于徐乾学《读礼通考》(仅凶礼一门),而万斯大(作《学礼质疑》、《仪礼商》、《礼记偶笺》)、蔡德晋(作《礼经礼传本义》及《通礼》)、毛奇龄(于昏礼、丧礼、祭礼、庙制、学校、明堂、宗法、郊禘咸有著述)、盛世佐(《仪礼集编》),咸治《礼》经,然糅杂无家法。安溪李氏亦深于三礼(李光地作《周官笔记》,其弟光坡复作《三礼述注》、兄子某亦作《周礼训纂》),方苞问业光地,殚心礼学(于三礼皆有书),亦武断无伦绪。惟张尔岐《仪礼郑注句读》,分析章句,条理秩然,而吴廷华(《仪礼章句》)、金日追(《仪礼正讹》)、沈彤(《仪礼小疏》)、褚寅亮(《仪礼管见》),亦宗汉诂治《仪礼》。及江永作《礼经纲目》,于三礼咸有撰著(作《周礼疑义举要》、《礼记训义择言》、《释宫补》),戴震(作《考工记图》)、金榜(作《礼笺》)承其学,同学之士有胡匡衷(作《仪礼释宫》)、程瑶田(作《宗法小记》、《丧服足征录》、《释宫小记》、《考工创物小记》,兼通水地、声律之学），后有凌廷堪、胡培翚、以廷勘《礼经释例》为最精，任大椿（作《释缯》、《弁服释例》）、阮元（作《车制考》）、孔广森（作《大戴礼补注》），咸从戴震问《礼》。张惠言与榜同学，作《仪礼图》，秦蕙田《五礼通考》（集三礼之大成）亦采江、戴之绪言。自培翚作《仪礼正义》，而朱彬作《礼记训纂》，孙诒让作《周礼正义》，三礼新疏咸出旧疏之上矣。后起之书，有黄以周《礼书通故》为最详备。若夫论《礼》经者，有惠士奇（《礼说》）、庄存与（《周官说》）、凌曙（《礼论》）；考名物制度者，有齐召南、沈彤（《周官禄田考》）、王鸣盛（《周礼军赋说》）、惠栋（《明堂大道录》）、金鹗（《礼说》）；疑三礼者，有方苞（《疑周礼》、《仪礼》）、邵位西（疑《仪礼》）。此近儒之三礼学也。

---

① 录自《刘申叔先生遗书·经学教科书》，第一册第三十四课。

近儒之《论语》学
(附《孟子》、《学》、《庸》)①

　　国初之儒,治《论语》者咸宗朱注空言义理,及刘台拱(作《论语骈枝》)、方观旭(作《论语偶记》)、钱坫(作《论语后录》)、包慎言(作《论语温故录》),始宗汉注治《论语》。而刘宝楠《论语正义》,以何晏《集解》为主,集众说之大成。后刘逢禄(作《论语述何》)、宋翔凤(作《论语发微》)、戴望(作《论语注》),咸以《公羊》述《论语》,别成一家言,而焦循《论语通释》,析理尤精,江永《乡党图考》,亦究心名物、制度。继起之书有黄式三《论语后案》,力持汉、宋之平,时有善言。近儒治《孟子》者,亦空言性、理,惟黄宗羲《孟子师说》为稍优,若焦循《孟子正义》,折衷赵注,广博精深,而戴震《孟子字义疏证》,解析义理,黜宋崇汉,亦近代之奇书也。

　　国初治《学》、《庸》者,亦从朱子定本,自毛奇龄(作《大学证文》)、李塨(《大学辨业》),始排斥朱注,而李光地治《大学》,亦主复古本,惟所作

《中庸章段》，仍空言义理。乾、嘉以后，治汉学者则反《学》、《庸》于《礼记》，而汪中《大学评议》，尤为正本清源之论。若惠栋（《易大义》）、魏源（《易庸通义》），则以《周易》述《中庸》，宋翔凤、包慎言则以《公羊》述《中庸》，别为一派。

近儒虽多宗汉学，然以《学》、《庸》、《论》、《孟》为四书，仍多沿宋儒之号。毛奇龄作《四书改错》，排斥朱注不遗余力，而阎若璩《四书释地》、翟灏《四书考异》、凌曙《四书典故覈》，考证亦精，皆宗汉注而排斥宋注者也。

---

① 录自《刘申叔先生遗书·经学教科书》，第一册第三十五课。

近儒之《孝经》学(附《尔雅》)①

近儒治《孝经》者,始于毛奇龄。奇龄作《孝经问》,排朱子、吴澄之说,然以空理相驳诘,颇乖著书之体。自阮福作《孝经义疏》,定郑注为小同所著,而近人皮日瑞复作《孝经郑注疏》,以伸郑注之义,若丁晏《孝经征文》,征引繁博,且力攻《孔传》为伪书,汪宗沂《孝经辑传》复攻郑注为不经,而姚际恒作《古今伪书考》,直列《孝经》于伪书,定为张禹同时人所作,殆疏于考证者也。

近儒治汉学者,咸治《尔雅》,以古训为宗。邵晋涵作《尔雅正义》,以郭注为主,守疏不破注之例,郝懿行复作《尔雅义疏》,虽亦宗郭注,然注有讹谬,则博采汉注,或以己说订正之。且正名辨物,咸即字音求字义,多得阮元之传。若臧庸辑《尔雅》旧注,叶蕙心复作《尔雅古注斠》,皆旁采汉、魏以前旧说,惟语鲜折衷。又近人胡元玉作《雅学考》,于《雅》学源流叙列颇详。《尔雅》以外,疏张揖《广雅》者有王念孙,疏杨雄

《方言》者有戴震、钱侗，而杭世骏复作《续方言》，沈龄为之作疏，疏刘熙《释名》者有江声、毕沅，释许慎《说文解字》者有段玉裁、桂馥、王筠（余书甚多），辑吕忱《字林》者有任大椿，而大椿复辑《小学钩沈》。若夫吴玉搢作《别雅》，宋翔凤疏《小尔雅》，孙星衍辑《仓颉篇》，皆足补《尔雅》注疏之缺，此小学所由日盛也。

---

① 录自《刘申叔先生遗书·经学教科书》，第一册第三十六课。

六儒颂序①

　　昔吾乡汪容甫先生以东南经学亭林开其先，河洛图书至胡氏而绌，中西推步至梅氏而精，阎氏力辟古文，惠氏专精汉《易》，至东原集大成，拟作《六儒颂》，未成而殁。夫亭林以济世之才，抱坚贞之节，说经稽古，亦深宁东发之俦，定九弹精数学，于观象授时，厥绩良多；东原好学深思，心知其意，而诠明理欲，说轶宋儒，近世经师莫之或先矣。若阎、胡、惠三家说经，虽多创获，然阎学末流穿凿疑经，胡学末流言涫雅俗，惠学末流笃信胶古，此则必当审辨者也。爰继汪先生志作《六儒颂》。

---

① 录自《左盦集》，卷八。

近儒学案序①

　　昔在明季,士大夫抱艰贞大节,不事二姓,以讲学为己任,故东林之学振绪三吴,蕺山之徒潜踪两浙,而余姚黄黎洲先生又集王学之大成,明儒绪论赖以不坠。当此之时,南方大儒接踵兴起,亭林以闽学为依归,姜斋奉关学为标准,一洗王学空疏之习。厥后,朱学大兴,讲学诸家日趋于平实,梓亭、杨园其最著者也;又临安之地有应㧑谦、沈昀,于是有仁和学派;江、赣之间有谢文洊、彭任,于是有南丰学派;淮南之滨有朱泽沄,于是有宝应学派;黄山之隅有汪佑诸人,于是有徽州学派。兹数公者虽笃守朱学,然大抵由陆、王而入程、朱,惟晚村先生兴于浙东,瘏口焦思、倡明朱学。此皆南方之儒也。至北方大儒,亦多讲学授徒,为后学所矜式。夏峰、二曲调和朱、陆,不尚空谈,而齐、鲁并晋之间,耆儒辈出,宗考亭而祧阳明,盖与孙、李之旨稍殊矣。此皆北方之儒也。自此以还,中外大僚思获朝廷之际遇,乃托名朱学以博老成循谨之名

（如朱轼、张伯行、陈宏谋是），惟安溪李氏拾漳浦象数之绪余，桐城方氏精熟三礼，著述斐然，与伪儒之学稍异，然皆无足重也。又明季之时，颜、李之学振于北方，以实用为归，力矫宋学空疏之陋，而西河毛氏亦排斥考亭，作《圣门释非录》诸书，为汉学家之首倡。厥后，汉学振兴，东吴之学掇拾丛残，高邮之学研覃诂故，皆无学派之可言，惟东原先生倡导实学，以汉学之性理易宋学之空言，推扫廓清，厥功甚茂，与长州学派之流入禅宗者迥然不合。东原既殁，汉学者笃信其书，及常州学派兴，以微言大义之学为天下倡，而学术益归涣散矣。道、咸以来，治学之儒多以汉学为破碎，于是调停汉、宋，不名一家，其有立志远大者，则又推理学以为世用，如山阳学派是也。近世以来，诸学之风顿息，惟常州学派尚延一线之存，然亦渐失本旨矣。不亦重可叹哉！

　　光汉研究国学粗有心得，拟仿黄氏《明儒学案》之例，为《近儒学案》一书，昔宝应成先生孺、南海朱先生次琦皆有撰述，惜未成书，光汉此著非必竞胜前儒，不过欲使三百年学术稍有辙迹之可循耳。知言君子或亦有取于斯乎。

目录

李颙　王心敬(别出),李柏　李因笃　孙景烈　冯云程　白奂彩。

《蕺山学案》

刘汋　沈国模　韩孔当(别出),劳史　桑调元。

《余姚学案》

黄宗羲　黄宗炎　万斯同　全祖望(别出),唐甄　邵廷采　李绂　恽敬　胡泉。

《东林学案》

高愈　顾枢　高世泰　朱用纯　吴焕　张夏　向璿　顾培(别出),刁包　恽逊庵　汪学圣。

《薑斋学案》

王夫之　罗泽南(别出),李文炤　邓显鹤。

《亭林学案》

顾炎武(别出),张尔岐　江永　包世臣。

《桴亭学案》

马负图　陆世仪　陈瑚　盛敬　张士龙。

《仁和学案》

应扨谦　沈昀　姚宏任　秦云爽(别出),陆寅。

《南丰学案》

谢文洊　彭任　宋之盛　甘京　黄采(别出),魏祥。

《山西学案》

章福元　李生光　党成　陶世徵(别出),范镐鼎。

《山东学案》

　　阎循观　韩梦周　滕纲。

《杨园学案》

　　张履祥　何汝霖。

《晚村学案》

　　吕留良　曾静　张熙。

《徽州学案》

　　汪佑　汪知默　吴慎　朱弘　施璜。

《习斋学案》

　　颜元　李塨　王源　程廷祚　戴望(别出)，潘天成。

《安溪学案》

　　李光地　蔡世远　雷铉　伊朝栋　李光坡　蔡新(别出)，张鹏翼　童能灵　孟超然。

《长洲学案》

　　潘恬如　邓元昌　彭启丰　彭绍升　汪缙(别出)，钱民。

《西河学案》

　　毛奇龄　陆邦烈。

《东原学案》

　　戴震　阮元　焦循　凌廷堪　程瑶田　洪榜(别出)，惠栋　钱大昕　汪中　江藩　王念孙　王祖。

《宝应学案》

朱泽沄　王懋竑　刘台拱。

《桐城学案》

方苞　姚鼐　方东树　方宗诚(别出)，陈大受　陆耀。

《山阳学案》

潘四农　丁晏　高均儒　吴昆田(别出)，曾国藩。

《常州学案》

庄存与　刘逢禄　宋翔凤　王闿运(别出)，魏源　龚自珍。

《诸儒学案上》(伪儒)

陆陇其　朱轼　张英　陈弘谋　魏裔介　魏象枢　熊赐履　胡煦
张伯行　孙嘉淦　沈近思　杜受田　翁心存　潘甚思。

《诸儒学案中》(新派)

胡不庄　刘守庄　洪真吉　领澄之　阎若璩　潘诏　吴询　姚学
俄　谢泽世。

《诸儒学案下》(调和汉、宋者)

张履　黄式三　陈澧　朱次琦　朱一新。

---

① 录自《左盦外集》，卷十七。

习斋学案序①

　　昔西汉中叶,经生蔚起,以《禹贡》行水,以《春秋》折狱,以《三百篇》代谏书,虽缘饰经术谀媚时君,似若无取,然政、学合一,即此可窥。自宋儒区分体、用,政、学以歧,讲学之儒渐舍实功,惟习斋先生以用为体,力追三代,教学成法,冠、昏、丧、祭必遵古制,从游之士肄力六艺,旁及水、火、兵、农诸学,倡教漳南,于文事、经史外兼习武备、艺能各科,较之安定横渠固有进矣,又以建夷宅夏非尚武、不克树勋,思以武健之风转易民俗,其旨与晰种藉民为兵同。盖先生以用为体,即以用为学,身体力行,一矫讲学空虚之习。至先生论学,惟《存性》一编,辟宋儒气质之说,实开东原学派之先。若解释格物,援据《周官》,又以三物教民,推崇六艺,则立说未免稍偏。夫《大学》经文次第,格物先于修齐,若以《周礼》三物解之,则六德之旨橐括修身,六行之说备列齐家,非复言乎,言各有旨,奚必强符,西河作《逸讲篇》攻斥颜说,诚非无据。然若望溪方氏,囿于明、清功令,伪托宋学以投时尚、博声誉,以先生讲肄多与时违,为刚主先生志墓,于颜学多微词,至谓刚主末年舍师从己,其是非不具论,特就望溪论颜学者言之。望溪之言曰:颜学忍嗜欲,苦筋力,勤家养亲,以其余力习艺术,讲世务备天下国家之用,以是为孔子之学,而自别于程、朱。夫颜学诚与程、朱有别,然谓习艺备用为余力,则本末颠置。夫先生本旨在于用时,时不可为,乃以遏欲勤身自见,是备用为本,守身特其末耳。望溪之词未为知言也。此说一倡,而桐城方氏(方东树《汉学商兑》云:李塨谓《大学》格物一传不必补。盖塨学于颜元,以躬行为主,此等妄说盖又沿之王柏、毛奇龄诸人者)、武进汤氏(汤修等《赖古斋文集·书李恕谷外集后》云:大抵颜习斋生长穷乡,又当陵谷变迁之时,不由师传,力肩斯道,洵不愧豪杰之士。而矫枉自是,立说欠平,以孟子后一人自许,而历诋数千年诸儒为虚学欺世,恐非笃论也),咸于先生有诋词。盖宋、明学术陷溺人心,先入为主,语稍立异动肆挤排蚍蜉撼树,亦何损于先生之万一哉。近儒瑞安孙氏谓颜学近于《墨子》,其说颇得。考《庄子·天下篇》谓墨翟、禽滑釐以绳墨自矫,备世之急,宋钘、尹文愿天下安宁,以活民命,人我之养毕足,而止以此白心(《荀子·非十二子篇》谓:陈仲、史鰌忍情性,綦谿利跂,亦墨学之派)。大抵皆墨学派别,颜、李学行多与之符,而《墨子》《备城门》《经说》诸篇,多言工学兵学,与习斋趋重武事技能者相符合,谓颜学近于墨家,要亦近是。然颜氏生当明、清之交,士鲜特立,非缘饰经说无由自立,故又特托成周教学成法,以自隆其书。然即颜学之立说观之,殆古人所谓成一家言,言之成理者欤。合于儒术不足为益，即背于儒术亦不足为轻。明于此义，庶可以读先生之书矣。

---

① 录自《左盦外集》，卷十七。

幽蓟颜门学案序^①

燕赵之地，古称多感慨悲歌之士，读高达夫《燕歌行》，振武之风自昔已著。又地土垆瘠，民风重厚而朴质，故士之产其间者，率治趋实之学，与南学浮华无根者迥殊。颜学之兴，亦其地势使然欤。颜门弟子以刚主、昆绳为最著，皆生长幽土（李为蠡县人，王为大兴人），流风所被，承学之士咸沐习斋之教，潜心实学，或各执一艺以自鸣，厥效甚著。而望溪方氏与人书称：浙学之坏始黄黎洲，北学之坏则自习斋始。吾得一语而反之曰：燕、蓟素无学术，北学之兴始自习斋，惟习斋弟子舍刚主、昆绳外，咸注重躬行，不事空文著述，故书缺有间，然以学植躬，择术备用，较之横渠关学，盖有进矣。岂不盛哉。

---

① 录自《左盦外集》，卷十七。

并青雍豫颜门学案序①

昔在成周，格物、致知区分二派（格物为实验派，致知为穷理派），形上为道，形下为器（形而上者，指未有形之先言也；形而下者，指既有形之后言也。未有形者丽于虚，既有形者证于实。《乐记》曰：德成而上，艺成而下。德即道，艺即器也），周室既东，学术斯竞，儒家尚道（孔子视艺为甚轻，故游于艺在志于道后。又曰：吾不试故艺。子夏曰：小道君子不为。盖视艺甚卑。《大学》言：格物，不过以之为入学之门耳），墨家尚艺（如《备城门》、《备梯》、《备突》篇之讲兵学，《经》上下篇、《经说》上下篇之讲格致）。至于后世，扬儒黜墨，格物、致知，该以穷理，工艺之学儒者耻为，由是士有学而工无学。及蒙古宅夏，西士东来，布教而外，旁及历数、器象诸学，故刘秉忠、郭守敬之流，咸以治历明时著名史册。有明中叶，西教益昌（崇祯帝即信西教），士习其学（如徐光启诸公是），尊为西儒（观明季时，山左有张尔岐，扬州有孙兰、徐维祺，皆深信西学，即余姚黄氏、宣城梅氏亦习西法者也），故宣教之徒聚萃辇毂重地，以西法相授。

习斋先生生长博野，地迩燕京，吾意先生壮年必亲炙西士之门，备闻绪论，事虽失传，然证以先生所学，则礼、乐、射、御、书、数外，并及水、火、工、虞。夫水、火、工、虞，取名虽本于虞廷，引绪实基于晰种。水学之用在于审势辨形（辨地形之高下、水势之曲直，用测量之法宜之），徐氏著《水利新书》，其嚆矢也（程瑶田《水地小记》亦明此义）；火学之用主于制器辅攻，南氏进红衣之炮，其实证也；工学者备物利用之学也，今大秦遗墟工执艺事奇技竞兴，固未艾也；虞学者入山刊木之名也，今扶桑三岛森林一科学列专门，犹可考也。先生生明代鼎革时，崇此四科，默契西法，用则施世，舍则传徒，律以古代学术，则道艺并重，近墨远儒。顾流俗昏迷，至理谁察，虽言之有物，易生异说之诽，故托言三物，旁饰儒书。此虽先生之慎词乎，毋亦时势使然欤。

及颜先生南游许、汴，李先生西入秦关，雍、豫儒生造门请业，旁及齐、晋，士多兴起，各探其性之所近，以一艺自鸣，由是次亭（上蔡王延祐）、颖生（鄢陵刘从先）肄习礼经，圣居（鄠县鲁登阙）、介石（深泽李柱）登歌合乐，瑞生（西安蔡麟）、心衡（山东刘心衡）潜心射御，以及季荣肄书（华州古葵）、野臣（河南谢在脩）通数，而代州冯氏敬南精谙众数，饰材辨器媲美白民，是岂可以奇技淫巧目之者哉。

盖南学蹈虚，北学崇实，蹈虚者多浮词，崇实者多实效。观南人肄颜学者，舍义理而外，惟知掇拾礼经，而六艺正传必归北人。岂非北人学术导绪西书,固与南人所学不同与(六艺之旨所该甚博,今新学亦不能出六艺之范围。知礼之当学,即知睦邻交际,从宜从俗,实为新王之礼制,知乐之当学,即知音乐设科,琴歌互答,不背古代之乐经;知射之当学,即知操演武器,崇尚兵操,为当今之急务;知御之当学,即知驾驶舟车,谙明汽学,为致用之实功;知书之当学,则佉卢之字、大秦之书,在所不废矣;知数之当学,则测量之法、代数之术,在所不遗矣)?因思元、明以来士趋实用,不以西法为耻言,故实学未沦。及雍正御宇,用李卫言,排革西教,焚书庐居,学士大夫悉承朝廷意旨,相习成风,黜斥新理,陷溺民心,至今未熄,而世之治实学者愈鲜矣。惟东原释经隐含旧教之旨(钱塘夏穗卿先生语予曰:《孟子字义疏证》中有天主教之言。予案:张尔岐《蒿庵杂志》解《月令》"昊天上帝",已以西人天主之说解之),慎修治算,已开代数之先,此皆以西学缘饰旧籍者也。偶有所触,故即颜氏之学推论之。

---

① 录自《左盦外集》,卷十七。

东原学案序①

自宋儒高谈义、理,以为人同此心,心同此理,以心为至灵至神之物,凡性命、道德、仁义、礼智咸为同物而异名,故条分缕析,区域未明(由于知义理而不知训诂),不识正名之用。又北宋之初有孙复(作《春秋尊王发微》)、欧阳修诸儒,立论刻深,辨上下以定民志,程、朱继兴,隐崇斯旨(故朱子盛称孙复、欧阳修),箝制民心,以三纲立教(三纲之说西汉时已有之,见《谷永传》,《白虎通》亦有解释,惟至于宋代说始大昌,如程子言:饿死事小,失节事大是也;而明儒吕坤亦曰:君虽不仁,臣不可以不忠;父虽不慈,子不可以不孝),而名分之说遂为人主所乐闻,立之学官,颁为功令(自元、明以来,崇尚程、朱之书,以君主利用其说以制天下也),民顺其则,不识不知,然祸中生民,盖数百年于兹矣。

近代以来鸿儒辈出,鄞县万氏、萧山毛氏,渐知宋学之非,或立说著书以与宋儒相诘难(毛西河《四书改错》、《圣门释非录》专与宋儒为难,

《四书改错·大学中庸》以《大学》推言民好民恶,《中庸》推言位天地育万物,皆即忠恕也。已开戴氏解理字之先,焦氏絜矩说亦本之),而集其成者实惟东原戴先生。

东原之书以《原善》、《孟子字义疏证》为最著。《原善》三篇,以性为主,谓仁与礼义由性而生,显之为天,明之为命,实之为化(此说皆不足据,仍汉儒以五行解性情之遗说,且亦不能脱宋儒言性理之范围),顺之为道,循之有常,曰理合此五端,是名曰善(大易曰:继之者善也,成之者性也。例以戴氏所言,则此说固不诬也)。复以材由性生(复以由材而生听、生视、生思,合听、视、思三端而生明),因材施教,性善乃成(戴氏说盖本《春秋繁露》。《繁露·深察名号》篇云:或曰:性有善端,心有善质,尚安非善。应之曰:非也。茧有丝而茧非丝也,卵有雏而卵非雏也,比类皆然,有何疑焉。又曰:质于禽兽之性,则万民之性善矣;质之人道之善,则民性弗及也。《实性》篇曰:性者,天性之朴也;善者,王教之化也。无其质,则王教不能化,无其王教,则质朴不能善。盖戴氏之所谓材,即董子之所谓质也。戴氏因材施教之说,亦即董子以教化质之义也),善性既成,由是得于心者为信诚(信者不渝之谓也,诚者无妄之谓也),应于世者为道德(道者共由之谓也,德者有得之谓也)。训诂彰明,慎密严瑮(陈北溪作《字义》,墨守朱子之说,不敢有出入,故讹误之语甚多,惟东原解字,其界说最为精严,虽间有武断,然疵不掩醇。近世定海黄氏作《经训比义》,其《叙目》一篇解字亦极精确,然大半本于戴氏之说,可谓善于所择矣),其说信美矣。若《孟子字义疏证》一书,则瑕瑜杂见。东原之解理字也,以为理生于欲,情得其平,是为循理(戴氏曰:情得其平,是为好恶有节,是为依乎天理)。是则理也者,人心之所同然者也(戴氏曰:心之所同然者,始可谓之理,谓之义,则未至于同然,存乎其人之意见,非理也、非义也。凡一人以为然,天下万世皆曰是,不可易也,此之谓同然。举理以见心能区分,举义以见心能裁断,分之各有不易之则,名曰理,如是而宜,名曰义。其说甚精),情欲之不爽失者也,故能戒偏私,以公好恶(《原善》三篇,首重去私。而《孟子字义疏证》谓一人之所欲,天下人之同欲也,我以所欲所恶公于彼,彼亦以所欲所恶公于我矣),舍名分而论是非(戴氏谓后世以理为意见,尊者以之责卑,长者以之责幼,虽失谓之顺,卑者、幼者以理争之,虽得谓之逆,由是下之人不复以天下之同情达于上。又谓人死于法犹有怜之者,死于理其谁怜之。又谓后人负其气,挟其势位,加以口给者理伸;力弱气慑,口不能道词者理屈。盖戴氏以理为势也),言为世则其利溥哉(西国民主政治,凡立一政行一法,咸取决于多数之民,所谓公好恶也。且倡人类平等之说,舍势论理。而戴氏所言与之相合,则戴氏之功岂减卢梭、斯鸠哉)。盖东原解理为分确宗汉诂(戴氏曰:理者,察之而几微,必区以别之名也,是故谓之分理。又引《中庸》文理,《孟子》条理为证。案:郑君注理,训理为分。而《说文》亦曰知分理之可以相别异也。理可以分,故曰分理,且肌之可分者曰肌理,腠之可分者曰腠理,文之可分者曰文理,且事事物物莫不有理,故天曰天理,地曰地理,性命曰性命之理,犹之科学家之言心理学、物理学、地理学也。故古人有穷理之学,且古人之所谓理,即穆勒名学之所谓伦,皆由对待而生,故理亦必由比较分析而后见),复以理为同条共贯也,故以理字为公例(如以理为人心之所同然者是),较宋儒以浑全解理字者(宋儒以浑全之义解理字,显与有别之义相背。任氏《翼圣》已驳之。若朱子言天即理,性即理,夫性、天皆有条理,其说诚然,但谓性、天即理,则其说大非。宋儒说字往往逞一己之见以斥古训,洵可惜也)迥不同矣。至谓理在欲中,亦非宋儒所可及。宋儒以蔽为欲(《乐记》云:感于物而动,性之欲也。是欲生于情,情生于性,情欲皆吾性中所固有,即《中庸》所谓喜怒哀乐六情也。欲生于中,习由外染,故孔子言习远蔽由习生,故佛家以蔽为大戒,如《大乘法界·无差别论》言:一曰自性净,二曰离垢净。复曰自性无染著。盖以本原之性多为垢染所蔽,非去其染著之垢,则本性之清净不可见。宋儒本之,所谓复性虚灵不昧也。阳明锢蔽之说亦由于此。特宋儒误以蔽字解欲字,遂以欲为外物,而必欲屏之矣),复误解《乐记》之文(《乐记》之文易解,其言好恶无节于内,知诱于外,不能返躬,天理灭矣。夫物之感人无穷,而人之好恶无节,则是物至而人化物也。人化物也者,灭天理以穷人欲者也。盖理即公理,人人守公理,则人人自保其权利,不以权力加人。至人以权力加他人,是为穷人欲。穷人欲由于不返躬,故与公理相背,即《乐记》所谓灭天理也。故《乐记》下文有强者胁弱数语,则穷人欲指侵犯他人自由。言彰彰明矣,非谓有欲即与天理相背也),以为天理与人欲不两立(盖佛书以六欲为六贼,儒者信其说,遂以去人欲为存天理,仪征阮氏已斥之),以天理为公,以人欲为私(如朱子之解《论语》君子喻义,小人喻利也。谓义者天理之所宜,利者人情之所欲,解能近取譬也,谓胜人欲之私,存天理之公。宋儒之言多类此,至于王阳明,则以捍格外物解格物矣),惟断私克欲(宋儒以断私克欲解克己,复以断私克欲解勇字,斯真大谬),天理乃存。然宋儒之说贵公去私(四字见《吕氏春秋》),近于逆民(昔孔子以克伐怨欲不行不可以为仁,而公绰不欲,孔子称其不可为大夫。盖无欲之人即无进取之志,是古人本无无欲之说也)。东原之说推私为公,近于顺民(利己为利己利物,亦所以利己。此说也中国古人言之甚鲜,惟戴氏之言恕始倡明之)。

又虑民之恣情纵欲也,故复于顺欲之中,隐寓节欲之意(孟子言所欲与聚礼,言小人乐得其欲,此顺欲之说也;孟子言寡欲易,言节欲礼,言欲不可纵,此节欲之说也。孔子言从心所欲不逾矩,即顺欲与节欲并崇之证。若杨朱、魏牟,纵情性安恣睢,则不知节欲之故也。节欲犹之节性,儒家言节欲,不言无欲,犹之言节性不言灭性也。宋儒虑人民纵欲,至并欲而去之,且谓欲非性中所固有,非也。惟东原以情欲不爽失者为理,则情欲之爽失者即不得谓之理,此即欲不可纵之义,则东原何尝不言节欲,又何尝以欲为理哉? 中儒之言理欲未有及戴氏者),特嗜欲、欲望之分,东原未及析之耳(西人分欲为二种:一曰嗜欲,如男女、饮食是也,是曰必得之欲;一曰欲望,如名誉、财产是也,是曰希望之欲。《礼》言饮食,男女人之大欲存焉,此嗜欲之欲,字或作慾。若《论语》言欲仁、欲立、欲达、欲善,《孟子》欲义、欲贵、欲广土众民,则皆希望之欲也。嗜欲之欲当节,而欲望之欲则人生所恃以进取者也,不当言节。惜戴氏未及知之)。

至东原谓六经群籍理字不多见,自宋儒以意见当理,始以理为如有物,得于天而具于心(戴氏言六经、孔孟之言以及传记群籍理字不多见,今虽至愚之夫悖戾恣睢,其处断一事,责诘一人,莫不辄曰理也。自宋以来始相习成俗,则以理为如有物焉,得于天而具于心,因以心之意见当之也),夫宋儒以理为绝对之名,析词已误(戴氏曰:程、朱改释老之指神识者以为理。又曰:程、朱以释老之真宰真空指为理。此说诚然。盖宋儒以理为绝对之词也,故以浑全解理)。然宋儒立说尤歧者,则舍理论势之说也。始也舍理论势,继也以势为理(如《春秋尊王发微》、《春秋胡氏传》以及《二程语录》莫不本此),及名分说兴,以犯理即为犯分(吕东莱、朱子皆持此说,盖宋儒以理为天,复以君、父、夫亦为天,故视君、父、夫与天同为理所从出),即戴氏所谓以意见为理也(中国学术统于一尊,此以意见为理之始。然戴氏所谓意见,即指名分言也,故有尊者以之责卑数语,复言宋儒言理酷于申、韩,是戴氏之所指斥者,名分之说也。乃用意见二字,语亦稍晦)。特理与势殊不得合为一物(明吕坤《语录》曰:天地间惟理与势最尊,理又尊之尊也。庙堂之上言理,则天子不能以势相屈即相夺,而理常伸于天下万世。是吕氏明分理、势为二物,理可屈势,势不能屈理,即戴氏舍势论理之所本也,其说最精),且宇宙事物莫不有理,不得讳理而不言(《易》言穷理,《孟子》言理义,是古籍非不言理字,盖古籍罕言理字者,以理之本训为治玉,故或以他字代之。《诗》言有物有则,则即理字之代字也,是古代言理与公例同。又古代本理以制礼,故理之所包者悉于礼制中见之。《礼·坊记》曰礼者,所以因人之情而为之节文者也,礼生于情,与理之生于情欲者相同。此古代所以多言礼字,罕言理字也,理与礼同,有凌次仲《复礼说》三篇言之最明),若执宋儒解理之误,至并理字为讳言,是犹嫉舞文弄法之吏,并诋国家法律为不足道也,有是理哉(戴氏之说,因噎废食之说也)。且戴氏所谓理者,指在物之理言之耳(以古人言肌理、腠理、条理、文理,皆即理之在事物者言之也)。夫事物之灿然毕陈者,固谓之理(理之在事物者,目可睹而指可数者也),然事物之理心能别之,心之所以能别者,独非理乎(此即所谓心理学也,西人别为一科)?故在物在心,总名曰理。今东原之言曰理者,察之而几微必区以别之名。又曰知分理之可以相别异也。夫几微之区别,分理之别异,理诚在于事物,至谓之察、谓之知,岂察、知亦在事物乎?夫人心本静,感物而动,物至自知,好恶以形(《乐记》曰:人生而静,天之理也;感于物而动,性之欲也。物至自知,然后好恶形焉。此说最精。王阳明曰:无善无恶,心之体;有善有恶,性之用。盖人惟脑筋最灵,天下事物易与五官百体相触者,其事即印入脑筋,所谓感也。虽然,天下之事不仅一事,天下之物不止一物,事有善恶,物有精粗,今日感一物,明日感一事,积之既久,遂能断其是非,即由感生智,由智生断也。盖天下无一物无一事,则理不生;所感者仅一事一物,则理亦不生。故理也者,必待比较分析而后见者也。然比较分析由心而生,西儒康德之言哲学也,分感觉、推理、良智为三,谓感觉必生推理,推理必生良智,良智即孟子所言之良知。是辨别之能,本具于人心也。然无事物以感触之，则此机能不见。康德言推理必因良智，即知物由于人心之义。非物则心无所感，非心则物不可知矣。《乐记》之说，即阳明之说所本。无善无恶，由于未与物接也，故理不生；有善有恶，由于既与物接也，故理随之而生。心理、物理互相用，心理由物理而后起，物理亦因心理而后明也），夫所谓感物而动者，即在心之理也。即心观物，故事物当前不假思索。由感生智，由智生断，而事物之理灿然大明（有在心之理，然后能别辨事物之理也）。此智之端所由为是非也（孟子曰：是非之心，智之端也。是非之心即心理也。故孟子又曰：是非之心，人皆有之。人有是非之心，则理具于心明矣）。今东原于其可睹可数者，指之为理；于其不可睹不可数者，独不信其为理所包涵。盖以宋儒言理，多求理于空阔之中；而阳明继兴，遂以物备于我，我外无物（宋儒言理虽极浑沦，然格物之说尚有言者，如朱子言即物穷理是也。阳明之说则与西国柏拉图、笛卡儿唯心论同，又取佛家三界唯心、万法唯识之说，然谓心物相符可也，谓我外无物不可也）。故力矫其偏，以理字专属事物，不杂心性之空谈（程子亦言在物为理。朱子亦言穷物理。薛敬轩亦曰理不外事，惟于事求其理。又云古者诗书礼乐，俱以事物教人，而穷理亦于事物穷究。是理字专指事物言。宋、明儒家亦有是说也）。然物由心知，知物即为心理（《中庸》言：博学之，审问之，慎思之，明辨之。夫慎思明辨，所以推吾心之智以观事物者也。使心无知物之能，事物何由辨别哉。惜戴氏不知此义），东原亦未及知也。故观物之念虽明，而观心之念未启（戴氏之学术乃唯物之学，而非唯心之学也），此则东原言理之偏矣（日本井上圆了云：唯心论者由物心两象，总由一心而起。然物对心而可知，心对物而可知，二者缺一亦不能存。心能知物，物因心而被知。一称主观，一称客观。然云有心而无物，恰如云有主而无客。不知我有知物之心，而使吾心致其用者，物也。无心则物无可有之理，无物则心亦无可有之理。今云有物无心，未免过偏；其论有心有物，最为的当。若如戴氏之说，知客观而不知反求主观，未免有物无心之讥矣）。

若东原之论性字也，以血气心知为性（戴氏曰：分于阴阳以为血气心知，品物区以别焉。举凡既生之后，所有之事、所具之能、所全之德咸以是为本。故《易》曰：成之者性也。此说本于《中庸》天命之谓性。郑注、朱子注亦以阴阳五行言性，而戴氏亦以性由阴阳而分，盖仍沿西汉阴阳家之说，未足信也），以血气为心知所自出（戴氏曰：血气、心知，性之实体也。又曰：有血气则有心知，由血气之自然而审察之，以知其必然，是之谓理义。又曰：性者，血气心知本于阴阳五行，人莫不区以别焉是也；而理义者，人之心知有思辄通，能不惑于所行也。其说甚多，不具引），以心知为理义，与宋儒论性不同（告子言人性本无仁义，而宋儒则以仁义礼智言性，以证孟子性善之说。程子有言：性即气，气即性。朱子亦曰：天下未有无理之气，即未有无气之理，理者，具于人性者也。王阳明亦有言：生之谓性。生字即是气字，犹言气即是性也。而朱子复分本原之性与气质之性为二，大抵本于佛典。盖宋儒以气质之性由后起。东原则谓血气之性人得之最先）。然血气之属人物所同，而心知智愚各别(草木有生性而无觉性,禽兽有觉性而无悟性。有觉性者,具有血气者也;有悟性者,能具心知者也。告子言生之谓性,本为古义。盖古代性字与生字同,未加心旁,指血气之性言也。厥后性字从心,乃指心知之性。言心知之性与血气之性不同,故孟子之斥告子曰:然则大之性犹牛之性,牛之性犹人之性与?是犬牛之性与人不同,不得谓有血气即有心知也),不得谓有血气即有心知也。至谓心知即义理,亦与《原善》之说互歧(《原善》谓性有教而后善,则以理义由后起,非义理即心知)。夫性有心知,即能辨别义理,然人性之初,无善、无恶(告子曰:性无善无不善也。王阳明曰:无善无恶性之体。《乐记》亦曰:人生而静。人生而静,即空无一物之谓也。故无善无恶),及日与外物相接,乃生辨别义理之能(人日与外物相接,由感而生智,由智而生断。故必有对待,然后有比较;有比较,然后有是非。使不与外物相接,知心之义理何由见之乎)。是则理义本性中所固有,特人性有辨别义理之端耳(此用董子性有善端之义,说见前文)。故《易》言继之者善,而《礼记·乐记篇》亦曰:应感起物而动,然后心术形焉,则心知非即义理明矣。盖东原之所援据者,孟子性善之说也。故以人心所同然者为理义,以未至于同然者为意见(戴氏曰:心之所同然者,始谓之理,谓之义;若夫未至于同然,存乎其人之意见,非理也,非义也)。不知五方之民种类各殊,各以意见为善恶(善恶之区分,其故有三:一因境遇而生,善恶者不外习惯而已,故各族习惯不同,则各族所定之善恶亦不同;一因嗜好而生,人生有欲,大约相同,故善恶各随其欲而区别;一因舆论而生,舆论者一国人民之意向也。善恶既由习惯而生,然积之既久,遂因舆论以定是非。或为道德、或为法律,而一国之中遂以为公是公非矣。故各国之中,有此以为善彼以为恶者,即此故也)。故人性本同,悉因习染生区别(中国儒者言性之歧,悉由于此。《论语》言:性相近,习相远。相近不指善言、相远亦不指恶言说最简明。《中庸》言:天命之谓性,率性之谓道。所以因同然之性而导之也。《召诰》言节性,《王制》言节民性,所以虑民之染于恶也。《孟子》谓人性皆可为尧舜,又言性有四端,所以明人人皆可习于善也。然习于恶者仍多。《荀子》言善由人为,所以明人性本无善质,必习于善然后善也。惟言之未析,一若孟言性善,则人性本善;荀言性恶,则人性本恶。不知本性实无善恶,善恶皆由于习尚,而善恶者亦非真善真恶也。《晏子》曰:习俗移性,此语最当。告子以义为外,亦未可非。盖性者,至无定之物也。譬之镜焉,染尘则污,拭水则明,岂有一定之性哉)。不独理义之称无定(理义者,即意见也),即性善、性恶之说亦至无凭(孟、荀之说皆偏),惜东原未见及此耳。且东原言性,既以性善之说为宗矣,复以怀生畏死为性(戴氏曰:凡血气之属,皆知怀生畏死,因而趋利避害。虽明暗不同,不出于怀生畏死而已。是戴氏以怀生畏死为本原之性也),非袭用荀氏性恶之说乎(以怀生畏死为性,亦未可非。但既以义理为性,复以怀生畏死为性,非明明自歧其说乎。戴氏此说非惟用荀子之说,且与告子以甘食悦色为性者同)。东原知立说之互歧,于是以怀生畏死为物蔽,谓无蔽者惟圣人。(此说袭用佛书,惟与朱子言气质之性、阳明言性为欲蔽者稍异。盖阳明以欲为蔽,而戴氏则以意见为蔽）。此何异于宋儒言性之说乎（既以怀生畏死为本原之性，与宋儒言物蔽者稍殊；复以怀生畏死为物蔽，则怀生畏死又非本原之性矣。同一书也，而立说互歧若此，此则不明论理学之过也。然近儒著书，此类甚多）？是则东原立说之误也。

若夫训道为行（戴氏曰：道犹行也。气化流行，生生不息，是故谓之道。又曰：道者，人伦日用之所行者皆是。在天地，则气化流行，生生不息，是为道；是故道在人物，则凡生生所有事，亦如气化之不可已，是谓道。案：戴氏训道为行，是也。道字之义由道路之道引伸，道路之道人所共由，故凡事之为人所共由者，亦谓之道。是则道也者，所以悬一当然之则，而使民共由也。《易》言：一阴一阳之谓道。又言"立天之道曰阴与阳"，言天气流行必由阴阳也。《易》言"立地之道曰柔与刚"，言地气流行必由刚柔也。故复言"坤道时行"，又言"地道上行"也。《易》言"立人之道曰仁与义"，言生民遵行者必在仁义也。《中庸》言"率性之谓道"，又以君臣、父子、昆弟为天下五达道。则道者乃人民率而行之者也。故《中庸》言道不可离。又言远人者不可为道。则道非指高远者而言明矣。《孟子》曰：夫道若大路然。此解最明。惟道系当然之则，系属无形。故《易》言形而上者谓之道。戴氏以气化流行解道字，仍蹈张子、朱子之说，稍近迂腐。以气化解道字，不如以道路之道解道字也。至戴氏谓人伦日用所行者皆道，则固确不可易也），训权为变（戴氏曰：权者，所以别轻重也。凡此重彼轻，千古不易者，常也。常则显然共见其非千古不易之重轻。则重者于是乎轻，轻者于是乎重，变也，变则非智之尽,能辨察事情者,不足以知之。案：权字有二义：一训为平。《书·吕刑篇》云：上刑适轻,下服；下刑适重,上服。轻重诸罚有权,此言权用罚之轻重而使之平也。陆宣公曰：权之为义,取类权衡。若重其所轻,轻其所重谓之权,不亦反乎？盖权即公平之义。理之得公平者谓之中,处事酌重轻而合于公平者谓之权。孔子言：未可与权。《孟子》言：执中无权,犹执一也。言处事当以公平为准,不可有一定之意见也。一训为变。《公羊》言：权者反乎经,《孟子》嫂溺援之以手者,权也。则指反经之权而言,与训平之义稍别。盖权字皆从称锤取义,事之公平者谓之权,取权物得中之义也。事之偏重者亦谓之权,即取权物稍偏义也。后儒不知训平之权,遂以权字为权变,至入于变诈一流。避其名者,复成拘墟之见,而权之真训亡矣。即戴氏之解权字,亦以变字之义解之,不知权之得中者即为常也。其说似误),立言虽当,然言词隐曲,必假引伸。唯才训为能(戴氏曰：才者,人与百物各如其性以为形质,而知能遂区别焉。孟子斥为天之降才是也。案：才之为训有二：《孟子》言：若夫为不善,非才之罪。此才质之才也；《孟子》言：有达才者。此才用之才也。训质之才,《说文》训为草木之初；训用之才当作材,即取材木不可胜用之意。才质之才,不可言有才无才。则以质具于生初,虽有刚柔、智愚之殊,然不可不谓之质。故祇可言质美质恶,不得言有才无才。若才用之才,则刚者、知者为有才之人,柔者、愚者为无才之人。此《孟子》所由言才也、养不才也。然才用之才,原于才质之才,故戴氏言各如其性为形质而知能遂区也。且才必因有为而后见,有志而无所为,则才不见。故才质之刚柔、智愚,咸因才能之优绌而后见。然才能之差殊,亦视才质之优劣。故才者,本人性之优劣而见之外者也。故观人者先观其才,则其为人可知矣。戴说是也),诚训为实(戴氏曰:诚,实也。据《中庸》言之,所实者,智、仁、勇也。实之者,仁也,义也,礼也。案:诚训为实,是也。《易》言:闲邪存其诚,犹言存其实也。《易》言:修辞立其诚。言修辞以实为主也。《大学》言:物格而后知致,知致而后意诚。诚即真实无妄也。无妄由于格物,故能无惑。此亦治实学之义也。《中庸》言:自诚明,自明诚。此言治学以实为本,惟实事求是,心乃大明。《中庸》言:惟至诚能尽之。即言有实学然后知心性也,言至诚如神,即言学有实验者,能测未然也。若《中庸》言不诚无物,即言天下无无实理之物也,故学当求实。若《中庸》言诚身有道,则言修身亦当有实功也。故又言至诚无息,复言诚者自成也。若《中庸》以择善固执为诚,亦即《论语》博约之义,即不蹈空虚之义也。后儒不达此义,不能真实无妄,凡事皆饰以虚矫。复以循谨老成朴陋者为诚笃,或曰诚实盖古人之诚,无妄之诚也;后世之诚,乡愿之诚也。惟戴氏所解不讹),析词明辨,远迈前儒。

若东原之解仁、义、礼智也,以义、礼属于仁,以智该于仁、义、礼(戴氏曰:仁者,生生之德也。仁者,可以该义,使亲爱长养不协于正大之情,则义有未尽;仁可以该礼,使无亲疏上下之别,则礼失而仁亦未为得。举仁、义、礼可以该智,智也者,知此者也),不知仁以安仁,义以正己,立训迥殊(《春秋繁露》云:以仁安人,以义正我,故仁之为言人也,义之为言我也。又云：仁之法在爱人，不在爱我；义之法在正我，不在正人。此解最精。古代仁从二人，郑君训相为人偶，言仁道必合两人然后见也。《论语》言：己欲立而立人，己欲达而达人。《孟子》言"仁民"，是仁道，乃行善事，而以惠德加人之义也。《礼运》言大同，以及张子、西铭皆言仁德，其详见仪征阮氏《论语论仁孟子论仁论》。古人训义为宜，《礼》曰：义者，天下之制也。制即限制之义。《易》言义以方外，方外即砥砺廉隅之义。故利与义对言，义则有所不为，利则无所不为也。《易》言禁民为非曰义，《礼》言去天地之害谓之义，皆使民有所不为也。是义乃持躬严正而不复侵犯他人之义也。仁义不同，而后儒以救人为义，混义于仁，故戴氏亦以仁该义、礼，然其说甚误，故特正之）而智之所及，亦非仁义礼所能该（古者智与仁并言，如子贡言仁且智，夫子既圣是也。《中庸》亦以仁、智、勇并言，而西国亦分智育、德育、体育为三，德育近于仁，体育亦近于勇，则智德所该甚广，虽仁、义、礼之道，必待智德而后知。然仁、义、礼之外，岂别无可知之法乎？若勇与信，皆当知者也），故《孟子》析仁、义、礼、智为四端（《易》言元、亨、利，即仁、义、礼也。《中庸》言仁、义、礼，复言有临、有容、有执、有敬，亦即智、仁、义、礼也，是仁、义、礼、智不同。古人于四端之中，虽有偏重一端而以他端互见者，然未有若戴氏之含浑者也。礼者，因人之情而为之节文者也。或训为理，或训为仪，亦与仁、义、智不同）。东原之说，名为伸《孟子》，实则与《孟子》相戾也，岂可从乎。

又东原之释阴阳太极也。以太极为气，化之阴阳（又谓：曰仪、曰象、曰卦，皆指作《易》而言）。然《易》言：《易》有太极，是生两仪。即《老子》一生二之说也。太极为绝对之名词（若《老子》之无，《庄子》之真宰，佛家之真如，以及杨雄言太玄，宋儒言天理，皆绝对之名词也。太极者亦绝对名词之代表也），阴阳为相对之名词。阴阳由太极而生（即《左传》所谓物生而后有象，象而后有滋，滋而后有数也。无象则数不能滋生），则阴阳非太极明矣（戴氏以阴阳在气，化为太极，在作《易》，为两仪。然《易》名起于作《易》之后，在气化不当名为《易》。今《易》言易有太极，不别举一气化之名属之太极，则太极与两仪同为作《易》之言。阴阳为太极之质，犹之性与才也。才生于性，不得以性为才。则阴阳生于太极，亦不得以太极即阴阳）。此又东原言虚灵之失也。

盖东原之时，汪（大绅，名缙）、彭（尺木）之徒杂佛、老之说以释经，东原以其杂糅二氏也，至诋为诐淫邪遁，复以宋儒之多出佛、老也，遂集矢程、朱，申汉学以排宋学。且当此之时，学士大夫竞治考证之学，非证明古籍，则其说不尊。故东原之言性理也，悉以著于经文者为据，凡前圣所未言者，悉诋为异端曲说，即后儒立说之足申《孟子》者，亦深文周纳，以折其立说之非。此则东原择说之偏（治欲之要，当实事求是。智者千虑，岂无一失；愚者千虑，岂无一得。前人所未言者，后儒何必弗言；前说所未是者，后儒亦可改更。若戴氏之说，则门户之见极严，不知学术为天下之公器，不能平心考察，故诋诬实多。甚矣，意见之有害于学也），不足为千古之定论也。

虽然，东原之学，小疵不掩大醇。义理必衷训故，则功在正名；讲学不蹈空虚,则学趋实用。凡小儒迂墟之说足以害政蠹民者,咸扫除肃清,弃如苴土。信夫圣人复起,不易斯言矣(戴氏学术最便于民)。故理堂、芸台撷其菁英(焦理堂作《论语通释》、《格物说》、《性善说》,攻乎异端,解以申戴氏仁恕之说。阮芸台作《论语论仁孟子论仁论》、《性命古训》,一贯解亦多本戴氏之说),次仲、伯初率循途辙(凌次仲作《复礼说》三篇,谓理与礼同。洪伯初有《上朱学士书》,极论戴氏言义理有功于世道),学术所及,风靡东南(若钱竹汀、孙渊如、孔巽轩、王德甫,其解释性理,咸本于戴氏之说),岂徒说经硁硁,遂足伺籍儒林之选哉(戴氏于声音、训诂、典章、制度,以及数学、地学,皆造其精微,然全书之中,仍以说性理者为最善)。而桐城方氏(方东树《汉学商兑》)、义乌朱氏(朱一新《无邪堂答问》),辨章学术,咸于东原有微词。以蚍蜉而撼大树,以蜩鸠而笑鹍鹏,鄙儒之说,何损于东原万一哉。予束发受书,即服膺东原之训,故掇拾精语,蕲彼芜词,以俟知言君子择焉。

----

① 录自《左盦外集》,卷十七。

王艮传①

　　王艮、字汝止，号心斋，泰州安丰场人。场俗业盐，不事诗书。故先生幼辍诵读，年三十偕乡人贩盐山东，经孔林，谒孔子庙，慨然奋曰："此亦人耳，何竟为万世之师耶！"乃归诵《大学》、《孝经》，及读《论语·颜渊篇》，始大悟其理。谓孔门之学，非口耳之学也，以圣自期，必自躬践礼教始（乃书四勿语于笏，朝夕奉持）。

　　然先生之学，以悟为宗，以经证悟，以悟释经，历有年所，人莫能窥其际也。及正德六年，乃大昌厥旨，谓行、住、语、默，皆在觉中（据《明儒学案》及李二曲《观感录》谓，先生当正德六年，梦天坠压身，万人奔号求救，先生手擎天，起见日月列宿失次者，咸整布如故，万人鼓舞拜谢。醒则汗溢如雨，顿觉心量洞明，天地万物一体。自此行、住、语、默皆在觉中，因题其座曰"正德六年间居仁三月半。"案：此事不经，或先生欲自行其学，恐其不足以动众也，遂饰佛家悟法华之说，以证己学之有所从来，非实有此事也），以继往开来为己任。

时王阳明巡抚江西，宣究致良知之学，东南人士云集响应。顾先生僻处，未之闻也。有黄文刚者，吉安人，为泰州塾师。闻先生论，诧曰：倜哉若人！何其言之似吾王巡抚也。先生喜曰：有是哉，信有斯人论学如我乎。吾将就正可否，无以学术误天下（《明儒学案》作先生喜曰：有是哉，虽然王公谈良知，艮谈格物，如其同也，是天以王公与天下也；如其异也，是天以艮与王公也。兹从李二曲《观感录》说）。即买舟往江西，以古服进见（《明儒学案》言：先生制五常冠，深衣大带，曰：诵尧之言，行尧之行，可不服尧之服乎？即此事）。踞坐辩论，因纵言天下事。阳明曰：君子思不出其位。先生曰：艮虽草莽匹夫，然尧舜君民之心，未尝一日忘。阳明曰：舜居深山，何以终身忘天下。先生曰：当时有尧在上。阳明然其言，坐渐侧。言及致良知，先生叹曰：简易直截，艮莫逮焉。乃下拜称弟子。退而绎所闻，间有不合，悔曰：吾轻易矣。明日入见，且告之悔。阳明喜曰：善哉，子之不轻信从也（《观感录》作阳明喜曰：有疑便疑，可信便信，不为苟从，予所乐也。是心斋之学从怀疑入手，怀疑者以己心之是非为是非，不以他人之是非为是非也）。先生复踞上座，反复论难，曲尽端委，久之乃大悦，遂为弟子如初。阳明谓门人曰：吾擒宸濠，一无所动，今却为斯人动心矣。居七月，以省亲辞归。

既而复诣江西，舣舟金陵，集太学诸生讲学。先生曰：吾为诸君明六经大旨。六经者，吾心之注脚也。道具于心，道明则经不必用，经明则传注不必穷（案：此意本陆子静所发，亦尚怀疑而不尚墨守之证）。

时六馆之士毕集，闻者悚然。及阳明以外艰家居，先生亦适越为阳明构讲坛，来学之士或从先生讲授(《观感录》曰：阳明以外艰家居，四方学者日聚其门，先生为构书院，调度馆谷以居。而鼓舞开导多委曲其间。即此事)，既而叹曰：与人为善，仁人之心。一夫不向于善，过在我也，不可不以道易之(据此则先生所抱之志甚大，欲使一国之民皆从己学)。乃制轻车蒲轮，周流天下。先诣京师，沿途讲说，人士聚听，多感动兴起。当是时，阳明之学谤议蜂起，适先生入都，冠服言动不与人同，都人相顾愕眙，目为怪魁。同门之寓都者促之还，适阳明以书见召，乃复还会稽。阳明以先生气高行奇，及门三日不得见，阳明送宾出门，先生长跪道旁，曰：艮知过矣。阳明弗顾而入，先生随至庭下，厉声呼曰：仲尼不为已甚。阳明揖之使起。至是敛圭角，就夷坦。及阳明起制两广，卒于师，内变外衅，祸机叵测。先生往返数千里，经纪其家，为之托孤议姻，乃旋里门，是为讲学里门之始。先生讲学，以格物即物有本末之物，与絜矩同，故格物即为反己，能反己则人己互亲(先生之言曰：格物即物有本末之物，身与天下国家一物也。行有不得者皆反求诸己，反己即格物之工夫。又谓：格如格式之格，与絜矩同。又曰：物格知至，知，本也。诚意、正心、修身，立本也。本末一贯，故爱人、礼人、治人，格物也；不亲、不治、不爱，是谓行有不得于心，然后反己也。格物然后知自反，反己是格物的工夫。又曰：知保身者，则必爱身；能爱身，则不敢不爱人；能爱人，则人必爱我。一家爱我、敬我，则家齐；一国爱我、敬我，则国治；天下爱我、敬我，则天下平。此即所谓淮南格物也。刘宗周曰：

淮南格物之说为最正。案：格物之说，当以朱子为宗。先生以格物为
絜矩，即汉儒训仁为相人耦之义，所谓好恶皆顺民情也。近儒戴东原论
理欲，焦理堂论絜矩，阮芸台论仁，实则隐袭先生之说。盖人己互亲即
合群之基也）。于明体达用而外，别立安身之说，以自标其宗（先生以
《大学》明明德为明体，以亲民为达用，以知止善为安身。谓：《大学》言
知其所止，即《周易》安身、《孟子》守身之义。又谓：安心以安身者为
上，身不安而心安者为次。盖所谓安身者，即《中庸》所谓无入而不自得
也。又谓：以安身为保身，以舍生、杀生背于保身之道，虽合于儒行爱
死有待、养身有为之义，然已开临难苟免之风。此《明儒学案》所以斥之
也）。若阐明心体，以本心为理，以私欲为弊，则与阳明之学相符（先生
之言心有所向便是欲，有所见便是妄。又曰：天理者，天然自有之理
也。才欲安排，便是人欲。又取程子性上不可增一物之说。又作《乐学
歌》曰：人心本自乐，自将私欲缚。私欲一萌时，良知还自觉。一觉便
消除，人心依旧乐）。当此之时，上自公卿，下自农贾，万众环集。先生
抵掌其间，启以机瀹，导以固有，直指本心，随机立教，音咳顾盼，使人意
消，承学之士，光明洞开，如梏得脱，如旅得归。其化民成俗之功，不在
阳明之下。

　　盖先生以百姓日用为至道，不假安排（先生谓：百姓日用条理处，
便是圣人。条理处，圣人知便不失，百姓不知便易失。又曰：圣人之
道，无异于百姓日用。凡无用者，皆谓之异端。天性之体，本自活泼，鸢
飞鱼跃，便是此体。又曰：良知自无不真实而真实者，未必合良知之

妙。盖先生之学，崇尚自然，虽未必尽当，然简易直截，则固陆子以后之第一人也），以道体为至浑（先生之言曰：此学是愚夫愚妇能知能行者。圣人之道，不过欲人皆知皆行，即是位天地、育万物。是先生以道体为至卑也），以入道为至易（先生《大成歌》曰：我将大成学印证，随言随悟随时跻。只此心中便是圣，说此与人便是师。此即阳明即知是行之说也。或有持功太严者，先生曰：是学为子累也。此亦先生以入道为至易之证也），故顽廉懦立，感及齐氓。先生又以《周易》见龙为正位，以身为天下国家之本。正物者，己身所负之责也（先生之言曰：正己、正物，是己身归宿处。凡见人恶，只是己未尽善。若尽善，自转易。以此见己身不是小一正百已，此之谓通天下之故。圣人以此修己安百姓而天下平。其以己身为天下重有如此）。圣人以道济天下，道寓于身，身尊则道重（先生之言曰：圣人以道济天下，身与道原是一件。至尊者此道，亦至尊者此身。尊身不重道，不得谓尊身；尊道不重身，亦不得谓之尊道。须道尊、身尊，方为至善。故《孟子》言天下有道，以道殉身；天下无道，以身殉道也）。学也者，所以学为师、学为长、学为君也。以天地万物依于身，不以身依天地万物，故必以修身为本，然后师道始尊。处一家则为一家之师，处一国则为一国之师，处天下则为天下之师。有王者起，必来取法，使天下明其学，则天下治。是故出而不为帝者师，是漫然苟出；处不为天下万世师，是独善其身。皆为遗本，皆为小成。则先生所谓尧舜君民者，其在是与（先生之言曰：学不足以为人师，皆苟道也。又曰：若以道从人，妾妇之道也。又曰：吾人须讲明此学，实有诸己。

大本达道，洞然无疑。有此把柄在手，随时随处，无入而非行道矣。有王者作，必来取法，是为王者师也。见《明儒学案》）。

先生之言曰：伊傅之事我不能，伊傅之学我不由。伊傅得君，可谓奇遇。如其不出，终身独善而已。孔子则不然，身虽不仕，然修身讲学，未尝一日隐也。呜乎！此可以观先生之志矣。先生又有言：天民随命，大人造命。此语亦前儒所未阐（中国古人多言随命，而先生则言造命。造命者，人与天争之谓也。观此可以见先生之志）。故先生虽以布衣终，然同门会讲者，必请先生主席。湛甘泉、吕泾野、邹东廓咸严重先生，巡抚刘节、巡按吴悌至特疏荐闻（当正德时，武宗南巡，太监矫旨索鹰犬。及泰州，里人惶恐，先生曰：毋怖，吾自当之。躬往见太监。太监为先生言论丰采所感，严戢其下，更与先生交欢。拟见先生于武宗以尊显之，先生婉辞谢避焉。又讲学泰州时，郡守托先生门人，欲隆礼敦迎，先生谓门人曰：礼闻来学，不闻往教，往教则教不立矣。使其诚能为善，则当求于我，何以召为哉。此亦可见先生之风节）。御史洪垣复为先生构东淘精舍（即今东台县），以居其徒。而先生之学，传播东南，学者称为泰州学派云。

先生卒于嘉靖初年，年五十有八，四方会葬者数千人（赵贞吉诒其墓，耿定向传其事，胡植复祀先生于乡贤）。万历二十七年入祀孔庙（先是，万历十三年右谕德韩世能、工部郎中萧景训题请从祀孔庙，及二十七年，大学士沈一贯等复请旨从祀），复追谥文贞（万历三十七年给事中曹子忭、胡忻请旨赐谥，乃赐谥文贞。见《观感录》）。仲子名襞，号东涯,克以心学世其家。

先生既殁,弟子友教四方,以徐樾(即徐波石)、王栋为最著。徐樾之学,传为赵贞吉(即大洲先生)、颜山农。山农以游侠著闻。一传而为何心隐,其学崇尚自然。而耿定向(天台先生)、祝世禄(无功先生)、周汝登(海门先生)、陶望龄(石篑先生)、焦竑、李贽咸私淑先生之学,或鸠合儒、释,浩汗而不可方物,渐失先生学派之真。然求学自得,不涉见闻,推离还源,发蒙振聩,此固先生觉世之心也。则诸弟子讲学之功,又焉可没欤。复有樵夫朱恕者,泰州草堰场人,亦传先生之学(恕过心斋讲堂,每出樵采,必诣门听讲。或馈之金不受,以化民为自任云),以授兴化韩贞(贞字乐吾,窑匠也,不知书。闻朱樵讲学,从之游,遂以倡道化俗为自任。无论工贾佣隶,咸从之游,随机诱诲,化而善良者以千数。每秋获毕,则历周各村讲学。耿定向甚崇之,有《乐吾集》)。而林讷(福建人,贾于淮南,弃贾从韩贞游,卒为大儒)、夏廷美(本江西一农夫,闻心斋之风,慕之,而以担任道统为己任)、陈真晟(本泉州买油佣,后亦成大儒)、咸以卑贱之民,闻风兴起。及□□宅夏,士大夫讳言讲学,而泰州学派始衰。然咸、同之交,泰州有李晴峰者,推明先生之学,而稍易其宗。弟子数百人,传其学者遍大江南北,惜语秘莫或闻(李君讲学泰州,而江督沈葆桢欲捕之,李君乃自毁其书,今著述传于世者甚鲜)。然《孟子》所谓百世之师者,舍斯人而谁属哉。

刘光汉曰:昔陆子讲学鹅湖,以自立自重勉后学。自立者,不欲傍他人之谓也;自重者,不欲后他人之谓也。然自立自重之基,在于自信。

惟人人自信,其所学斯不复溺陷于陈言,不复自拘于流品,故能以身任道,特立于流俗之中。今观心斋先生,以盐贩而昌心学,见闻不与,独任真诚,而讲坛所在,渐摩濡染,几及万人,下至于樵夫牧竖。其始也,特基于先生一念自信之心耳,而觉世之功乃若此。则世之逡巡畏缩而自甘暴弃者,夫亦可以憬然矣。昔《孟子》以伊尹为圣之任,吾于先生亦云。

---

① 录自《左盦外集》,卷十八。

刘永澄传①

刘永澄,字静之,一字练江,扬州宝应人。年八岁读《正气歌》、《衣带赞》,即立文公位,朝夕展拜,谓大丈夫当如是。年十九举于乡,饮酒有妓,不往。会试罢归,筑土室读书,益刻苦奋励,以古圣贤自期。凡古今人物,及朝廷典章、兵农钱谷、九边要害,莫不穷究原委。万历二十九年成进士,补顺天儒学教授(刘颖《职方公年谱》云:公先拟馆选,会为有力者所夺,旁观咸为不平,而公无几微见颜色。谒选当得郡邑,自谓非病身所宜,改顺天府儒学教授。往任是官者,期月辄迁,以故皆传舍视之,公独以兴起人才为任云)。以兴起人才为己任,严程课,饬行检,羔雉之质不及于门。北方学者称为淮南夫子。

迁国子学正(华氏《东林书院志》云:公迁国子监学正,训士如顺天。又《年谱》云:时选司某犹子入太学,越次乞满,竿牍至再,公坚持不可,最后以祭酒命临之,公应曰:下官若有此例,一听明公弹劾;明公若有此例，竟判允可也，何必下官。卒不能夺。文震孟所撰《行状》同）。时雷震郊坛，先生上书李廷机（时李为礼部尚书，乃先生之座主也），规以开言路，语甚切直。谓灾异求直言，自汉唐迄今未之有改，若一切报罢，塞谔谔之门，务庸庸之福，传之史册，尚谓朝廷有人乎。廷机得书默然。继楚宗妖书京察诸事起，举朝沸腾，先生拟具疏陈得失。会其父继善至京，尼之不果上，遂泣，焚其草（复作《书怀诗》云：忧时无计叫天阍，谏草低徘且作藏。不畏九关多虎豹，应怜华发在高堂）。复作《甲乙杂志》（此书未见）及《邸中杂记》（今集中有《邸中杂记序》，又有读史数则，殆即《邸中杂记》云），援古证今，见者咸侧目，惟相国沈鲤重其行，咨以出处。先生上书，略谓近日时事，非独与古之治世异，即乱世亦异。盖乱世不正则邪，不用君子则小人也，焉有君子小人各蕴蒙而不露，混扰而无别，可以成世界乎。且太阿之柄操于上则治，窃于下则乱。今既不在上，而下又无显窃之迹，弹射之既无其的，寻求之莫得其倪。则膏肓无可施之功，丛神有不还之势矣。永澄尝读《唐史》，萧嵩引韩休为相，而心恶其直；卢杞引关播同升，而目慑其言，然休不以嫌逼而挫谔谔之锋，播竟以避祸而甘靡靡之节。此二人者所操既殊，就名亦异，君子待小人之道，可见于此矣。又曰：君子处小人之道，莫备于《易》之夬：有以君子阳附小人而徐图其后者，爻之若濡是也；有以君子显斥小人而不避其害者，象之扬庭是也。从前之道，为曲为隐，狄仁杰行之于昌宗辈；从后之道，为直为显，张九龄行之于李林甫。二者操术不同，其为君子一也。夫君子岂不乐浑厚包容，以成无竞之风，势不可耳。故君子虽不逆小人之诈,而必不肯堕小人之奸;虽不屑悻悻以博名高,而亦不肯泯泯以晦己志。清议直笔,虽有俟于将来;心术隐微,自当白于天下。若徒泥用晦之志,期微罪之行,即乞休未必得,而天下万世安能尽遗其迹而谅其心哉。然此时又非不欲去之患,不得去之患也;非勇退之难,退而不失其道之难也。我朝刘文靖、谢文正及近日王山阴,皆侃侃谔谔,退不逾时;赵兰溪则病疏屡数十上而不获请。岂前二君子见知之浅而兰溪结主之深哉?三君子能苦口犯颜而兰溪不能故也,进退之机,亦可见于此矣。顾大臣去就,又非可毛举琐细,当举其大者、急者。若孙觉、吕献可,当宋治平朝,言不用而欲去矣,乃曰:此小事,不足决去就。因共争濮王事,不听,遂尔决去。是不为苟去,大臣之准则也。又曰:自古豪杰做事,正于触地挂阂之中,见斩钉截铁之勇。若上下无迕,为所欲为,又何难焉。由是权贵益怒,与选司比思所以中伤先生,先生遂以奉母乞归(《年谱》云:公在京师,数梦王太夫人病。三上大司成书,乞申乌鸟之私,情词恳切。咸谓公瓜期及矣,盍少待。公曰:昔阳城为国师子,诸生中有三年不省亲者,亟斥去之。京兆李谞宦游,久不省归,李皋劾奏,谓:无亲之子,岂可与事君。吾今免于斥且劾幸矣,尚可觍颜诸生之上耶。卒请归养焉)。作《吾心亦凉》(《年谱》云:公于溽暑中,搜辑古人之放怀山水,寄情闲佚者凡三十人,则自为跋语)。又作《书怀诗》以见志(其诗有云:男儿三十修名立,况我行年复加一。只今出处两寂寂,邓禹笑人堪惕栗。其志如此)。

时无锡顾宪成讲学东林,先生事以师礼。尝偕刘宗周南游,谒宪成

于东林精舍,相与参性命微言(《年谱》云:先生三十一岁夏,过梁溪,访
顾文端公于东林,以师事之。三十六岁夏,复晤顾文端于东林。按:
《文端年谱》载:辛亥四月,顾公方抱恙,闻刘永澄至,欣然倒屣。刘为
宝应人,与吴门文文起、山阴刘起东皆公所谓世道寄之者也。他日起东
诔,永澄曰:兄尝邀余谒顾泾阳,余以病不果,后托兄介绍,行有日矣,
而兄病且卒,泾阳亦卒。此一段师友渊源,天若有以限余,而余终自恨
鞭策之不堪以负知己。是梁谿、蕺山两学派,亦先生所联合也)。复访
文震孟于苏州(《年谱》云:先生三十一岁夏之吴门,访文文肃公于竹
坞。三十六岁夏,又访文文肃公于山中,宿竹坞数夕),过高攀龙于锡山
(《年谱》云:先生三十六岁夏,同文文肃公之锡山,过高忠宪公水居,复
托信宿,题诗而别。案:诗载先生集中),晤刘宗周于西湖(《年谱》云:
三十六岁夏六月,访刘忠端于西湖。与忠端公论交际,则曰:饿死甚
小,失节甚大。论出处,则曰:立乎人之本,朝而道不行,耻也。又共究
求仁之旨,析主静之说,辨修悟之异同。忠端公有所发抒,公闻之忻然
拜服)。渐摩濡染,学益昌殖,尤严邪正之辨。尝谓:善人在患弗救弗
祥,恶人在位弗去亦弗祥。假善之人,事事可饰圣贤之迹,若逢忤时抗
俗之事,便不肯为,非畏祸即畏损名耳。此其心仍出于私(书座右)。又
谓:不爱财而爱官,不可谓之无所爱;不趋利而趋势,不可谓之无所趋
(《清谨篇》)。其上文云:今有人焉,徒矜矜于箪食豆羹之义,竹头木屑
之能,至于撄小人之忌,触当世之网,而上关国是,下关清议者,则惟恐
犯手撩须,百不一发。虽事任在躬,亦不过调停两家,以为持平之论。

此何意哉,得失之念重耳)。圣贤只在好恶前讨分晓,不在好恶时持两端。如虑好恶未必的当,好不敢到十分好,恶不敢到十分恶,则子莫之中,乡愿之善耳(《好恶篇》。又《答刘去非书》云:今之容容者勿论已,其以圭璧自持者,不过跳脱于是非之外,居无得无丧之地,此其狷直惩夫好名喜事者耳,而不知圣贤无两处着脚之道也。夫圣贤只冷世味,不冷世务;只冷富贵利达之心,不冷亲贤慕义之心。宜冷而热,固是不肖;宜热而冷,亦非君子。其语亦精)。天下岂有不为君子,不为小人,而中立一格者乎?(《答刘去非书》)故豪杰做事,能不任,受德,无能不任,受怨,怨付于不知己,其是非自伸于自己。行己在清浊之间,非能行己;任事在恩怨之外,非能任事(《与王茂才书》)。若夫以软熟之人,讲中庸之道,只自贼而已矣(《读史》)。又《读史》云:汉士明经术者不少,至元、成之间,帝喜经术文学,韦玄成、匡衡、孔光、张禹之徒,遂获尊显,宠极异数。当时无识者见之,岂不艳化,宁知其贻臭万年,与莽、操等乎?仲翁之嗤抱关、桓荣之夸稽古,千里鄙人。又《书弟清之壁》云:梁鸿、管宁,虽贫贱,觉芳兰竟体;孔光、张禹,虽贵显,如粪壤充帏)。又谓:世无中行,全凭高世抗俗之人,砥柱颓波,而当事者多为假中庸所惑(《答笪我真书》),又不识清介廉洁四字,以逢迎世路之资,托中行通变之道(《与某茂才书》)。汉儒以大中训极,而极之流,遂为苟容;自唐儒以博爱为仁,而仁之道,遂为小惠。自汉、晋以来,有恕己、恕人之说,而恕之弊,遂为姑息。圣人浸远,道学无传,于是汉人之中庸,唐人之模棱,皆足以自附于此三字之义(《恕斋说》)。使乡愿冒时中之似,狂狷遗负俗之讥,茅靡波流,长此安极(《程朱药言序》)。复推论乡愿之流弊,谓谦谦在牧,由由与偕,在丑不争,临财无苟,如游鸡群,鹤骨自在,此居乡之利也;而耳习琐尾之谈,目存征逐之行,以不分黑白为浑融,以不悖时情为忠厚,如入鲍鱼,久与俱化,此居乡之害也。夫恶人不可为,庸人又岂可为;恶人不当交,庸人又岂足交。故乡人等之涂炭,清者非苟;古人遇之旦暮,狂者非矫(书座右)。又谓乡人之好君子也,不甚其好小人也,亦不甚用情在好恶之间,故立身亦在君子小人之间。天下君子少,小人亦少,惟乡人最多。小人害在一身,乡人害在风俗(《交道篇》)。此等之人,大抵以脂韦为涵养,以模棱为浑厚;本畏祸而托之于明哲,本保奸而托之于谦让;其貌托中庸无可非刺,而行真乡愿贻害国家(《读史》)。此则孔光、张禹之一流耳(又《杂说》云:大丈夫学可大也,贱丈夫即贵不足贵矣。至冠而妾妇,何以施须眉于人世。贞士羞与为友,异代子孙羞以为祖,人国岂有赖焉。而世之蹈其辙者不复少)。其持论急切类如此。

复推论国政之得失,以为天下者,人主与天下公共之器也。与天下公共者,谓之公;非天下公共而为主之所独有者,谓之私。人主必不有其私,而后可以覆天下。若置其公共若附赘旒,而专恤其私,则天下将安所托(《王者以天下为家论》),故人主之患,莫大于喜总揽之名,杜臣下之纷拏,而纷拏者如故,抑庶司之专擅,而专擅者复如故。推偏信偏任之极,必致公卿知之而不言,台省言之而不尽。股肱之臣代持代行,而上不用其持行;耳目之臣代视代听,而上不用其视听。夫权也者,天下之大利大害也。天下公之则治，内秘之则乱。揽权者至使外不得争，则语言传奉之际，悉属弊端，威福赏罚之用，悉为奸薮（《辛丑会试策》）。人臣之患，莫大乎喜同之名，而不究其实。同非人臣所讳，而所讳者在不同心而同迹。不同心而同迹，则专一之意见，于国家无尺寸补，而异同之辨、黑白之分，反有以备小人之口，修君子之隙，而国家坐收其纷纷呶呶之祸（《辛丑会试策》）。又谓：今之朝政，孰急于补言官、起放废、罢采榷之三端（《三上归德沈公书》）。论者谓先生所言，不在杨、左诸公下（又作《举劾说》，谓抚按所劾者尽小官，而大官则不劾，公道奚得而不塞。又作《巧宦篇》，谓今之巧宦虽己之胥吏，亦不得稍失其意。又作《胥吏篇》，谓古之知在道德，今之知在文艺。又有《答文文起书》，谓今人卑卑碌碌，实是官情太浓，而其病根则在应举时求第之心太急，故不能轻官爵）。当斯时，阉官柄政，方正莫容，先生断断力持，仗义纠弹，为清流标鹄。尝谓汉代家家讲义，故义之所在无不趋，故党祸之起，宗亲殄灭，郡县残破，不复畏死而爱生（《杂说》）。虽无救于一时之危亡，犹足以维万世之名节，其身可杀，其志不殒，所补于名教者甚大（《寄弟书》）。今也风会日趋，俯仰成习，绕指者誉，强项者摈（《读史》）。又谓：士气之不振，由于言路之不开。大臣持禄妒贤，惟恐人之龀其短；小臣养交避世，惟恐害之及其身。由是摧折言路，排斥忠良，杜塞于未言之先；消磨于未用之日。以犯颜敢谏者为生事，以脂韦唯诺者为贤臣（《答文文起书》）。以慷慨任事者为浮躁，以软美噤缄者为有养（《与乔静士书》曰：今也喜软熟恶刚直，喜姁媮恶謇谔，间有一二慷慨任事、抗道敢

言之士,非得罪于朝廷而褫斥,即得罪于大老而排去。又曰:凡忠谠之
伦,被以喜事浮躁之名,谓此辈皆无实用,徒钓虚誉,不当令一日在朝廷
之上。不思自古仗节死难之士,皆于平时犯颜敢谏中得之。如士必软
美噤緘而为有养,则满朝皆有养士也,皆大圣大贤也,而何纪纲日以颓,
政事日以蠹,时势极重而难挽乎。持论亦切),故言路已绝,而当涂所最
忌者人言;善类甚少,而当涂所欲尽锄者善类(《与田平野书》)。虽有有
志之士,如独秀于颠风之中,持之愈坚,其折愈速,安能有成(《与丁长孺
书》)。夫变急激之局易,变觤骹之局难(《与孙拱阳书》)。又谓:今则阳
设阴施,乍明乍灭,攻之则善逃,执之则无迹,虽有劲矢,不能作穿絮。
其此之谓乎),况以是为非,将醉为醒,倒置已极,安得平荡? 正人君子
欲救其弊,不得不矫枉,呿呿别白,未免抑扬低昂之分。盖以不平求平,
正深于平者也(《王道篇》)。其志哀,其言切,志洁行芳,同夫屈子。故
先生之注《离骚》,于此三致意焉(先生作有《离骚经纂注》,今有传本)。

　　盖先生之学,以刻苦自励为归,以裨益身心世道为验,动必以古人
自师。尝谓士不立志,如树无根,如舟无舵(《答笪我真书》)。又谓利根
不断,漫说断名,恐名根念死,利根转活。不好名三字,乃恣情纵欲之先
声(《书座右》)。又书薛西原语于座右,云:虽小事,不可为人嘱托,自
损廉耻。当铭之于心,誓之以死。当居乡时,同年生有为司理者,悯其
清贫,会幕官有得金入差例,命赍金,叩谢再三,益峻却,曰:如某应差,
何以金为? 如不应差而以金构,吾又可构耶? 君真所谓不知故人者。
其他事每类此。及里中有冤抑不平事,则攘臂裂眥,不啻若身受。义所

独断，往往不避形迹。至举世非之不顾。邑人某以戆得罪于令，令必欲置之死，阖境不知所措，先生终夕不寝，且为令白某冤状。令曰：吾自莅事来，未受刘公只字，此何可拂？某得无死，又村氓殷法，以诬杀人讼系，先生察其冤，力言于御史恤刑使者。事在郡则谒诸郡，在旁邑则谒诸旁邑。必白其诬乃已。孝廉桑明桢为豪家所中，死，先生为之抗言，旁观啮指，曰：如虫百足，何不虞肆螫耶？先生不为动。四方贤士大夫乃益颂先生高谊。先生居，恒慨然称百年易尽，荣名不朽，眼前朱毂，身后青蝇，富厚贵显，于人何系毫发。尝题《文信国年谱》云：彭殇尽，芝棘共殒，所不与千秋俱磨者，独此耿耿者在耳。故谱丞相者，生前之年也；丞相之为可谱者，生后之年也。生前之年，年之小；身后之年，年之大。又谓：文震孟曰：余辈若幸入仕版四三年，无稍建立，碌碌犹夫人者，便须割席绝交。故生平誓不依势近利（当先生居焦山时，相国叶向高过扬州，冠盖麟集。向高曰：今朝良会，独少刘静之。或以轻舟迎之，谢以河鱼腹疾，卒不往。又督漕侍郎李三才雅慕东林诸公，每过宝应，必诣先生门，先生婉转谢之。三才性豪侈，闻先生至，尽撤其供帐）。

讲学之余，尤喜观史。尝谓自幼读书，见前史所载公卿阀阅之荣，文章翰墨之业，都不关意，惟名节行谊振绝古今，则心艳神往，恨不能执鞭以从（语文震孟）。故读书根极底奥，不为浮沉。涉猎于古人一言一行，必评注得失。两汉人物，咸有定品，每观往事，如身临其际。尝谓：千古而上，有某人某事，今为刘静之摘其瑕焉；知千载以下，无摘刘静之之瑕者。呜乎，此可谓慎独之学矣。

先生归里三年，复入都候选，补户部主事，旋以丁艰返里。后养疴焦山，确乎有终焉之志。继补兵部职方司主事，中朝贤者咸庆得朋，有李纲不入，不成朝廷等语。咸以先生行藏，卜世运消长。乃命甫下而先生卒（先是，先生阅邸钞，见南中一疏，有感时事，抚膺扼腕，呕血不止，病遂日剧。将卒之时，启其弟曰：今衣襟不正，岂吾生平欲正而今忘之耶？徐整襟曰：死生之际，可以观人。遂瞑目而逝。事见《年谱》）。生于万历四年，卒于万历四十年，年仅三十有七。学者谥为贞修先生，文震孟为之状，高攀龙志其墓，刘宗周为之请谥，复作《淮南赋》以吊之。高攀龙曰：静之官不过七品，其志以为天下事莫非吾事。若何而圣贤吾君？若何而圣贤吾相？若何而圣贤吾百司庶职？年不及强仕，而其志以为千古事莫非吾事。生吾前者若何扬揭之，生当吾者若何左右之，生吾后者若何矜式之？丁元荐曰：静之力学苦行，思以其道扫氛翳而揭日月，不惜以蠋然之身，抵铄金之口。热肠苦心，岁寒愈笃。刘宗周曰：昔人称陈孝廉隐衷粹行，对天地，质鬼神。陈白沙称陈文毅，以为君子心事，如青天白日，近世士大夫，惟永澄足以当之。黄宗羲亦曰：永澄天性过于学问，故其疾恶之严，如以利刃割腐朽。观诸公所言，则先生之为人可知矣。所著之书，尚有《礼记删注》、《两汉人物纂》、《家塾绪言》、《诗筒遗草》。今所存者，惟《练江先生集八卷》（即《家塾绪言》、《诗筒遗草》合刊之本）。

刘光汉曰：予读《练江先生集》，知东林学派与空言讲学者不同。昔《中庸》以智、仁、勇为达德，而《孟子》并言仁义。今东林诸公之讲学，大抵贵勇而贱智，先义而后仁，故矜气节，重声誉，高风亮节，砥柱颓波。而先生所言，较高、顾诸公尤为严密。先生之言曰说心、说性、说玄、说妙，咸为口头禅，惟孟子集义二字，可以检束身心。观于此言，可以知先生学术所从入矣。厥后先生子心学著《四朝大政录》，明于君子小人之辨，而裔孙台拱亦潜心理学，修身励行，殆守先生之遗训者钦。又邑人朱止陶，亦师淑东林学派，后起之士，又有王茂铉。朱氏之学，近于导虚，而王学则稍趋平实，颇与先生学术稍殊。然射阳白马之间，讲坛林立，则固先生开其先也。呜乎远矣。

---

① 录自《左盦外集》，卷十八。

孙兰传^①

孙兰,字滋九,一名御寇,自号曰柳庭,扬州江都人。明季为诸生,因清兵陷扬州,耻事仇国,遂弃诸生籍,以布衣终。于书无所不窥,尤精六书、九章之学。

先是,西人汤若望以治历仕明廷,兰从之授历法,遂尽通太西推步之术。常推三光之变,谓象悬于天,无与人事。而彗孛盈缩出见,皆有常度;水旱、地震,亦有常经。凡星官历翁,咸不足与校得失。作《理气象数辨疑纠谬》(子产曰:天道远,人道迩。荀卿亦曰:天道有常,不为尧存,不为桀亡。治乱于世,非天非地又非时。汉王充《论衡》亦力斥灾异之说。近儒若梅定九、戴东原、龚定安亦知灾异不足信。惟柳庭之说,得之太西,较诸家所辨尤晰。惜其书今不传)。又以中国土地在大圜中仅八十一分之一,不推极之,则狃于习见习闻,而无以尽其变。于是作《格事》(凡八条)、《推事》(凡八条)、《外方》(凡八条)、《考证》(亦八条)四论,以穷极夫天地之所以始终,山川之所以流峙,人所以生,国所以建,古今所以递沿革,人物所以关废兴,凡三十二篇,名曰《舆地隅说》。当明季时,西人地质学未入中国,兰从西士游,独窥其深。常谓天地之气,莫大于水火,天气既辟,火气腾空,聚而为日,以育万物;水气趋下,洋溢怒张,足以损高就卑,流久则损,损久则变,高者因淘洗而日下,卑者因填塞而日平(以此即《易经》地道变盈流谦之理)。故造化之变,不可端倪。高岸为谷,深谷为陵。积年成异,如大雨时行,山川洗涤,洪流下注,山石崩徙,久久不穷,则天地易位。或阳气郁遏,天久不雷,土壅山崩,地震川决,忽然异形,山川异观。若凿山通道,壅水溉田,起险设障,久久相因,地道顿异,人寿几何,潜移默夺,如儿童易齿,齿尽而儿不知(又谓往年山东地震,高原之上,忽涌船只。《通考》载山西地崩,数丈之下,有城郭宫室。盖太西地学家谓地之层迹,各自不同,自上古以来,地形屡变,故数丈以下,咸有古迹。观柳庭所言二事而益信。且柳庭举此二说,则中国自古代以来,地形必多迁异,惜无有用西人掘地之法者)。故邃古以前,水盈陆地,山在地中,后为洪水消荡,沙石不存,冲激成山,遂为高埠(又谓地当初辟,必先有洪水,故华山之要多螺蚌壳,石子冈下石子如卵,此必潮水摩荡而成。又谓温州雁宕诸峰,皆包罗谷内,外无所见,此必当年大水冲激,沙土尽去,惟巨石独存,则水中有山可知矣。与西人言海中有山及山派由水波激成者,其说相合。诚中国古人所未及言者也)。下因于高,无高则下无所受,故两山之间必有川;高因于下,无下则高不能显,故两川之间亦必有山。高依于下,下依于高,因其气之自行者为江河,因其形之自固者为山岳,因其阨者为障塞,因其聚者为渊薮,脉络相贯,因制成异(又谓:江南之水皆入江,以北之水皆入河,又由江河而入海,故江河性质不同,而水味亦不同。其说亦精)。至大海之中,大气所流,水亦因之。夏多南风,日行北陆,潮汐腾沸,随日而北,故春夏北流;冬多北风,日行南陆,潮汐腾沸,随日而南,故秋冬南流。至于赤道以下,南海以南,海水不风不流,其热如煮,则地居南北中央之故也(此与西人论潮流之说合)。惟潮汐进退,视月盈亏,其理咸前儒所未发。又因地势之迁变,推人群分聚之源。谓太古之世,民不知群,有茹毛饮血之世,有污尊抔饮之世,有佃渔网罟之世,有庖厨火食之世,有耕田凿井之世。欲捍患兴利,不得不互相系维,故方以类聚,物以群分。聚则为类,类则为群。因聚成国,其国必依乎山川(又谓古今都会之处,皆为高下得宜之地。如尧都冀州、舜都蒲坂、禹都安邑,皆在太行、太岳之间;商都景亳、周都岐丰,非洪河相绕,则高山成峙),必便于赋税兵革,必通乎商贾往来。建国维众,一国之中,有才智卓绝之一人,则群奉之以为君(是柳庭深明君由民立之理),而后山川有定域,众国相衡,久则并吞,故封建之制易为一统(又谓井田必不可复)。若五方风俗,因乎山川,山川隔绝,风俗自殊(又谓冀州至周时已荒。三代以后,北方愈荒,南方愈辟,则因地势变迁之故。而地形险阨,亦随时变迁。所论中国形势甚精,与景范顾氏之书相合),与太西所言社会学默相符合。邹衍以还一人而已。又作《山河大地图说》,一以赤道为中心,一以北京为中心,以明地圆之旨。谓东西无定,南北亦无定,两极之下,天候极寒,同为冰海幽都。中国处南北平均之地,印度西洋亦然。大地之内,动极而如静者,地轴也;进退而循环者,日光也;动静不定,游移而远近者,人迹也。由天之度,准地之里:以天度三百六十,知地之九万里;围三径一,知地之厚三万里;折而为半,知地心之一万五千里。人目高卑在地之面,以地之二百五十里准天之一度,地日移二百五十里。南移一度,其去日也亦近二百五十里,故渐趋于热;北移一度,其去日也亦远二百五十里,故渐趋于寒(此语稍欠明晰)。递进递退,至于两极,可以知地面寒热、进退之理矣。又以天文与水法交成,又咸与算术相辅。禹治洪水,乃勾股所由生。郭守敬精算数,测量水地之高卑,以分杀河势,故不明地形高下之差,不能疏水。而测量水地,必先审势辨形(又谓黄河入淮,淮水始为民害。今欲除河患,必先使河、淮分流。使河、淮分流,其策有二:一曰改换运道于扬州之西关小河,直通淮水。一曰放淮入江,以泄淮水。亦明于当日之河势)。

盖兰自从西人游,穷致太西学理,以致用为宗,并旁及语言文字(谓中土声多于音,外方音多于声。声可以成字,而音多牵连不断。西洋以二十三字母为主,当二十三笔法互相配偶,则成人物之名目,其用甚活,凡万国语音与风雨鸟兽之声,皆可写出,随闻其音,即成其字。又谓考外方之言,大约极北者,其声在喉而音不断;极南者,其声在唇齿而音飘忽。又举列西洋之言语甚多,皆译以中国之文。又谓隔于山川者,水土小异,音声亦殊,故关中、辽左、新安、闽中之声。各自不同,九州之土,莫不随其变以为音。亦极精确之论也)。惟于西教有微词,常谓西儒以七克为教,似近于孔门克己复礼。然接其人,聆其论,咸精于历数,合于制器尚象之旨,独膜拜天神,侈言天堂、地狱,则异教也,殆亦风习使然耳。

观太西近百年来,实验之学日进,穷理之士咸知宗教不足崇。兰生明季,而所见适与相符,殆所谓好而知其恶者欤。兰之言曰:凡作一书,当说其所以然,又说其所当然,故合古外今中,统为一书。又曰:今世无绝学之人,考古君子,傥有观予书者不徒视为山经地志,则作者之幸。呜呼,使明清之交,人人能读兰书而发挥光大,则吾国格物致知学当远迈西人。顾乃流俗昏迷,视实学为绝学,占毕之士,仅溺志山经地志之书。此兰之不幸,抑亦中国之不幸也。兰于研治西书外,并著《柳庭人纪》四十卷,多论史之言(焦氏循曾见之,今亦失传)。善书法,于篆隶之体讲贯尤精密,谓古人一波一磔,皆有至义,著《字学》若干卷。晚年隐居北湖课子,以耕暇则手一编,哦于清溪绿树间。时拿舟入城,与二三知己剧谈,或历百日乃反。素工诗善画(画梅、竹、松、菊、兰、水仙甚多),诗多唐音,不入宋派,而诗题往往不署,曰是何足以入吾集?年九十,耳目聪察,肤理融泽,步于衢,群少年捷足不及之。问何能,曰吾知正心,非世俗所谓引导术者。寿终于家,里人王心湛为作传。著书多失传,惟《舆地隅说》四卷,里人焦循删订之(焦氏之学,多本柳庭,其疏《孟子》也,以圭田为零星不成井之田。其著《易话》也,发明类聚群分之旨,皆本柳庭之说),仪征吴丙湘刊入《传砚斋丛书》。

刘光汉曰:明季遗民,若黄宗羲、王锡阐、刘献廷、张尔岐,咸洞明太西学术,然各以高节著闻,抗志不屈。颜元、李塨,亦以实学为世,倡工学、数学,导源大秦,而眷怀旧都,形于言表。盖学术之界可以泯,种族之界不可忘也,而孙兰学行适与相符。夫以孙兰之学得所措施,殆郭守敬、徐光启之流,乃藏器于身,蛰居雒诵,不欲以绝学进身,非深明出处之大义,孰克若此。吾闻孙兰之学出于汤若望。若望以日官之职历仕明、清,洁身之义,固不可为客卿责,然歙人杨光先诋西书为诞肆,乃直声既著于明廷,仁籍复标于清史,彼斤斤于学术之间,衡量夷夏,而出处大节则转舍夏就夷。呜呼,此孙兰所以为高士与。

---

① 录自《左盒外集》,卷十八。

徐石麒传[①]

　　徐石麒，字又陵，自号坦庵。其先世为浙鄞人，明初迁扬州。父心绎，传王心斋之学，以不怠不欺为旨。石麒生当明季，幼承父学，及明亡，身隐北湖，精研名理，蛰居不应试，以著述自娱。

　　尝著《枕函待问编》五卷，论治论学，崇尚心得，不事剿袭。尝谓告子以食、色论性。食、色之性，人与禽兽同，惟仁义之性，人所独具。然食、色不待教而知，故谓之性；仁义必教而后知，故不可谓之性（焦理堂论性之说多出于此）。又如父子之间，惟慈与孝，慈实天生之，而孝则待圣人之教。夫妇之间，惟情与义，情实天生之，而义则赖圣人之教。又谓圣人不能使人心无欲，惟须安排得法，不使害理。如食、色，人所同欲，同而不为之别，则贪者日相夺，淫者日相侵，将不得各遂其欲。故圣人之礼法，所以因性而遂生别，因论性之说，推及修身应世之方。谓人未服中和之教，鲜不以气为志。今之所谓狂者，妄也；所谓狷者，戾也；

所谓中行者，猬也。圣人以力谋食，凡耕渔屠牧，无不可托以养身，然自食其力，无事苟求；今人以耕渔屠牧为耻，而衣食之计以心谋，不以力谋，不肯自养其力，或反出于苟求。其以隐士名者，于世治无所设施，于世乱无所补救，惟耽泉石之乐以傲王侯，是为天下之惰夫。虽廉静自好，犹恐不为圣贤所许。若谄缙绅以盗虚声，则名教之罪人也。其辨论学术，与论性之旨相表里。尝叙论九流得失，以为庄周之说，有性而无教；荀卿之说，有教而无性。又谓：立言当因其时，以察其事与情。更因论学推及于论政，谓开创之君，必有过人之才，无过人之才不足以奔走天下豪杰；亡国之君，亦必有过人之才，无过人之才，不足以塞抑天下之豪杰。人臣事君，当安社稷、利生民，使仅知恭慎，无益于社稷、生民，乃古人之谓佞。且能廉，仅完己身之名；能死，仅尽己身之节；能去者，仅一遁世之人。若包容荒秽，则又陷于模棱，是均不得谓之忠。江都焦循得其书，称其语多精实。

又作《客斋余话》五卷，推言象数名物之理，以抉隐辨惑，谓：物之有者均有尽，无则无尽。地尽之处为天，天周地外，地转天中，无所偏倚。是犹以杯积水，以绳转杯，碗覆而水不遗也，故虚能戴实。地之四面皆天，四面均人，是犹虫悬危枝，蚁行覆宇也。又谓：雷电一物。电乃雷光，雷乃电声，犹之引火发炮，见光而后闻声。虹由日映雨气而成，其半湾亘天者，则以日射地球四面，其形当圆，人在地中，止见其半。人于烈日中喷水水气，必成五采，故虹亦成彩色焉。又谓：释氏所谓四大，指地、水、火、风言，即《易》之天、地、水、火，亦即乾、坤、离、坎。复深辟堪舆瞽卜之说,以事神祈福为诣。谓自然为理,当然为道,舍自然而论理,舍当然而论道,均妄人也。盖当此之时,石麒里人孙兰从泰西人士游,传其格物致知之学,石麒此书,曾属孙兰订正,故所言均前人所未发。

别著《转注辨》二卷,以转注为互释,已启戴、段之先。《在兹录》四十卷、《宝倦小言》六卷,均语录之流。《趋庭训述》六卷,则述其父心绎之言,咸足俾训世儆俗之用。又撰《蜗亭杂订》一卷,为考订之书。《壶天暇笔》十卷、《壶天续笔》二十卷、《壶天肆笔》八卷,皆摘录子史粹语,而辨其名实之同异。《坦庵琐录》四卷,杂录箴铭、语录之类。《古今青白眼》三卷,刺掇诸史及说部各书,于评骘人物之称汇列成编,其例亦古人所未有。《花佣月令》一卷,记培花种树之法则,为农家之书。复有《谈骚瘄语》四卷,为论骚之书。《叙事说》三卷,为论书法之书。《词府集统》四十卷、《诗余定谱》八卷,咸为论词之书。尤精词律,尝撰《订正词韵》四卷,谓平声可通者,上、去、入皆可通,惟入声通法,人多不知。盖平声三十韵,入声止十七韵,每不知所从,故错乱耳。乃支、微、鱼、虞、佳、灰、萧、肴、豪、歌、麻、尤、十二韵,原无入声字,蒸韵无上声字,故上声止二十九,蒸亦无去声。去声三十者,泰卦分也。十三元韵历考宋人皆以前、半、原、元等字入先韵,似有确见。庚青、真文自是两韵,《中州》《中原》皆不通押,侵、覃、盐、咸闭口音,不得与真、寒、先通,梅、回、杯、醅等字,不与齐、微同用,人知之,悔、每、对、退,亦不可与尾、味通用,人辄不察。由作诗者皆用平韵,上、去不常用,不免以土音混入耳。

其所作诗文,有《松芝集》十卷,《倦飞集》四卷,《三忆草》一卷,《白石篇》一卷。所著之词,有《瓮吟》四卷,《瓠声》四卷,《旦谣》一卷。兼工度曲,入白石甫、关汉卿之室,郭士璟谓其感愤之怀寄之诗赋,滑稽之致寄之南北剧。后徽人凌廷堪于词曲之学造其微,最称石麒,谓其合于元人本色。其散曲有《黍香集》三卷,杂剧有《大转轮》、《拈花笑》、《买花钱》、《九奇逢》、《珊瑚鞭》、《辟寒钗》、《胭脂虎》、《范蠡浮西施》诸种。又有《彩鸾集》,设为男女赠答,而络以诗余,为传奇之变格。以上各书,江都焦循均见之。尚有《谈经笥》八卷(盖说经之书)、《禽愧录》五卷、《天籁谱》二卷(盖论音韵之书)、《通言》一卷(亦语录之流,间引于《枕函待问编》之中)、《如鉴》三卷、《吉凶影响录》五卷(盖皆格言)、《文字戏》十卷、《宫闱妆饰》五卷、《指水遗编》六卷、《唾余癖佳二集》各一卷(此二卷均词)、均湮佚失传。盖明清之交,吾乡著述之富,未有过石麒者。

然石麒穷穷不自足,沈谧寡言,门无杂宾,不与市人相见。筑亨书堂于湖滨,极园亭之胜,四壁图书,终日静坐,作《湖居好》十词以见致,所作《贺新凉》一词,寄意尤深(其词曰:恐是愁来路,借缑山、白云一块,补联秋树。六折山桥三面水,远却桃花几步。稳著得、闲鸥无数。烟火不留林外照,但苍霞、白石那堪煮。归去也,岂无故。门前只有浮槎渡。问年年、山中甲子,未曾重数,车马欲通芳草信,遍访终南旧主。敢正被、鸾惊鹤误。不著胡麻流水远,更一竿、垂向无名处。谁信道,有人住。寓旨良深),其风概略可想见。时王玉藻以故同隐湖中,湖民罕知其贤,而石麒独与交。高晫、陈卓均以世家子出仕,而石麒独退隐。

及王贻上司理扬州，招致境中名士高人，吴嘉纪、雷士俊、邵潜均诣其门，而石麒独不往。时兄子元美、女元瑞皆工诗词，石麒间与倡和，以供笑乐。始与罗然倩、刘子祉、陈圣茹、吴蔺次、宗鹤问交。刘、陈兵死，与然倩把酒话旧，凄然泪生，歌《唐多令》以寄慨。后蔺次仕至湖州守，以书招石麒，石麒作《浣溪沙》答之，有杖履逍遥懒出山句，竟以康熙十□年□月卒于家，年□十有□。里人范筌叙其文，江都焦循曰：石麒盖隐于词曲者，其推论经史，探论道德，岂屯田、梦窗之流。论者以为知言。子三：元声、元佑、元吉，均知名，而女元瑞才尤高，能传石麒词律之学。

刘光汉曰：石麒力斥隐士，目为天下之惰夫，而其身亦以隐佚终，且避世若惟恐不深，得毋行与言违乎？不知石麒所斥之隐，乃隐而盗虚声者也。不必隐而隐，故为惰夫。若石麒之隐，乃不得已而隐，隐而犹有余痛者也。以石麒殚精物理，使出其学以媚时，亦足与李光地诸人相勒，乃竟弃利若浼，遁世无闷，不欲以所学媚异姓，即不屑以所处盗虚声，此则古之所谓义人也。且石麒学穷天人，不以所学自矜，于家国之谊尤笃，则《大学》推论齐家治国必探本于格物致知者，非无故矣。使遗著未湮，虽拟以姜斋，不是过也。

---

① 录自《左盦外集》，卷十八。

蔡廷治传^①

蔡廷治,字润汝,先世安徽颍州人。先世从明成祖南下,战死德州,世袭锦衣卫百户。至五世祖某,以得罪戍扬州,因家焉,故廷治遂为扬州人。蔡氏虽起武功,然先世多慷慨好义。廷治生而好读书,年十余,尽通六经、百家之说,卓荦具大志。时值明季内外交讧,廷治察时变日急,慨然具用世志。及高杰将兵江北,日屠戮百姓,其卒贯小儿槊上以戏,所至为墟。廷治欲责以大义,作书致杰,杰购之急,乃移家于南乡霍家桥。居逾年,清兵南下,又逾年,复移家入郡城。时郡中人民寥落,亲朋故旧凋谢几尽。而廷治年未三十,其亲劝之应举,乃补府学生员,继弃去,授徒课子以终其身。间从骚人墨客游,或以医佐贫。时徐石麒在北湖,闻而叹曰:蔡子其今之严君平乎? 惜无杨子云何。因作诗赠之,有绝世高人蔡润汝语。及王贻上司理扬州,招致名士,廷治一往谒,劝之赋诗,笑不应,故诗名不显,竟以是终其身。

廷治之学,长于治《易》。当年未弱冠,即有志读经,泛滥程、邵诸书,兼览道藏、释典,旁及魏伯阳《参同契》,欲博涉以求其趣,继知其无当,欲尽扫陈言,独标真悟。先是,吴人程云庄以治《易》闻,其学杂糅儒、佛,兼通名家公孙龙之言,精言名理,作《大衍极数》诸书,分为三门:一曰辨尘,二曰辨色,三曰辨物。谓学者当从真悟入,非语言文字所能穷。又作《大学定序》诸书,以授里人李三贲。三贲字德音,结庐墅于苏州齐门东,尽得云庄之传。廷治既学《易》,欲求云庄书,乃渡江谒三贲。三贲闻其言,谓云庄之学得君而传,遂出书相授。廷治得其书,以为二千年来所未有,遂即云庄之说,补其所不及,作《大易观玩》一书。谓《易》之为书,原始要终,必推之天地未交以前。又谓学《易》者,当置身包羲前,以参真悟。若焦、京、管、邵之徒,以五行生克为易,自命高明,而通儒若虞、郑,又不知象数为何物,逞为空谈,同声附和,累千百家,叩其所言,浮游惝恍,昧于作《易》之旨。其立说之奇有若此。后里人焦循得其书,谓观其所论,不袭前人窠臼,远出乔莱《易候》上。

廷治既治《易》,别注《书》、《诗》、《礼记》、《春秋》、《论语》、《孟子》、《大学》、《中庸》八书,各有序文一篇,以揭其旨。大抵谓人心之坏由于虚文,圣人作《礼记》、《春秋》,陈列虚仪,以审世变所由来,故《中庸》归于无声臭,《论语》归于知命,《孟子》归于无有乎,尔皆指束于礼文,而不知自悟言者也。故读经当玩其真悟,否则《庄子》所谓筌蹄也。焦循谓其说出于老庄,非儒家所宜言。然其书亦失传,殆学者因其好异而去之乎?

廷治壮年虽治经,然其晚年则专治《庄子》,谓不可一日无此书。谓三代之道,由亲亲以及于长长,由是有尊亲等杀,由是有礼乐政刑。至于《庄子》,则舍孝弟而尚静虚,以此为无为之道,欲截去枝干,以徒固其根。后之儒者,必斥《庄子》以为背于圣人之道。夫圣人之道,备于六经,六经虽言有为,然有为者圣人之迹。而《庄子》无为,则得圣人之本真。故惟《庄子》能知圣人,惟圣人必用《庄子》。庄子真旦击道存之人哉。又谓古今注《庄子》者,不下数十家,高者视为寓言,以为微言见真理;卑者援引仙术,以参同之说附会于其间。故近人之学庄者,不过宅心清旷,自谓不为外物所撄。实则以清旷自适,即系撄于外物,不知自反。若夫以气学口诀谓之学庄,实则参同之语兴,而《庄子》之学已亡。夫《庄子》之学,在北冥南冥,鲲以象北,鹏以象南。曰六月、曰九万,南北冥之数也。所异于大易者,从息见六,从冥用九,为《庄子》之九六不得用大易之门耳。海运天地,要在能徙,徙本于怒,即《齐物论》所谓怒者谁耶是也。知徙则抟九万而得南冥之用,乃能从冥中升腾变化。花之开,鸟之鸣,日升月沈,寒暑推迁,治乱循环,任纷纭万端,变态千状,无往非寓,即无往非真。其理均前人所未发。又作《注庄子序》一篇,其言曰:呜乎,三代后杀人至盈城盈野,何其惨也。其祸始于争地争城,争之害起于声色货财,贪财好色由于耳目纷挐,不知虚静。以《庄子》虚静之学,洗涤末世人心,变化秦汉后兼并斗夺、女宠宦官、聚敛暴酷之习,岂非沸汤烈焰中,披以清风,濯之冰雪乎。又为柳某作《山中闲言序》,谓:今之号称高隐者,睹芳华而忻然喜,听好鸟而怡然悦,不过供耳目之玩,较贪财贪声贪色,清浊不同,然其为外物所夺,其丧本真则一也。里中王心湛读之,以为得弦外之音。其所著之文,别有《易玩室文》若干卷。卒于康熙□十□年,年六十有八。子一,名宙明。

刘子曰:吾读全榭山《鲒埼亭集》,言程云庄之学,杂糅儒、佛,兼言名、理,未尝不歆其所学之奇。厥后征考乡邦文献,得廷治事,兼读其遗著数篇,知廷治之学出于云庄。夫廷治之说《易》说《庄》,固未必尽合本书之旨,然考其所言,仍多得之于佛典。廷治之意,以为世界万恶,皆起于贪,召天下之乱固由于贪,即遂一己之高,亦不得不谓之贪。盖不能视事物为真空,虽所注之物不同,其玩物丧志则一也。由斯意而推扩之,则必心与事物无希恋,举外界之境,咸不足以惑吾心,如是而后可谓真学。其所发明,虽以宋、明诸巨儒所见之理,诚未能若是之超也,若廷治者,殆可谓穷心理本源者矣。惜遗著失传,不获与心斋、卓吾竞名,悲夫。

---

① 录自《左盒外集》,卷十八。

颜、李二先生传①

颜先生元,字易直,直隶保定府博野县人。生于明崇祯八年,幼喜读书,学神仙导引术。长知其妄,益折节为学。初好陆、王书,继从事程、朱,勇于改过,以圣人为必可师。乡里目为圣人。年既壮,渐悟宋、明学术之失,以尧、舜之道,在六府三事,周公教士以三物,孔子以四教,莫非事也,无事则道与治俱废。故正德、利用、厚生曰事,不见诸事,非德、非用、非生也。德、行、艺曰物,不征诸物,非德、非行、非艺也。故先生之学,以事物为归,不以空言立教。著《存学》、《存性》、《存治》、《存人》四编。谓古人德行由学习六艺而成,而六艺不外一礼,礼必习行而后见。后世以章句为儒,以读书纂注为功,非圣人重力行之旨也。又无极、太极、河洛、先后天之说,皆出道家,宋儒本之说《易》,推为性与天道之正传,是为参杂二氏。又谓:气质之性无恶,恶由蔽习而生。立异宋儒,不尚苟同。尝推论明制得失,著《会典大政记》,曰:如有用我,举而错之耳。又谓：天下事皆吾儒分内事，吾儒不任事，谁任事耶。其自任若此。卒于康熙四十二年，年七十。

先生虽以高隐终，然身际鼎革，目击口祸，光□之念时蓄于怀。年八岁即从吴洞霄习剑术，兼肄骑射。长从新城王介祺学兵法，旁及技击、驰射，莫不精绝。晚筑习斋，集弟子讲学，习礼、乐、射、御、书、数，兼究兵、农、水、火、工、虞。继主讲肥乡淳南书院，创立规制，设文事、武备、经史、艺能各科，从游者数十百人，远近翕然。常南游中州，张医卜肆于开封，以物色豪杰。商水李子青者，大侠也，馆先生，见先生携短刀，目曰：君善此乎？先生谢不敏，子青固请与试，先生乃折竹为刀，舞相击，数合，中子青腕，子青大惊，拜伏地曰：吾谓君学者耳，技止此乎？遂深相结。又于开封市遇一少年，貌甚伟，问其姓名，曰：朱超越千也。叩其志，不恒，沽酒与饮，半醉起舞，作歌告别。先生虽好奇乎，然天性敦笃，不愧纯孝。当清兵入畿辅，父被掠去，先生依朱翁居，为朱翁义子。朱翁卒，乃寻亲辽左，誓不得亲不反。出关数年，备历险阻。有传父在沈阳者，至则父殁，寻其墓，哭奠如初，丧礼招魂，奉主而归。以是知先生所谓力行者，诚古人所谓以躬率教者矣。

先生既殁，门人钟錂辑《言行》《辟异》二录，今不存。其所存者，惟《存学》、《存性》、《存治》、《存人》四编。门人李塨又为先生辑《年谱》。

李先生塨，字刚主，别字恕谷，直隶省蠡县人。父明性，有学行，学者称为孝悫先生。时颜先生倡明实学，孝悫命先生师事之，因从学礼。又学琴于张而素，学射御于赵锡之、郭金城，问兵法于王余佑，学书于彭通,学数于刘见田,学乐于毛奇龄。年二十余为诸生,承习斋教,以学泽躬,事亲以孝闻,尤留心经世之务,成《瘳忘编》。以康熙三十九年举于乡。至京师,声誉竞起,诸公争延致之,然砥节励行,耻谒公卿。时冉永光、窦克勤设讲会,先生与焉,因历论古今升降得失之故,旁及太极、河洛图书之辨,礼、乐、兵、农之事。听者数百人,咸曰:乾坤赖此不朽矣。继鄞县万斯同讲学绍宁会馆,先生亦往,万君向众揖先生曰:此蠡李先生,负圣学正传,非予敢望。因将《大学辨业》之旨历历敷陈,曰:此质之圣人而不惑者。其见重若此。适宛平郭金汤作令桐乡,聘先生往治所,举邑以听,政教大行。及故人杨勤令富平,亦敦请先生,事以师礼,事咨而后行,百废具举。关西学者闻风麕集。逾年反里,谒选得知县,以母年高,改选通州学正,旋以疾苦归,迁居博野,修葺习斋学舍以收召学者,从游日众。公卿屡谋荐之,辞不就。以雍正十一年卒于家,年七十五。先生解格物、心性,多本习斋。惟论封建、郡县,语不强同。早从毛奇龄问乐,毛尝推为盖世儒者。后以论格物不合,遂斥先生为背师,并作《大学佚讲笺》以攻颜学。桐城方苞与先生交至厚,惟固信程、朱,与先生持论抵牾。后先生殁,方为作墓志,惟载先生论学始末,且谓先生因方言改师法,何其诬先生之甚耶。先生承习斋教,以著书自见,著有《小学编辨业》五卷、《大学辨业》四卷、《圣经学规纂》二卷、《论学》二卷、《周易传注》七卷、《筮考》一卷、《论语传注》二卷、《大学》、《中庸传注》各一卷、《传注问》四卷、《经说》六卷、《学礼录》四卷、《学乐录》一卷、《郊社考》一卷、《拟太平策》一卷、《恕谷文集》十三卷,皆刊行于世。学者称为恕谷先生。

刘光汉曰：自周代以来，以道为本，以艺为末，其说倡于儒家，而一二治实学者反斥为多能鄙事。致用非所学，学非所用，其所由来非一日矣。习斋生于明末，崛起幽、冀，耻托空言，于道德则尚力行，于学术则崇实用，而分科讲习，立法尤精。虽其依经立说，间失经义之真，然道、艺并崇，则固岐周之典则也。刚主继之，颜学益恢。乃后儒以经师拟之，呜呼，殆亦浅视乎刚主矣。

---

① 录自《左盦外集》，卷十八。

朱泽沄传①

　　朱泽沄,字湘淘,号止泉,扬州宝应人。生而端悫,弱不好弄。康熙初年补诸生。初从程畏斋读书,分年日程,即寻其次序,刻苦诵习,讲求经世之学。凡边防、水利、农田、社仓、学校诸法,考核精详。学历算于泰州陈厚耀,尽传其法。盖先生早年之学,专务该博,于道学源流,未得要领。

　　继念朱子之学,上绍孔、孟、周、程,后儒或议其殉外,因专心《朱子语类》、《文集》,潜思力究,至忘寝食。及读《中和旧说序》、《与湖南诸公》、《答张敬夫》诸书,始知朱子之学,先从发处察识,自己丑以后,深透未发之旨,故涵养工夫日益加密,其先后次序昭然可考(其《朱子未发涵养辨》云:一曰主敬存诚,即所以涵养于未发,以贯通乎已发,实用力者自喻其微。然朱子未发涵养一段工夫,原极力用功,后儒为之讳者,其防微杜渐之意自有所在。特以《阳明晚年定论》一书,取朱子言,收放心，存养者，不分早晚，概指为晚年，以明朱、陆合一，定学者纷纭之议。若更言涵养，是羽翼阳明，无以分朱、陆之界，故概不置词，俟学者自为寻讨，可谓用意深远矣。然朱子涵养，原与陆、王两家不同，乃有所避忌，不显明指示，无以阐朱子涵养之切要，且益增章句文义之讥，而目为道问学之分途矣。纵有言及者，又似自陈所见，按之朱子涵养切要之序，不甚相合。盖朱子于程子未发之旨，辨之精，有一毫之未当，不敢以为是；思之切，有一毫之未信，不敢以为安。验喜怒哀乐之前气象，而求所谓中者，延平得之豫章以上，承龟山、伊川者也。凡言心者，皆指已发而言，程子之言也。与其信程子转相授受之言，不如信程子之言，亲切而有味。是以用功于察识端倪，而不以观心于未发为然。然惟其辨之精，思之切，有一毫之未当、未信者，不敢以为是而安。故于季通辨论之余，疑而悔，悔而悟，反复于程子诸说，而自觉其少涵养一段功夫也。朱子悟涵养之旨自己丑始，悟涵养之旨无诸贤之弊，亦自己丑始。集程子诸说，参而求之，会而通之。因疑心指已发之未当而不可信，始悟心兼体用，必敬而无失，乃所以涵养。此中必实致其知，日就光明而学乃进也。悟心兼体用而有涵养，于未发贯通乎已发之功，则向来躁迫浮露之病可去，而有宽裕雍容之象矣。悟敬以涵养，又必致知，则绝圣去智、坐禅入定、归于无善无恶之弊有所防，而阳儒阴释之辈无所假借矣。自此以往，涵养之功愈深，所见愈精，本领愈亲。如涵养于未发之前，则中节者多。湖南诸友无一截功夫，则有《答林择之书》，平日有涵养之功，临事方能识得，则有《答胡广仲之书》，此尤章章可考者也。夫以朱子好学之笃，功力之专，自不数年而体立用行，然犹需之数十年者，亦有说焉，答吕伯恭、周叔谨辈，往往从涵养中自见，支离之失而不讳，固所以致友朋、箴来学，而自己之由疏而密，由浅而深，亦层进而有验。盖涵养而略于理者易，涵养而精于理者难，涵养而处事不当者易，涵养而事理合一者难，涵养而偏于静者易，涵养而动静合一者难。朱子自四十后，用许多工夫，渐充渐大，渐养渐纯。至丙午答象山，有曰用得力之语。至庚戌有方理会得恁地之语。又曰：幸天假之年，许多道理在这里。所谓涵养于未发而贯已发者，心理浑融无间而归于一矣。要其用功一遵程子涵养之序如此。此直上溯伊川，以接子思子之脉者，原与后世阳儒阴佛，假未发之旨，以实行其不思善、不思恶之术者，较若黑白。亦何为有所避忌而不言哉。或曰：子言朱子涵养之序详矣。彼援朱入陆者，方为晚同之论，以混于一。吾子之言，得毋中其欲而赍以粮乎？曰：不然。彼良知家多言朱子晚年直指本体以示人，今朱子之书具在，如答度周卿、晏亚夫、潘子善、孙敬甫诸书，皆六十以后笔，皆以涵养致知为训，曷尝单指本体乎？其言涵养也，莫精于答吕寺丞：纯坤不为无阳，无知觉之事而有知觉之理。其言进学在致知也，莫精于答张元德：横渠成诵之说最为捷径。此皆甲寅、戊午后之言，又何尝不以涵养致知为训，又何尝单指本体。不惟理不能穷，中无所得，即所养者，亦无理之虚灵知觉。正朱子所云一场大脱空者，亦不俟明者而知之矣。其辨二曰：朱子之色庄言厉，行舒而恭，坐端而直，言貌之涵养者然；整容正坐，缓视微吟，虚心涵泳，切己体察，读书之涵养者然；静而常觉，静之涵养者然;动而常正,动之涵养者然;仁之包义、礼、智也,求仁之涵养者然;仁、义、礼之归于智也,藏智之涵养者然。历观诸子注疏,纂辑删述粹精之理,居官、事君、治民、忠爱之道,立身行事之大小,无不皆然。此所以动静周流,皆贯通于涵养未发之中者也。先生之说如此)。先生遂守定斯旨,反身体验。其论动静也,初谓静中持守,不敢昏乱;动中省察,不敢纷驰。又以静中之动,动中之静,终未融澈,动静之交,不无起伏转换,乃考之《朱子文集》,得《答陈超宗》、《陈器之》、《林得九》、《林择之书》,旁及《玉山诸义》、《太极图说》、《西铭解注》,因悟未发之时,条理毕具,故已发之时,品节不差。举《语类》所录根源来历,为治朱学者之门径。以为一动一静,体用虽殊,而体常涵用,用不离体。静固凝然,动亦凝然,境有万变,心体则一。凡经书子史所谓妙道精义者,活泼洋溢,皆统摄于此。盖先生之学,初分动静为二途,继悟动静同出一源。尝作书致王懋竑,谓:敬贯动静,以静为本。懋竑作书辨之,谓:人之有动静也,犹其有呼吸也。静则必动,动则必静。论其循环,则有互根之妙;论其时节,则有各致之功。朱子已发、未发说,作于己丑,有以静为本之语,甲午以来,不复主此说矣。主静之指出于濂溪,而朱子丙申《记濂溪书堂》、己亥作《隆兴祠记》、癸卯为《韶州祠记》、癸丑为《邵州祠记》,俱不一言主静。盖静可以贯动静,而静不可以赅动,专言静则偏矣。且既曰主敬,又曰主静,心有二主,自相攫拿,非所以为学。先生深服其言。迨及晚年,悉以主敬标宗旨,谓:敬之一字,行、住、坐、卧,不可顷刻离。因深信朱子居敬穷理之学,尝谓居敬为孔子相传以来之的绪,有不可得而移易者。盖居敬者,存其天理之本体,而非空寂;穷理者,穷其天理之条件,而非外驰。故从来道问学莫如朱子,尊德性亦莫如朱子。彼夫为朱、陆同异之说,妄以尊道分涂者,固邪说诬民,充塞仁义。即学朱子之学,而居敬不知体认已发、未发斯理流行之实,徒矜于貌言视听之间,未免昏愦纷扰,徒劳把捉。穷理不知推寻性情体段、身心源头之实,是岂朱子所谓居敬穷理哉。

盖先生学深养邃,于朱、陆学派之同异辨析尤精。尝讲学锡山,通书关中,以阐明朱子之学,教人以诚,终日讲论,亹亹不已。讲学之余,不求人知。时同里刘艾堂总督直隶,拟特疏荐之,辞不就,寻卒于家,年六十有七,学者称为止泉先生。所著之文,多发明朱子一家之学(若《朱子答黄直卿书》、《太极图说》、《仁说书后》、《读朱子答程允夫书》以及《坤复乾艮四卦说》、《主静说》、《性情说》、《选读朱子文目录序》、《选读语类目录后序》、《书南轩先生集后》、《陈安卿先生集跋》、《罗整庵答王阳明书书后》、《共学山居讲义》、《骥沙东川书院商语》、《示进儿》、《示辂侄》等篇,大抵皆发明朱子一家之学者)。有文集八卷,别有《朱子圣学考略》十卷、《朱子诲人编》、《三学辨》、《先儒辟佛考》、《阳明晚年定论》、《辨吏治集》、《览师表集览》各若干卷。乾隆□年从祀东林道南祠(高斌赞云;涵养未发、实功绵密。体具用周,敬静合一。考亭语类,深契潜符。读书居业,堪继薛、胡)。子光进,负质纯粹,少遵父训,专心朱子之书。尝访道东林,极为顾俟斋所器。先生既殁,光进力守家学,与同里乔汉讲论切劘,淮南学者奉为宗盟。以丧母致毁,卒而淮南讲学之风衰。

刘光汉曰：中国古昔，以阴阳二字表示对待之名词。而《周子通书》复言动则生阳，动极而静；静而生阴，阳极复动。一动一静，互为其根。是为动静互相循环之说。然观《周易》言寂然不通，感而遂通，《中庸》言未发为中，发皆中节。是静为动根，动原于静。盖静以聚众理，动以应万事。效实原于储能，固人心同然之理也。自周子始标主静之说，洛学、闽学皆从之，由是以静制动，饰《孟子》不动心之说，以标无思无虑之宗。以静为本体，以动为役物，以动心与放心并论，故阳明提倡良知，亦以捍格外物为格物。夫所以捍格外物者，即虑外物之足动己心耳。此仍沿主静之旧说者也。若白沙诸儒，又以勿忘、勿助为本，然东林学术，亦守阳明之说而饰以朱子之书。厥后顾、高遗胤世传，其说遂蔓延。淮南止泉先生，殆亦治东林之学派者与。观先生之学，首从主静入门，继言动静互相循环，复舍主静、崇主敬。其学术迁变略与紫阳相符。惟紫阳首崇问学，而先生则颇尚空言，揆其派，别近陆远朱。乃所著诸书，又深辟陆、王之学。夫先生谓敬贯动静，其说即出于阳明，阳明之言曰：敬畏之存，无间于动静。非其证欤。故知先生之学，非尽导源于紫阳，然辨析理欲，颇多心理之精言，则又后儒所奉为标准者也。故诠其遗事，以彰吾郡学术之盛云。

---

① 录自《左盦外集》，卷十八。

汪绂传①

　　汪烜，又名绂，字灿人，号双池。初能言，母江氏口授四子书五经，八岁悉成诵。自是读书禀母教，未尝从师，而以五经四子书为师。母没，闻父淹滞金陵，泣且往，劝父归，父曰：吾无家，安归。叱之返。归葬母后，无以自活，为景德镇画碗佣，且佣且读，旋教读于枫岭浦城。闻父卒，恸几绝，扶枢而归。先生二十以后，著书十余万言，旁及百氏九流，三十后尽烧之。自是凡有述作，息神庄坐，振笔直书。博极两汉、六代诸儒疏义，元元本本，而一以宋五子之学为归。六经皆有成书，下逮乐律、天文、地舆、陈法、术数，无不究畅，卓然可传于世。所著《易经诠义》十五卷、《尚书诠义》十二卷、《诗经诠义》十五卷、《春秋集传》十六卷、《礼记章句》十卷、《或问》四卷、《参读礼志疑》二卷、《孝经章句》一卷、《乐经律吕通解》五卷、《乐经或问》三卷、《读阴符经》一卷、《读参同契》一卷、《读近思录》一卷、《读读书录》一卷、《先儒晬语》二卷、《山海经存》九卷、《理学逢原》十二卷、《诗韵析》六卷、《物诠》八卷、《苇略》四卷、《读困知记》一卷、《读问学录》一卷、《琴谱》一卷、《医林辑略探源》九卷、《戍笈谈兵》若干卷、《六壬数论》若干卷、《大风集》四卷、《文集》六卷、《诗集》六卷。

先生著书博而用功专，不求人知而功愈严焉。其言致知也，曰：有志格物，无物无理，随处目睹耳闻，手持足践，皆吾穷理之学，岂独经书。故朱子《补格物致知传》曰：言欲致吾之知，在即物而穷其理也。一即字已吃紧教人矣。格物不只是格一物便可贯通，亦非谓必穷尽天下之理。积累既多，自能洞澈。盖天下之理，同归殊途，一致百虑。只学者事事寻向里面去，由已然而想其当然，由当然而求其所以然，则源头必有相合处。所以积累既多，自能洞彻。故朱子曰：至于用力之久，而一旦豁然贯通焉。至于豁然贯通，则虽未格之物、未穷之理，亦可一以贯之矣。然格物之学，非有终穷，纵使可以会通，遇事物犹须印证。孔子入太庙每事问，格致亦终身焉已。又《中庸》言学问思辨皆弗得、弗措，程子曰：若于一事上思未得，且别换一事思之。所言并非不同，盖《中庸》所言，困勉之用力宜如此也，程子所言，则为学之活法也。朱子《解学记》：如攻坚木，先其易者，后其节目，及其久也，相说以解。亦引此为说。谓心觉其难，不妨舍难而治易，易者既解，则难者亦因彼说印证参会。所谓学以聚之，问以辨之，则必宽以居之，而后仁以行之也。致知力行，道问学之事，存养者，尊德性之事。朱子以《存养》一卷，置于致知克治之间，为旨微矣，曰：一为要者。一即人生而静之天也。无欲即无极，而太极之体也。主静立极，使静无一毫妄念参焉，故静虚矣。静虚则动直矣，未有静不虚而能动直者也。静虚，静故静也；动直，动亦静也。静而能虚，自无不明矣，明则无不照矣；动而能直，自无不公矣，公则无不及矣。此一字亦兼内外，该动静，而静为之主。无欲者亦自静而动，皆无一毫私妄，是乃为纯一之至。又曰：涵养者，如水之涵物，静以养之，则乐在其中。若急迫监押，则是苦其心而已，岂涵养之谓哉。又曰：人间百事，须是人为，人有此心，所以应事。今试自家体验，一念放逸，则一事过差，一事过差，则一物不得其所由。然人之有心，莫非得于天之实理。此心才放逸，则百邪攻之，天理不见，一检束，则天理炯然自存。此固可验之清夜之思、平旦之气也。是闲邪，则诚自存，原非在外，亦非邪与诚不两立也。闲邪而不存诚者，只欲杜绝外诱，而不求此心之安，则此杜绝外诱之心即为私心，而不足以见天理。故高者只如原思之克伐怨欲不行，下焉则入于佛氏之空寂，此不善闲邪者也。君子只是主一。主一者，外边整齐严肃，即内之所以提摄此心。然整齐严肃悉由于静，使此心既不之东，又不之西，是妄念不兴，未发之中，无所偏倚，片时境界，天清地宁矣。及其动也，此心既不之彼，又不之此，是能因物付物，而由中达外，皆中其节，体信达顺，老安少怀矣。是闲邪，则诚自存，盖此心之理非从外得也。其言克治也，曰：乾乾力行之体，损益力行之用。忿则惩之，欲则窒之，善则迁之，过则改之，皆乾乾以实心行之，欲其纯乎天而不杂以人也。人之行，不失之忿，则失之欲，不入于善，则出于过而已。不行不见，有得失一动于行，而得失见矣。损益之心不诚，损益之功不力，则凶害之悔且吝矣。故动不可不慎也。又曰：理、欲相为消长，欲消一分，则理长一分，欲尽而诚立矣。诚者，得于天之实理也。欲只是一欲，不外耳、目、口、鼻、四肢，动于欲，则为私欲，以流入于恶，有以节之，是之谓寡。咸归于则，则可谓之无，圣人非无欲也，归于天则，则不复谓之欲耳。又曰：己不外视、听、言、动，礼亦不过此。视、听、言、动之则，才出于礼，则谓之私。克去己私，则复贯通。而昔之所难者，亦解意通之矣。然则非弗得便措也，正欲其有相说以解时耳。若于蔽著时勉强去思，则反恐有牵强意见助长之病矣，且以类而推者，因其已知之理而又穷之也。如既识此字，复细玩此字之笔画，细辨此字之声音，又求解此字之字义，又推想此字何以一字数用，而音义各有不同，又穷究古人所以制此字之意义，所谓益穷之也。又古人言一草木皆须察，察得来皆有用处，且无非性命。只要会心，乡里若乡外，则只求多识，无当身心。如大军游骑，远而失所归矣。日读书不会疑，便是不会读，疑而不能悟，亦是不会读，总是未尝用心寻求。

先生又曰：格物之格训至，自程子始，然格字本有至到之训，如《书》言格于上下、格于皇天、格于上帝，皆至到之义。又如有苗来格、祖考来格，则又来字之义也。物如何格，《诗》云有物有则，上文致知，致字为推致之义甚明，则格物为穷至物理亦甚明矣。凡物虽在外，而万物之理则本皆备于吾心，但吾心之知虚，而在物之理实，故欲极推吾心之知，必须实靠事物上，逐件印证。所格之物，原是吾心本具之理。凡可学而知者，即皆吾心所固有之知，而陆、王家反疑其不当，求之在外，不亦异乎。又曰：学者于物、怪、神、奸，既惑而不能不信，然又不敢全信，故只得委之无穷，付之以不可知。然疑念既生，终被神怪牵惑，谓之不敢全信，已是深信之矣。故人贵穷理。穷理者，非穷此神怪有无之理，只是穷究自己身心性命之理。身心性命之理，果能真知其本源，则神怪自不足惑。若乡神怪，穷究其有无，则终身只是惑也。

其论汉学曰：汉儒说经，于义之本，浅者凿之使深，最为说经大病。汉儒说《诗》、说《春秋》，往往如是。其论《诗经》曰：《诗经》本不难解，只须依字句吟咏，久之意味自出，不必向字句外别寻事迹，以穿凿附会也。《雅》、《颂》则义蕴稍深，然风神自和，若得其风神，则义蕴亦久之自见。盖以性情会之，不是以死字句解之也。以死字句解之，则必失诗人言外之意矣。又《诗》自有韵，读《诗》者不可不知叶韵，既得声韵调洽，则诗之段落明白，而吟咏之际，亦意趣愈长。《书》经虽稍难解，然且反身切己视之，如精一执中，不必在帝王事。其《历象》、《禹贡》、《洪范》等项，亦不可畏难，须著力去考，都是经济，但不可勉强求合，致生诞妄。

其言存养也，曰：人非能涵养，亦无以致知。然既能致知，则涵养之功宜益加密，天理也。心与物接，视为最先，故言蔽交于前，其中则迁。听则无形，而以知被诱，故言知诱物化，遂亡其正。视自外，故制之于外；知内动，故欲知其止有定，然亦相通也。或曰：节之九二，何以不取其刚中。曰：卦既名节，则宜一于正。卦惟二三不正，刚则节非所节，柔则不能节也。或曰：克伐怨欲不行，不得为仁，何以能斩绝病根，使之无欲。曰：中有主，则病根除矣，复于礼，则中有主矣。或又曰：克己可以治怒，明理可以治惧，亦偏言之耳。能明理，则能检七情之失，能克己，则能得七情之正矣。曰：己非私也，而私生于有己。人欲之私，虽曰后起，亦从气质有偏处带来。唯气质有偏颇处，而后物欲乘之，故变化气质，即克己之事。张子言人气欲刚，言须刚以自胜也；又言人心欲柔，言须柔以受人也。先生之立说如此。

盖先生之学，体勘精密，贯彻内外，毫厘必析，由不欺以至于至诚。偶设一喻，能使盲者察、愚者明，说者以为朱子后第一人。先生没后，门人余元遴刊其书，而其学稍稍行于世，然尊先生之学者，至今未一睹也。

刘光汉曰：昔朱子有言，是以大学始教，必使学者即凡天下之物，莫不因其已知之理而益穷之，以求至乎其极。至于用力之久而一旦豁然贯通焉，则众物之表里精粗无不到，而吾心之全体大用无不明矣。此语最精。盖宋儒多尚空谈，唯朱子则多务实。格物者，实验之学也；致知者，穷理之学也。唯能实验，然后乃能穷理。中儒往往以格物致知之学皆归之穷理，而实验之派亡，此阳明所以训格物为扞格外物也。若朱子之学，则与倍根、笛卡儿相近。格物之义既与倍根实验之义同，而穷理之义亦与笛卡儿怀疑之说相似也。朱子又曰：天下之物，皆实理之所为，故必得是理，然后有是物。案此即实验之说。盖诚字之精义在于真实无妄，妄之生也，由于虚，虚之生也，由于诞，此妄诞不经之说所由屡见于史册也。观于史志五行传，详变异妄诞之说，即此可窥。若西国格致之精为世界冠，无非不诚无物之说有以开之耳。《大学》言物格而后致知，致知而后意诚，盖以实验之学明，则一切虚妄之念不生耳。特考之名学家言，以物之所具者，为物之德。吾心之所以感物，而物之所以与吾心相接者为觉。盖物者，形也；德者，象也。近人不知此理，往往误象为形，不知象也者，只物之所以感吾心者也。物自有形，吾所知者唯象耳。譬如于镜观花，于水观日，岂花与日之真形哉，不过月之象由水而见，花之象由镜而见耳。德儒污德之言曰：自吾人有生之后，常为气质所拘，于物之本体，断无有接而知之之理。英儒罕木勒登之言曰：人心一切之知，主于所发见之形表。由是而观，则吾人之所见者，唯物之色相，而非物之本体明矣。佛书言色即是空，空即是色，其此之谓乎。双池先生明于心物二元之说，故物理、心理均窥其深，殆能守朱子之学者。故即先生之说申论之。

---

① 录自《左盦外集》，卷十八。

全祖望传[①]

　　全祖望,字绍衣,号谢山,浙江宁波府鄞县人。曾祖太和,生当明季,适清兵南下,甬东遗民抗节不仕,全氏弃诸生籍者计二十四人。太和以兄子吾骐为后(即祖望王父)。又以东钱湖之童岙处,万山间人迹罕至,拟避地焉。时吾骐年十六,亦披服入山,力耕之余,清吟而已。高武部《隐学叹》曰:昔谢皋羽弃子隐遁,终身不相闻问,郑所南则无子,未若全氏之骈聚也。吾骐子书以经术、诗词教授乡里,生子祖望,相传为钱肃乐后生(董纯所作《年谱》云:有传先生为钱忠介公转生者,其详未之闻。集中有《五月十三举子诗》三首,其第二首曰:释子语轮回,闻之辄加憎。有客妄附会,谓我具宿根。琅江老督相,于我乃前身。一笑妄应之,燕说漫云云。昨闻正气堂,豫告将雏辰。在我终弗信,传之颇惊人。即此事也)。四岁就塾,即粗解诸经章句,及稍长,从同里董次欧游,与争论经史,次欧目为俊人。全氏自鼎革后,眷怀国耻,不欲以文学进身。祖望以家贫亲老,年十四补鄞县弟子员。谒学宫,至乡贤名宦诸祠,见谢三宾、张国俊主,曰:此反复卖主之乱贼,奈何污宫墙。碎其主,投诸颒池(谢、张皆明臣之降□者),其嫉恶若此。寻举顺天乡试,乾隆元年成进士,选庶吉士。尝忤首辅张廷玉,故散馆以知县用。祖望遂反里,不复出(祖望本无出仕志,早年宁守孙某欲荐之,上书力辞。年三十七,呈诗李黻,有自分不求五鼎食,何妨平揖大将军句。除父服,有司催赴选,作《心丧札子》呈之,盖本无意出山也。又《答梁芳林诗》曰:故人为我关情处,莫学琼山强定山。盖不欲梁氏之荐己也。后陈兆仑亦欲强之出山,望拒不从)。

全氏为浙东文献宗祖,望承之,其学渊博无涯涘,于书靡不穿贯。李黻见其文,叹为深宁、东发之传。查余行亦曰:绍衣之学,今之刘原父也。年甫冠,即上书方苞,争论《丧礼或问》。在翰林,与李黻共读《永乐大典》,每日各尽二十册。时开明史馆,复为书六通遗之(《年谱》云其第一、第二专论艺文一门。又谓本代之书,必略及其大意,始有系于一代之事故、典则、风会,而不仅书目。第三、第四专论表,于外蕃属国变乱,了如指掌。第五、第六专论隐佚、忠义两传,足扶宇宙之元气)。初见杨名时于京师,杨称其博,以有用之学勉之。祖望曰:以东莱、止斋之学,朱子尚讥之,何敢言博。盖浙东学派,承南雷黄氏之传,杂治经史百家,不复执一废百。鄞县万氏承之,学益昌大,若祖望之学,殆亦由万氏而私淑南雷者欤。祖望性伉直,负气忤俗,彰善绝恶,有明末节士遗风。既辟官归,贫且病,饔飧或不给,而好学益厉,人有所馈,皆峻辞。

梁芗林拟特疏荐之，辞不就。祖望虽委贽本朝乎，然亮节高风，卓立人表，其心殆未尝一日忘明也。鄞故滨海，为浙东遗民所萃，流风遗俗，犹有存者。又祖望族母为张尚书苍水女，年八十余，祖望曾从之询掌故，以童岙为先人避兵地，益参考旧闻，成《沧田录》。复选《续甬上耆旧诗》，发扬幽潜，以诗存人，于桑海之变三致意焉（《年谱》云：先生四十岁，选定《李杲堂先生内稿》及《西汉节义传》、《昭武先生残集》，皆为之序。于是有意耆旧集之续，遍搜诸老遗集，而《杨氏四忠双烈合状》、《屠、董二君子合状》、《王评事状》皆成。是年秋至浮石周氏，访三和尚及立之石公诸集，又得林评事朋鹤《草堂集》二书。明年遂续选《甬上耆旧诗》，凡百六十卷，人各一传。于是桑海之变征、太平之雅集，凡为乡党所恭敬而光芒有未阐者毕出，真大有功于名教也。又案：祖望早年尝再上修南宋六陵及祠祭冬青义士帖子于郡守，亦义举也）。

迨及晚年，益留心明季遗闻，以表章节义为己任。凡明末里民之死难者，为之博考野史，旁及家乘，作为碑铭志传，缠绵恻怆，有变征之音（考先生所著《鲒埼亭内集》，有《陈忠贞公神道铭》、《钱忠介公神道第二碑铭》、《张苍水神道碑铭》、《张华亭神道碑铭》，别有《给事中董公神道表》、《锦衣徐公墓志铭》、《建宁兵备道金事倪公坟版文》、《翰林院检讨钱公些词》、《张侍御哀词》，皆鄞人也。其余所作尤多，皆明末殉节之臣也）。又以明末巨儒若南雷、亭林、二曲、桴亭、青主，咸抗首阳高节，矢志不渝，目以新朝处士，厥情焉揆，乃各为表墓之文，以志其景仰（尝作《梨洲亭林神道碑》、《二曲窆石文》、《应潜斋先生神道碑》、《沈华甸墓志》,以及《陆桴亭》、《刘继庄传》、《阳曲傅先生事略》,皆载集中)。别有遗民佚士,苦身持力,志洁行芳,足励末俗,亦发为文章,以彰节烈之奇(如所作《蠹园先生神道表》、《鹪鹩先生神道表》、《施石农先生墓志铭》、《祁六公子墓碣》、《中条陆先生墓表》、《忍辱道人些词》、《邵得鲁先生事略》及《万贞文》、《王螺山传》是)。而顺、康之交,民罹惨酷,□德不彰,后世何观,乃据事直书,隐寓褒贬(如所记庄氏史狱是)。说者谓雍、乾以降,文网森严,偶表前朝,即膏显戮,致朝多佞臣,野无信史,其有直言无隐者,仅祖望一人(尝作《舟山宫井碑文》云:向使当时史局诸臣达之兴王,岂有不附之二后传者。奈何并此不食之泥湮没,恐后此刺修史者之多隐饰也。又作《庄太常传》,载其所作《大还词》中,有斥□□语,乃他人所不敢记者。又作《毛户部传》、《周布衣传》,载布衣所作《防秋谱》中,有更有以□□为至尊一语,亦他人所不敢引者。又作《万贞文传》,谓先生以遗民自居,方侍郎惜其不得邀日月之光,斯言大谬。余证甚多,不具引),直笔昭垂,争光日月,可谓步南、董之后尘者矣。

祖望既隐居放言(《年谱》云:先生四十二岁,至湖上为禊事之会,至者四十二人。又北游扬州,客马氏玲珑山馆,盖其无心出仕,已非一日矣),浙东官吏乃欲以细事罗织之,欲白抚臣兴大狱,抚臣常某不欲从,其事始释(《年谱》云:先生年四十一岁,宁守魏某纵一奴子入泮宫,且陈夏楚以恫喝廪保,先生移书诘之。守怒,俗巡道叶某以细事罗织先生,力求抚院兴狱,并及董浦先生。抚军常公不可,旋以《受宜堂文集》令鄞令求先生作序,其事始解)。然祖望持志不稍屈,乃作汗漫之游,往来大江南北,交其贤豪长者。尝主蕺山、端溪两书院(《年谱》云:先生四十四岁,主蕺山书院,设奠于子刘子影堂,议定从祀诸弟子。四十八岁适广东,为端溪书院山长,祀白沙以下二十有一人,乃从前所未有之钜典也),尤以介操著闻(《年谱》云:先生四十五岁,绍守仍请主蕺山讲席,固辞,盖去冬主人微失礼也。于是萧上诸余之士争先入学舍,共五百余人,旅食以待先生,终不赴。有诸生蔡某者,谓先生曰:今学者满五百人,请先生弗受太守之馈,五百人以六锱为贽,千金可立致。先生呵之曰:是何言欤。夫吾之不往,为太守之失礼也。礼岂千金所可贷乎。蔡生唯唯而退。观此一节,可以知先生之方正矣)。讲授之余,殚心撰述。尝登范氏天一阁,搜金石旧拓,编为碑目,且钞其秘书。经扬州,居马氏畲经堂,成《困学纪闻》三笺,又修南雷《宋元儒学案》(《年谱》云:先生四十二岁,取南雷、黄氏《宋儒学案》未成之本,编次序目,重为增定。明年二月拟刻《宋儒学案》,夏日复重修之,至秋而尽。至五十岁犹重补学案云),七校《水经注》(《年谱》云:先生四十五岁校《水经注》,又云《水经注》一书,乃先生晚年精力所注,用功最勤。案全氏所校《水经注》,似不若赵一清本之周密完善)。暇则作文自娱,以征乡邦之文献。卒于乾隆二十年,年五十有一。

祖望虽以博学闻,然观书具卓识。尝谓国家刑赏,非君主所得私。三代而后,人君日骄,奉《洪范》作威、作福二语为圣书,而帝王兢业之心绝(《经史答问》)。又谓史臣不立节烈传,所当立传者何人(见《西汉节义传序》。又所作《宋忠臣袁公祠堂碑铭》,斥《元史》于抗元之人不为立传。又谓千古之清议,夫岂一时之记载所能持。盖全氏固以持清议自任也)。复以匡时要务,在于讲学。世道凌夷,格言不立,甚于洪水猛兽之灾(约李二曲窆石文之语),咸为近儒所未发。尝与同里黄之传读《明夷待访录》,之传曰:是为经世之文,虽然,犹有憾。夫箕子受武王之访,不得已而应之;若以贞艰蒙难之身,存一待时之见于胸中,则麦秀之恫荒矣。作者亦偶有不察耳。祖望乃瞿然下拜,曰:是言乃南雷忠臣,亦天下万世纲常所寄。则祖望所谓宁饿死无失节者,殆亦此志也欤。祖望既卒,门人董秉纯哀其文为《鲒埼亭集》(有内外二集)。其所著书,尚有《经史答问》(共十卷,系答弟子之问,其中多精言)、《汉地志稽疑》及《古今通志年表》。

刘光汉曰:明社既墟,惟两浙士民日茹□□之痛,晚村讲学,庄氏修史,华周抒策,嗣庭讽诗,此犹彰彰在人耳目者。以吾所闻,秀水朱彝尊曾举鸿博而官编修,晚作《吊李陵文》以自抒怀抱,钱塘杭世骏目击□汉之失平,以言事落职。此可以觇浙人之志矣。祖望生雍、乾之间,诛奸谀于既死,发潜德之幽光,其磊落英多之节有足多者,后人以儒林目之,岂祖望之志哉。又祖望既殁,浙人承其志者,有仁和龚自珍、德清戴望,攘□之思形于言表。然祖望表章节烈之功,则固诸子所不逮也,故举其学行著于篇。

---

① 录自《左盦外集》,卷十八。

戴震传①

　　戴先生震，字东原，安徽徽州府休宁县人。生具异禀，十岁始能言，就傅读书，过目成诵，日数千言不肯休。授《大学章句》，至右经一章节，问塾师曰：此何以知为孔子之言，而曾子述之？又何以知为曾子之意，而门人记之？师应之曰：此朱文公所述。即问朱文公何时人，曰：宋朝人。孔子、曾子何时人？曰：周朝人。周朝、宋朝相去几何时矣？曰：几二千年矣。然则朱文公何以知其然？师无以应识者，知其非常人。年十五普读群经，每字必求其义，好汉许氏《说文解字》，尽得其节目。又取《尔雅》、《方言》及汉儒传注笺存于今者，参互考究，一字之义必本六书贯群经以为定诂，由是尽通前儒之说。年十七即有志闻道，谓非求之六经，孔、孟不能得；非从事于字义，制度、名物无由通其语言。宋儒讥训诂之学，轻语言文字，是犹渡江河而弃舟楫，欲登高而无阶梯也，故其言曰：经之至者，道也；所以明道者，其辞也；所以成辞者，字也。必由字以通其道，乃能得之。是则先生之学以小学为入门，故所著之书亦以小学书为最先。

尝作《六书论》三卷，谓转注犹言互训，许君以考、老示转注之例，后人不得考、老之义，以字形左回右转释之，最为纰缪。其他或分形声当之，或分假借当之，皆不可通。观《说文》训考为老，训老为考，故《序》中论转注举之，大抵造字之始，事与形两大端而已。文字既立，则声寄于字，而字有可调之声，意寄于字，而字有可通之义，是又文字之两大端也。由是而推之于用，则数字共一用者曰转注，一字具数用者曰假借，是又用文字者两大端也。六者之次第，出于自然，其涯略见于《答江慎修书》(《六书论》今未见，今有《答江先生论小学书》一篇发明此义，江氏得其书，谓众说纷纭，此为定论，诚无以易也)。又作《尔雅文字考》十卷，复以训诂之学自《尔雅》外，惟《方言》。《说文》切于治经，曾以《方言》之字校《说文》，或以字为纲，以《方言》之字传《说文》之字，或以训为纲，以《方言》之训传《说文》之字，又或以声为主，以《方言》同声之字传《说文》，可谓同条共贯之学矣。嗣又校正《方言》十三卷，正讹、补脱、疏通、证明，一仿邢氏疏《尔雅》例，即今聚珍殿所刊之本也。

然音韵之学较训诂之学尤精，尝以训诂必出于声音，当据声音求训诂。成《转语》二十章，以为言出于口，声音以成，而抑扬高下各不同。以喉、齿、唇、舌之音互相参伍，而声之用盖备，盖即中国字母之滥觞也(先生成此书在二十五岁时，孔氏序《戴氏遗书》则云未见，盖此书失传已久，惟自序一篇尚见文集中)。盖先生深明音韵，其论韵之文有《书玉篇声论反纽图后》诸篇,又著《声韵考》四卷,凡韵书之源流得失,皆櫽栝其间。时江慎修作《四声切韵表》,细区今韵,归之字母音等,又著《古韵标准》,嘱先生商订。先生举艰、鳏二字,以证字从偏旁得声。特江氏分古韵为十三部,嗣金坛段氏又分古韵为十七类,先生折衷其间,谓亭林作《音学五书》,于古音有草创之功,江、段之书皆因而加密,段氏分支、脂、之为三,自为卓识,然得失互见。乃作《声类表》一书,析声韵为九类,类各为卷。于今音古音无不兼综,彼此相配,四声一贯,而反切之学大明。其撰述大义,具见于与《段若膺论韵书》,小学家咸奉为圭臬云。

继潜心典章制度,拟作《学礼篇》,取六经礼制之纠纷者,事各为类,折衷众说,萃为一编。虽所成仅十三篇(即冕服记、爵弁服记、朝服记、玄端记、深衣记、中衣裼衣襦褶之属记、冕弁服记、冠衰记、括发免髽记、经带记、缫藉记、捍决记是也。后段氏刊入《戴先生文集》之中),然铨释礼制,以类相求,简约详明,远驾江氏《礼书纲目》上。弟子兴化任大椿本之,作为《释缯》数篇,盖用先生之例云(先生所著之文,又有《春秋即位改元考》数篇,亦详解古礼之文。见文集中)。先生说典制之书,复有《考工记图注》,齐召南目为奇书。

先生治经之暇,兼留意天文、算法,先成《筹算》一卷,首列乘除,次列命分,次开平分,次列筹式,略举经籍之资,于算者推衍成帙,以备治经之用。后更名《策算》。孔氏继涵取以附《九章算术》,谓凡学《九章》者必发轫于此。又作《释天》四篇,以《尧典》璇玑玉衡、中星,《周礼》土圭、《洪范》五纪命题，而天行之大致毕举。曾以璇玑、玉衡乃古代观天之器，汉后失传，爰详其制于《释天》之末，复命工仿造，现藏曲阜孔氏家。继作《勾股割圜记》三篇（尝言精神好时，《勾股割圜记》三篇不必要注，就本文亦可了然），《释准望》一篇，《迎日推策记》一篇，咸足裨畴人之用。后合九篇为《原象》，列为《七经小经》（按据《列传》，《七经小经》应为《七经小记》）之一云（秦蕙田辑《五礼通考》，于观象授时一门，详载先生之说）。其所校之书，复有《周髀算经》、《五经算术》、《海岛算经》、《孙子算经》、《张丘建算经》、《夏侯阳算经》、《五曹算经》。尝谓《周髀算经》即古盖天之法。自汉迄明，皆主浑天，惟欧罗巴人入中国，始称别立新法。然其言地㡓，即所谓地法覆槃，滂沱四陨而下也。其言南北里差，即所谓北极左右夏有不释之冰，中衡左右冬有不死之草，是为寒暑推移，随南北不同之故也。其言东西里差，即所谓东方日中，西方夜半；西方日中，东方夜半。昼夜易处，如四时相反，是为节气合朔加时，早晚随东西不同之故也。新法历书述第谷以前西法三百六十五日四分日之一，每四岁之小余成一日，即所谓三百六十五日者三，三百六十六日者一也。西法出于《周髀》，所谓天子失官，学在四夷者欤。而皇古数学自此大明（先生又作《历问》一卷，《古历考》一卷，《洪氏行状》曾载之，今未见刊本，故不复录）。

然先生之论地学也，亦发前人所未发。盖近儒言地理者，有顾景范、顾亭林、胡朏明、阎百诗、钱竹汀，然皆以郡国为主而求其山川，先生则以山川为主而求其郡国。其叙《水经注》云：因川源之派别，定山势之逶迤,高高下下,不失地防。又为《汾州府志》发凡曰：以水辨山之脉络,而汾之东西山为干,为支,为来,为去,俾井井就序。水则以经水统枝水,因而编及泽泊、堤堰、井泉,令众山如一山,群川如一川,府境虽广,山川虽繁,按文而稽,各归条贯。又推其例作《水地记》,欲合天下之山为一山,合天下之川为一川,以山川为纲,凡古今郡国之地望,悉依山川而定。虽仅成一卷(自昆仑起,至太行山止。孔氏刻之丛书中),然以山川定郡邑,则固地学之精言也。又校勘《水经志》一书,谓《水经注》向无善本,乃改正经、注互淆者,使经必统注,注必统于经,以正经、注之互讹,亦为先生之卓识。别著《几辅安澜志》,以大川统小川,以今水证古水,其体例一仿《水经》(别修《汾州府志》及《寿阳县志》)。又手制地图,画方计里,用晋裴秀法,以里数之远近定北极之高下。惜书本失传。则先生研精地学,乃地理家致用之学也。

殆及晚年,穷究性理之本原,先著《原善》三篇,以性为主,以仁、义、礼为性所生,显之为天,明之为命,实之为化,顺之为道,循之有常曰理,合此数端斯名曰善。又由性生材,因材施教,亦成为善人。性既善,则得于心者为诚信,应于事者为道德。又作《孟子字义疏证》,以为宋儒言性、言理、言道、言才、言诚、言权、言仁义礼智,皆非六经、孔孟之言,而以异学之言糅之。故就《孟子》字义开示来学,谓区而别之是谓理,血气心知是为性,智能所别是为才,人伦日用是为道,生生之德是谓仁。义、礼该于仁,智该于仁、义、礼。据真实而言则曰诚,就轻事而言则曰权。字各为篇,篇各数千言,然其辨析最精者,则天理、人欲之说也。自宋儒讲学，以为天理与人欲不两立，惟人欲净尽，斯天理流行。先生力斥其非，谓古人所谓天理，不外絜民之求，遂民之欲，必求之人情而无憾，然后即安。理也者，即情欲之不爽失者也，故理即寓于欲中，盖一人之欲，即千万人所同欲也。自宋儒以意见为理，舍是非而论顺逆，然后以空理祸斯民，故人死于法犹有怜之者，死于理其谁怜之。呜乎，此可以知先生之学矣。别有《答彭进士允升书》，以证宋儒之学出于释、老，与儒家之言不同，使陆、王不得冒程、朱，释氏不得冒孔、孟。又作《大学中庸补注》，皆存郑注而补之，与《原善》、《疏证》二书互相印证，而格物、亲民、中和诸说，尤足补先儒所未言。则先生之言性理，殆所谓特立成一家言者与。

盖先生之学，先立科条，以慎思明辨为归。凡治一学、著一书，必参互考验，曲证旁通，博征其材，约守其例，复能好学深思，实事求是，会通古说，不尚墨守。而说经之书，厚积薄发，纯朴高古，雅近汉儒。先生初谓天下有义理之源，有考核之源，有文章之源，吾于三者，庶得其源。既而悔曰：义理即考核、文章之源也，义理又何源哉（又《答方晞原书》曰：好道而肆力古文，必先求其本。求其本，更有所谓大本者。大本既得矣，然后曰是道也，非艺也，如马、班、韩、柳之文，乌睹其非艺欤）？先生有言：学贵精不贵博，吾之学不务博也。故凡守一说之确者，当终身不易。又曰：读书当识其正面、背面，好学当得其条理，得其条理则由合而分，由分而合，无不可为。盖先生治学之功胥于斯乎。

在先生少贫，以课徒为业，继乃橐笔佣书，往来燕、晋、闽、越间，数更府主,卒以供职四库馆之故,官翰林院庶吉士。生于雍正元年,卒于乾隆四十二年,年仅五十有五。先生既殁,段玉裁汇其学行,辑为《戴氏年谱》。谓先生合义理、考核、文章为一事,浩气同盛乎孟子,精义上驾乎郑、朱,修词俯视乎韩、欧。识者以为知言。其所著书尚有《屈原赋注》《诗补注》及文集若干卷。子一,名中立。

刘光汉曰:戴先生之学出于婺源江氏,特由博反约与江氏稍殊。厥后训诂之学传之高邮王引之,典章之学传之兴化任大椿,而义理之学则江都焦循能扩之。故先生之学,惟扬州之儒得其传,则发挥光大,固吾郡学者之责也。方先生之殁也,京师人士共制挽词,谓:明德之后,必有达人;孟子之功,不在禹下。虽誉或过失,然探赜索隐,提要钩玄,郑、朱以还,一人而已。自桐城姚鼐以宋学鸣于时,为先生所峻拒,因集矢汉学,桐城文士多和之,致毁失其真。呜乎,夫亦不自量之甚矣。

---

① 录自《左盦外集》,卷十八。

崔述传[①]

　　崔述字武承,号东壁,初为直隶大名府魏县人,后魏县废,并入大名,遂为大名县人。父元森,治朱子之学。述幼承父学,父语之曰:尔知吾名汝之故乎?吾素有志于明道、经世,欲尔述吾志耳。年十四,即泛览群书,里人惊为奇才。时漳决城坏,转徙流连,衣敝粮罄,诵读不辍。乾隆壬午举于乡,及嘉庆初选授福建罗源县知县。罗源近海而冲,号称难治。述既莅官,卯起亥休,日接士民,从人、胥吏无所容奸。有某弁诬良民为海盗,述持之急,且投牒大府,谓:卑职焉能杀人媚人。乃调署上杭县。县饶关税,宦闽者视为利薮。及述为令,以关税所余数千金,解为洋面缉匪之用。日食蔬饮粥,人或笑其迂,自若也。继复反任罗源,邑人迎者万余人。乃革弊俗,修文庙,课诸士讲学,日昃不遑,闽人诵为文翁复生。然廉介自持,不骛声气,遂以老病乞休。时桐城汪志伊抚闽,重述为人,且惜其去,乃语之曰:好官,吾不能荐汝,吾愧汝。

汝去，吾知汝不能逢时也。是为嘉庆六年事。述既去闽，乃往来河北，以著述自娱。

先是，述览群书，笃信宋学，继觉百家言多可疑，乃反而求之六经，以考古帝王、圣贤行事之实。以为周道既衰、杨、墨并起，欲绌圣人之道以伸其说，往往撰为禹、汤、文、武、孔子之事以诬之而绌之。其游说诸侯者，又多嗜利无耻之徒，恐人之讥己也，则伪撰圣贤之事以自解说。其他权谋术数之家，欲斯世以取重，亦多托之于古圣人，而真伪遂并行于世。然当其初，犹各自为教，而不相杂。至秦、汉间，学者往往兼而好之，杂采其书以为传记。其后复有谶纬之书继出，而刘氏向、歆父子及郑康成皆信之，复采其文以释六经，兼以断简残编，事多缺佚。释经者强不知以为知，猜度附会，颠倒讹误者，盖亦不少。晋宋以降，复有妄庸之徒，伪造古书，以攻异己，亦往往采杨、墨之言以入《尚书》《家语》，学者以为圣人之经固然，益莫敢议其失，而异端之说遂公行于天下矣。隋唐以后，学者惟重科目，故咸遵功令，尚排偶，于是《诗》自《毛传》、《尚书》自伪《孔传》、五经自孔氏《正义》以外，率视为无用之物，于前人相沿之讹，相率以为固然而不为意，甚或据汉、魏以后之曲解，驳周、秦以前之旧文。至宋，一二名儒迭出，别撰传注，始颇抉摘其失，其沿旧说之误而不觉者尚多不可数。其编纂古书者，则又喜陈杂家小说之言，以鸣其博，由是圣人之道遂与异说相杂，圣贤之诬遂万古不能白矣。盖尝思之，古之异端在儒之外，后世之异端在儒之中，在外者距之、排之而已，在内者非疏而剔之不可。故居今日而欲考唐虞三代之事，是非必折衷于孔、孟，而真伪必取信于《诗》、《书》，然后圣人之真可见，而圣人之道亦可明。其所著书，有《考古提要》二卷、《上古考古录》二卷、《唐虞考信录》四卷、《夏商考信录》各二卷、《丰镐考信录》八卷、《别录》三卷、《洙泗考信录》四卷、《余录》三卷、《孟子事实录》二卷、《考古续说》二卷、《附录》二卷，是为《崔氏考信录》。其与《考信录》相辅者，别有《王政三大典考》三卷、《读风偶识》四卷、《尚书辨伪》二卷、《论语余说》一卷、《读经余论》二卷、《五服异同汇考》三卷、《易卦图说》一卷、《与翼录》十二卷，惟《春秋类编》四卷未成。其自叙《考信录》曰：述自读书以来，奉先人之教，不以传注杂于经，不以诸子百家杂于经传。久之，始觉传注所言，有不尽合于经者；百家所言，往往有与经相背者。于是历考其事，汇而编之，以经为主，传注之与经合者则著之，不合者则辨之，而异端小说不经之言，则辟其谬而删削之。题曰《考信录》。然述书之凡例，咸见于《考古提要》中，述之言曰：汉初传经，各有师承，传闻异词，不归于一，于战国处士说客之言，难于检核，流传既久，学者习熟见闻，不复考其所本，但以为汉儒近古，其言必有所本。近世诸儒，类多掇拾陈言，盛谈心性，以为道学，而于唐虞三代之事，罕所究心。复参以禅学，自谓明心见性，反以经传为肤末，而向来所沿之误，遂莫复过问。而浅学之士，一语一言必据秦、汉之书，见有驳其失者，则攘臂而争，但殉其名，莫穷其实，故舛误乖刺，罔可诘穷。又谓：凡人多所见则少所误，少所见则多所误。而凡人之情，好以己度人，以今度古，以不肖度圣贤。至于贫富贵贱，南北水陆，通都僻壤，亦莫不在相度，往往径庭悬隔，而其人终不自知，故以战国、秦、汉之人,言唐虞三代之事,有移甲为乙者,有以今度古者。加以战国之时,说客辨士往往借物以寓意,后世以虚言为实事,笃信不疑,故有古有是语未必有是事者,如《列女传》采漆室之女是也。亦有古有是语而相沿失其真解者,如以羲和日驭为御车之御是也。非惟秦、汉之书述春秋之事多误也,即近代之书述近代之事,其误者亦复甚多。举是以推,则古书所纪圣贤之事,其有年世不符者,均不可尽凭。又非惟汉儒多信战国策士寓言也,即前人所言本系实事,而递传递久,因以致误。举是以推,则古史既亡,若仅据传记,古人之受诬者岂可胜道。盖传记之文,有传闻异词而致误者,有记忆失真而致误者,有两人分言而不能悉符者,有数人递传而失其本意者,又有因传闻异词遂讹而两载者。后人之书又往往因前人小失,巧为曲全,互相附会,以致大谬于事理。学者不察其致误之由,遂信其说为固然,不敢少异,良可叹也。又谓:二帝三王,去今甚远,言语不同,名物各别。且易竹而纸,易篆而隶,递相传写,岂能一一得其真。故汉人说经,多出于意度,汉代以后,兼从事于作伪,致帝王圣贤之行事为异说所淆诬,虽有聪明俊伟之才,亦俯首帖耳,莫敢异词。故辨异端于战国之时易,辨异端于两汉之世难,辨异端于唐、宋之世,尤难中之难。盖人之信伪也久矣,但震其名,而不复察其是非,此考信所由难也。复谓:经传之文,贤哲之语,亦往往过其实,学者惟当求其意旨所在,不必泥词而害意。况传虽美不可合于经,记虽美不可齐于经,后世废经而崇记,故古制杂乱不可考,本末颠倒,于斯而极。此皆阐前人未发之隐。及自述其著书之旨,则谓:古人之学贵精，后人之学贵博，故世益古则取舍益慎，世益晚则采择益淆。而文人学士又好议论古人是非，而不复考其事之虚实，不知虚实既明，则得失是非昭然不爽。故今为《考信录》，专以辨其虚实为先务。凡无从考证者，辄以不知置之，宁缺所疑，不敢妄言以惑世。若摘发古人之误，则必抉其致误之由，使经传之文不致终晦。又曰：以予所见所闻，其人之偾事者，均由含糊轻信，不复深问，未有细为推求而偾事者。其语均前人所未发。

述卒于嘉庆二十一年，年七十有七。弟子滇南陈履书刻其遗书。当述之著书初成也，自为谐语以评之，曰：薄皮茧。盖北方有谚，于人之科名不遂，仅以举贡终身，与仕宦以州县毕世者，皆称薄皮茧。其意以为蚕有强弱，茧有厚薄，而人之树立浅者，谓之无成不可，谓之有成又琐屑不足道，故目为薄皮茧云。崔氏既殁，其书不显。近岁日人那珂通世复刊其遗书，阅者始稍众。崔氏学术之不堕者，其以此夫。

论曰：近世考证学超越前代，其所以成立学派者，则以标例及征实二端。标例则取舍极严而语无咙杂，征实则实事求是而力矫虚诬。大抵汉代以后，为学之弊有二：一曰逞博，二曰笃信。逞博则不循规律，笃信则不求真知，此学术所由不进也。自毛奇龄之徒出，学者始悟笃信之非，然以不求真知之故，流于才辩。阎若璩之徒渐知从事于征实，辨别伪真，折衷一是，惟未能确立科条，故其语多歧出。若臧琳、惠栋之流，严于取舍，立例以为标，然笃信好古，不求真知，则其弊也。惟江、戴、程、凌起于徽歙，所著之书均具条界理说，博征其材，约守其例，而所标之义,所析之词,必融会贯通,以求其审,缜密严栗,略与晰种之科学相同。近儒考证之精,恃有此耳。述生乾、嘉间,未与江、戴、程、凌相接,而著书义例则殊途同归。彼以百家之言古者,多有可疑,因疑而力求其是。浅识者流仅知其有功于考史,不知《考信录》一书,自标界说,条理秩然,复援引证佐,以为符验,于一言一事,必钩稽参互,剖析疑似以求其真。使即其例以扩充之,则凡古今载籍均可折衷至当,以去伪而存诚。则述书之功,在于范围谨严,而不在于逞奇炫博,虽有通蔽,然较之马氏《绎史》,固有殊矣。近人于考证之学,多斥为烦芜,若人人著书若崔述,彼繁芜之弊又何自而生哉。

---

① 录自《左盦外集》,卷十八。

田宝臣传①

　　田宝臣,字少泉,扬州府泰州人。年二十八补博士弟子员,屡困场屋,年逾五十始气于庠。家凤贫,介然自守,郡人鲜知其名。适临川李联琇提学江苏,奇其文,聘之入幕,及联琇职满,宝臣亦反里门。以咸丰戊午十月卒于家,年六十有七。

　　宝臣幼治小学,尽通前儒之说,于文字偏旁、音读、辨证尤精,即字形以求字音,即字音以通字义。凡一字歧为二义、二字讹为一义者,均详考其由,并以正古籍文字之讹。然深自敛藏,不以所学自炫,若偶析一义,则恒屈座人。先是,明宗室朱谋㙔作《骈雅》二十篇,征引详博,及嘉、道之间,固始祝庆蕃录四库馆所藏者为副本,以授阳湖董基诚,属为作笺,书未成而基诚殁,后龙岩魏茂林得昭文张氏借月山房刊本,兼博引群书作为《训纂》,成书十六卷。书既成,以属宝臣订正。时宝臣亦治《骈雅》,谓欲通双声、叠韵,必以《骈雅》为权舆,乃即茂林所未详者附以考订，得义数十条，迥出魏书之右。其解嶒、嵘二字也，谓《说文》以嶒嵘训嵘，而《方言注》及《玉篇》均以嶒嵘为高峻貌，又《广雅》训嶒嵤为深，峥嵤为深冥，而王佚注《楚辞·远游》，亦以峥嵘为沦于幽虚，即《文选·高唐赋》之嶒嵘，《上林赋》、《鲁灵光殿赋》、《吴都赋》之峥嵘，李注亦训为深，惟《西都赋》、《天台山赋》、《舞鹤赋》注，以峥嵘为高貌，二训不同。盖嶒嵤之嵤，从赞从山，作深冥训；峥嵘之嵘，从山从荣，作高峻训。以形测义，二字本别。观《说文》，嵘下必立嵤篆，则嵤非嵘省，《玉篇》谓嵤同嵘，非许旨也，况二字互用，六朝始然。段注据之谓嵤即嵘，可谓无左验矣。其释擩字也，谓《广雅》训揾抐为擩，旧本作擩，实则擩当作揆，盖而大篆文相近，故夹误为需，《说文》手部擩字，段氏定作揆，音而泉反，他本均言从需声，系后人所淆乱，其说最晰。又《说文》训揆为如染缯为色，训揾为没，段氏训没为湛浸于中，则《广雅》训揾抐为揆，盖谓没抐于中而染之，非谓揾抐即是揆义，不证许书则《尔雅》之义不明也。其释摵摼二字也，谓《方言》训摵摼为到，《广雅》训摼、摵为至，《玉篇》、《广韵》均训摵为到，惟《说文》云：摵，刺也。一曰刺之财至也。财，今才字。摵以刺言，摵从致声，致为送诣之义，诣为候至之义，若仅以至、到为训，失其奥旨矣。观致在夂部，夂，为迟行，此正许氏财至之义。干部羊，摼也，从干，入一为干，入二为羊，请（当为读字之讹），若钰，言稍甚也。细玩许旨，羊既训摼，又云入二，则摼为矜持之义可知。又《考工》言不微至，无以为戚速。注谓齐人名疾为戚，则摵亦指戚、疾言。盖彼注轮之至地者少，言其圈甚，则著地者微，著地者微则易转，故不微至，无以为戚速。此则针之入膝者少，言其速甚则达疾者微，达疾者微则不伤，故不微至，亦无以为戚速。撼有疾速意，捣有矜持意，兼此而撼捣之义乃尽，乃《灵枢》九针之精蕴也。其解窭数二字也，谓窭数见《汉书·东方朔传》，窭当作窭，数当从艸作薮，此犹今人所云拘束耳。凡器有方有圆，《景福殿赋》：兰楯结重，窭数矩设。注引苏林说，以四股训之，则此为方形；《续博物志》说窭数结茅为经，以戴头上，状如环，即《汉书》颜注所谓以盆盛物，戴于头也，此为圆象。又《广韵》窭籔，字从竹，四竹，几也，则象四股，钩而俯甲以荐器，盖亦方物。《释名》云：窭数犹局促，则言拘谨。盖又引伸而言人，大约窭数二字均有制而不越之义，故栋宇、戴器、荐几、姿容悉受此称。其信而有征类如此。又谓：陆玑《草木虫鱼疏》谓蚅蝎，一名蛱蟍，或谓之号蛅。据《说文》，蛅如母猴，卬鼻长尾，从虫佳声，此为兽名；虽似蜥易而大，从虫唯声，此为虫类。陆《疏》所言当作号虽，今夺口作蛅，盖版刻之讹也。郭璞《方言注》谓：守宫似蛇医而短身，有鳞采，江东呼为蛤蚖，汝颍直名为蛤瞯。戴氏《疏证》改蛤蚖为蛤蚧，改蛤瞯为蛤解，实则郭本非讹。《说文》蚖字，朱翱音侯坎反，段氏音胡感反，则蛤蚖双声，蚖即蛱蟍之蟍。又《广韵》瞯音公答反，《说文》段注音歠，为丁活反，则蛤瞯二字以叠韵兼双声。盖蛤蚖之蛤音领，守宫之雄者也；蛤瞯之蛤音丁活切，守宫之雌者也。雌弇而雄侈，故蛤有二音，此古人名物之精也。复谓：《史记·货殖传》时有奇羡，《索隐》以奇羡为时有余衍。据《索隐》单行本，应作奇为余羡，盖奇，作畸零解，时乃畸字之讹。《淮南子·墬形训》凡介者生于庶龟，高注云："介，国也，鱼之先。潭读谭国之谭。"据王一鸾刻本，鱼之先之鱼作龟。盖鱼非甲虫，当以作龟为是。自此以外，于《史记·陈丞相世家》之主臣，则引冯唐及陈琳之语，以证主臣为惊怖之词。于《伯夷传》之恣睢，则引《后汉书·崔骃传》文，以证恣睢为自用之貌。于《韩策》睚眦之意，则引《汉书·孔光传》，以证睚眦一作厓眦。于《汉书·王莽传》恐猲良民，则引《史记·苏秦传》，以证恫猲异于恐猲。于段氏《说文注》补正尤多，谓段氏释安嫩二字引《广韵》说，谓嫩音乃回、奴回切，然《广韵》嫩字实无乃回、奴回二音，山韵则女闲，翰韵则奴案也。段氏又谓训喔为咽，咽当作嘻笑名。喔嚄，喔在喉而嚄则口。今观扬雄《羽猎赋》遥嚄绖中，颜注以口内之，上下为嚄，虽指兽言，然段氏在口之说为有征。彼《文选·琴赋》喔嚄终日，盖喔指声而嚄指容也。其他说字诸条悉称是。于参校《骈雅》之余，复取字义之有疑者，详晰其说，成书八卷，名曰《小学骈支》，以其书系于《骈雅》，而《骈雅》则隶小学类也。李联琇曾见之，谓其书以《说文》为主，以《尔雅》、《方言》、毛氏、郑氏为根柢，而波澜于孔、贾、郭诸注，旁及《庄》、《荀》、《淮南》、《素问》、《大戴礼》、《史记》三家注、班书颜注、范书李注、《广雅》、《释名》、《水经注》、《玉篇》、《颜氏家训》、《文选》、《众经音义》，下逮二徐《说文》、《集韵》、《类篇》以及近日诸名儒，均采择其说。欲溯其原始，故参互之词多；欲畅其支流，故参互之说尽。复载其自题《骈支》之诗曰：平生嗜研经，动辄墨盈纸。辛勤八卷书，荒陋未足耻。风雪小灯前，颇亦皲吾指。烟尘浩荡来，流落固其理。傥有拾烬余，拉杂幸无毁。厚意在仁人，鸿硕望君子。素业未就湮，冥报首当稽。聊锢箱箧中，锁钥终当启。浮生数十年，声华不能起。作此谁何思，哀忱寄知己。盖自伤之词也。素工诗，派出眉山，加以精炼，尤精律句。惟流传之作甚鲜，即《小学骈支》亦失传。妻某氏，子一，名凤声。

论曰：临川李氏《好云楼集》有《田少泉墓表》，惟载其《尔雅河鼓说》，并摘录其诗。今观其订正《骈雅》诸条，如摵撅、窭数二则，明于音训之变迁，虽高邮王氏、栖霞郝氏，曾不是过。循是以推，则古人于义象相同者，事物虽异，必锡以同一之称，乃小学之精蕴也。若别嵝于嶅，易攭为揳，易蜼为虽，校勘之精，亦与顾、卢相勒。至于蛤有二音，说虽稍曲，然亦持之有故，非谙明音读者不克知。使《骈支》具存，其解字之精，必多前儒所未阐，惜所传之止于斯也。又观《骈雅训纂》评论门，载有朱氏《校正文心雕龙跋》，从田氏藏本抄录，以是知田氏多藏书。然予尝三游海陵，咨询田氏学，知其详者惟袁先生镰然，于遗著亦未见。时袁先生议续修州志，予谓儒林一传，宜首田氏。盖海陵知声音诂训之原者，近代惟田氏一人也。

---

① 录自《左盦外集》，卷十八。

戴望传①

　　戴先生望，字子高，湖州德清人。倜傥有大志，初致力于考据、词章学，继从陈硕甫、宋于廷游，通知西汉经师家法，尝本刘先生《述何》、宋先生《发微》说，以《公羊》义例释《论语》，成《论语注》二十卷，其自序曰：昔者孔子自卫反鲁，始定五经。《诗》、《书》、《礼》、《乐》、《易》是也。犹以为未备，念道既不行，当留其迹，以绍明世，于是感麟至而作《春秋》。《春秋》之书成而梦奠作矣，弟子仲弓、子游、子夏之徒共撰微言。逮至战国，七十子后学者合记所得，次为《论语》。遭秦燔书，文武道尽，《论语》亦藏壁中。汉兴，传之者有齐、古、鲁三家，文字各异，而古《论》分《尧曰》、《子张问》以下为《从政篇》，齐《论》更多《问王》、《知道》两篇，而河间《论语》有三十篇，其增益不可考。安昌侯张禹合齐、鲁两家，为之章句，名《张侯论》，篇章与鲁《论》同，无《问王》、《知道》两篇。齐《论》盖与《公羊》家言相近，是二篇者，当言素王之事，改周受命之制，与《春秋》相表里，而为禹所去，不可得见，恸已。后汉何劭公、郑康成皆为此经作注，而康成遗说，今犹存次相半。劭公为《公羊》大师，其本当依齐《论》，必多七十子相传大义。而孤文碎句，百不遗一，良可痛也。魏时郑冲、何晏集包咸至王肃诸家作解，至梁皇侃附以江熙等说，为之义疏，虽旧义略具，而诸家之书则因此亡佚矣，自后圣绪就湮，乡壁虚造之说不可殚究，遂使经义晦蚀，沦于异端，斯诚儒者之大耻也。望尝发愤于此，幸生旧学昌明之后，不为野言所夺，乃遂博稽众家，深善刘礼部《述何》及宋先生《发微》，以为欲求素王之业、太平之治，非宣究其说不可。顾其书皆约举，大都不列章句，辄复因其义据推广未备，依篇立注，为二十卷，皆櫽括《春秋》及五经义例，庶几先汉齐学所遗，劭公所传，世有明达君子乐道尧舜之道者，尚冀发其恉趣，是正违失，以俟将来。如有睹为非常异义可怪之论，缘是罪我，则固无讥焉尔。

又以颜元、李塨学主实用，竟湮没不彰，条其言行及师承，成《颜氏学记》十卷，其自序曰：望年十四，于敝簏得先五世祖又曾公所藏颜先生书，上题识云：康熙戊寅某月日，在桐乡，李子刚主所赠也。望读而好之，顾亟欲闻颜、李本末，出其书询诸吾友程贞履正，履正则取毗陵恽氏所撰《李先生状》示予，又得见王昆绳遗文有《颜先生传》，始惊叹，以为颜、李之学，周公孔子之道也。自陈抟、寿厓之流，以其私说簧鼓天下，圣学为所泊乱者五百余年，始得两先生救正之，而缘陈奋笔者至今不绝，何其蔽与？始履正亦惑于其说，既得《存学编》，慨然有开物成务之志,遂尽弃其学而学焉。既又于丁巳秋得李先生《论语》、《大学》、《中庸》传注、《传注问》及集,悉举以畀履正,然犹阙《大学辩业》、《学规纂》、《论学》及诸经传注。望于颜氏之学,虽好之,不若履正专。始得颜先生书之岁以讫丁巳中,更习为词赋家言、形声、训故、校雠之学,丁巳后得从陈方正、宋大令二先生游,始治西汉儒说,由是以窥圣人之微言,七十子之大义,益叹颜先生当旧学久湮,奋然欲追复三代教学成法,比于亲见圣人,何多让焉。故遂欲与履正条其言行及授受原流,传诸将来。不幸更丧乱,乡所得书尽毁,履正居父丧,以毁卒。每举颜、李姓氏,则人无知者。会稽赵执叔,当世之方闻博学振奇人也,闻望言,怒焉如己忧,于京师求颜、李书不可得,则使人如博野求之,卒不可得,戊辰春,京师大姓鬻书三十乘于乔氏,乔氏以簿录遗执叔,按簿而稽之则得焉,因喜过望,携书归驰,传达金陵。望既复全见颜氏书,而李氏书虽颇放失,视旧藏为备,于是卒条次为书。自易直、刚主外,昆绳、启生皆有遗书可考,惟李毅武以下无有,则记其名氏事实,为《颜、李弟子传》,附其末。书成,命曰:《颜氏学记》,凡十卷。其言忧患来世,正而不迂,质而不俗,以圣为轨,而不屑诡随于流说,其行则为孝子,为仁人。於乎,如颜氏者,可谓百世之师已。其余数君子,亦皆豪杰士也。同时越黄氏、吴顾氏,燕秦间有孙氏、李氏,皆以耆学硕德负天下重望,然于圣人之道,犹或沿流忘源,失其指归,如颜氏之摧陷廓清,比于武事,其功顾不伟哉。世乃以其不事述作,遂谓非诸公匹,则吾不知七十子之徒,与夫孟、荀、贾、董诸子,其视后儒箸书动以千百计者何如哉。语曰:淫文破典。

孔子曰：天下有道，则行有枝叶；天下无道，则辞有枝叶。敢述圣者之言，用告世之知德君子。

盖先生治学，嫉视宋儒有若大敌（先生虽嫉宋学，然力崇王阳明，其诗有曰：艰危触处见经纶，周汉而还有几人。怪雨盲风江路湿，阳明古洞自生春。观此可见）。由西汉之微言，上窥三代教学成法（先生有一诗云：钜儒二百载林立，吾独倾心大小庄。亦有北方颜李学，天衢朗朗日重光。盖先生之学有二派：一为实用学，一为微言大义学，实则欲推经学而施之用也），殆师淑常州庄氏者与（先生于庄氏之书，片言只字皆珍重之，曾作《刘申受先生行状》，谓：宋先生授以先生遗书，徐徐取读之，一旦发悟于先生及宋先生书，若有神悟迥然，于吾生之晚，不获侍先生也。盖刘、宋皆庄氏之弟子）。当此时，湘军甫克金陵，公卿慕儒术者，多伪托宋学以投时尚，博声誉。先生壮罹兵厄，客游江南，其所讲肆，多与世违，一时卿士大夫虽跻先生雅才之右，及论学辄牾龉不相合，而先生特立独行，竟以此不克伸其志，常绘梦隐图以见意。

然先生非无意时事者，潜心兵农礼乐之学，晓然于民生利病所在，慨民柄之不申，嫉国政之失平，尝谓：舜禹有天下，咸与天下共之，未常以己意与其间（《论语》巍巍乎二节注文）。又谓：毁生于造恶，誉生于造好，惟验以民言，斯好恶出于公（《论语》吾之于人也谁毁谁誉章注文）。其精理粹言，一于《论语注》发其微。迨及晚年，日茹□□之痛，谓：后世兵不知学，斯盗贼夷狄甬逐于天下（注《仲伊握奇图解序》）。

喜诵姜斋、亭林遗书,以发扬幽潜为己任(尝作《亭林像赞》,称为明职方,又曰:后之君子,称新朝处士,焉揆厥情)。于明儒书刊禁目者,博采旁收,只字片言,珍若拱璧(如《广阳杂记》、《熊经略奏疏》之类),谓:睹其遗物,辄悠然有故国之思(《记明地山人琴》)。尤留心明末野史,获书数十种,拟网罗散失,辑为《续明史》一书(盖以近世所辑明季史书,无一直笔,无一信史,故发愤而为此书也),惜有志未逮,仅成记蔡氏二列士数篇。盖先生眷怀胜国,有明季遗民之风,慨冠带之沈沦(《刘蕺山祠堂诗》云:冠带遂沈沦),昭阳秋之直笔(《鲁王庙诗》曰:傥法阳秋笔,书王未敢删)。尤嫉视湘军诸将帅,方□□□刺□□□,先生适居金陵,闻其报,拍案称善,目□□为英杰。呜乎,此可以观先生之志矣(先生于亭林及阎古古之集,皆别求原本以校之)。先生善谈辩,精校勘,于书工小篆,于诗工五言。惜遽陨天年,未尽厥才,卒于同治十二年,年仅三十有五。妻凌氏,无子。其所作书,尚有《管子校正》、《谪麐堂文集》若干卷(闻尚有《古文尚书说》,惜未成书)。

刘光汉曰:自西汉经师以经术饰吏治,致政学合一,西京以降,旧制久湮,晚近诸儒,振兹遗绪。其能特立成一家言者,一为实用学,颜习斋、李刚主启之;一为微言大义学,庄方耕、刘申受启之。然仅得汉学之一体,惟先生独窥其全。故自先生之学行,而治经之儒得以窥六艺家法,不复以章句、名物为学,凡经义晦蚀者,皆一一发其指趣,不可谓非先生学派启之也。况复明华夏之防,茹□□之悲,蛰居雏诵,不欲以曲学进身,亮节高风,上跻颜、李。岂若近儒诂麟经者饰大同之说,以逞其曲学阿时之技哉。

---

① 录自《左盦外集》,卷十八。

附录 |

国学今论[①]

邓　实

　　邓子曰：神州学术至于本朝，凡三变矣。顺康之世，明季遗儒越在草莽，开门讲学，惩明儒之空疏无用，其读书以大义为先，惟求经世，不分汉、宋，此一变也；乾嘉之世，考据之风盛行，学者治经，以实事求是为鹄，钻研训诂，谨守家法，是曰汉学，方（苞）、姚（姬传）之徒，治古文辞，自谓因文见道，尸程、朱之传，是曰宋学，治汉学者诋宋，治宋学者亦诋汉，此再变也；道咸之世，常州学派兴，专治今文，上追西汉，标微言大义之学，以为名高，此三变也。呜呼，神州学术之变久矣。今日之变，则上古所未有也。春秋以降，鬼神术数之学，变为百家诸子，百家诸子，变而为儒，其变也，各自为宗，树矛戟于道外；近世二百余年，不分汉宋之学，变而为汉学、宋学，汉学、宋学变而为西汉今文之学，其变也，不离乎儒者近是，树矛戟于道中。变之于道外，则各学分立，而学之途日争而日进；变之于道中，则同室交哄，而学之派愈趋而愈歧。邓子曰：夫学之真，一而已矣，何为汉、何为宋、何为今文、何为古文哉，秦火之残，诸经复出，汉儒治经，博综群籍，铨明故训，不为墨守，此汉学之真也。有宋诸子，生经学昌明之后，本之注疏，通夫训诂，然后会同六经，权衡四书，发其精微，明其义理，此宋学之真也。西汉经师，承七十子微言大义，类能通经以致用，如《禹贡》行水、《春秋》折狱、《三百五篇》当谏书，此今文学之真也。东汉经师，发明古训，实事求是，不立门户，而人尚名节，成为学风，此古文学之真也。是故学之真，一而已。真者何？皆在孔子之术六艺之科而已，无汉宋、无今古也。学之分汉宋、分今古，其惟学术之衰乎。嗟乎，此君子所以叹学术之盛衰与世运为升降也。顺康之世，天下草创，方以收拾人心为务，文网未密，而明季二三有学君子，得以抱其不事二姓之节，讲学授徒，风厉天下。流风所扇，人人知趋向实学，追汉采宋，不名一家，国家尝收人材之实，故其时民风士习，皆有可观，学术既盛，而世运亦隆。雍乾之世，天下既定，网罗日密，文字之狱屡起，严立会结社之禁，而晚明讲学之风顿息，于是学者怀抱才慧，稍欲舒衔，举足荆棘，无所于施，则遁于声音训诂无用之一途以自隐，而汉学之名以起。其有一二躁进之士，思获时主之知遇，则效法程朱，博老成持谨之名，以愉惕禄仕，而宋学之名以起。自有汉学、宋学之名，而清学日衰，海内亦稍罢敝矣。道咸之世，外侮踵至，朝廷方殷外务，无暇致密其文网，诸儒复得侈言经世，以西汉今文之学，颇切世用，易于附会，而公羊家言三世改制之说，尤与变法相吻合，故外托今文以自尊，而实则思假其术以干贵人，觊权位而已，故今文之学出，而神州益不可为矣。盖今文学者,学术之末流,而今文学盛行之世,亦世运之末流也。吁可慨与,吁可慨与。吾请得综有清二百余年之学术而论列之。

顺康之世:昔在明季,姚江之学风靡天下,而东林气节之盛,蔚为史光,及其末流,入于禅学,空言心性,士皆以读书为非,无应用之实学,故明之亡也忽焉。明既亡,黄梨洲、顾亭林、王船山三先生兴于南,孙夏峰、李二曲、颜习斋三先生兴于北。梨洲集王学之大成,亭林以关学为依归,船山奉关学为标准,夏峰、二曲融合朱、陆,习斋则上追周孔,此六先生学术之派别也。顾六先生之学派不同,而其以经世有用实学为宗则同,其读书通大义,不分汉宋则同,其怀抱国仇,痛心种族,至死不悔则同。请言梨洲。梨洲之学受于蕺山,为姚江之正传。然梨洲讲学,谓明人袭语禄之糟粕,不以六经为根柢,教学者必先穷经,而求事实于诸史。又谓读书不多,无以证斯理之变,多而不求诸心,则为俗儒。是先生之学,得王学自得之益(昔姚江谪龙场驿,忆其所读书而皆有得。是姚江未尝不读书。读书而得,是王学之至精者),而无其心学空虚之弊。其著《明夷待访录》,发明君臣之原理,以提倡民权;其著《宋元明儒学案》,为中国独一之学史;其著《留书》,则王佐之略,而昆山顾氏所叹为三代之治可复者也。此梨洲之学也。请言亭林。亭林之学,通儒之学也。九经诸史,略能背诵,实录奏报,手自抄节,驴书独行,读书旅舍,周览郡国,留心风俗。今读其《日知录》、《菰中随笔》、《天下郡国利病》等遗书,陈古讽今,规切时弊,其维礼教,持清议,复宗法,核名实,贵自治,务垦辟,一篇之中,反复三叹,先生之心如见矣。其生平论学曰:行己有耻,曰:博学于文,曰:经学即理学,曰:文不关于经术政理之大者不足为,皆至精之语。此亭林之学也。请言船山。船山讲学,以汉儒为门户,以宋五子为堂奥,而渊源所自,尤在《正蒙》一书。谓张子之学,如皎日丽天,无幽不烛。自以生当鼎革,茹种族之悲,则窜伏林莽,著书见志,以存大义于天壤,留正朔于空山。著《黄书》,溯黄帝为吾族之祖,于彝夏之辨,人禽之界,防之至严。其《噩梦》一书,指陈民生利弊,且言夕行,所谓有王者起,必来取法者也。此船山之学也。请言夏峰。夏峰论学,自言从忧患困郁中,默识心性本原,生平得力实在此。其学以躬行有用为宗,而于人伦日用间,体认天理。尝尊王守仁为有用道学,谓其以拔本塞源之力,奏扫荡廓清之功。又言有用二字,乃孔门学旨,此其所以结茅双峰,内敦诗书,外御盗寇,部署战守,以儒而能兵也。此夏峰之学也。请言二曲。二曲论学,以悔过自新为始基,静坐观心为入手,谓必静坐乃能知过,知过乃能悔过自新。尝曰:天下之治乱,在乎政教之盛衰;政教之盛衰,在乎学术之邪正。学术不正,则政教无所施其权,而不至。率天下而充塞乎仁义者几希矣。此先生所以起自孤童,上接关学六百年之统,饥寒困苦,耿光四出,毅然任斯道之重而不敢懈也。此二曲之学也。请言习斋。习斋讲学,谓当复尧、舜、周孔、六府、三事、三物、四教之旧,以事物为归,以躬行为主,不尚空言。其教学者习礼、乐、射、御、书、数、兵、农、水、火诸学,倡教漳南,于文事、经史外,兼习武备、艺能各科。先生自幼学兵法,善技击,精阴阳象纬。尝推论明制之得失所当因革者,为书曰《会典大政记》,曰:如有用我,举而错之耳。

盖先生之学,以用为体,即以用为学,实学实用,即体即用者也。此习斋之学也。邓子曰:嗟乎,六先生之学,何其大也。是故南方之学,而黄、顾、王三先生为其大师;北方之学,而夏、李、颜三先生为其大师。翘然树六大帜于神州之内,门徒遍天下,流传逾百年,谓有清一代学术,六先生开之可也。厥后梨洲之学,开出浙东学派。万氏兄弟(斯大、斯同),一精经学,一精史学,皆自成一家言。以至全氏谢山兴,而上接其传,著书等身,汲汲于搜罗明末文献,表彰节义,其学得于万氏之史学为多。故浙东之学,言性命必究于史,如章氏实斋是也。亭林之学,开出浙西学派,与浙东并峙。虽其传不大,然乾嘉间言汉学者,无不宗亭林。船山声影不出林莽者四十年,遗书湮没,后生小子,至不能举其名姓,亦可哀已。然遗书一出,日月争光,麟经大义,炳然天壤。船山之学,晚而愈彰。夏峰晚年讲学苏门,弟子极盛,而魏一鳌最为高弟。其后如高镐、曹本荣、耿极、耿介之徒,皆导其流派者也。二曲崛起关中,以继蓝田之绪,由是关学复盛,与富平李因笃、郿县李柏,称关中三李。其门人王心敬,能大其学。习斋弟子,惟李刚主、王昆绳为著。后二百年,颜学始由北而南,德清戴望,承其绝学,编《颜氏学记》,而余姚章氏亦推为荀卿后之大儒。盖颜学与王(船山)学,皆及今而大显云。呜呼,六先生以布衣讲学,抗节西山,不肯受新朝之一丝一粟,而以传正学、开来哲自任,申明大义,著书以告万世,系天下之学于一线以至今。使微六先生,而神州天下之亡久矣。悲夫。邓子曰:于顺康之间,与六先生同时,而其学足以经世独立,明大义者,余更得二人焉,曰唐先生铸万,曰陈先生言夏。铸万生于巴蜀之山谷,后旅吴中,著《潜书》数万言。乃今读其《存言篇》,伤海内之困穷,哀遗黎之无告,然后知其言实当时之信史;读其《抑尊篇》,去君主之威严,发平等之公理,则与梨洲之《原君》《原臣》并垂宇宙者也。言夏通全史,编为政、事、人、民四部,手自掌录,习当世之务,妙技击。尝避兵至昆山蔚村,村田沮洳,用兵家束伍法,筑围岸御水,不日而成,盖其学用之,皆有实效,而不为空言云。史言国初东南多隐君子,博达通世用,顾皆励气节,深晦匿以自隐,言夏其一也。呜呼,亡国多材,岂不信欤。他若晚村以讲学合群,渚口焦思,不忘故国;桴亭著《思辨录》,教学者议礼读律,通今知时;杨园身处草野,日抱鳌忧,惴惴念乱;蒿庵笃志厉行,独精三礼,卓然自立,则皆守程朱之学而能致用者也。又其时汇旃、蒙吉,延东林学派一线之传,潜斋、约斋,开仁和、南丰学派之始,而寅旭、定九导算学之先河,百诗、东樵为汉学之初祖,清学之初期,噫亦盛矣。虽然学则清学,而儒则明儒也。以明儒而冒以清学之名,是则余之过也夫。

乾嘉之世:自乾隆中叶,海内士夫争言汉学,而吴、皖二派为至盛。吴派以惠定宇为其大师,皖派以戴东原为其大师,其弟子著学统者皆数百人,遍大江南北。大抵吴学一派,笃信好古,实事求是;皖学一派,好学深思,心知其意(仅征刘氏说)。吴学好博而尊闻,皖学综形名,任裁断(余杭章氏说),此两派之所以异也。虽然,东原尝执经问业于定宇,则吴、皖实同出一源,其治经皆谨守汉儒家法,不杂入宋元人语,则无有或异也。请言定宇。定宇承其祖元龙、父天牧之家学,益覃研精思,治汉《易》，撰次《周易述》一编，专宗虞仲翔，参以荀、郑诸家之义，约其旨为注，演其说为疏。汉学之绝者千有五百余年，至是而灿然复章。又因学《易》而悟明堂之法，撰《明堂大道录》八卷、《禘说》二卷，申明明堂配天之义，又有《易汉学》七卷、《易例》二卷，皆推演古义。于《书》有《古文尚书考》二卷，明郑康成所传为孔壁真古文，辨今文《太誓》之非伪。于《春秋》有《左传补注》，刺取经传，附以先世遗闻，于古今文之同异，辨之甚悉。而其《九经古义》一书，则讨论古字古音，以纠纷正谬，校理秘文，尤为后儒所服习笃信，其有功于经籍甚大。盖先生之学，精眇渊博，甄明古谊，不愧大师。钱氏竹汀为先生传论曰：宋元以来，说经之书盈屋充栋，高者蔑弃古训，自夸心得，下者剿袭人言，以为己有，儒林之名，徒为空疏藏拙之地。独惠氏世守古学，而先生所得尤深，拟诸汉学，当在何邵公、服子慎之间，马融、赵岐辈不能及也。钱氏之论，可谓知言矣。请言东原。东原少受学于婺源江慎修，其论治经，以识字为始。谓由识字以通词，由词以通道。又云治经之难，虽一事必综其存以核之。其学长于考辨，立义多所创获，及参互考之，确不可易。生平著述，以《孟子字义疏证》《原善》二书，为最精深，本汉学之性理，易宋学之空言，诠明理欲之真，谓理在事情，不在意见。自宋儒舍情求理，至以意见当之，而生民遂受其祸无终极。尊者以理责卑，长者以理责幼，贵者以理责贱，虽失谓之顺；卑者、幼者、贱者以理争之，虽得谓之逆。于是下之人不能以天下之同情、天下所同欲者，达之于上，上日以理责其下，而在下之罪，人人不胜指数。人死于法，犹有怜之者，死于理，其谁怜之。所言多发明公理，排斥专制，与近日哲儒所言平等、共和之说相合。其治经力求新理，独有心得类如此。著书极博，于小学、礼经、算术、舆地，皆有撰述。江都汪容甫尝拟作《六儒颂》，谓国朝经儒，亭林始开其端，河洛图书，至胡氏而绌，中西推步，至梅氏而精，力攻古文者阎氏，专治汉《易》者惠氏，及东原出而集大成焉。呜呼，戴氏之学，其所以雄视一代，掩蔽天下者，岂无故哉。论者谓乾嘉上下百年间，为有清一代学术之中兴，而惠、戴二大经师，实为其祭酒焉。其继起者大抵皆吴、皖二派之支流余裔也。余闻余杭章氏之言曰：惠栋弟子有江声、余萧客。声为《尚书集注音疏》，萧客为《古经解钩沈》，大共笃于尊信，缀次古义，鲜下已见。而王鸣盛、钱大昕亦被其风，稍益发舒，教于扬州，则汪中、刘台拱、李惇、贾田祖以次兴起。萧客弟子甘泉江藩，复续《周易述》，皆陈义尔雅，渊乎古训是则者也。戴震同学有金榜、程瑶田，后有凌廷堪、三胡。三胡者，匡衷、承珙、培翚也，皆善治《礼》，而瑶田兼通水地、声律、工艺、谷食之学。震又教于京师，任大椿、卢文弨、孔广森，皆从问业。弟子最知名者，金坛段玉裁、高邮王念孙。玉裁为《六书音韵表》，以解《说文》，《说文》明。念孙疏《广雅》，以经传诸子转相证明，诸古书文义诘诎者，皆理解。子引之，为《经传释词》，明三古辞气，汉儒所不能理绎，其小学训诂，自魏以来，未尝有也。邓子曰：章氏之言信哉，诚知夫学派之流别者矣。以余所闻，则歙县有洪榜者，尝从戴氏问学，生平服膺戴氏，戴氏所作《孟子字义疏证》，当时学者不能通其义，惟榜以为功不在禹下，撰《东原行状》，载东原《答彭允初书》(其书证明《原善》、《孟子字义疏证》之说，与二书相为表里。今《行状》不载此书，乃东原子中立所删，失其意矣）。独具特识，亦戴学之云礽也。

　　自惠、戴以来，诸儒治经，各守其家法，别为义疏，其裒然成书，专门名家者，于《易》有惠栋《述》，江藩、李松林《述补》，于《书》有江声《集注音疏》，孙星衍《今古文注疏》，王鸣盛《后案》，于《诗》有胡承珙《后笺》，陈奂《传疏》，于《礼》有金榜《笺》，《仪礼》有胡培翚《正义》，于《春秋左氏》有刘文淇《正义》，《公羊传》有陈立《义疏》，《穀梁》有钟文烝《经传补注》，于《论语》有刘宝楠《正义》，于《孟子》有焦循《正义》，于《孝经》有阮福《义疏补注》，于《尔雅》有邵晋涵《正义》，郝懿行《义疏》，皆一代之绝作，旷古所仅见者也。余读诸经新疏，较之旧释，盖有进矣。诸儒之自首一经，辛勤补缀，其功亦乌可没哉。虽然，未已也。清之经儒，其于义疏之外，有功于诸经及小学、古籍者，余复得其大功四，小功四。胡氏《易图明辨》，辨河图洛书、先天后天各图，非《易》书本有。阎氏《古文尚书疏证》、惠氏《古文尚书考》，辨东晋晚出之古文孔传为梅赜伪托。毛氏《诗传诗说驳义》，辨子贡传申培说为丰坊伪撰，是曰辨伪经，大功一。惠氏《周易本义辨证》，言《易经》二篇、《传》十篇，本自别行，是为旧本。朱氏倡刊《说文》始一终亥之本，通志堂、抱经堂校刊《经典释文》全书，而《大戴记》、《逸周书》、《荀子》、《方言》、《释名》、《春秋繁露》、《白虎通》，抱经皆为雠定。是曰存古书，大功二。惠氏之《易汉学》、《周易述》，张氏之《周易虞氏义》、《虞氏消息》，王氏之《广雅疏证》，段氏之《说文注》，梅氏之本《周髀》、言天文，是曰发明微学，大功三。余氏之《古经解钩沈》，任氏之《小学钩沈》，邵氏之《韩诗内传考》，洪氏之辑郑、贾、服、诸家说为《左传诂》，臧氏之辑《仪礼·丧服》马王注、《礼记》卢植《解诂》、《月令》蔡邕《章句》、《尔雅古注》，是曰广求遗说，大功四。江氏《深衣考误》，辨深衣非六幅交解为十二幅，《乡党图考》，辨治朝本无屋、无堂，戴氏《声韵考》，以转注为互训，历指前人解释之误，是曰驳正旧解，小功一。顾氏《音学五书》分十部，江氏《古韵标准》分十三部，段氏《六书音韵表》分十七部，以考古音，王氏《经传释词》标举一百六十字，以明经传中语词非实义，凌氏之《礼经释例》，分通例、饮食例、宾客例、射例、变例、祭例、器服例、杂例，以言礼之节文等杀，是曰创通义例，小功二（以上采胡培翚之说）。《尚书欧阳夏侯遗说》、《三家诗遗说》、《齐诗翼氏学》，考证于陈氏，《逸周书》校释于朱氏，《大戴礼记》补注于孔氏，《国语》疏于龚氏、董氏，《白虎通》疏证于陈氏，是曰缀拾丛残，小功三。汪氏作《春秋左氏释疑》，明《左氏传》之非伪，作《周官征文》，证《周官》经非晚出，是曰辨正讹诬，小功四。邓子曰：诸儒之敏学好古，有功于经籍如此。然则今日吾辈之治经，制度、典章、声音、训诂，皆灿然大明，其受诸儒之赐，不已多乎。是故本朝之经学考据，浩博无涯涘，实足以自成其一种之科学，永寿于名山者也（近东瀛学人亦有一派，专研究汉学考据之学者）。若其末流之弊，穿凿附会，猎璅文，蠹大谊，瓜剖瓬析，诚有如魏源所讥，锢天下聪明智慧，使尽出于无用之一途者，是则由乎时君之抑扬，种族之观念，运会之适然，其原因为甚繁矣。诸儒岂任过哉。

邓子曰：于乾嘉之世，与惠、戴二派同时，而别树一帜者，曰桐城。

桐城尊宋学,惠、戴尊汉学;桐城好治文辞,惠、戴专治经训。尊宋学者则讥汉学为破碎,尊汉学者则谓宋学为空疏;工文辞者不习经典,而研经训者又不乐为文辞。二者交相非,而汉宋遂巀之分途,文士与经儒始交恶。桐城学派以方(苞)、姚(姬传)为其大师。方氏为文,效法宋曾巩、明归有光,谨守绳度,谓之桐城义法,又熟治三《礼》,冀尸程朱为其后世,然所得至肤浅,无足重。姚氏慕其乡方氏之所为,而受法于刘海峰,以私淑方氏,然其始尝欲从戴东原问学,及戴谢之,始憾戴氏,而别标义理、考据、词章三者以为宗,以与汉学自异。其《赠钱献之序》及《安庆重修儒学记》,为其生平论学大端,而皆排斥汉儒。迨东原之殁也,姚氏《致友人书》云:东原毁谤朱子,是以乏嗣。其斥东原可谓不遗余力矣。姚氏晚主钟山讲席,门下著籍者,上元有管同异之、梅曾亮伯言,桐城有方东树植之、姚莹石甫四人,称高第弟子,各以所得,传授徒友,往往不绝。在桐城有戴钧衡存庄,事植之久,守其邑先正之法。其不列弟子籍,同时服膺者,有新城鲁仕骥絜非、宜兴吴德旋仲伦,絜非之甥,为陈用光硕士。硕士既师其舅,又亲受业姚先生之门,乡人化之,多好文章,硕士之群从,有陈学受艺叔、陈溥广敷,而南丰又有吴嘉宾子序,皆承絜非之风,私淑于姚先生,由是江西建昌有桐城之学。仲伦与永福吕璜月沧交友,月沧之乡人,有临桂朱琦伯韩、龙启瑞翰臣、马平王锡振定甫,皆步趋吴氏、吕氏,而益求广其术于伯言,由是桐城宗派,流衍于广西(曾涤生《欧阳生文集序》)。当海峰之世,有钱伯坰鲁思,从受其业,以师说称颂于阳湖恽子居、武进张皋文,子居、皋文遂弃其声韵考订之学,而学古文,于是阳湖始有古文之学(陆祁孙《七家文钞序》)。然溯其源皆出桐城,是当时桐城之学,几于风靡天下,其流风余韵,流被百年,下至道咸之世不绝。学者寻声企景,所在响应,争以宋学相尚,痛诋汉学,等之杨、墨、老、释,毁为乱道。于是甘泉江郑堂悯汉学之中绝,起而相争,著《国朝汉学师承记》,独尊汉儒,矜其家法,阴为抵制。而桐城方东树则著《汉学商兑》以反击之,思欲拔汉帜以树宋帜,然肆口讥弹,文辨虽雄,而无实学真理以为佐证,故不足以折服学者。盖桐城之学,其闳博精深,实非惠、戴之敌也。呜呼,乾嘉之间,汉宋之争亦烈矣。毛疵操戈,互相水火,以意见为是非,树沟垒如大敌,神州自古学术之争,未有甚于此者也。夫学者何?亦学孔子之学而已;汉学、宋学者何?亦不外乎孔子之术、六艺之科而已。未闻其能于儒学六艺之外,别有所学也。夫既不能越于儒学之道外,则必同居于儒学之道中,以道中之学而畛域横分,矛戟森立,是亦不可以已乎。吾谓汉学、宋学,其于孔子之道各有所得。汉学好古而敏求,宋学慎思而明辨;汉学博学而笃志,宋学切问而近思。宋儒尊德性,汉儒道问学,其道不相为非。今欲尊汉而祧宋,则是圣人之道,有博而无约,有文章而无性道,有门庑而无堂奥矣;今欲尊宋而祧汉,则是圣人之道,有约而无博,有性道而无文章,有堂奥而无门庑矣。不亦慎乎。或曰:然则学者生古人后,学古人之学,不汉则宋,将奚适从? 邓子曰:汉学、宋学,皆有其真,得其真而用之,皆可救今日之中国。夫汉学解释理欲,则发明公理,掇拾遗经,则保存国学。公理明则压制之祸免,而民权日伸;国学存则爱国之心有以附属,而神州或可再造。宋学严彝夏、内外之防,则有民族之思想,大死节复仇之义,则有尚武之风。民族主义立,尚武之风行,则中国或可不亡。虽亡而民心未死,终有复兴之日。是则汉学、宋学之真也。学者苟舍短取长,阙疑信古,则古人之学皆可为用。孰与姝姝守一先生之说,而门户自小。又孰与专务调停古人之遗说,而仆仆为人,毫无自得哉(晚近定海黄式三、番禺陈澧皆调和汉宋者,然撕合细微,比类附会,其学至无足观。夫古人之学,各有所至,岂能强同。今必欲比而同之,则失古人之真,故争汉、宋者非,而调和汉、宋者亦非也)。

道咸之世:自汉学之焰极盛,海内望风景附,家贾马而户许郑,经师如卿,说经之书汗牛充栋。后起之儒,于汉学位置已难占胜,而其业繁博,尤为难治,学者穷老尽气,不能卒业,稍稍厌倦。又其学朴质不便文士,于是有西汉今文之学兴,是曰常州学派。其学以西京十四博士所传今文为宗,谓晚出古文为伪,尊今文而黜古文。今文者,《易》施氏、梁邱氏、京氏,《尚书》伏生、欧阳、大小夏侯,《诗》齐、鲁、韩三家,《春秋》公羊,而诋斥《周官》、《毛诗》、费氏《易》、《左氏春秋》、马、郑《尚书》,而其大体要以公羊为主。谓孔子之道在六经,六经之作惟《春秋》,《春秋》之传在公羊,公羊亲受子夏口说之传,得闻圣人之微言大义。自武进庄方耕始治《公羊》,作《春秋正辞》,其学能通于经之大谊,不落东汉以下,其徒阳湖刘申受传其学,为《公羊何氏释例》,始专主董仲舒、李育,以明三科九旨之例。凡张三世,存三统,新周故宋,以春秋当兴王,而托王于鲁诸义,皆灿然昭著,由是今文之学大昌。仁和龚定庵,从申受受公羊《春秋》之学,著《春秋决事比》,又撰《五经大义终始答问》,以推阐三世之说。定庵之学极博杂,其小学六书得于其外祖段懋堂,而能以字说经,又以经说字,其史学溯源章实斋,言六经皆史,发明治学合一,官师合一之旨,其舆地精于西北,其佛学通陀罗尼八震旦六妙门,虽不专守《公羊》家说,而大旨要不能外。今读其文,恢诡连犿,援证古谊,讽切时弊,眇思谭说,每有新理远识,皆得于公羊《春秋》为多。与定庵为友者有邵阳魏默深。默深少好言经世,晚乃治经,尝熟闻定庵所言今文学,熹其易治,可为名高,乃著《书古微》《诗古微》《董子春秋发微》,皆主今文,而诋斥马、郑、毛公甚力。其先言今文者,独治公羊《春秋》,至是而及于《诗》《书》。与默深同时,有长洲宋于庭、阳湖李申耆、仁和邵位西,皆治今文学。位西为《礼经通论》,指《逸礼》三十九篇为刘歆伪造,至是言今文乃及于《礼》。晚乃有德清戴子高,以《公羊》注《论语》,湘潭王壬秋,以《公羊》并注五经,而今文之学愈光大。盖今文者,发源于庄、刘,浸盛于龚、魏,而集其大成者王氏。王氏有弟子曰井研廖季平,季平著书最多,乃及百种,余杭章氏称其时有新义,而未见其书也。自今文学派盛行,学者治经,遂欲尊今文而废古文,右西汉而睥睨东汉,其学风所扇,当时著述多本其家法。于是而朱右曾有《尚书欧阳大小夏侯遗说考》,陈乔枞有《今文尚书经说考》、《三家诗遗说考》、《齐诗翼氏学疏证》,陈立有《公羊正义》、《白虎通疏证》。凡西汉博士所传之遗说,虽残编断朿,皆奉为瑰宝;而东京以下,贾、马、许、郑之学,乃视如土苴。由是而惠、戴学派大受攻击,治者浸微,而常州学派遂夺吴、皖之席,赫然称海内经师矣。夫常州今文之学,其所以风动一时者,是盖有数故焉。惠、戴之学,治经必先识字,而六书、音韵之学,非尽毕生之精力,不能得其要领,不若微言大义之学,可以涉猎口耳而得,其故一。惠、戴释经,不过援引古训,证明经义而止,不为风议,故朴质无文采,而今文则词义瑰玮,荡逸华妙,为文士所喜,故治今文者无不工文辞,如申受、于庭、定庵、默深其最也,其故二。道、咸时海内渐多故,汉学方以破碎无用见讥于时,而今文则出自西汉诸儒,类能通经以致用,学者得借以诩言经世,其故三。本朝学风,以说经为最高尚,诸文士挟其诗歌、词赋之长,不习经典,则以为大耻,而今文则上追七十子微言大义,视许、郑之学尤高,依附其说,足以自矜,其故四。有此四故,此常州今文所以能以后起之学派,骎骎越惠、戴而上之,其势力乃以掩被本朝下半期之学界,以至于今也。呜呼,可谓盛矣。虽然,今文日兴则古文日废,神州古学,其摧灭散佚而仅存于今者,亦既只有此数矣。古文虽晚出于东京,而前圣之微言大义,亦往往有存者,且其发明古训,亦大有功于经籍,安可废乎。论者又谓西汉之学有用,东汉之学无用。虽然,论者其亦闻高密郑君之风乎?比牒并名,早为宰相,郑君之素风无失。而东汉学者,皆以独立名节相高,是以桓灵之朝局,能倾而未颓,决而未溃,此东汉经学之用也。其视西汉利禄之途何如哉?呜呼,汉宋学之争也,犹有汉与宋朝代之分;而今古文之争也,则同一汉代而已。汉宋学之争也,犹有文士与经儒之别;而今古文之争,则同一经儒而已。夫同一汉代之学,同一经儒之名,而今文家则必曰西京之学胜东京,西京微言大义之学,承七十子;

古文家则必曰东汉之学胜西汉,东汉许、郑之学综六经。各持一说,几同冰炭,乃至相视如仇仇,不亦隘乎。吾闻汉世通儒,治经不立门户,多有杂治今古文者,何后儒之不一思也。

综观本朝二百余年之学派,其飚动云涌,霞鲜雾采,三色而为霭,五色而成文,可谓神州学术之中兴矣。经学迈汉唐,性理越宋元,辞章驾魏晋。其著作等身,褒然成家,著录于国史《儒林》、《文苑传》者,以数十百计焉,前代所未有也。斯其故何欤?邓子曰:盖自乾嘉之世,天下大定,海内无事,学者无所用其才智,身心暇逸,故得从容以讲求其学问。又功令方以点画声病之学取士,士之得禄也难,故贤智之士,在野者多,不至以其精力销磨于从政,而得以专注于学问。然求学问则必知今古,知今古则意议论,而或且以文字得祸,则相与辐辏于说经。经之大义多言经世,则又恐涉于国是,以自取僇,则说经又相与舍其大义,而但攘摭细微,苟以耗日力纾死免祸而已。余杭章氏谓清世经儒,大体与汉儒绝异,不以经术明治乱,故短于风议,不以阴阳断人事,故长于求是。然则其异同长短之间,夫岂无故而然哉。此汉学考据所以经乎天演淘汰,而于清世为最适者也。及夫习之既久,成为风气,学者非以治经不能邀名誉于社会,而非守汉学家法,亦不足号经师。其徒党日众,则声气标榜,位置自高,而几忘其初故矣。是故汉学者,能使才智之士得借以自隐,而收明哲保身之誉,而人主有所举措,亦毋虑一二迂儒,指天画地,以掣肘其国是,此其学派所以称极盛也。邓子又曰:本朝学术,实以经学为最盛,而其余诸学皆由经学而出。学者穷经必先识字,故有训诂之学;

识字必先审音，故有音韵之学；今本经文，其字体、音义与古本不合，故有校勘之学；校理经文，近世字书不足据，则必求之汉以上之文字，故有金石之学。又以诸子之书，时足证明经义，于是由经学而兼及子学；以经之传授源流详于史，于是由经学而兼及史学；以释经必明古地理，于是由经学而兼及地理学；以历法出于古经，于是由经学而兼及天文学；以古人习经先学书计，于是由经学而兼及算学。是故经学者，本朝一代学术之宗主，而训诂、声音、金石、校勘、子、史、地理、天文、算学，皆经学之支流余裔也。邓子又曰：余叙述一代学术，而不及在高位者，如宋学一派，则二魏（象枢、裔介）、汤斌、李光地，汉学一派，则徐乾学、纪昀、阮元、毕沅，皆以大人先生，执学界之牛耳，然而无取焉者，一则伪名道学，以脙媚时君，一则著述虽富，或假手于其食客，是故清学而有此巨蠹之蟊贼，而清学亦衰矣。邓子又曰：本朝学术，曰汉学，曰宋学，曰今文学，其范围仍不外儒学与六经而已，未有能出乎孔子六艺之外而更立一学派也。有之自今日之周秦学派始（余别著有《古学复兴论》，当于下期刊之）。

---

① 录自《国粹学报》第一年乙巳第四、五号。

明末四先生学说(节选)[①]

邓　实

序

　　有一代之变,即有一代救变之学,天下之变无穷,而天下之学亦无穷。学术者,所以通时变而为用者也。自夫三代以来,天下之变亦多矣,而皆有学以救之。东周之季,强凌弱,众暴寡,天下脊脊大乱,乃有孔、墨、老、庄诸子之学,门户分立,派别虽殊,而究之皆规切时弊,以致实用,多为途术而赴国家之急,而周祚之赖以绵延者二百余年。秦并天下,重刑法,废纪纲,四海驿骚,纷然淆乱,斩木揭竿,云合响应,乃有西汉诸儒之学,抱遗经,传正学,伏处草野,以口说相授受。及至汉兴而天下统一,尊崇儒术,遂彬彬称盛。王莽篡窃,汉祚中衰,颂功德者至十余万人,廉耻道尽,乃有东汉诸儒之学,重名节,持清议,风雨如晦,不已鸡鸣,而东京风俗之纯,上追三代,故至末造,能倾而未颓,决而未溃。晋室偏安,五胡云扰,中原涂炭,神州陆沉,乃有北魏、隋末诸儒之学,避地河西，守道不屈，河汾讲道，门徒众盛，而唐以兴起，几至于治。五代之乱极矣，弑、逆相寻，廉耻扫地，乃有有宋诸儒之学，安定、泰山，讲经授徒，二程、朱子隐居读书，而宋能久而后亡，其亡也，忠节相望。是故天下之变至无常矣。变无常而学有常，学有常而其变乃不至流而无终极。东周以降，中国之天下，事变迭出，而学术亦迭出，求之前史，未尝不有焉。然则自古事变之来，安在非求有学以维系之乎？虽然，天下之变，至于明而无所复变矣。奄宦柄国，太阿倒持，边外防辽，江海防倭，练饷叠加，乱者四起，米贼一呼而屋明社。黄虎杀人六万万，鱼烂中区，削尽元气，号呼扰攘，束手无策，而卒以天下授之他人。此顾、黄、王、颜四先生之所以目击心伤抚膺扼腕，痛哭流涕而不能自已者也。不能自已，则既有一代之变，不能不为一代救变之学，四先生亦学焉而已矣。学经世救时实用之学，以维世变，以明大义，传千秋之正谊，待一治于后王。固欲读书报国，忧时讲学，陈古讽今，著书见志，以救斯世之变，而使之不变者也。是故其言用，其学行，则用以救一时之变；其言不用，其学不行，则用以救万世之变。顾亭林之为《日知录》，曰：有王者起，将以见诸行事，以跻斯世于治古之隆。黄梨洲之为《明夷待访录》，曰：吾虽老矣，如箕子之见访，或庶几焉。王船山之为《噩梦》，曰：吾老矣，惟此心在天壤间，谁为授此者。颜习斋之为《会典大政记》，曰：苟有用我，举而措之耳。呜呼，四先生之言何其相似也。夫四先生自信其学之必能用世，而祇以生当鼎革，不欲曲学以进身，乃以望之百世以后之王者，其志亦可悲矣。然四先生之学，虽不用，而四先生之艰贞大节，照耀人目。

遗书晚出，大义日昌，而炎黄遗胄皆得食四先生学术之赐，其有功于神州，不亦大乎。实早岁读经，即好涉猎四先生之学说，壮岁远游求学，乃得尽读四先生之遗书。诵习既久，尝作《四先生画像记》，以志景仰。今别述四先生学术之大者，著为一编，朝夕服膺，守而勿失。庶几爱吾学以爱吾国云尔，非敢云救时也。

顾亭林先生学说

有明一代，其学术衰息之时乎。自太祖以制科取士，先以经义，士皆趋于帖括、声律、点画之学，向壁虚造，空疏亡具，固不足以言学。而以理学自诩者，亦多流于禅寂，空言著书，开门讲学，风动天下，以为名高。及其季年，而心学之流弊，至率天下以不学。故《明史·儒林传》谓：二百七十余年间，未闻以专门经训名家者。经学非汉唐之专精，性理袭宋元之糟粕，论者谓科举盛而儒术微，殆其然乎。夫学术不盛，则人才不出，而夷狄、盗贼遂得以乘其虚以亡人国。故米贼以一屠沽儿而作乱至十七年，辽左用兵，茫无成算，以中原之大，而无一定倾御侮之人，以庄烈之为君，励精求治，至以身殉，而无救于宗社之倾覆，学术之于人国，顾不重哉。亭林生当晚季，目睹不学之患，故首以读书哭告天下，力矫明儒之空疏无用，而以经世实用为宗，遂以开有清一代实事求是之学。至其致叹风俗之盛衰，留心郡国之利病，其规画深远，有未敢为今人道者。吴江潘氏之言曰：先生非一世之人，先生之书非一世之书。王不庵之言曰：宁人身负沉痛，思大揭其亲之志于天下，奔走流离,老而无子,其幽隐莫发,数十年靡诉之衷,曾不得快然一吐,而使后起少年,推以多闻博学,其辱已甚,可谓知先生之所学、所志者矣。实尝闻诸朱九江先生曰:顾亭林读书亡明之际,抗节西山,《日知录》遗书,赅体及用,简其大法,当可行于天下,而先王之道必不衰。呜呼,知人而论世,忧患以求学,舍先生其安归。此余所以抱先生之遗书而莫置也。述亭林学说第一。

顾炎武,初名绛,字宁人,江苏昆山人,学者称为亭林先生。自其先世,家海上,世为儒,富于藏书,其先人类皆通经学古。本生祖绍芳,著有文集至数百篇。祖绍芾,好钞书,日课数纸。尝训先生曰:著书不如钞书,凡今人之书,必不及古人也。今人所见之书之博,必不及古人也。小子勉之,惟读书而已。先生十一岁,即授以温公《资治通鉴》,曰:世人多习《纲目》,余所不取。凡作书者,莫病乎其以前人之书,改窜而为自作。班孟坚之改《史记》,必不如《史记》也;宋景文之改《旧唐书》,必不如《旧唐书》也;朱子之改《通鉴》,必不如《通鉴》也。至于今代而著书之人,几满天下,则有盗前人之书而为自作者矣。故得明人书百卷,不如得宋人书一卷也。年十四,为诸生,卓荦有大志,耿介绝俗,双瞳子中白而边黑,见者异之。少与同里归庄、嘉定吴其沆相善,喜为古文辞,砥行立节,落落不苟于世,人以为狂。尝共归庄游复社,有归奇顾怪之目,于书无所不窥,尤留心经世之学。崇祯己卯,秋闱被摈,退而读书,感四国之多虞,耻经生之寡术,于是历览二十一史,以及天下郡县志书,一代名公文集,及章奏文册之类,有得即录,共成四十余帙,一为舆地之记，一为利病之书，旁推互证，务质之今日所可行，而不为泥古之空言。其别有一编，曰《肇域志》，则考索利病之余，凡阅志书一千余部，参互《一统志》、二十一史而成者。全书浩瀚，细字纵横，其本行不尽，则注之旁，旁又不尽，则别为一集曰《备录》。其遗稿钞本，尚藏吾友刘君光汉处，当图刊行云。最精韵学，谓此道之亡二千有余岁，潜心有年，既得《广韵》之书，乃始发悟于中，而旁通其说。于是据唐人以正宋人之失，据古经以正沈氏、唐人之失，而三代以上之音，部分秩如，至赜而不可乱，乃列古今音之变，而究其所以不同，为《音论》二卷；考正三代以上之音，注三百五篇，为《诗本音》十卷；注《易》，为《易音》三卷；辨沈氏部分之误，而一一以古音定之，为《唐韵正》二十卷。综古音为十部，为《古音表》二卷。统称《音学五书》。由是而六经之文乃可读，自吴才老以下廓如也。性喜金石之文，谓其事与史书相证明，可以阐幽表微，补阙正误，不但词翰之工而已。二十年间，周游天下，所至名山、巨镇、祠庙、伽蓝之迹，无不寻求。其可读者，必手自钞录，扪石履榛，怀毫舐墨，踯躅于山林猿鸟之间。得一文为前人所未见者，辄喜而不寐，著有《金石文字记》、《求古录》，抉剔史传，发挥经典，有欧阳、赵氏二录之所未具者。晚益笃志六经，谓古今安得别有所谓理学者，经学即理学也。自有舍经学以言理学者，而邪说以起，不知舍经学，则其所谓理学者禅学也。有书曰《下学指南》，取慈溪黄氏日钞所摘谢氏、张氏、陆氏之言，以别其源流，而衷诸朱子之说，所以致慨于上蔡、横浦、象山之学，谓其末流语录，多淫于禅。言之甚切。尤留心明季史事，著有《圣安纪事》、《明季实录》、《昭夏遗声》三书,昭阳秋之直笔,传信史于千秋。而于晚季门户党援之弊,士大夫反颜事仇之无耻,有余痛焉。而《日知录》三十卷,尤为先生终身精诣之书,积三十年之勤,乃成一编,凡经史之粹言具在焉。其自述之辞有曰:意在拨乱涤污,法古用夏,启多闻于来学,待一治于后王。又曰:有王者起,将以见诸行事,以跻斯世于治古之隆,而未敢为今人道。又曰:平生之志与业,皆在其中,惟多写之以赠人,庶不为恶其害己者所去,而有王者起,得以酌取焉,其亦可以毕区区之愿矣。又曰:今人纂辑之书,正如今人之铸钱,古人采铜于山,今人则买旧钱,名之曰废铜,以充铸而已。某之为是书,早夜诵读,反覆寻究,盖庶几采山之铜也。又曰:须俟绝笔之后,藏之名山,以待抚世宰物者之求。观先生之自述,然后知先生于是书致力之勤,用意之远,为不可及也。今读其书,有曰:有亡国,有亡天下。亡国与亡天下奚辨?曰易姓改号,谓之亡国;仁义充塞,而至于率兽食人,人将相食,谓之亡天下。保国者其君其臣,肉食者谋之;保天下者,匹夫之贱,与有责焉耳矣。又曰:张子有云,民吾同胞,今日之民,吾与达而在上位者之所共。救民以事,此达而在上位者之责也;救民以言,此亦穷而在下位者之责也。又曰:天下风俗最坏之地,清议尚存,犹足以维持一二,至于清议亡而干戈至矣。其言皆规切时弊,深切著明,关于天下治乱之大,俟百世而不惑者也。又有《菰中随笔》,论官人选士之法,所言皆国家大计,考辨精审,足辅《日知录》而行。其他著作,有《左传杜解补正》、《石经考》、《九经误字》、《五经同异》、《韵补正》、《历代帝王宅京记》、《营平二州地名记》、

《昌平山水记》、《京东考古录》、《山东考古录》、《顾氏谱系考》、《谲觚》、《救文格论》、《亭林杂录》、《亭林文集》、《亭林诗集》、《亭林余集》、《亭林佚诗》，皆已刊行。其未刊者，尚有《唐宋韵补异同》、《二十一史年表》、《熹庙谅阴记》、《十九陵图志》、《营平二州史事》、《北平古今记》、《建康古今记》、《岱岳记》、《万岁山考证》、《海道经》、《官田始末（按末疑当为未之误）考》、《下学指南》、《当务书》、《经世篇》、《弟录》、《诗律蒙求》等，而何义门称先生所著尚有《区言》五十卷，皆述治天下之要，可谓盛矣。盖先生生平精力绝人，耳目至广，自少至老，无一刻离书，其学能举大而不遗其细。自经史掌故，以至声韵、金石、舆地、天文、仪象、河漕、兵农之属，莫不穷源究委，条理灿然。其所著书，皆有裨于世风学术。其生平论学曰：博学于文。曰：行己有耻。自一身以至于天下国家，皆学之事也；自子、臣、弟、友以至出入往来，辞受予取之间，皆有耻之事也。耻之于人大矣，不耻恶衣恶食，而耻匹夫匹妇之不被其泽，故曰：万物皆备于我矣，反身而诚。又曰：圣人之道，下学上达之方，其行在孝、弟、忠信，其职在洒扫、应对、进退，其文在《诗》、《书》、三《礼》、《周易》、《春秋》，其用之身在出处、辞受、取与，其施之天下在政令、教化、刑法。其所著之书，皆以为拨乱反正，移风易俗，以驯致乎治平之用。而无益者不谈，一切诗、赋、铭、颂、赞、诔、序、记之文，皆谓之巧言，而不以措笔。其于世儒尽性至命之说，必归之有物有则、五行五事之常，而不入于空虚之论。仆之所以为学者如此。又曰：诸君关学之余也，横渠、蓝田之教，以礼为先，孔子尝曰：博学于文，约之以礼。而刘康公云：民受天地之中以生，所谓命也，是以有动作威仪之则。然则君子为学，舍礼何由。其论文曰：文不关于经术政理之大不足为也。又曰：文之不可绝于天地间者，曰明道也，纪政事也，察民隐也，乐道人之善也。若此者有益于天下，有益于将来，多一篇多一篇之益矣。若夫怪力乱神之事，无稽之言，剿袭之说，谀佞之文，若此者有损于己，无益于人，多一篇多一篇之损矣。至其概论时事，亦多精言，如曰：引古筹今，亦吾儒经世之用，然今日之事，兴一利便添一害，如欲行沁水之转般，则河南必扰，开胶莱之运道，则山东必乱。又曰：目击世趋，方知治乱之关，必在人心风俗，而所以转移人心，整顿风俗，则教化纪纲为不可缺矣。百年必世养之而不足，一朝一夕败之而有余。其《病起与蓟门当事书》。有曰：天生豪杰，必有所任。今日者，拯斯人于涂炭，为万世开太平，此吾辈之任也。呜呼，先生此言，宋以后久无此言矣。盖先生之学，贯通今古，不分汉宋，博大而尽精微，通达而切实用。生长世族，少负异资，九经诸史，略能背诵，实录奏报，手自抄节。自以生当晚季，目击鼎革之变，而洞然于国家末流之祸，不禁痛心疾首，思欲尽反之，故周览郡国，究其利弊，凡国家政治，大而典礼财赋，小而馆舍邮亭，无不援据典籍，疏通其源流，而考论其得失。至于风俗之败坏，世教之陵迟，则陈古讽今，尤三太息。然先生虽抱用世之略，只以故国之戚时时不忘，日茹□□之痛，不欲曲学以干进，故不得已蕴蓄其材而不用，而足迹周流半天下，则随所至而小试之于度地恳田，故累致千金，随寓饶足。尝卜居陕之华阴，谓秦人慕经学，重处士，持清议，实他邦所少，而华阴绾毂关河之口，虽足不出户，而能见天下之人,闻天下之事,一旦有警,入山守险,不过十里之遥,若志在四方,则一出关门,亦有建瓴之势。遂置田五十亩,而东西开垦所入,别贮之以备有事。观此则先生之蓄所学,固欲待时而用,而未尝一日忘乎光复之大计者也。方先生之出游,常以二马二骡,载书日随,所至阨塞,即呼老兵退卒,询其曲折,或与平日所闻不合,则发书而对勘之。或平原大野,无足留意,则于鞍上默诵诸经注疏。有时旅居不出,则选门生四人,环坐朗诵十三经,先生端坐听之,每年以为常。其好学不倦如此。至先生之生平大节,如少年尝起义兵,奉母遗命不事二姓,六谒孝陵,六谒思陵,当事有欲荐先生者,则以死争之。高风亮节,顽廉懦立,所谓不降其志不辱其身者欤。其行事略见于先生之诗文集,及全谢山所为先生神道表,今不述,述其学术之大者。

一 经学

邓实曰:先生之治经,以大义为先,不分汉宋者也。自乾嘉之际,士大夫盛言考据之学,乃尊汉而抑宋,而汉宋之途遂分。仪征阮氏,编《经解》,以汉学为宗,采先生之说,凡尊宋者殳焉(如《日知录》于《易》谓:不有程传,大义何由而明乎之类,今不采)。献县纪氏,为《四库书目提要》,反谓潘氏盛称其经济,而以考据精详为末务,殆非笃论。而近人论学之书,有以汉学专门经学家首列先生者,皆未知先生之学者也。夫先生之学,以实用为归,故其说经,追汉采宋,不名一家,务通其大义而施之今日所可行者。不为丛脞烦碎之学,而于制度、名物,有关世故者,则考核引据,不厌其详。盖先生经世之学,一本原于经史。言汉学者徒以考据称先生固非,而世之徒以经济推先生者亦非也。阮氏晚年为先生《词堂记》,谓先生之经济皆学术为之,而欲论先生之经济,舍经史末由。则其治学有得之言也。知乎此可与言先生之学矣。

《日知录》

秦以焚书而五经亡,本朝以取士而五经亡,今之为科举之学者,大率皆帖帖熟烂之言,不能通知大义者也(朱子《周易本义》)。

圣人设卦观象而系之辞,若文王、周公是已。夫子作传,传中更无别象。其所言卦之本象,若天地、雷风、水火、山泽之外,惟颐中有物,本之卦名,有飞鸟之象,本之卦辞,而夫子未尝增设一象也。荀爽、虞翻之徒,穿凿附会,象外生象,以同声相应为震、巽,同气相求为艮、兑,水流湿、火就燥为坎、离。云从龙则曰乾为龙,风从虎则曰坤为虎;《十翼》之中,无语不求其象,而《易》之大指荒矣。岂知圣人立言取譬,固与后之文人同其体例,何尝屑屑于象哉。王弼之注,虽涉于元虚,然已一扫《易》学之榛芜,而开之大路矣。不有程子,大义何由而明乎(卦爻外无别象)。

《易》之互体卦变,《诗》之叶韵,《春秋》之例月日,经说之缠绕破碎于俗儒者多矣。文中子曰:九师兴而《易》道微,三传作而《春秋》散(同上)。

其在政教,则不能是训是行,以近天子之光,而所司者笾豆之事。其在学术,则不能知类通达,以几大学之道,而所习者占毕之文。乐师辨乎声诗,故北面而弦;宗祝辨乎宗庙之礼,故后尸;商祝辨乎丧礼,故后主人。小人则无咎也。有大人之事,有小人之事,虽小道必有可观者焉。致远恐泥,故君子为之则吝也(童观)。有天下而欲厚民之生,正民之德,岂必自损以益人哉。不违农时,谷不可胜食也;数罟不入洿池,鱼鳖不可胜食也;斧斤以时入山林,材木不可胜用也。所谓弗损益之者也。皇建其有极,敛时五福,用敷锡厥庶民。《诗》曰:奏格无言,时靡有争。是故君子不赏而民劝,不怒而民威于斧钺,所谓弗损益之者也。以天下为一家,中国为一人,其道在是矣(上九弗损益之)。

国犹水也,民犹鱼也,幽王之诗曰:鱼在于沼,亦匪克乐。潜虽伏矣,亦孔之昭。忧心惨惨,念国之为虐。秦始皇八年,河鱼大上,《五行志》以为鱼阴类,民之象也。逆流而上,言民不从君为逆行也。自人君有求多于物之心,于是鱼乱于下,鸟乱于上,而人情之所向,必有起而收之者矣(包无鱼)。

傅说之告高宗曰:学于古训乃有获。武王之诰康叔:既祗遹乃文考,而又求之殷先哲王,又求之商耇成人,又别求之古先哲王。大保之戒成王:先之以稽我古人之德,而后进之以稽谋自天。及成王之作周官,亦曰:学古入官。曰:不学墙面。子曰:述而不作,信而好古。又曰:好古敏以求之。又曰:君子以多识前言往行以畜其德。先圣后圣,其揆一也。不学古而欲稽天,岂非不耕而求获乎(其稽我古人之德)。

国乱无政,小民有情而不得申,有冤而不见理,于是不得不诉之于神,而诅盟之事起矣。苏公遇暴公之谮,则出此三物,以诅尔斯。屈原遭子兰之谮,则告五帝以折中,命咎繇而听直。至于里巷之人,亦莫不然。而鬼神之往来于人间者,亦或著其灵爽,于是赏罚之柄,乃移之冥漠之中,而蚩蚩之氓,其畏王铁,常不如其畏鬼责矣。乃世之君子,犹有所取焉,以辅王政之穷。今日所传地狱之说、感应之书,皆苗民诅盟之余习也。明明棐常,鳏寡无盖,则王政行于上,而人自不复有求于神。故曰:有道之世,其鬼不神。所谓绝地天通者,如此而已矣(罔中于信以覆诅盟)。

　　五经得于秦火之余,其中固不能无错误。学者不幸而生乎二千余载之后,信古而阙疑,乃其分也。近世之说经者,莫病乎好异。以其说之异于人,而不足以取信,于是舍本经之训诂,而求之诸子百家之书;犹未足也,则舍近代之文,而求之远古;又不足,则舍中国之文,而求之四海之外。如丰熙之古书《世本》,尤可怪焉。夫天子失官,学在四夷。使果有残编短简,可以裨经文而助圣道,固君子之所求之而惟恐不得者也。若乃无益于经,而徒为异以惑人,则其于学也,亦谓之异端而已。愚因叹夫昔之君子,遵守经文,虽章句先后之间,犹不敢辄改,故元行冲奉明皇之旨,用魏征所注《类礼》,谍为疏义,成书上进,而为张说所驳,谓:章句隔绝,有乖旧本,竟不得立于学官。夫《礼记》二戴所录,非夫子所删,况其篇目之次,元无深义。而魏征所注,则又本之孙炎。以累代名儒之作,申之以诏旨,而不能夺经生之所守。盖唐人之于经传,其严也如此。故啖助之于《春秋》,卓越三家,多有独得,而史氏犹讥其不本所承,自用名学,谓:后生诡辩,为助所阶。乃近代之人,其于读经,卤莽灭裂，不及昔人远甚。又无先儒为之据依，而师心妄作，刊传记未已也，进而议圣经矣。更章句未已也，进而改文字矣。此陆游所致慨于宋人（陆务观曰：唐及国初学者，不敢议孔安国、郑康成，况圣人乎。自庆历后，诸儒发明经旨，非前人所及。然排《系辞》，毁《周礼》，疑《孟子》，讥《书》之《允征》、《顾命》，不难于议经，况传注乎。赵汝谈至谓《洪范》非箕子之作），而今且弥甚。徐防有言：今不依章句，妄生穿凿，以遵师为非义，意说为得理。轻侮道术，寖以成俗。呜呼，此学者所宜深戒。若丰熙之徒，又不足论也（丰熙伪《尚书》）。

君子以向晦入宴息，日之夕矣而不来，则其妇思之矣。朝出而晚归，则其母望之矣。夜居于外，则其友吊之矣。于文日夕为退，是以樽罍无卜夜之宾，衢路有宵行之禁，故曰见星而行者，惟罪人与奔父母之丧者乎。至于酒德衰而酣身长夜，官邪作而昏夜乞哀，天地之气乖，而晦明之节乱矣（日之夕矣）。

天之方侪，无为夸毗。《释训》曰：夸毗，体柔也。天下惟体柔之人，常足以遗民忧而召天祸。夏侯湛有云：居位者以善身为静，以寡交为慎，以弱断为重，以怯言为信。白居易有云：以拱默保位者为明智，以柔顺安身者为贤能，以直言危行者为狂愚，以中立守道者为凝滞。故朝寡敢言之士，庭鲜执咎之臣。自国及家，浸而成俗，故父训其子曰：无介直以立仇敌，兄教其弟曰：无方正以贾悔尤。且慎默积于中，则职事废于外；强毅果断之心屈，畏忌因循之性成。反谓率职而居正者，不达于时宜；当官而行法者，不通于事变。是以殿最之文，虽书而不实；黜陕之典，虽备而不行。罗点有云：无所可否则曰得体，与世浮沉则曰有量。众皆默已独言，则曰沽名；众皆浊已独清，则曰立异。观三子之言，其于末俗之敝，可谓恳切而详尽矣。至于佞谄日炽，刚克消亡，朝多沓沓之流，士保容容之福，苟由其道，无变其俗，必将使一国之人皆化为巧言、令色、孔壬而后已。然则丧乱之所从生，岂不阶于夸毗之辈乎。是以屈原疾楚国之士，谓之如脂如韦，而孔子亦云吾未见刚者（夸毗）。

威仪之不类，贤人之丧亡，妇寺之专横，皆国之不祥。而日月之眚，山川之变，鸟兽草木之妖，其小者也。《传》曰：人无衅焉，妖不自作。故孔子对哀公，以老者不教，幼者不学，为俗之不祥。荀子曰：人有三不祥：幼而不肯事长，贱而不肯事贵，不肖而不肯事贤，是人之三不祥也。而武王胜殷，得二俘而问焉，曰：若国有妖乎？一俘对曰：吾国有妖，昼见星而天雨血。一俘对曰：此则妖也，非其大者也。吾国之妖，子不听父，弟不听兄，君令不行，此妖之大者也。武王避席再拜之。自余所逮见，五六十年国俗民情，举如此矣。不教不学之徒满于天下，而一二稍有才知者，皆少正卯、邓析之流，是岂待三川竭而悲周，岷山崩而忧汉哉。《书》曰：习与性成。《诗》云：如彼泉流，无沦胥以败。识时之士，所以引领于哲王，系心于耇德也（不吊不祥）。

以格物为多识于鸟兽草木之名，则末矣。知者无不知也，当务之为急（致知）。

治化之隆，则遗秉滞穗之利，及于寡妇；恩情之薄，则穮锄箕帚之色，加于父母。故欲使民兴孝兴弟，莫急于生财。以好仁之君，用不畜聚敛之臣，财足而化行，人人亲其亲长其长而天下平矣（未有上好仁而下不好义者也）。

刘石乱华，本于清谈之流祸，人人知之。孰知今日之清谈，有甚于前代者。昔之清谈，谈老庄，今之清谈，谈孔孟。未得其精而已遗其粗，未究其本而先辞其末。不习六艺之文，不考百王之典，不综当代之务，举夫子论学、论政之大端，一切不问，而曰一贯，曰无言。以明心见性之空言，代修己治人之实学。股肱惰而万事荒，爪牙亡而四国乱，神州荡覆，宗社邱墟。昔王衍妙善元言，自比子贡，及为石勒所杀，将死顾而言曰：鸣呼，吾曹虽不如古人，向若不祖尚浮虚，戮力以匡天下，犹可不至今日。今之君子，得不有愧乎其言（夫子之言性与天道）。

乃积乃仓，乃裹糇粮，于橐于囊，国所以足食而不待豳土之行也。备乃弓矢，锻乃戈矛，砺乃锋刃，无敢不善，国所以足兵而不待淮夷之役也。苟其事变之来，而有所不及备，则耰锄、白梃可以为兵，而不可缺食以修兵矣；糠核草根可以为食，而不可弃信以求食矣。古之人有至于张空眷，罗雀鼠，而民无贰志者，非上之信有以结其心乎。此又权于缓急轻重之间，而为不得已之计也。明此义则国君死社稷，大夫死宗庙，至于舆台牧圉之贱，莫不亲其上死其长，所谓圣人有金城者，此物此志也，岂非为政之要道乎？孟子言制梃以挞秦楚，亦是可以无待于兵之意（去食、去兵）。

好古敏求，多见而识，夫子之所自道也。然有进乎是者，六爻之义至赜也，而曰知者观其象辞，则思过半矣。三百之《诗》至泛也，而曰一言以蔽之,曰思无邪。三千三百之仪至多也,而曰礼与其奢也宁俭。十世之事至远也,而曰殷因于夏礼,周因于殷礼,虽百世可知。百王之治至殊也,而曰道二,仁与不仁而已矣。此所谓予一以贯之者也。其教门人也,必先叩其两端,而使之以三隅反,故颜子则闻一以知十,而子贡切磋之言,子夏礼后之问,则皆善其可与言《诗》。岂非天下之理,殊涂而同归,大人之学,举本以该末乎。彼章句之士,既不足以观其会通,而高明之君子,又或语德性而遗问学,均失圣人之指矣(予一以贯之)。

文集

是故尽天下之书,皆可以注《易》,而尽天下注《易》之书,不能以尽《易》,此圣人所以立象以尽意。而夫子作大象,多于卦爻之辞之外,别起一义,以示学者,使触类而通,此即举隅之说也。天下之变无穷,举而措之天下之民亦无穷,若但解其文义而已,韦编何待于三绝哉。子所雅言,《诗》《书》、执礼之文,无一而非《易》也。下而至于《春秋》二百四十二年之行事,秦汉以下史书,百代存亡之迹,有一不该于《易》者乎。故曰《易》有圣人之道四焉:以言者尚其辞,以动者尚其变,以制器者尚其象,以卜筮者尚其占。愚尝劝人以学《易》之方,必先之以《诗》《书》、执礼,而《易》之为用,存乎其中。然后观其象而玩其辞,则道不虚行,而圣人之意可识矣(与友人论《易》书)。《记》曰:优优大哉,礼仪三百,威仪三千。礼者本于人心之节文,以为自治治人之具。是以孔子之圣,犹问礼于老聃,而其与弟子答问之言,虽节目之微,无不备悉。语其子伯鱼曰:不学礼,无以立。《乡党》一篇,皆动容周旋中礼之效。然则周公之所以为治,孔子之所以为教,舍礼其何以焉(《仪礼郑注句读》序)。

二 史学

先生以老遗民,具良史才。自其幼年,从祖父受《资治通鉴》。后即日读邸报,手录成巨帙数十,故其于有明季年朝章国故,无不洞悉原委,而于国论之是非,尤能持清议。至其表彰节义,阐扬幽隐,则慨然于人心风俗之所系,每三致意焉。观其所为《圣安纪事》、《明季实录》、《三朝纪事阙文》诸书,隐然有国史之志,以存一代之直笔,然生值忌讳,是时东南史狱方数起,乃不克竟其志。然而先生所作之文,皆史也(如《书吴、潘二子事》)。先生之诗,亦史也(如《羌胡引》之类)。学者读先生之遗书,即以为读晚明之信史可耳。

日知录

汉时天子所藏之书,皆令人臣得观之。故刘歆谓外则有太常太史博士之藏,内则有延阁广内秘室之府;而司马迁为太史令,绅石室金匮之书;刘向、扬雄校书天禄阁,班斿进读群书,上器其能,赐以秘书之副;东京则班固、傅毅,为兰台令史,并典校书;曹褒于东观课次礼事。而安帝永初中,诏谒者刘珍及博士议郎四府椽史五十余人,诣东观校定五经、诸子、传记。窦章之被荐,黄香之受诏,亦得至焉。晋宋以下,此典不废。左思、王俭、张缵之流,咸读秘书,载之史传,而柳世隆至借给二千卷。唐则魏征、虞世南、岑文本、褚遂良、颜师古,皆为秘书监,选五品以上子孙工书者,手书缮写,藏于内库。而元宗命宏文馆学士元行冲,通课古今书目,名为《群书四录》。以阳城之好学,至求为集贤院史,乃得读之。宋有史馆、昭文馆、集贤院,谓之三馆。太宗别建崇文院,中为秘阁,藏三馆真本书籍万余卷,置直阁校理。仁宗复命缮写校勘,以参知政事一人领之,书成藏于太清楼,而范仲淹等,尝为提举。且求书之诏,无代不下,故民间之书,得上之天子,而天子之书,亦往往传之士大夫。自洪武平元,所收多南宋以来旧本,藏之秘府,垂三百年,无人得见。而昔时取士一史、三史之科,又皆停废,天下之士,于是乎不知古,司马迁之《史记》、班固之《汉书》、干宝之《晋书》、柳芳之《唐历》、吴兢之《唐春秋》、李焘之《宋长编》,并以当时流布。至于会要、日历之类,南渡以来,士大夫家亦多有之,未尝禁止。今则实录之进,焚草于太液池,藏真于皇史宬。在朝之臣,非预纂修,皆不得见,而野史家传,遂得以孤行于世,天下之士于是乎不知今。是虽以夫子之圣,起于今世,学夏、殷礼而无从,学周礼而又无从也,况其下焉者乎?岂非密于禁史,而疏于作人;工于藏书,而拙于敷教者邪?遂使帷囊同毁,空闻《七略》之名;冢壁皆残,不睹六经之字。呜呼悕矣(秘书国史)。

秦楚之际,兵所出入之涂,曲折变化,唯太史公序之如指掌。以山川郡国不易明,故曰东、曰西、曰南、曰北,一言之下,而形势了然。以关塞江河为一方界限,故于项羽则曰梁乃以八千人渡江而西,曰羽乃悉引兵渡河,曰羽将诸侯兵三十余万,行略地至河南,曰羽渡淮,曰羽遂引东欲渡乌江;于高帝则曰出成皋玉门,北渡河,曰引兵渡河,复取成皋。盖自古史书兵事地形之详,未有过此者。太史公胸中固有一天下大势,非后代书生之所能几也(《史记》、《通鉴》兵事)。

司马温公《通鉴》,承左氏而作,其中所载兵法甚详。凡亡国之臣,盗贼之佐,苟有一策,亦具录之。朱子《纲目》,大半削去,似未达温公之意(同上)。

臣祖年七十余矣,然犹日夜念庙堂不置,阅邸报手录成帙,皆细字草书,一纸至二千余字,共二十五帙。臣伏念国史未成,记注不存,为海内臣子所痛心。而臣祖二十年抄录之勤,不忍令其漫灭,以负先人之志,于是旁搜断烂之文,采而补之,书其大略,其不得者,则阙之,以备遗忘而已(《三朝纪事阙文》序)。

三 文学

邓实曰:有有用之文,有无用之文。先生之文,非犹乎后世文人之文也。先生之文,以明道,以救世,以维风俗,以正政教,以表彰节义,皆有用之文也。后世文人之文,则琱琢其辞,藻绘其语,以注虫鱼命草木而已,不则呻唔蔓衍,唱叹不急,以为干禄之文而已,皆无用者也。是故其文有用,则奉天草诏,遂动勤王之兵;其文无用,则玉树后庭,徒留亡国之恨。呜呼,小雅尽废,则四夷交侵;风雨如晦,而鸡鸣不已。先生以胜国之遗黎,居草野之下位,不能救民以事,而只欲救民以言,先生之志亦可哀矣。然至以言救民,而言且不用,凤鸟不至,河清无期,此则读先生之遗书者不能不掩卷三叹者耳。虽然,自古独立不惧之君子,本其大义,发为公言,百世之后,大义明而其言亦于以见用。言岂必在一时哉功？岂必在一世哉？

日知录

二汉文人，所著绝少，史于其传末，每云所著凡若干篇，惟董仲舒至百三十篇，而其余不过五六十篇，或十数篇，或三四篇。史之录其数，盖称之，非少之也。乃今人著作，则以多为富。夫多则必不能工，即工亦必不皆有用于世，其不传宜矣。文以少而盛，以多而衰。以二汉言之，东都之文多于西京，而文衰矣，以三代言之，春秋以降之文，多于六经，而文衰矣。《记》曰：天下无道，则言有枝叶（文不贵多）。子书自《孟》、《荀》之外，如《老》、《庄》、《管》、《商》、《申》、《韩》，皆自成一家言，至《吕氏春秋》、《淮南子》，则不能自成。故取诸子之言，汇而为书，此子书之一变也。今人书集，一一尽出其手，必不能多，大抵如《吕览》、《淮南》之类耳。其必古人之所未及就，后世之所不可无，而后为之庶乎其传也欤。宋人书如司马温公《资治通鉴》、马贵与《文献通考》，皆以一生精力成之，遂为后世不可无之书，而其中小有舛漏，尚亦不免。若后人之书，愈多而愈舛漏，愈速而愈不传，所以然者，其视成书太易，而急于求名故也。伊川先生晚年作《易传》成，门人请授，先生曰：更俟学有所进。子不云乎，忘身之老也，不知年数之不足也。俛焉日有孳孳，毙而后已（著书之难）。

天下有道，则庶人不议。然则政教风俗，苟非尽善，即许庶人之议矣，故《盘庚》之诰曰：无或敢伏小人之攸箴。而国有大疑，卜诸庶民之从逆。子产不毁乡校，汉文止辇受言，皆以此也。唐之中世，此意犹存，鲁山令元德秀，遣乐工数人，连袂歌于芟，元宗为之感动；白居易为盩厔尉，作乐府及诗百余篇，规讽时事，流闻禁中，宪宗召入翰林。亦近于陈列国之风，听舆人之诵者矣。孔稚圭《北山移文》，明斥周容；刘孝标《广绝交论》，阴讥到溉；袁楚客规魏元忠，有十失之书；韩退之讽阳城，作争臣之论。此皆古人风俗之厚（直言）。

天下之事，有言在一时，而其效见于数十百年之后者。《魏志》司马朗有复井田之议，至易代而后行；元虞集创京东水利之策，至异世而见用。（节文）是皆立议之人所不及见。而穷则变，变则通，通则久，天下之理，固不出乎此也。孔子言行夏之时，固不以望之鲁之定、哀，周之景、敬也，而独以告颜渊。及汉武帝太初之元，几三百年矣，而遂行之。孔子之告颜渊，告汉武也。孟子之欲用齐也，曰：以齐王犹反手也，若滕则不可用也。而告文公之言，亦未尝贬于齐、梁，曰：有王者起，必来取法。是为王者师也。呜呼，天下之事，有其识者不必遭其时，而当其时者或无其识，然则开物之功，立言之用，其可少哉。朱子作《诗传》，至于秦《黄鸟》之篇，谓其初特出于戎翟之俗，而无明王贤伯以讨其罪，于是习以为常，则虽以穆公之贤而不免。论其事者，亦徒闵三良之不幸，而叹秦之衰。至于王政不纲，诸侯擅命，杀人不忌，至于如此，则莫知其为非也。历代相沿，至先朝英庙，始革千古之弊。伏读正统四年六月乙酉书与祥符王有燿曰：周王薨逝，深切痛悼，其存日尝奏葬择近地，从俭约以省民力，自妃夫人以下，不必从死，年少有父母者，各遣归其家。盖上御极之初，即有感于宪王之奏，而亦朱子《诗传》有以发其天聪也。

呜呼仁哉(立言不为一时)。

　唐宋以下，何文人之多也？固有不识经术，不通古今，而自命为文人者矣。韩文公《符读书城南诗》曰：文章岂不贵，经训乃菑畬。潢潦无根源，朝满夕已除。人不通古今，马牛而襟裾。行身陷不义，况望多名誉。而宋刘挚之训子孙，每曰：士当以器识为先，一号为文人，无足观矣。然则以文人名于世，焉足重哉，此扬子云所谓摛我华而不食我实者也。黄鲁直言数十年来，先生君子，但用文章提奖后生，故华而不实。本朝嘉靖以来，亦有此风，而陆文裕所记刘文靖告吉士之言，空同大以为不平矣。《宋史》言欧阳永叔与学者言，未尝及文章，惟谈史事，谓文章止于润身，政事可以及物(文人之多　实按：有用之文以纪政事，以察民隐，则文章亦可以及物)。

　《诗》云：巧言如簧，颜之厚矣。而孔子亦曰：巧言令色，鲜矣仁。又曰：巧言乱德。夫巧言不但言语，凡今人所作诗赋碑状，足以悦人之文，皆巧言之类也。不能不足以为通人，夫惟能之而不为，乃天下之大勇也。故夫子以刚毅木讷为近仁，学者所用力之途，在此不在彼矣(巧言)。

　古来以文辞欺人者，莫若谢灵运，次则王维。灵运身为元勋之后，袭封国公，宋氏革命，不能与徐广、陶潜为林泉之侣，既为宋臣，又与庐陵王义真款密，至元嘉之际，累迁侍中，自以名流，应参时政，文帝惟以文义接之，以致觖望，又上书劝伐河北，至屡婴罪劾，兴兵拒捕，乃作诗曰：韩亡子房奋，秦帝鲁连耻。本自江海人，忠义动君子。及其临刑，又作诗曰：龚胜无余生，李业有终尽。若谓欲效忠于晋者，何先后之矛楯乎。史臣书之以逆，不为奇矣。王维为给事中，安禄山陷两都，拘于普施寺，迫以伪署，禄山宴其徒于凝碧池，维作诗曰：万户伤心生野烟，百官何日再朝天。秋槐叶落空宫里，凝碧池头奏管弦。贼平下狱，或以诗闻于行在，其弟刑部侍郎缙，请削官以赎兄罪，肃宗乃特宥之，授太子中允。襄王僭号，逼李拯为翰林学士，拯既许伪署，心不自安，时朱玫秉政，百揆无叙，拯尝朝退，驻马国门，为诗曰：紫宸朝罢缀鹓鸾，丹凤楼前立马看。惟有终南山色在，晴明依旧满长安。吟已涕下。及王行瑜杀朱玫，襄王出奔，拯为乱兵所杀。二人之诗同也，一死一不死，而文墨交游之士，多护王维，如杜甫谓之高人王右丞。天下有高人而仕贼者乎？今有颠沛之余，投身异姓，至摈斥不容，而后发为忠愤之论，与夫名污伪籍，而自托乃心比于康乐、右丞之辈，吾见其愈下矣。末世人情弥巧，文而不惭，固有朝赋《采薇》之篇，而夕有捧檄之喜者。苟以其言取之，则车载鲁连，斗量王蠋矣。曰：是不然，世有知言者出焉，则其人之真伪，即以其言辨之，而卒莫能逃也。黍离之大夫，始而摇摇，中而如噎，既而如醉，无可奈何而付之苍天者真也；汨罗之宗臣，言之重，辞之复，心烦意乱，而其词不能以次者真也；栗里之征士，淡然若忘于世，而感愤之怀，有时不能自止，而微见其情者真也。其汲汲于自表暴而为言者伪也，《易》曰：将叛者其辞惭，中心疑者其辞枝，失其守者其辞屈。《诗》曰：盗言孔甘，乱是用餤。夫镜情伪，屏盗言，君子之道，兴王之事，莫先乎此（文辞欺人）。

典谟爻象,此二帝三王之言也;《论语》《孝经》,此夫子之言也。文章在是,性与天道亦不外乎是,故曰:有德者必有言。善乎游定夫之言曰:不能文章而欲闻性与天道,譬犹筑数仞之墙,而浮埃聚沫以为基,无是理矣。后之君子,于下学之初,即谈性道,乃以文章为小技,而不必用力。然则夫子不曰其旨远,其辞文乎? 不曰言之无文,行而不远乎? 曾子曰:出辞气,斯远鄙倍矣。尝见今讲学先生,从语录入门者,多不善于修辞。或乃反子贡之言以讥之曰:夫子之言性与天道,可得而闻;夫子之文章,不可得而闻也。杨用修曰:文,道也;诗,言也。语录出而文与道判矣,诗话出而诗与言离矣(修辞)。

《元史》姚燧以文就正于许衡,衡戒之曰:弓矢为物,以待盗也。使盗得之,亦将待人。文章固发闻士子之利器,然先有能一世之名,将何以应人之见役者哉。非其人而与之,与非其人而拒之均罪也,非周身斯世之道也。吾观前代马融,惩于邓氏,不敢复违忤势家,遂为梁冀草奏李固,又作《大将军西第颂》,以此颇为正直所羞。徐广为祠部郎,时会稽王世子元显录尚书,欲使百僚致敬台内,使广立议,由是内外并执下官礼,广常为愧恨。陆游晚年再生,为韩侂胄譔《南园阅古泉记》,见讥清议。朱文公尝言其能太高,迹太近,恐为有力者所牵挽,不得全其晚节。是皆非其人而与之者也。夫祸患之来,轻于耻辱,必不得已,与其与也宁拒,至乃俭德含章,其用有先乎此者,则又贵知微之君子矣(文非其人)。

陆机《辨亡论》,其称晋军,上篇谓之王师,下篇谓之强寇。文信国

《指南录序》中北字,皆虏字也,后人不知其意,不能改之。谢皋羽《西台恸哭记》,本当云文信公,而谬云颜鲁公,本当云季宋,而云季汉。凡此皆有待于后人之改正者也。胡身之注《通鉴》,至二百八十卷,石敬塘以山后十六州赂契丹之事,而云自是之后,辽灭晋,金破宋,其下阙文一行,谓蒙古灭金取宋,一统天下,而讳之不书,此有待于后人之补完者也。汉人言《春秋》所贬损,大人当世君臣有威权势力者,其事皆见于书,故定、哀之间,多微辞矣,况于易姓改物,制有华夏者乎。孟子曰:不知其人可乎,是以论其世也。习其读而不知,无为贵君子矣(古文未正之隐)。

舜曰:诗言志。此诗之本也;《王制》命太师陈诗以观民风,此诗之用也;《荀子》论《小雅》曰:疾今之政,以思往者,其言有文焉,其声有哀焉。此诗之情也。故诗者王者之迹也。建安以下,泊乎齐梁,所谓辞人之赋丽以淫,而于作诗之旨,失之远矣。晋葛洪《抱朴子》曰:古诗刺过失,故有益而贵;今诗传虚誉,故有损而贱(作诗之旨)。

文集

孔子之删述六经,即伊尹太公救民于水火之心,而今之注虫鱼、命草木者,皆不足以语此也。故曰:载之空言,不如见诸行事。夫《春秋》之作,言焉而已,而谓之行事者,天下后世用以治人之书,将欲谓之空言而不可也。愚不揣有见于此,故凡文之不关于六经之指、当世之务者,一切不为,而既以明道救人,则于当今之所通患而未尝专指其人者,亦遂不敢以辟也(与人书二)。

《宋史》言刘忠肃每戒子弟曰：士当以器识为先，一命为文人，无足观矣。仆自一读此言，便绝应酬文字，所以养其气识，而不堕于文人也。悬牌在室，以拒来请，人所共见，足下尚不知耶？抑将谓随俗为之，而无伤于器识耶。中孚为其先妣求传再三，终已辞之。盖止为一人一家之事，而无关于经术政理之大，则不作也。韩文公文起八代之衰，若但作《原道》、《原毁》、《争臣论》、《平淮西碑》、《张中丞传后序》诸篇，而一切铭状，概为谢绝，则诚近代之泰山北斗矣。今犹未敢许也，此非仆之言，当日刘又已讥之（与人书十八）。

能文不为文人，能讲不为讲师。吾见近日之为文人、为讲师者，其意皆欲以文名以讲名者也。子不云乎：是闻也，非达也，默而识之。愚虽不敏，请事斯语矣（与人书二十三）。

四　政治学

先生之学，以经世为主，通经皆以致用，所谓坐而言即可起而行者也。故其论政，必本原经史，于古今治乱兴废得失之故，皆洞悉胸中，而后规切时弊，笔之于书，以待后王之作。今读其遗书，简其大法，皆可行于天下，百世而无弊者也。或以先生好综核名实，颇杂申韩之学，谓其言幸而不用，使其言用，亦不能无弊。呜呼，其不知先生之所学所处者矣。先生生于明季，当是时朝廷之纪纲已坠地，国家之法令如弁髦，外讧内叛，元气久虚，四方鼎沸，势成鱼烂，故以庄烈之好刚任察，而《明史》称其赏罚太明，而至于不能赏罚，制驭过严，而至于不能制驭者，则其时之病入膏肓无可救药可知矣。先生目击明政宽弛之弊，至于末流，遂以亡国，故思欲矫之以名实之治，而于崇祯晚年之事，则不禁再三太息，引为大鉴，使后之有天下者，毋再蹈其覆辙。先生之心如见矣。夫先生之学，固非一于名法者也。观其于人心风俗之间，立法、用人、吏治财赋，尤三致意。寓封建于郡县，务去专制束湿之治，而一反之于斯民之自为，不欲使其权尽归于人主，可谓有民政之精神矣。

日知录

人君之于天下，不能以独治也。独治之而刑繁矣，众治之而刑措矣。古之王者，不忍以刑穷天下之民也。是故一家之中，父兄治之，一族之间，宗子治之，其有不善之萌，莫不自化于闺门之内，而犹有不帅教者，然后归之士师，然则人君之所治者约矣。然后原父子之亲，立君臣之义以权之，意论轻重之序，慎测浅深之量以别之，悉其聪明，致其忠爱以尽之，夫然刑罚焉得而不中乎？是故宗法立而刑清。天下之宗子，各治其族，以辅人君之治，罔攸兼于庶狱，而民自不犯于有司。风俗之醇，科条之简，有自来矣。《诗》曰：君之宗之。吾是以知宗子之次于君道也（爱百姓故刑罚中）。

民之所以不安，以其有贫有富。贫者至于不能自存，而富者常恐人之有求，而多为吝啬之计，于是乎有争心矣。夫子有言：不患贫而患不均。夫维收族之法行，而岁时有合食之恩，吉凶有通财之义。本俗六安万民，三曰联兄弟，而乡三物之所兴者，六行之条，曰睦曰恤，不待王政之施，而矜寡孤独废疾者皆有所养矣。此所谓均无贫者，而财用有不足乎。至于《葛藟》之刺兴，《角弓》之赋作，九族乃离，一方相怨，而瓶罍交耻，泉池并竭，然后知先王宗法之立，其所以养人之欲，而给人之求，为周且豫矣（庶民安故财用足）。

为民而立之君，故班爵之意，天子与公、侯、伯、子、男一也，而非绝世之贵；代耕而赋之禄，故班爵之意，君、卿、大夫、士与庶人在官一也，而非无事之食。是故知天子一位之义，则不敢肆于民上以自尊；知禄以代耕之义，则不敢厚取于民以自奉。不明乎此而侮夺人之君，常多于三代之下矣（周室班爵禄）。

《汉书·百官表》：县令长皆秦官，掌治其县。万户以上为令，秩千石至六百石；减万户为长，秩五百石至三百石，皆有丞尉，秩四百石至二百石，是为长吏，百石以下，有斗食佐史之秩，是为少吏。大率十里一亭，亭有长，十亭一乡，乡有三老有秩，啬夫、游徼。三老掌教化，啬夫职听讼、收赋税，游徼徼循禁贼盗。县大率方百里，其民稠则减，稀则旷，乡亭亦如之，皆秦制也。《高帝纪》二年二月，令举民年五十以上，有修行能帅众为善，置以为三老，乡一人。择乡三者一人为县三老，与县令、丞尉以事相教，复勿繇戍。此其制不始于秦汉也，自诸侯兼并之始，而管中芳敖子产之伦，所以治其国者，莫不皆然。而《周礼·地官》，自州长以下，有党正、族师、闾胥、比长；自县正以下，有鄙师、鄽长、里宰、邻长。则三代明王之治，亦不越乎此也。夫惟于一乡之中，官之备而法之详，然后天下之治，若网之在纲，有条而不紊。至于今日，一切荡然，无有存者。且守令之不足任也，而多设之监司；监司之又不足任也，而重立之牧伯。积尊累重，以居乎其上，而下无与分其职者。虽得公廉勤干之吏，犹不能以为治，而况托之非人者乎？后魏太和中给事中李冲上言：宜准古五家立一乡长，五邻立一里长，五里立一党长，长取乡人强谨者，邻长复一夫，里长二，党长三，所复复征戍，余若民。三载无愆，则陟用，陟之一等。孝文从之，诏曰：邻野乡党之制，所由来久。欲使风教易周，家至日见，以大督小，从近及远，如身之使手，干之总条，然后口算平均，义兴讼息。史言立法之初，多称不便，及事既施行，计省昔十有余倍。于是海内安之。后周苏绰作《六条诏书》曰：非直州郡之官，皆须善人，爰至党族闾里正长之职，皆当审择，各得一乡之选，以相监统。隋文帝师心变古，开皇十五年，始尽罢州郡乡官。而唐柳宗元之言曰：有里胥而后有县大夫，有县大夫而后有诸侯，有诸侯而后有方伯连帅，有方伯连帅而后有天子。由此论之，则天下之治，始于里胥，终于天子，其灼然者矣。故自古及今，小官多者其世盛，大官多者其世衰，兴亡之途，罔不由此（乡亭之职）。常熟陈梅曰：《周礼》五家为比，比有长，五比为闾，闾有胥，四闾为族，族有师，五族为党，党有正，五党为州，州有长，五州为乡，乡有大夫。其间大小相维，轻重相制，纲举目张，周详细密，无以加矣。而要之自上而下，所治皆不过五人，盖于详密之中，而得易简之意，此周家一代良法美意也。后世人才远不如古，乃欲以县令一人之身，坐理数万户口赋税，色目繁猥，又倍于昔人，虽欲不丛脞，其可得乎？愚故为之说曰：以县治乡，以乡治保，以保治甲，视所谓不过五人者而加倍焉，亦自详密，亦自易简，此斟酌古今之一端也。又曰：一

乡几保不妨多少,何也?因民居也,法用圆;十甲千户不得增损,何也?稽成数也,法用方。(里甲)

天子之所恃以平治天下者百官也,故曰:臣作朕股肱耳目。又曰:天工人其代之。今夺百官之权,而一切归之吏胥,是所谓百官者虚名,而柄国者吏胥而已。郭隗之告燕昭王曰:亡国与役处。吁其可惧乎?秦以任刀笔之吏而亡天下,此固已事之明验也(吏胥)。

法制禁令,王者之所不废,而非所以为治也,其本在正人心、厚风俗而已。故曰:居敬而行简,以临其民。周公作《立政》之书曰:文王罔攸兼于庶言庶狱庶慎。又曰:庶狱庶慎,文王罔敢知于兹。其丁宁后人之意,可谓至矣。秦始皇之治天下之事,无大小皆决于上,上至于衡石量书,日夜有呈,不中呈不得休息,而秦遂以亡。太史公曰:昔天下之网尝密矣,然奸伪萌起,其极也,上下相遁,至于不振。然则法禁之多,乃所以为趣亡之具,而愚暗之君,犹以为未至也。杜子美诗曰:舜举十六相,身尊道何高。秦时任商鞅,法令如牛毛。又曰:君看灯烛张,转使飞蛾密。其切中近朝之事乎。汉文帝诏置三老孝弟力田常员,令各率其意以道民。夫三老之卑,而使之得率其意,此文景之治所以至于移风易俗,黎民醇厚,而拟于成康之盛也。前人立法之初,不能究详事势,豫为变通之地,后人承其已弊,拘于旧章,不能更革,而复立一法以救之,于是法愈繁而弊愈多,天下之事日至于丛脞。其究也,眊而不行,上下相蒙,以为无失祖制而已,此莫甚于有明之世。如勾军、行钞二事,立法以救法,而终不善者也(法制)。

宋叶适言：法令日繁，治具日密，禁防束缚，至不可动，而人之智虑，自不能出于绳约之内，故人材亦以不振。今与人稍谈及度外之事，辄摇手而不敢为。夫以汉之能尽人材，陈汤犹扼腕于文墨吏，而况于今日乎？宜乎豪杰之士，无以自奋，而同归于庸懦也（人材）。

所谓天子者，执天下之大权者也。其执大权奈何，以天下之权，寄之天下之人，而权乃归之天子。自公卿大夫，至于百里之宰、一命之官，莫不分天子之权，以各治其事，而天子之权乃益尊。后世有不善治者出焉，尽天下一切之权，而收之在上，而万几之广，固非一人之所能操也，而权乃移于法，于是多为之法以禁防之。虽大奸有所不能逾，而贤智之臣，亦无能效尺寸于法之外。相与兢兢奉法，以求无过而已。于是天子之权，不寄之人臣，而寄之吏胥，是故天下之尤急者，守令亲民之官。而今日之尤无权者，莫过于令守。守令无权，而民之疾苦不闻于上，安望其致太平而延国命乎？《书》曰：元首丛脞哉，股肱惰哉，万事堕哉。盖至于守令日轻，而胥史日重，则天子之权已夺，而国非具国矣，尚何政令之可言耶？削考功之繁科，循久任之成效，必得其人而与之以权，庶乎守令贤而民事理，此今日之急务也（守令）。

财聚于上，是谓国之不祥。不幸而有此，与其聚于人主，无宁聚于大臣。昔殷之中年，有乱政同位，具乃贝玉，总于货宝，贪浊之风，亦已甚矣。有一盘庚出焉，遂变而成中兴之治。及纣之身，用乂雠敛，鹿台之钱，钜桥之粟，聚于人主，而前徒倒戈，自燔之祸至矣。故尧之禅舜，犹曰四海困穷，天禄永终。而周公之系《易》曰：涣王居无咎。《管子》

曰：与天下同利者，天下持之；擅天下之利者，天下谋之。呜呼，崇祯末年之事可为永鉴也已。后之有天下者，其念之哉。

五 风俗学

邓实曰：天下之学术有三焉。一曰君学，一曰国学，一曰群学。为君之学，其功在一人；为国之学，其功在一国；为群之学，其功在天下（群学一曰社会学，即风俗学也）。先生之学，则为群者也。当其往来南北，周历齐、秦、晋、豫、燕、蓟之野，每至一处，则询其故老，考其志乘，披其金石，而证以平日所读之书，务求得民生郡国利病之所在，而知一国之兴亡，罔不由于风俗，而风俗之成，则本于人心一念之微。复太息痛恨于晚季之学士大夫，寡廉鲜耻，不独亡其国，而至于亡天下。夫至天下既亡，则衣冠禽兽，狗彘食人，而人类之一息绝矣。此则先生之所大痛也。

日知录

《春秋》终于敬王三十九年，庚申之岁，西狩获麟。又十四平（年），为贞定王元年，癸酉之岁。鲁哀公出奔，二年卒于有山氏，《左传》以是终焉。又六十五年，威烈王二十三年，戊寅之岁，初命晋大夫魏斯、赵籍、韩虔为诸侯。又一十七年，安王十六年，乙未之岁，初命齐大夫田和为诸侯。又五十二年，显王三十五年，丁亥之岁，六国以次称王，苏秦为从长。自此之后，乃可得而纪。自《左传》之终，以至此，凡一百三十三年，史文阙轶，考古者为之茫昧。如春秋时犹尊礼重信，而七国则绝不言礼与信矣;春秋时犹宗周王,而七国则绝不言王矣;春秋时犹严祭祀、重聘享,而七国则无其事矣;春秋时犹论宗姓氏族,而七国则无一言及之矣;春秋时犹宴会赋诗,而七国则不闻矣;春秋时犹有赴告策书,而七国则无有矣。邦无定交,士无定主,此皆变于一百三十三年之间,史之阙文,而后人可以意推者也。不待始皇之并天下,而文武之道尽矣。驯至西汉,此风未改,故刘向谓其承千岁之衰周,继暴秦之余弊,贪饕险诐,不闲义理。观夫史之所录,无非功名势利之人,笔札喉舌之辈,而如董生之言正谊明道者,不一二见也。盖自春秋之后至东京,而其风俗稍复于古,吾是以知光武明章,果有变齐至鲁之功,而惜其未纯乎道也。自斯以降,则宋庆历、元祐之间为优矣。嗟乎,论世而不考其风俗,无以明人主之功。余之所以斥周未("未"当为"末"之讹)而进东京,亦春秋之意也(周末风俗)。

汉自孝武表章六经之后,师儒虽盛,而大义未明,故新莽居摄,颂德献符者遍于天下。光武有鉴于此,故尊崇节义,敦厉名实,所举用者,莫非经明行修之人,而风俗为之一变。至其末造,朝政昏浊,国事日非,而党锢之流,独行之辈,依仁蹈义,舍命不渝,风雨如晦,鸡鸣不已。三代以下,风俗之美,无尚于东京者。故范晔之论,以为桓、灵之间,君道秕僻,朝纲日陵,国隙屡启,自中智以下,靡不审其崩离,而权强之臣,息其窥盗之谋,豪俊之夫,屈于鄙生之议。所以倾而未颓,决而未溃,皆仁人君子心力之为。可谓知言者矣。使后代之主,循而弗革,即流风至今,亦何不可。而孟德既有冀州,崇奖跅弛之士,观其下令再三,至于求负污辱之名,见笑之行,不仁不孝,而有治国用兵之术者。于是权诈迭进,奸逆萌生。故董昭太和之疏,已谓当今年少,不复以学问为本,专更以交游为业;国士不以孝弟清修为首,乃以趋势求利为先。至正始之际,而一二浮诞之徒,骋其智识,蔑周孔之书,习老庄之教,风俗又为之一变。夫以经术之治,节义之防,光武、明、章,数世为之而未足,毁方败常之俗,孟德一人变之而有余。后之人君,将之风声,纳之轨物,以善俗而作人,不可不察乎此矣(两汉风俗)。

有亡国,有亡天下。亡国与亡天下奚辨?曰:易姓改号,谓之亡国;仁义充塞,而至于率兽食人,人将相食,谓之亡天下。魏晋人之清谈,何以亡天下?是孟子所谓杨墨之言,至于使天下无父无君,而入于禽兽者也。昔者嵇绍之父康,被杀于晋文王,至武帝革命之时,而山涛荐之入仕,绍时屏居私门,欲辞不就,涛谓之曰:为君思之久矣。天地四时,犹有消息,而况于人乎?一时传诵,以为名言,而不知其败义伤教至于率天下而无父者也。夫绍之于晋,非其君也,忘其父而事其非君,当其未死三十余年之间,为无父之人亦已久矣。而荡阴之死,何足以赎其罪乎?且其入仕之初,岂知必有乘舆败绩之事,而可树其忠名以盖于晚也?自正始以来,而大义之不明,遍于天下。如山涛者,既为邪说之魁,遂使嵇绍之贤,且犯天下之不韪而不顾。夫邪正之说,不容两立,使谓绍为忠,则必谓王裒为不忠而后可也。何怪其相率臣于刘聪、石勒,观其故主青衣行酒而不以动其心者乎。是故知保天下,然后知保其国。保国者其君其臣,肉食者谋之;保天下者,匹夫之贱,与有责焉耳矣

（正始）。

《宋史》言士大夫忠义之气，至于五季，变化殆尽。宋之初兴，范质、王溥，犹有余憾，艺祖首褒韩通，次表卫融，以示意向；真、仁之世，田锡、王禹偁、范仲淹、欧阳、唐介诸贤，以直言谠论倡于朝，于是中外荐绅，知以名节为高，廉耻相尚，尽去五季之陋，故靖康之变，志士投袂，起而勤王，临难不屈，所在有之；及宋之亡，忠节相望。呜呼，观哀、平之可以变而为东京，五代之可以变而为宋，则知天下无不可变之风俗也。《剥》上九之言硕果也，阳穷乎上，则复生于下矣（宋世风俗）。

古之哲王，所以正百辟者，既已制官刑，儆于有位矣。而又为之立闾师，设乡校，存清议于州里，以佐刑罚之穷。移之郊遂，载在礼经，殊厥井疆，称于毕命。两汉以来，犹循此制。乡举里选，必先考其生平，一玷清议，终身不齿。君子有怀刑之惧，小人存耻格之风，教成于下而上不严，论定于乡而己不犯。降及魏晋，而九品中正之设，虽多失实，遗意未亡。凡被纠弹付清议者，即废弃终身，同之禁锢。至宋武帝篡位，乃诏有犯乡论清议赃污淫盗，一皆荡涤洗除，与之更始。自后凡遇非常之恩，赦文并有此语。《小雅》废而中国微，风俗衰而叛乱作矣。然乡论之污，至烦诏书为之洗刷，岂非三代之直道尚存于斯民，而畏人之多言，犹见于变风之日乎？予闻在下有鲧，所以登庸，以比三凶；不才所以投畀，虽二帝之举错，亦未尝不询于佥尧。然则崇月旦以佐秋官，进乡评以扶国是，倪亦四聪之所先，而王治之不可阙也。

司马迁作《史记·货殖传》，谓自廊庙朝廷岩穴之士，无不归于富厚;等而下之,至于吏士,舞文弄法,刻章伪书,不避刀锯之诛者,没于赂遗。而仲长敖《核性赋》,谓倮虫三百,人最为劣,爪牙皮毛,不足自卫,唯赖诈伪,迭相嚼啮等;而下之,至于台隶僮竖,唯盗唯窃。乃以今观之,则无官不赂遗,而人人皆吏士之为矣。自其束发读书之时,所以劝之者,不过所谓千钟粟、黄金屋,而一旦服官,即求其所大欲。君臣上下,怀利以相接,遂成风流,不可复制。后之为治者,宜何术之操? 曰唯名可以胜之。名之所在,上之所庸,而忠信廉洁者,显荣于世;名之所去,上之所摈,而怙侈贪得者,废锢于家。即不无一二伪矫之徒,犹愈于肆然而为利者。《南史》有云:汉世士务修身,故忠孝成俗,至于乘轩服冕,非此莫由。晋宋以来,风衰义缺,故昔人之言曰名教,曰名节,曰功名,不能使天下之人,以义为利,而犹使之以名为利,虽非纯王之风,亦可以救积污之俗矣。

汉人以名为治,故人材盛;今人以法为治,故人材衰(名教)。

《五代史·冯道传》论曰:礼义廉耻,国之四维;四维不张,国乃灭亡。善乎管生之言也,礼义治人之大法,廉耻立人之大节。盖不廉则无所不取,不耻则无所不为。人而如此,则祸败乱亡,亦无所不至。况为大臣而无所不取,无所不为,则天下其有不乱,国家其有不亡者乎? 然而四者之中,耻尤为要,故夫子之论士曰:行己有耻。《孟子》曰:人不可以无耻。无耻之耻,无耻矣。又曰:耻之于人大矣哉。为机变之巧者,无所用耻焉。所以然者,人之不廉而至于悖礼犯义,其原皆生于无耻也。故士大夫之无耻,是谓国耻。吾观三代下,世衰道微,弃礼义,捐廉耻,非一朝一夕之故。然而松柏后凋于岁寒,鸡鸣不已于风雨,彼昏之日,固未尝无独醒之人也。顷读《颜氏家训》云:齐朝一大夫,尝谓吾曰:我有一儿,年已十七,颇晓书疏,教其鲜卑语,及弹琵琶,稍能通解,以此伏事公卿,无不宠爱。吾时俯而不答。异哉此人之教子也。若由此业,自致卿相,亦不愿汝曹为之。嗟乎,之推不得已而仕于乱世,犹为此言,尚有《小宛》诗人之意,彼阉然媚于世者,能无愧哉(廉耻)。读屈子《离骚》之篇,乃知尧舜所以行出乎人者,以其耿介;同乎流俗,合乎污世,则不可与人尧舜之道矣。非礼勿视,非礼勿听,非礼勿言,非礼勿动,是则谓之耿介,反是谓之昌披。夫道若大路然,尧桀之分,必在乎此(耿介)。

老氏之学,所以异乎孔子者,和其光,同其尘,此所谓似是而非也。《卜居》《渔父》之篇尽之矣。非不知其言之可从也,而义有所不当为也。子云而知此义也,《反离骚》其可不作矣。寻其大旨,生斯世也,为斯世也,善斯可矣,此其所以为莽大夫与。《卜居》《渔父》,法语之言也;《离骚》《九歌》,放言也(乡原)。

今日人情有三反,曰弥谦弥伪,弥亲弥泛,弥奢弥吝(三反)。

巧召杀,忮召杀,吝召杀(召杀)。

江南之士,轻薄奢靡,梁陈诸帝之遗风也;河北之人,斗很劫杀,安史诸凶之余化也(南北风化之失)。

饱食终日,无所用心,难矣哉,今日北方之学者是也;群居终日,言不及义,好行小慧,难矣哉,今日南方之学者是也(南北学者之病)。

《记》言孔子射于矍相之圃,贲军之将,亡国之大夫不入。《说苑》言楚伐陈,陈西门燔,使其降民修之,孔子过之不轼。《战国策》安陵君言先君手受太府之宪,宪之上篇曰:国虽大赦,降城亡子,不得与焉。下及汉魏,而马日碑、于禁之流,至于呕血而终,不敢觋于人世。时之风尚,从可知矣。后世不知此义,而文章之士,多护李陵智计之家,或称谯叟,此说行,则国无守臣,人无植节,反颜事雠,行若狗彘而不之愧也。何怪乎五代之长乐老,序平生以为荣,灭廉耻而不顾者乎?《春秋》僖十七年,齐人歼于遂。《穀梁传》曰:无遂则何以言遂,其犹存遂也。故王蠋死而田单复齐,宏演亡而桓公救卫。此足以树人臣之鹄,而降城亡子,不齿人类矣(降臣)。

文集

《庄子》有言,子不闻越之流人乎?去国数日,见其所知而喜;去国旬日,见所尝见于国中者喜;及期年也,见似人者而喜矣。余尝览于山之东西,河之南北,二十余年,而其人益以不似,及问之大江以南,昔时所称魁梧丈夫者,亦且改形换骨,学为不似之人。而朱君乃为此书,以存人类于天下(广宋遗民录序)。

予读《唐书》韦云起之疏曰:山东人自作门户,更相谈荐,附下冈上。袁术之答张沛曰:山东人但求禄利,见危授命,则旷代无人。窃怪其当日之风,即已异于汉时。而历数近世人材,如琅邪、北海、东莱,皆汉以来大儒所生之地,且千有余年,而无一学者见称于时,何古今之殊绝也。至其官于此者,则无不变色咋舌,称以为难治之国,谓其齐民之俗有三：一曰逋税，二曰劫杀，三曰讦奏。而余往来山东者十余年，则见夫巨室之日以微，而世族之日以散，货贿之日以乏，科名之日以衰，而人心之日以浇且伪，盗诬其主人，而奴讦其长，日趋于祸败而莫知其所终。余行天下，见好逋者必贫，好讼者必负，少陵长、小加大，则不旋踵而祸随之（莱州任氏族谱序）。

弹琵琶侑酒，此倡女之所为，其职则然也。苟欲请良家女子出而为之，则艴然而怒矣，何以异于是（与人书十九）。

呜呼，自治道愈下，而国无强宗。无强宗是以无立国，无立国是以内溃外畔而卒至于亡。然则宗法之存，所以扶人纪而张国势者乎？（中略）近古氏族之盛，莫过于唐，而河中为唐近畿地，其地重而族厚。若解之柳，闻喜之裴，皆历任数百年，冠裳不绝；汾阴之薛，凭河自保，于石虎、苻坚割据之际，而未尝一仕其朝；猗氏之樊王，举义兵以抗高欢之众。此非三代之法犹存，而其人之贤者，又率之以保家亢宗之道，胡以能久而不衰若是？自唐之亡，而谱牒与之俱尽，然而裴枢辈六七人，犹为全忠所忌，必待杀之白马驿而后篡唐。氏族之有关于人国也如此。至于五代之季，天地几如奕棋，而大族高门，降为皂隶；靖康之变，无一家能相统率以自保者。夏县之司马氏，举宗南渡，而反其里者，未百年也。呜呼，此治道之所以日趋于下，而一旦有变，人主无可仗之大臣，国人无可依之巨室，相率奔窜，以求苟免，是非其必至之势也欤。是以唐之天子，贵士族而厚门荫，盖知封建之不可复，而寓其意于士大夫，以自卫于一旦仓皇之际，固非后之人主所能知也。予尝历览山东、河北，自兵兴以来,州县之能不至残破者,多得之豪宗大姓之力,而不尽恃乎其长史。及至河东,问贼李自成所以长驱而下三晋之故。慨焉伤之(裴村记)。

是故有人伦然后有风俗,有风俗然后有政事,有政事然后有国家。(中略)自三代以下,人主之于民,赋敛之而已尔,役使之而已尔,凡所以为厚生正德之事,一切置之不理,而听民之所自为,于是乎教化之权常不在上而在下。两汉以来,儒者之效,亦可得而考矣。自二戴之传、二郑之注,专门之学,以礼为宗,历三国、两晋、南北、五季干戈分裂之际,而未尝绝也。至宋程朱诸子,卓然有见于遗经,而金元之代,有志者多求其说于南方,以授学者。及乎有明之初,风俗淳厚,而爱亲敬长之道,达诸天下,其能以宗法训其家人而立庙以祀,或累世同居称之为义门者,亦往往而有,十室之忠信,比肩而接踵。夫其处乎杂乱偏方闰位之日,而守之不变,孰劝帅之而然哉!国乱于上而教明于下,《易》曰:改邑不改井。言经常之道,赖君子而存也。呜呼,至于今日而先王之所以为教,贤者之所以为俗,殆渐灭而无余矣。列在搢绅,而家无主佑;非寒食野祭,则不复荐其先人;期功之惨,遂不制服;而父母之丧,多留任而不去;同姓通宗而不限于奴仆;女嫁死而无出,则偿其所遣之财;昏媾异类,而胁持其乡里;利之所在,则不爱其亲,而爱他人。于是机诈之变日深,而廉耻道尽,其不至于率兽食人而人相食者几希矣(华阴王氏宗祠记)。

君谓芳绩曰:士不幸而际此,当长为农夫以没世。一经之外,或习医卜，慎无仕宦。嗟乎，可谓贤矣。余出游四方，尝本其说以告今之人，谓生子不能读书，宁为商贾、百工、技艺食力之流，而不可求仕；犹之生女不得嫁名门旧族，宁为卖菜佣妇，而不可为目挑心招，不择老少之伦，而滔滔者天下皆是。求一人焉如陈君，与之论心述古，而不可得。盖三十年之间，而世道弥衰，人品弥下，使君而及见此，其将噭然而哭，如许伯子之悲世者矣（常熟陈君墓志铭）。

邓实曰：先生之学，其荦荦大者，五者而已。至其音韵之学，发二千余年古人未发之微；金石之学，扬幽阐微，有旧国故都之想；地理之学，究郡国之利病，对山川而流涕。其学皆卓然特立，独造其微，而具有深意，非下士之所能知矣。惜乎其徒著书而不讲学，故门人寥落，无有一能传其学者。即以其亡友潘力田之弟，如次耕者，于先生有腑肺之爱，屡书规诲，亦觍颜失节，有负师门。以视黄梨洲之有二万（斯大、斯同）、颜习斋之有李（刚主）、王（昆绳）能光大其学者，盖有间矣。然而遗书犹在，私淑有人，阅百余年，乃以开浙西实事求是之学，而论近三百年学术者，必推先生为一代儒林之首。自江永传其学，而戴震学于江氏，遂翘然为汉学之大师。晚近复有包世臣者，以经济之学见称于时，皆私淑先生之学者也。

---

① 录自《国粹学报》第二年丙午第三、四、五、十三号。

最近二十年间中国旧学之进步

樊少泉

辛酉冬日《东方杂志》记者属余书中国近日学术情形一篇，将揭诸新年号。此问题固余所亟欲陈述者，岁暮鲜暇，因循未果；新年无事，始得应其请，题曰《最近二十年间中国旧学之进步》——旧学者，因世俗之名以名之，实则我中国固有之学术也。今人辄谓中国无学术；或谓中国虽有学术绝无进步；或谓中国学术虽有进步，至今日则几衰息者：皆大谬不然之说也。中国义理之学，与书画诸技术，及群众普通旧学之程度，在今日诚为衰颓。然昔人所谓考证之学，则于最近二十年中，为从古未有之进步。特专门之事，少数个人之业，世人鲜有知之者，而阅杂志之少壮诸君则知之者尤鲜。然今日专门旧学之进步，实与群众普通旧学之退步为正比例——此奇异之现象，殆遍于世界，不独中国为然。余因此机会，将介绍此进步情形于阅者诸君之前。姑就耳目所及之出版物言之，而出版之书，亦只就其最重者言之，其未发表者则不可得而记焉。为记述之便，分二科述之：

（甲）古器物古书籍之发见

此二十中中，古器物古书籍出世之最盛时代也。自来学术之兴，无不本于古器古书之发见：有孔壁经传之出，而后有两汉以来古文家之学；有赵宋古器之出，而后有宋以来古文字古器物之学。惟汲冢竹简发见后，未几即遭永嘉之乱，于学术上乃无甚结果耳。百年以来，古物之出，倍蓰于宋时；而近二十年，尤为古物出世之黄金时代。数其最大者：则如殷虚之甲骨文字，敦煌及西域诸城之汉晋木简，敦煌千佛洞之六朝唐人所书古籍，内阁大库之宋元刊本并明以后史料：此数者之一，已足敌孔壁汲冢之所出。其余各地所出之三代彝器，汉唐石刻，及种种古器物，亦较前此二十年为多。故此二十年中所出之古书古物，谓之绝后则未敢言，谓之空前则人人所首肯也。今更分别说之：

（一）殷商文字，昔人惟于古彝器中见之，然其数颇少。光绪戊戌己亥间，河南安阳县西北五里之小屯，洹水崖岸为水所啮，土人得龟甲牛骨，上有古文字。其地数十亩，洹水三周环之，《史记·项羽本纪》所谓"洹水南，殷虚上"者也。估客携甲骨至京师，为福山王文敏公懿荣所得。庚子秋，文敏殉国难，其所藏悉归丹徒刘铁云氏鹗。而洹水之虚，土人于农隙掘地，岁皆有得，亦归刘氏。光宣间所出，则大半归于上虞罗叔言氏振玉。文敏所藏凡千余片，刘氏所藏三千余片，罗氏所藏二三万片，其余散在诸家者亦当以万计；而驻彰德之某国牧师，所藏亦且近万片。其拓墨影印成书者：有刘氏之《铁云藏龟》十册（光绪壬寅癸卯间印），罗氏之《殷虚书契前编》八卷（甲寅印），《后编》二卷（丙辰印），《殷虚书契菁华》一卷（甲寅印），《铁云藏龟之余》一卷（同上）。后英人哈同氏复得刘氏所藏之一部八百片，印行《戬寿堂所藏殷虚文字》一卷（丁卯印，大都在《铁云藏龟》之外）。甲骨所刻，皆殷王室所卜祭祀、征伐、行幸、田猎之事，故殷先公先王及土地之名，所见甚众。又其文字之数，比彝器尤多且古，故裨益于文字学者尤大。惟事类多同，故文字亦有重复。刘氏所印，未及编类，但取文字精者印之。罗氏则分别部居，去其重复，故其选印者实所藏二三万片中之精粹也。此殷虚文字，其始发见，虽在二十年以前，然其大半则出于前此十年中。此近时最古且最大之发见也。

（二）汉晋木简。此实英印度政府官吏匈牙利人斯坦因博士之所发掘也。博士于光绪壬寅癸卯间，曾游我国新疆天山南路。于和阗之南，发掘古寺废址，得唐以前遗物甚夥；复于尼雅河之下流，获魏晋间人所书木简约四十枚，博士所著《于阗之故迹》中，曾揭其影本，法国沙畹教授为之笺释；又于丁未戊申间，复游新疆全土及甘肃西部，于敦煌西北长城遗址，发掘两汉人所书木简约近千枚；复于尼雅河下流故址，得后汉人所书木简十余枚；于罗布淖尔东北海头故城，得魏晋间木简百余枚；皆当时公牍文字及屯戍簿籍。其后日本大谷伯爵光瑞前后所派遣之西域探险队，仅于吐鲁番侧近，得魏晋间木简三四枚而已。故木简之发见，殆可谓斯氏一人之功。斯氏戊申年所得之木简，沙畹教授复为之考释，影印成书。罗君复与海宁王静安氏国维重加考订，于甲寅之春，印以行世为：《流沙坠简》三卷，《考释》三卷，《补遗》一卷，《附录》二卷。

（三）敦煌千佛洞石室所藏古写书。石室之开，盖在光绪己亥庚子之际，然至光绪季年，尚未大显。至戊申岁，斯坦因博士与法国伯希和先后至此，得六朝及隋唐人所写卷子本书各数千卷，及古梵文、古波斯文及突厥回鹘诸古国文字无算，始为我国人所知。其留在石室者尚近万卷，后取归学部所立之京师图书馆。前后复经盗窃，散归私家者亦数千卷。其中佛典居百之九五。其四部书为我国宋以后所久佚者：经部则有未经天宝改字之《古文尚书孔氏传》及陆氏《尚书释文》、麋信《春秋穀梁传解释》、邓氏《论语注》、陆法言《切韵》，史部则有孔衍《春秋后语》、唐时西州沙州诸图经、慧超《往五天竺国传》（以上并伯氏所得），子部则有《老子化胡经》（英法俱有之）、《摩尼教经》（京师图书馆藏一卷，法国一卷，英国亦有残卷，书于佛经之背）、《景教经》（德化李氏藏《志玄安乐经》、《宣元至本经》各一卷、日本富冈氏藏《台神论》一卷、法国国民图书馆藏《景教三威蒙度赞》一卷），集部则有《云谣集杂曲子》及唐人通俗诗小说各若干种（《云谣集》藏伦敦博物馆，通俗诗及小说英法皆有之，德化李氏亦藏有二种）；而已逸四部书之不重要者及大藏经论尚不在此数。皆宋元以后所未见也。己酉冬日，罗叔言氏即就伯氏所寄之影本，写为《敦煌石室遗书》，排印行世；越一年，复印行其影本为《石室秘宝》十五种；又十一年癸巳，复刊行《鸣沙石室逸书》十八种；又五年戊午，刊行《鸣沙石室古籍丛残》三十种，及《鸣沙石室佚书续编》四种；又四年辛酉，伯氏复以陆法言《切韵》三种影本寄罗君，未及精印，王静安君先临写一本，石印以行世。故巴黎所藏要书，略皆印行。又京师图书馆所藏《摩尼教经》一卷，罗君亦于辛亥印入《国学丛刊》。其余敦煌佛典及内阁大库书，具在学部图书馆目录。又近时所出金石器物，罗君复拟一一为之结集。其书虽仅成一半，然不可谓非空前绝后之一大事业。此二十年中古书古器物之发见及其刊行之大略也。

（乙）新研究之进步

最近研究之事业，亦与古书古器之发见并行，故当承上章所言之三大发见述之：在二十年前，古器物学与古文字学，经潍县陈簠斋氏介祺、吴县吴愙斋氏大澂已渐具眉目。及殷虚文字出，瑞安孙仲容氏诒让即就《铁云藏龟》考其文字，成《契文举例》二卷（书成于光绪甲辰，越十三年丁巳，罗君得其手稿印行）。虽创获无多，而殷虚文字之研究，实自此始。嗣是罗君之《殷商贞卜文字考》（宣统庚戌）、《殷虚书契考释》（甲寅）、《殷虚书契待问编》（丙辰），王君之《戬寿堂所藏殷虚文字考释》（戊午），先后成书，其于殷人文字，盖已十得五六。又罗君《考释》一书，兼及书契中所见之人、地名及制度典礼。王君复纂其业，成《殷卜辞中所见先公先王考》、《续考》及《殷周制度论》各一卷（丁巳），就经传之旧文与新出之史料，为深邃绵密之研究。其于经史二学，裨益尤多。兹举其重要者：商自成汤以前，绝无事实，《史记·殷本纪》惟据《世本》书其世次而已。王君于卜辞中发见王亥、王恒之名，复据《山海经》、《竹书纪年》、《楚辞·天问》、《吕氏春秋》中之古代传说,于荒诞之神话中,求历史之事实;更由甲骨断片中,发见上甲以下六代之世系,与《史记》纪表颇殊:真古今所不能梦想者也。又《书序》、《史记》均谓盘庚迁殷,即是宅亳。罗君引古本《竹书》谓殷为北蒙,即今彰德;王君于《三代地理小说》中证成其说,遂无疑义。又王君之《殷周制度论》,从殷之祀典世系,以证嫡庶之制始于周之初叶;由是对周之宗法、丧服,及封子弟、尊王室之制,为有系统之说明。其书虽寥寥二十叶,实近世经史二学上第一篇大文字。此皆殷虚文字研究之结果也。

至西域汉晋木简之研究,则审释文字多出罗君,而考证史事则多出王君。其所发见:如汉时西域两道之分歧,塞上各烽燧之次第,魏晋间葱岭以东之国数,及西域长史之治所,均足补史之阙文。而敦煌所出古书之研究,则全出罗君一人之手。其新得之成绩:如高昌麹氏之年号世系,沙州张氏及曹氏之事实,皆前此所未知。此敦煌古简古书研究之结果也。至西域各处所出之古番文,伯希和君于此中发见古代窣利、觇货逻及东波斯三种世所未知之文字;而罗君之子君楚(福苌),亦从俄人所得西夏字书《掌中珠》残本及种种西夏遗文,发明西夏文字之构造及意义。此今日研究之进步,皆与古书古器之发见相关者也。

至经史小学,在前三百年中,已大进步者,王君复由新材料出发,以图解决数千年未决之问题。其最重要者,如《周书·洛诰》、《顾命》之新说,鬼方猃狁之地理,明堂庙寝之制度,与声音文字上种种之解释,于乾嘉以来纸上之旧学,及近时土中之新学间,确得其根本之结合与调和——此惟于最近十年中始得见之。凡此皆与新出之古书古器相关者也。

其与此无关，而由固有之学派发生者：经部如瑞安孙仲容氏之《周礼正义》(序于光绪二十五年，然印行在后)，史部如胶州柯凤孙氏劢忞之《新元史》，其书皆浩大繁博，着手皆在数十年前，而皆出于此二十年中。孙书荟萃诸家之说，全用六朝唐人义疏体裁；采择既博，论断亦允，而其所自发明，转不若其所著《籀庼述林》之富。长沙王葵园氏先谦之《汉书补注》，娄县张闻远氏锡恭之《丧服学》，风尚略同。惟宜都杨星吾氏守敬之《水经注疏》，要为开创之学，其精密亦出诸家之上。柯氏《新元史》意在增订旧史，惜未探考异致，其所以增订之意，及其所根据之书籍，晦而不明。顾皆竭一生之精力而成，前此二十年中，未尝有此大著述也。

由上所论述观之，则最近二十年中，我国旧学之进步，求之前古，盖未有如此之亟者。而孙、柯、王、杨诸君，其书出于此二十年中，然其研究实亘于前此数十年。至近旧学之进步，则以罗、王二君为中心。罗君以学者之身，百方搜求新出之材料，而为近百年文化之结集，其研究之功，乃为其保存流通之功所掩。王君以精密之分析力与奇异之综合力，发见旧材料与新材料间之关系，而为中国文化第二步之贡献，遂使群众旧学退步之近二十年中，为从古未有之进步。余故草此篇，以谂阅者，使知言中国学术无进步者之谬，并以为二君祝。而罗君之子君楚——即发明西夏文字之读法者，去岁以劬学死，更不能不为中国学术前途致惜也。